中国文物年鉴

2003

国家文物局 编

科学出版社
北京

图书在版编目（CIP）数据

中国文物年鉴 2003/国家文物局编．－北京：科学出版社，2004

ISBN 7-03-012453-7

Ⅰ．中… Ⅱ．国… Ⅲ．文物工作－中国－2003－年鉴 Ⅳ．K87-54

中国版本图书馆 CIP 数据核字（2003）第 107778 号

责任编辑：孙 莉／责任校对：朱光光

责任印刷：钱玉芬／封面设计：潘明山

科学出版社 出版

北京东黄城根北街16号

邮政编码:100717

http://www.sciencep.com

中国科学院印刷厂 印刷

科学出版社发行 各地新华书店经销

*

2004年4月第 一 版 开本：787×1092 1/16

2004年4月第一次印刷 印张：19 插页：8

印数：1－2800 字数：428 000

定价：80.00元

（如有印装质量问题，我社负责调换〈科印〉）

《中国文物年鉴》编辑委员会

《中国文物年鉴》编辑部

编辑说明

一、《中国文物年鉴》是国家文物局组织编写的全面、系统地反映我国文物、博物馆事业基本情况的资料工具书，同时兼有国家文物工作公报和文物事业编年史册的性质。

二、2003年版《中国文物年鉴》是在国家文物局办公室的指导下，动员了国家文物局各处（室）及局所属各单位，各省、自治区、直辖市文物行政部门共同参与，由中国文物信息咨询中心具体组织编写的，是全国文物系统通力协作的成果。

三、2003年版《中国文物年鉴》是创刊号，以反映我国2002年的文物、博物馆事业的发展情况为主，适当回溯2002年以前的内容。主要有：1.综合反映全国和各省、自治区、直辖市文物、博物馆工作，文物、博物馆事业改革与发展情况；2.记述文物工作，博物馆工作，文物、博物馆事业的改革与发展有影响的重要活动；3.有关文物工作的法律法规和统计资料；4.重要文物保护工程进展，重大考古发掘成果，有广泛社会影响的重要陈列、展览的基本情况等。2002年我国文物工作的两件大事——重新修订《中华人民共和国文物保护法》和召开全国文物工作会议，本书都作了重点记载。

四、2003年版《中国文物年鉴》分为概述篇、事业篇、地方篇、纪事篇、文献篇五部分，各篇下设“条目”为主要资料形式，此外还包括：文章、法律法规、统计资料、纪事、图片等。凡“条目”均用“【】”表示。

五、2003年版《中国文物年鉴》的稿件、资料均由国家文物局和各省、自治区、直辖市文物行政部门提供。署名文章在文章标题下署名，地方篇在各栏目后统一署名为各省、自治区、直辖市文物行政部门，其他未署名稿件均由国家文物局所属各单位撰写或提供。

六、2003年版《中国文物年鉴》中暂缺香港、澳门特别行政区和台湾省的资料。

七、2003年版《中国文物年鉴》是在时间较短、经验不足的情况下出版的，必有不足之处，敬请广大读者提出宝贵意见，以利我们今后改进。

编者

2003年11月20日

目　录

概　述　篇

事　业　篇

地 方 篇

纪　事　篇

文　献　篇

概 述 篇

中国文物、博物馆事业

【概况】 我国是著名的文明古国，在漫长的历史岁月里，中国的先民创造了辉煌灿烂、特点鲜明的中华文化，留下了极其丰富的文物宝藏。据国家文物局统计，我国大陆已知的地上地下不可移动文物有近 40 万处，馆藏各类可移动文物约 1260 万件。对各类重要的遗址、遗迹等不可移动文物，我国政府采取分级公布为文物保护单位的方式加以保护。全国共有县级重点文物保护单位 6 万处，省级重点文物保护单位近 7000 处，全国重点文物保护单位 1271 处。全国有各类博物馆 2100 所，其中文物系统有 1504 所。对各类重要的可移动文物，国家根据其历史、科学、艺术价值的不同，分别定为一级文物、二级文物和三级文物，统称为珍贵文物，以区别于一般文物。目前，我国馆藏一级文物约 6 万余件。此外，文物保存十分丰富的北京、西安、洛阳等 101 座城市被列为国家历史文化名城。长城、故宫、秦始皇陵、布达拉宫等 29 处文物古迹和自然遗产被联合国教科文组织列入《世界遗产》名录。中国列入世界遗产的总数达到世界第三位。我国已成为四个主要国际文物保护公约（《武装冲突情况下保护文化财产公约》、《关于禁止和防止非法进出口文化财产和非法转让其所有权的方法的公约》、《保护世界文化和自然遗产公约》、《国际统一私法协会关于被盗或者非法出口文物的公约》)的缔约国，在全球文化遗产保护中发挥着越来越重要的作用。

我国对文物实行属地管理、分级负责的行政管理体制。这种体制的核心，是在国家法律的统一约束和中央政府有关方针政策的统一指导下，在中央财政的有力支持下，各级地方政府承担保护本行政区内文化遗产的责任，有关业务工作，接受国家文物行政部门指导。

国家文物局是文化部管理的负责国家文物和博物馆方面工作的行政机构。在各省、自治区、直辖市和县、市政府均设立负责文物保护的行政机构，有 20 个省、自治区、直辖市设立文物局，管理本行政区内的文物保护工作。全国共有文物保护机构 3700 余个，从业人员 7 万余人。中央、各省（自治区、直辖市）和不少市、县均设有文物考古研究所、博物馆、古建筑保护研究所等文物事业单位，由它们负责本地区的文化遗产调查、发掘、研究、保护以及文物藏品的收集、保管、研究和展示工作。此外，为了加强全国文物考古研究工作，国家在中国社会科学院设立了考古研究所，主要负责从学术研究的角度开展考古调查、发掘。在北京大学等数十所高等院校设立了考古学、博物馆学、文物科技保护等有关专业。中国文物学会、中国考古学会、中国博物馆学会等社会团体也是中国文化遗产保护事业的重要力量。

【修订《文物保护法》】 《中华人民共和国文物保护法》修订草案于2002年10月28日经九届全国人大常委会第30次会议审议通过，国家主席江泽民签署第76号主席令予以公布施行。新《文物保护法》的公布施行，对我国的文物保护管理工作产生重要而深刻的影响，是文物保护法制建设的里程碑。

【文物工作会议】 经国务院批准，第三次全国文物工作会议于2002年12月19～20日在北京召开，其座谈会以电视电话会议的形式在国务院第一会议室召开。国务院副总理李岚清出席会议并发表了重要讲话。国家文物保护部际协调会议组成单位以及中央、国务院有关部门的领导，各省、自治区、直辖市政府及计划单列市政府主管文物工作的副秘书长和文物行政部门的主要负责人，文化部、国家文物局有关负责人等约200人出席了会议。会后国家文物局部署全国文博系统贯彻落实李岚清的重要讲话和全国文物工作会议精神，进一步做好文物保护工作。

【文物保护基础工作】

文物保护单位管理。大力开展全国文博单位基本情况的普查工作，国家文物局设立了专门机构及人员，努力把这项关系到我国文物、博物馆事业发展的重要基础性工作做实做好。在2001年对部分省、自治区、直辖市的“四有”（文物保护单位有保护范围、有标志说明、有记录档案、有专门机构或指定专人负责管理）工作进行检查和调研的基础上，2002年启动了全国重点文物保护单位“四有”档案备案工作。此项工作由中国文物研究所具体承担，争取用3年的时间完成。依法加强了文物保护单位搬迁、涉及全国重点文物保护单位的新建项目等工作的管理。对甘肃省级文物保护单位宁县塔儿庄砖塔搬迁方案等进行了论证及审批。配合、督促地方政府及文物主管部门查处涉及文物保护单位的违法违章问题。对全国重点文物保护单位山东章丘齐长城遭破坏等文物损毁事件进行了查处。

重点文物保护维修工程。2002年，全国文物保护单位维修项目共计932项，其中200余项全国重点文物保护单位维修工程方案通过专家审核。西藏布达拉宫、罗布林卡、萨迦寺，山西应县木塔、云冈石窟，北京故宫等文物保护维修工程是国务院领导关心和关注的项目，其中西藏三大工程已列入国家“十五”期间进行的重点项目。2002年，六大重点文物维修工程进展顺利。

文物地图集。工作按计划进行。完成河北、山西分册的初审，辽宁、黑龙江、安徽、福建、浙江5个省分册的再审。

大遗址保护。2002年，重点进行了大遗址保护规划规范工作。以国家文物局组织的《吐鲁番地区文物保护和旅游发展总体规划》编制为突破口，促进其他遗址保护规划编制工作，并启动了《遗址保护规划规范》的制定工作。据不完全统计，各地启动或已完成的遗址保护规划（含详规）约50个。2002年，国家文物局批复了四川三星堆、河南殷墟、陕西阳陵、甘肃大地湾遗址等规划，对山西广武汉墓群，浙江良渚遗址、上林湖遗址、河南殷墟、郑州商代遗址、新郑郑韩故城、庙底沟遗址，陕西汉长安城遗址等全国重点文物保护单位保护范围内的建设项目进行审核，并重点抓了陕西秦始皇陵遗址公园、北京圆明园含经堂遗址、黑龙江渤海上京龙泉府遗址宫城、山西蒲津渡铁牛、宁夏西夏王陵3号陵陵园等保护工程项目。

配合基本建设的考古发掘和文物保护工作。三峡水库、西气东输、南水北调、青藏铁路是国家“十五”重点建设项目。2002年

三峡水库文物保护总经费核算、白鹤梁等重大项目的可行性报告和初步设计的审核、二期文物保护项目验收准备等项工作相继完成，陆续开展了西气东输初步设计论证、签订文物保护项目合同、青藏铁路工程文物保护工作中出现的矛盾调查和协调等工作。

考古工作。2002 年，国家文物局共审核考古发掘项目申请 450 余项，水下考古项目 4 项，涉外考古合作项目 6 项。各地考古发掘资料整理和报告编辑工作加强，《盘龙城》、《金乡公主墓》等许多积压多年的考古发掘资料已整理出版。确定了高句丽、渤海课题研究项目 11 项，新疆专题研究项目 9 项。开展了对南海一号沉船遗址和福建、山东沿海水域的水下考古发掘和调查工作。落实国务院领导同志关于“简牍保护研究要列入国家专项”的重要指示，经与财政部会商并经财政部同意，已将走马楼吴简和里耶秦简列入专项补助经费项目，并增设简牍保护专项经费 2000 万元。

经国务院特别许可，国家文物局批准了中国社会科学院考古研究所与日本奈良文化财产研究所对陕西大明宫太掖池遗址和甘肃省文物考古研究所与日本秋田县埋藏文化财产中心对甘肃武威磨嘴子遗址的合作发掘项目，批准了中法和中日有关合作考古综合研究项目，对吉林省文物考古研究、中国社会科学院考古研究所赴俄罗斯考古工作提出指导性意见。

世界遗产申报和保护管理工作。2002 年，我国申报的云冈石窟和明清皇家陵寝等扩展项目获得通过，使我国的世界遗产数目达到 28 个，名列世界第三位。7 月，我国世界遗产监测管理研讨会召开，会议具体部署了世界遗产监测管理工作。会后国内世界遗产专家对列入周期性监测名单的世界文化遗产进行了重点检查。截至年底，已完成对曲阜孔庙孔府孔林，承德避暑山庄及周围寺庙，武当山古建筑群，秦始皇陵及兵马俑坑，敦煌莫高窟，北京故宫、长城、周口店“北京人”遗址，布达拉宫等世界遗产地周期性监测。

【博物馆工作】 大力发展博物馆文化，把更多的优秀展览精品奉献给广大人民群众。坚持先进文化的正确方向，充分发挥博物馆的教育功能，重点抓好国家级博物馆和省级博物馆的精品陈列，抓好不同品类、各具特色的博物馆建设。做好文物保护安全保卫和科教工作。

博物馆陈列。2002 年全国文博系统共举办陈列 5484 个、展览 8603 个，参观人次 1.199 亿。中国历史博物馆建馆 90 周年纪念活动及新版“中国通史”陈列和中国革命博物馆“近代中国”、“当代中国”陈列的筹备工作进展顺利。由故宫博物院、辽宁省博物馆、上海博物馆联合举办的“晋唐宋元书画国宝展”等一批精品展览推出。全国博物馆陈列展览十大精品的评选工作，调整为每 2 年评选一届，并开展第五届（2001～2002 年）评选活动。开展了全国范围内“5.18”国际博物馆日宣传活动并引起社会广泛关注。国际博协亚太地区会议 10 月 20～24 日在上海召开。

博物馆建设。2002 年，新建并落成开放的省级以上大型博物馆有湖南省博物馆陈列楼、福建博物院等。已启动进行的省级以上大型博物馆建设项目有辽宁省博物馆新馆、山西省博物馆新馆、首都博物馆新馆、天津博物馆、重庆三峡博物馆、新疆维吾尔自治区博物馆（扩建工程）等十几个。中国名人蜡像馆、新文化运动纪念馆筹建完成并对公众开放。故宫博物院、中国历史博物馆、中国革命博物馆在国务院的部署下改变隶属关系，提高了管理级别，直接隶属于文化部管理。中国历史博物馆、中国革命博物馆合

并组建中国国家博物馆的前期工作抓紧开展,《项目建议书》已报国务院审议通过,并举行了中国国家博物馆挂牌仪式。

文物安全保卫工作。2002年,各地文博单位根据《文物系统博物馆风险等级和安全防护级别的规定》的达标情况为:一级风险单位100个,达标率54%;二、三级风险单位1607个,达标率30%。一、二、三级风险单位合计1707个,总达标率30.2%。各级文物保护单位、博物馆消防基础设施建设稳步发展。据调查,1207个博物馆中已有消防供水设施的667个,占被调查总数的55.3%;已有消防报警设施的409个,占33.9%;已有避雷设施的单位390个,占32.3%。36261个文物保护单位中,已有消防供水设施的3802个,占被调查总数的10.5%;已有消防报警设施的1142个,占3.1%;已有避雷设施的2094个,占5.8%。国家文物局已向技术防范未达标的35个一级风险单位下发隐患通知书,并抄送省文物行政部门和当地政府。

文物部门与地震部门联合研究利用监测地震的震动技术,监视古墓被盗情况,通过在北京郊区和河南三门峡虢国墓地、湖北荆门纪山古墓群等地现场实验,已获成功。针对古墓、田野文物被盗情况,研究集群数字技术用于田野文物和古墓葬的防范设备项目,样机试验已成功并在河南巩义宋陵作试点实验。

【文物科技与教育】 加大文物保护科技含量,依靠科技进步提高文物保护工作水平。特别要加大全社会共同参与文物保护科学研究工作的力度。筹备举办一次文物保护科技成果展览和文物考古图书展览,把学术研究成果和科技成果以及当前迫切需要解决的科研难题向社会推介,取得社会的认知和关注。截至2002年底,已完成各地文物保护与修复科技成果的调查、登记及拟参展科技成果的推荐工作。文物研究中心、文物保护技术中心、古建筑维修研究中心和文物登录与档案信息中心的建设工作开始启动。

全国文博事业人文社会科学研究课题管理。(1)对2000年度课题中期报告进行评审,并报审下达了该年度课题第二笔经费。(2)对2001年立项课题进行跟踪调查,掌握课题进展状况。(3)开始2002年度课题的申报与评审工作,已完成这年度课题的初审工作,并已进入函审阶段。

文物科研课题项目管理。完成《1990~1999年文物科学技术研究项目执行情况的通报》,已发全国文博系统,继续敦促1990~1999年科研研究项目未结题项目的完成。召开了上海博物馆承担"吴越青铜技术研究"课题、徐州博物馆承担"狮子山出土汉铠甲修复"课题的鉴定会。启动国家重点科技攻关项目"文物保护技术与中华文明探源"的研究,启动了"馆藏文物腐蚀损失调查"项目。

教育培训。2002年,国家文物局主办的培训班有"书画鉴定与修复高级研修班"(中央美术学院)、"古代纺织品鉴定保护培训班"(中国丝绸博物馆)、"漆木器保护培训班"(湖北荆州博物馆)等。涉外培训有:美国梅隆基金资助的赴美博物馆进修项目,国际文化财产保护与修复研究中心ICCROM的有关技术与培训合作项目,"共享保护决策培训班"(意大利罗马),"具有遗产价值的地域和景观综合保护培训班"(意大利罗马),"整体区域和城镇保护培训班","亚太地区文化遗产保护年轻领导人培训班"(日本奈良),"亚太2002年木结构建筑保护培训班","中意合作文物保护培训班",南京市文物局与北京大学考古文博学院、法国国立自然历史博物馆举办的"中法合作古人类文化与环境高级研修班"。

【计划财务工作】 2002年，文物业总收入395556万元，其中文博单位门票收入135543万元，总支出352880万元，文物保护专项经费投入48866万元。文物系统进一步推行规范的部门预算编制程序，严格监督预算执行。坚持政府采购制度，进一步细化采购预算。加强文物保护专项资金管理，坚持有限的资金“集中使用、注重实效”的原则，对存量保护资金以全国重点文物保护单位和其他部分三七开的比例安排。同时加强对项目的督察监管。

【推进文博单位体制改革】 按照中央、国务院的统一部署，做好文博系统特别是国家文物局直属单位的改革工作。总结了中国历史博物馆改革试点经验，创造条件，积极启动了中国革命博物馆、中国文物研究所、文物出版社的改革工作，同时做好中国文物信息咨询中心建立新体制的工作，其中中国文物研究所被确定为本次文化系统体制改革的试点单位。

国家文物局

【沿革和职能】 中华人民共和国成立后，中央人民政府即于1949年11月1日，在文化部内成立了文物事业管理局。1951年12月，经政务院批准，文化部文物局与科学普及局合并，更名为社会文化事业管理局，主管文物、博物馆、图书馆、文化馆和电化教育工作，局长为著名学者郑振铎，当时全局有120余人，主要为文物考古专家和科学技术人员。1955年1月，文化部重新恢复设置文物管理局（原社文局主管文化馆和图书馆事业），文物局局长由王冶秋担任。1958年，文物局机关精简，编制减少，大量专业人员下放。至1960年，文物局又开始逐步增加编制，同时将所属单位陆续收回。1965年8月，文化部决定将图书馆事业再次划归文物局领导，文物局更名为图博文物事业管理局。“文革”期间，机关完全停止工作，干部全部下放湖北咸宁“五七”干校。1970年5月，根据周总理指示，成立图博口领导小组，由国务院办公室直接领导。在周总理的亲切关怀和直接领导下，文物工作开始复苏。周总理连续抓了故宫开放、出土文物展览、马王堆汉墓发掘以及恢复《文物》、《考古》、《考古学报》出版等几项大事，使在“文革”中遭受严重破坏的文物工作重新出现了生机。

1973年2月，国务院决定成立国家文物事业管理局，由国务院办公室代管，1975年9月，国务院决定国家文物事业管理局为国务院直属局（副部级），主管全国文物、考古、博物馆、图书馆工作，王冶秋、任质斌先后担任局长。1980年5月，图书馆事业由新成立的文化部图书馆事业管理局管理。1982年4月，中央决定将文化部、对外文化工作委员会、国家文物事业管理局、国家出版事业管理局和外文出版发行事业局5个单位合并，成立新的文化部。国家文物局改名为文化部文物事业管理局，孙轶青、吕济民先后任局长。1987年6月，中央为加强对文物工作的领导，决定改设国家文物事业管理局，仍由文化部领导，实行计划、财务、物资单列。1988年6月，国家文物事业管理局更名为国家文物局，张德勤任局长。1994年，国务院再次确定国家文物局为副部级的国家局，由文化部管理。1996年4月，国务院任命张文彬为局长。2002年8月，国务院任命单霁翔为局长。

1998年7月，国务院批准了《国家文物局职能配置、内设机构和人员编制规定》(国办发［1998]72号），根据该规定，截止到2002年底国家文物局人员编制为60人，内设办公室、文物保护司、博物馆司和机关党委。国家文物局的主要职责是：

1.研究拟定文物、博物馆事业的发展方针、政策、法规和规划，制定有关的制度、办法并监督实施。

2.指导、协调文物的管理、保护、抢救、发掘、研究、出境、宣传等工作。

3.审核、申报全国重点文物保护单位；承担历史文化名城、世界文化遗产项目的相关审核、申报工作；依照有关法律法规审核或审批全国重点文物的发掘、保护、维修项目。

4.指导大型博物馆的建设及博物馆间的协作、交流。

5.研究处理文物保护的重大问题；对查处盗窃、破坏、走私文物的大案要案提出文物方面的专业性意见。

6.研究制定文物流通的管理办法；审批文物出口鉴定机构的设立和撤销。

7.编制文物事业经费预算，审核划拨并监督各项经费使用情况。

8.统筹规划文物、博物馆专门人才的培训；组织指导文物保护和博物馆方面的科研工作。

9.管理和指导文物、博物馆外事工作，开展对外合作与交流。

10.承办国务院和文化部交办的其他事项。

文物工作是一项专业性、社会性、政策性、群众性都很强的工作。文物古迹的保护、发掘、管理不仅需要政策和行政手段，更涉及到许多专业技术问题。为此，除局机关有较大比例的专业技术人员外，国家文物局还常设有博物馆专家组、科技专家组、工程技术专家组、考古专家组、文物安全技术防范工程审核专家组、社会文物专家组和国家文物鉴定委员会，汇集了一大批文物、博物馆、考古等领域的专家。

【内设机构及其职责】

办公室（政策法规司、外事联络司）

主要职责：组织协调、督促检查局机关政务，协助局领导处理日常工作，负责文秘、信访、局机关事务和机关财务工作，研究提出文物、博物馆事业的发展方针、政策和法规草案，编制文物、博物馆事业中长期发展计划，开展文物、博物馆理论研究和文物保护宣传工作，管理局机关和直属单位的财务工作，管理和指导文物、博物馆系统的对外合作与交流工作，编制文物、博物馆事业经费预算、全国重点文物保护专项补助经费计划并监督实施，指导、督查文物行政执法和安全保卫工作，管理离退休干部工作。

处室机构：秘书处、政策法规处、预算处、财务处、外事处、国际合作处、执法督查处、离退休干部处。

电话：(010)65551572

传真：(010)65551573

文物保护司

主要职责：研究和指导文物保护与抢救工作；拟定相关工程质量标准；审核、申报全国重点文物保护单位，承担历史文化名城、世界文化遗产项目的相关审核、申报工作；承办审核或审批全国重点文物的发掘、保护、维修项目工作；组织、指导全国重点文物保护工程方案的论证、设计、施工、质量监督与验收；指导重大考古项目的实施，组织考古成果的评审鉴定；承办审批文物建筑维修、设计资格和考古发掘领队资格工作；协调与国际文物保护机构的关系；研究处理文物保护重大问题。

处室机构：文物处、考古处、世界遗产处。

电话：(010)65551702

传真：(010)65551703

博物馆司

主要职责：拟定馆藏文物、民间收藏文物保护和博物馆建设规划，调研、指导博物馆、馆藏文物、民间收藏文物和文物进出境鉴定的管理工作，协调直属博物馆重大业务建设，监督实施博物馆登记、年检制度，负责国家一级文物藏品的档案建设和有关调拨、借用、交换等事项的审批工作，联系中国博物馆学会和有关国际组织，审核报送文物流通的具体管理办法，组织开展有关文物登记、鉴定工作，指导抢救、回收社会上特别珍贵的文物，负责文物、博物馆信息网络的建设并指导运行，指导、协调文物、博物馆事业的科技、信息工作。

处室机构：博物馆处、社会文物处、科技信息处

电话：(010)65551608

传真：(010)65551609

直属机关党委（纪委、人事劳动司）

主要职责：负责局机关及在京直属单位的党群及审计工作，管理局机关和直属事业单位的人事工作。办事机构合署办公。

处室机构：党委（纪委、审计）办公室、人事处、教育培训处。

电话：(010)65551540

传真：(010)65551573

【直属事业单位】

北京鲁迅博物馆

单位简介：编辑出版《鲁迅资料》和《鲁迅研究动态》，召开或联合召开与之有关的学术理论研讨会；鲁迅文物及资料的征集、保管和利用，基本陈列及专题、展览内容的编定、形式设计及制作，基本陈列、各类展览及鲁迅故居的开放、接待讲解工作及有关的行政任务。

北京鲁迅博物馆设有文物资料室、鲁迅研究室、陈列部、办公室和群工部。

1978 年以来的主要成果有：重新设计、编定的“鲁迅生平展”已开展，建馆后第一次复原鲁迅故居陈列，为纪念鲁迅逝世 50 周年举办了馆藏珍品展，在西北三省、贵州、深圳、湖南等地举办了流动展览，编辑出版了《鲁迅研究动态》、《鲁迅研究资料》，编写、编辑出版了《鲁迅年谱》、《鲁迅手稿全集》等 10 本（套）书籍，制成了《鲁迅全集》微机检索系统。

地址：北京市阜成门内宫门口二条 19 号

邮编：100034

电话：(010) 66165654

传真：(010) 66162462

国际友谊博物馆

单位简介：专门收藏、保护、研究、展示和宣传新中国对外交往中党和国家领导人受赠的外交礼品的专题博物馆。

1981 年 1 月 29 日，中共中央宣传部批准成立国际友谊博物馆筹备处。9 月，筹备处开始接收各处礼品入藏，暂借故宫博物院文华殿作文物库房和办公场所。1982 年 9 月，遴选部分日本礼品参加在中国美术馆举办的纪念中日恢复邦交 10 周年展览活动，第一次为社会提供展览服务。1983 年起，先后在故宫钟粹宫和景阳宫、北海公园天王殿、端门东朝房等处，举办陈列和展览。其中 1984 年 9 月开放的“国际友谊珍品展览”，被列为新中国成立 35 周年献礼项目。1985 年开始，将展宣阵地拓展到全国各地，举办外地巡回展览。1990 年 9 月，基本陈列“国际珍贵礼品展览”经重新调整后，作为在北京召开的第十一届亚运会重点文化项目之一，在中国革命博物馆二楼中厅对外开放。1991 年 12 月 25 日，国际友谊博物馆经国家人事部批准撤销筹备处，转为正式建制馆，成为国家文物局直属的 5 个国家级博物馆之一。国际友谊博物馆筹备期间三易办公场所，1992 年 9 月迁入柏林寺藏经楼现址。

1997年12月，修改后的基本陈列在中国革命博物馆二楼重新开放，2000年初因场地维修被撤销。2001年12月，为纪念建馆20周年，在北京世纪坛举办“我们的朋友遍天下——新中国外交礼品精华展”。

多年来，国际友谊博物馆一直担负着全国重要国际礼品的调查、征集、保藏和研究工作，目前已收藏来自世界150多个国家和地区的礼品近16000件，大致分为30余类、上百个品种。

国际友谊博物馆立足本馆藏品优势，通过各种陈列和展览，从一个侧面展示半个多世纪以来新中国外交取得的辉煌成就，展示中国人民与世界各国人民的珍贵友谊，反映我国三代领导人为中国外交事业作出的贡献，体现他们廉洁自律、克己奉公的高风亮节，使观众受到生动的爱国主义、国际主义和革命传统教育。

国际友谊博物馆的创建，填补了我国博物馆事业的一个空白，开辟了宣传新中国外交成就的阵地，树立了我国三代领导人廉洁自律的丰碑，提供了欣赏异域文化精华、领略外国艺术风采的窗口，架设了增进中外友谊、促进中外文化交流的桥梁。

地址：北京市东城区雍和宫大街戏楼胡同1号

邮编：100007

电话：(010) 64010342

传真：(010) 64040710

中国文物信息咨询中心

单位简介：为中国文物、博物馆事业收集信息并提供咨询。根据以上职能，受国家文物局委托，“中心”的主要职责是：(1)收集、整理、保管、利用与文物、博物馆事业相关的资料和信息，建立、管理、维护文物资料信息库，配合国家文物局对全国文物、博物馆事业信息化工作进行宏观管理和业务指导。(2)承担文物保护工程、设施建设和博物馆维修、建设项目以及安防、消防、技防工程的咨询、招标、审核、监理工作。(3)对历史文化名城和城市保护、发展、建设规划、方案进行咨询和评议。(4)开展与文物、博物馆事业有关的调查、咨询、鉴定、培训等工作。(5)对国内非文物系统的组织和个人收藏的文物进行调查登记，对文物拍卖单位的资格进行审核，对文物拍卖标的进行审核。(6)搜集流失海外的中国文物有关资料，建立专门的信息数据库。(7)管理、监督中国文物流通协会。(8)承担国家文物局委托办理的其他事项。

地址：北京市朝阳区高原街甲2号

邮编：100029

电话：(010)84636599

传真：(010)84627699

文物出版社

单位简介：成立于1957年，是中国出版文物考古类图书的专业出版社。该社出版品种有：(1)中国各博物馆及其他文物收藏与保护单位的重要藏品图录。(2)考古发掘报告和出土文献资料。(3)文物考古类学术论著和工具书。(4)古代书画、碑帖、珍本图书的复制品。(5)与文物考古有关的历史、文化、艺术、民俗、名胜方面的图书。(6)近现代社会科学图书、名人纪念图集及其手稿、墨迹以及上述各方面的音像制品、电子出版物、《文物》(月刊)和《书法丛刊》(季刊)。文物出版社长期致力于保存和传播中华古代文化，出版了大批高质量的图书。这些图书印刷精美，融学术性、资料性、鉴赏性于一体，享誉海内外。多年来，文物出版社先后同日本、英国、美国等国家以及中国台湾、香港地区的出版者开展了广泛的合作，硕果累累；近年又开始直接开展图书进出口和音像制品、文化用品、工艺美术品、文物复仿制品和光盘制品等的进出口贸易业务。

地址：北京市东城区五四大街29号

邮编：100009

电话：(010)64029582

传真：(010)64010698

中国文物研究所

单位简介：以应用研究为主，利用现代科技、结合传统工艺，对中国古建筑、石窟寺以及各种不同质地、不同类型的出土文物、馆藏文物的科学保护进行研究；负责全国重点文物古迹、古建筑、石窟寺的勘测设计和施工技术指导等。中国文物研究所设有古建筑保护设计部、石窟寺保护设计部、文物保护科技部、办公室、文物古文献研究部。1978年以来的省、部级科技成果主要有：(1)山东临沂金崖山帛画揭裱技术。(2)北周李贤墓壁画揭取修复技术。(3)出土彩绘陶俑的保护处理方法。(4)石窟加固工程中检测新方法研究。(5)古塔复原抗震设计。(6)敦煌莫高窟起甲壁画修复技术。(7)防紫外线胶片研制。(8)用锚固法整修荆州古城墙工程报告。(9)古建筑糟朽木构件加固技术。(10)近影摄影在石窟测绘中的应用。

地址：北京市朝阳区高原街2号

邮编：100029

电话：(010)84630395(总机)

传真：(010)84630824

中国文物报社

单位简介：宣传国家文物法令、政策，报道考古新发现和文物研究成果，传播文物和文物保护知识，开展学术讨论，交流国内外文物信息等。中国文物报社设有编辑部（总编室）和办公室，并设有服务部等。出版《中国文物报》，每周与香港《文汇报》合出一个“中国文物”专版，出版内部双月刊《文物工作》。

地址：北京市朝阳区高原街甲2号

邮编：100029

电话：(010)84624662

传真：(010)84624650

全国文物工作会议

【概述】 经国务院批准，全国文物工作会议于2002年12月19～20日在北京召开。国家文物保护部际协调会议组成单位以及中央、国务院有关部门的领导，各省、自治区、直辖市及计划单列市政府主管文物工作的副秘书长和文物行政部门的主要负责人，文化部、国家文物局有关负责人，故宫博物院、中国历史博物馆、中国革命博物馆负责人，国家文物局直属事业单位、中国文物博物馆学院负责人约200人出席了会议。

国务院副秘书长高强主持了12月19日上午的会议开幕式，文化部部长孙家正发表讲话，单霁翔局长代表国家文物局向大会做了工作报告，高强就当前如何做好文物工作发表了重要讲话。孙家正的讲话分为三部分：一是号召大家认真学习贯彻十六大精神，充分认识文物事业在构建当代中国先进文化中的重要地位和作用，进一步增强做好新时期文物工作的使命感和责任感。二是提出要坚持以“三个代表”的要求统领文化建设，充分发挥文物工作对构建当代中国先进文化的突出价值和作用，自觉对照“三个代表”的要求，坚持先进文化的前进方向，结合新世纪新阶段文物工作面临的新形势、新任务，加强和改进文物、博物馆的各项工作，特别是必须要坚持对外开放，加强文化交流，以积极主动的姿态搞好对外文化交流。三是指出要全面贯彻《文物保护法》，保证和促进文物事业的健康发展。单霁翔的工作报告分为两部分：一是回顾了1995年以来文物工作所取得的主要成就，二是本世纪头10年的工作要点与基本思路。报告提出新世纪头10年文物工作的指导思想和总体目标是以邓小平理论和“三个代表”的重要思想总揽全局，紧紧围绕党的十六大确定的全面建设小康社会必须大力发展先进文化的战略部署，坚持“保护为主，抢救第一，合理利用，加强管理”的文物工作方针，深入贯彻执行《文物保护法》和《文物事业“十五”发展规划和2015年远景目标纲要》，抓住机遇、开拓创新，扎实工作、奋发图强，不断增强文物事业的发展活力，为把我国建设成为世界文物保护强国而奋斗。高强就如何加强文物工作发表了重要讲话，主要是：(1) 通过加强教育、宣传，特别是加强《文物保护法》的宣传，增强各级党政领导干部和广大人民群众的文物保护意识。(2) 辩证地处理好保护和利用的关系，保护应该是有利于合理的利用，而利用也是为了更加有效地保护。(3) 把学习贯彻《文物保护法》纳入到党和国家落实十六大精神和“三个代表”要求的整体工作中，文物工作必须严格执法。(4) 充分发挥文物在对外文化交流中不可替代的作用，通过文物加强国际间的合作，使世界各国人民认识中国，认识中国悠久的历史文化。

12月19日下午，公安部刑侦局副局长黄祖跃、建设部副部长仇保兴、海关总署副署长刘文杰、工商总局副局长韩新民、国家旅游局规划发展与财务司司长魏小安等5个部门的领导同志结合各部门的特点，分别介绍了做好文物保护工作的经验和思路。

12月20日下午，全国文物工作会议座谈会以电视电话会议的形式在国务院第一会议室召开。会议由国务院副秘书长高强主持，国务院副总理李岚清出席会议并发表了重要讲话。国务院有关部门负责同志及全国文物工作会议部分代表约180人出席了主会场会议。各省、自治区、直辖市、计划单列市及部分地、市设立了分会场，全国有2万余人参加了各分会场的会议。座谈会上，山西省副省长薛荣哲介绍了全省在文物保护机构建设方面的工作情况，河南省副省长贾连朝介绍了全省文物保护基础工作的做法和体会，湖南省副省长唐之享介绍了全省文物保护“五纳入”（将文物工作纳入当地经济和社会发展计划、纳入城乡建设规划、纳入财政预算、纳入体制改革、纳入各级领导责任制）工作的经验，西藏自治区副主席次仁卓嘎介绍了布达拉宫等三大保护维修工程的进展情况，陕西省副省长赵德全介绍了大遗址保护的经验。随后，李岚清副总理发表了重要讲话。李岚清指出，这次全国文物工作会议对于做好当前和今后一个时期的文物工作，进一步开创新世纪新阶段文物保护事业新局面，具有十分重要的意义，要充分认识加强文物工作的重大意义，全面、完整、准确地理解和执行文物工作方针，切实加强对文物工作的领导。

与会代表在讨论时一致认为，在全党全国深入学习贯彻党的十六大精神，全面建设小康社会，加快推进社会主义现代化的重要时刻，国务院批准召开本世纪第一次全国文物工作会议，对于促进新时期文物工作具有重要的划时代意义。会议规模大、级别高、内容丰富，确实起到了振奋精神、鼓舞斗志的作用。李岚清在座谈会上的讲话代表党中央、国务院进一步明确了文物工作“保护为主，抢救第一，合理利用，加强管理”的方针，全面总结了文物事业50年来尤其是改革开放以来所取得的巨大成就，高度评价了文物工作在全面建设小康社会、弘扬社会主义先进文化中的特殊优势和重要地位，深刻分析了我国文物事业当前所面临的机遇与挑战并存的形势，深入研究了文物工作的特殊规律，对广大文物工作者在新的历史时期进一步做好文物工作具有深远的历史意义和重要的指导意义。高强、孙家正的重要讲话、单霁翔的工作报告对于当前的文物工作具有很强的针对性、指导性。与会代表一致表示，文博系统的广大干部职工一定要在工作实践中认真学习、深刻领会、积极贯彻李岚清重要讲话精神，勇于担负起通过对优秀传统文化的保护、继承、弘扬和创新来发展先进文化的战略使命，从讲政治和实现民族伟大复兴的高度上认识和推动文物工作。

全国文物工作会议后，国家文物局立即召开了全国文物局长会议，认真学习并贯彻落实李岚清重要讲话和全国文物工作会议精神，对2003年文物重点工作进行了安排和部署。各省、自治区、直辖市人民政府也在电视电话会议结束后，及时召开电视电话会或工作会议，对认真学习贯彻李岚清重要讲话和落实同级文物局2003年文物重点工作提出了具体要求和做出了部署。

认真学习贯彻十六大精神
努力开创文物工作新局面

李岚清

2002年12月20日在全国文物工作会议上的讲话

这次会议是在全党全国人民认真学习贯彻党的十六大精神的形势下召开的新世纪第一次全国文物工作会议。会议的主要任务是以邓小平理论和“三个代表”重要思想为指导，认真贯彻党的十六大精神，研究部署新的《中华人民共和国文物保护法》的实施工作。开好这次会议，对于做好当前和今后一个时期的文物工作，进一步开创新世纪新阶段文物保护事业新局面，具有十分重要的意义。昨天，孙家正同志和单霁翔同志分别作了工作报告，公安部、建设部、海关总署、工商总局、旅游局的负责同志讲了话。他们的讲话我事先看过了，都赞成。刚才，山西省、河南省、湖南省、西藏自治区、陕西省的负责同志在分会场分别发了言，讲的都很好。这里，我再强调几点意见。

一、充分认识加强文物工作的重大意义

做好任何一项工作，首先都要充分认识它的重要意义，这是一个永恒的命题。我觉得，全面建设小康社会新的历史时期，针对我国文物工作的现状，更有强调的必要。我国是世界四大文明古国之一。在漫长的历史岁月，我们的祖先用勤劳和智慧创造了辉煌灿烂的中华文明，给子孙后代留下了丰富的文化遗产。党中央、国务院十分重视文物保护事业的发展，为此作出了一系列重大决策和部署，我国文物工作取得了很大成绩。全国文物保护管理机构和研究机构基本建立，具有较高政治素质和业务素质的文物专业队伍形成，文物保护的法律框架体系基本确立，广大干部群众的文物保护意识有了明显提高，中央和地方对文物保护的财政投入有较大的幅度增长，一大批重要的文物古迹得到有效保护，配合基本建设的考古工作也取得了突出成绩。目前，我国已知的地上地下不可移动文物近40万处，其中全国重点文物保护单位1271处。长城、故宫等28处文物古迹和自然遗产被列入《世界遗产名

录》。全国有博物馆2000余座，拥有馆藏可移动文物约1200万件，其中一级文物63000余件。每年举办各类文物展览8000个，接待国内外观众1.5亿人次。每年赴国外和港澳台地区举办各类文物展览30余个，产生了广泛的积极影响。长期以来，全国广大文物工作者以对历史负责、对人民负责的精神，兢兢业业、任劳任怨、尽职尽责，为保护祖国的宝贵文物，倾注了大量心血和智慧。这里，我向大家表示衷心的感谢和诚挚的慰问。

在充分肯定成绩的同时，我们也要清醒地看到，当前文物工作还存在着许多亟待解决的问题。一些地方保护文物舍不得投入，却热衷于修建假文物；有的地方片面追求经济效益，对文物古迹进行掠夺式开发；在基本建设特别是城市改造中，破坏历史文化名城、拆毁历史文化街区和村镇、毁坏文物的法人违法事件还时有发生；盗窃馆藏文物、盗掘古墓葬、走私文物的犯罪活动屡禁不止，一些地方日趋严重，致使大量古遗址、古墓葬遭到严重破坏，许多珍贵文物流失境外，等等。这些问题不能不引起我们的高度重视。

党的十六大确立了今后20年全面建设小康社会的奋斗目标，对经济、政治、文化、国防和军队建设、祖国统一、外交以及党的建设各方面的工作作出了全面部署，为党和国家事业的发展指明了前进方向，也为文物保护事业的发展提出了新的更高要求。我们必须从全面贯彻"三个代表"重要思想的高度，从全面建设小康社会、开创中国特色社会主义事业新局面的全局出发，充分认识新世纪新阶段加强文物工作的重要意义，与时俱进，开拓创新，加快我国文物事业的发展。

加强文物工作，有利于继承和弘扬中华民族优秀文化，增强民族凝聚力。在漫长历史进程中遗留下来的众多历史文物和革命文物，是一部物化了的中华民族发展史。文物作为历史的物质遗存，是源远流长的中国历史的重要见证，是光辉灿烂的中华文化的重要载体，是维系中华民族团结统一的精神纽带。最近，考古工作者在湖南里耶发现了战国至秦汉时期的古城遗址，挖掘出3.6万余枚秦代简牍，都是当时的官署档案，内容涉及通信、军备、算术、记事等当时社会生活的各个方面，对于研究我国古代历史和文化特别是秦代的历史和文化，具有重大意义。在5000多年的发展历程中，中华民族形成了以爱国主义为核心的团结统一、爱好和平、勤劳勇敢、自强不息的伟大民族精神，这种精神在丰富多彩的历史文物中得到了生动体现。加强对文物的保护、利用和管理，对于传承中华民族的优秀传统文化，发展当代中国的先进文化；对于弘扬和培育民族精神，增强民族自尊心和自豪感，增强中华民族的凝聚力和创造力；对于加强同世界各国的文化交流，扩大中华文明的国际影响，都能够发挥独特的重要作用。特别需要强调的是，许多历史文物是国家对文物所在的地域、水域、海域拥有主权的铁证。做好对我国境内地下、内水和领海中特别是西部、新疆、台湾、南沙群岛等地区文物的考古发掘和科学研究，对于反对民族分裂、巩固民族团结，反对外国势力干涉中国统一和台湾分裂势力搞"台湾独立"、捍卫国家主权和领土完整，具有非常重大的意义。

加强文物工作，有利于推动科学研究，促进经济发展。早在公元前2500年，中国人就开始了仰观天文、俯察地理的活动，产生了许多杰出的科学家和能工巧匠，在天文、历法、地理学、数学、医药学等许多领域，为人类作出了独特的贡献。众所周知，我国有造纸、火药、印刷术、指南针这四大发明。有的学者提出，我国还有中医中药、雕版印刷、赤道坐标、十进位制等重大发明，对人类的科技和文化进步都起到了不可估量的作用。文物是我们的祖先智慧的结晶，反映着不同历史时期科学技术发展的成就，具有重要的科学价值。加强文物工作，能够深入探究文物中凝结的科学原理和高超的工艺技术，使现代科学技术的发展从中得到有益的启示。文物在我国经济发展中所起的重要作用也是有目共睹的。遍布全国各地的历史文物已经成为发展我国旅游业的宝贵资源，在国家旅游业所产生的经济效益中，文物旅游收益占了相当大的比重，成为旅游经济的重要支柱。许多地区依靠得天独厚的文物资源，发展了当地经济。正是北京长城、故宫、西安秦始皇陵兵马俑、敦煌莫高窟、平遥和丽江古城等文物景观，带动了当地交通、商贸和旅游业的发展，扩大了就业，增加了税收，有力地促进了当地经济和社会的协调发展。

加强文物工作，有利于满足人民群众精神文化需求，提高全民族素质。文物对广大人民群众特别是青少年一代具有巨大的吸引力和感召力，很多文物保护单位同时也是爱国主义教育的重要基地。随着我国现代化建设的发展，人民生活总体上达到小康水平，欣赏历史文物，游览名胜古迹，已经成为人们精神生活的一种追求。登临岳阳楼，自然就会使人们想起范仲淹"先天下之忧而忧，后天下之乐而乐"的千古名言；游览长城和故宫，自然就会使人们对中国的悠久历史和灿烂文化发出由衷的赞叹。加强文物工作，合理利用好文物，不但能使广大群众充分感受中国传统文化的魅力，提高科学文化素质，而且还能使他们陶冶情操，增强艺术鉴赏力，丰富精神生活，提高思想道德水平。

总之，文物是我们进行社会主义物质文明和精神文明建设的宝贵资源。各级政府和广大文物工作者要本着对历史负责、对人民负责、对子孙后代负责的精神，做好新世纪新阶段的文物工作。

二、全面、完整、准确地理解和执行文物工作方针

2002年10月，全国人大常委会修订通过的《文物保护法》总结了1982年《文物保护法》公布实施以来文物工作的实践经验，对社会主义市场经济条件下文物的保护、利用和管理等问题进行了规范，对当前文物工作的热点、难点问题作出了正确的回答，是我国文物事业在法制化轨道上继续向前发展的里程碑。这次修改《文物保护法》的一个重要成果，就是确立了文物工作的方针，即"保护为主、抢救第一、合理利用、加强管理"。这个方针是贯穿《文物保护法》的一条主线，也是指导新时期文物工作的基本准则。"保护为主"是这个方针的核心，就是要把文物保护作为文物工作的中心任务。"抢救第一"是做好文物工作的前提，强调要把抢救文物放在文物保护工作的首要位置。"合理利用"就是要在确保文物安全和永久保存的前提下，正确发挥文物在经济和社会发展中的重要作用。"加强管理"是做好文物保护工作的关键，是实现文物有效保护和合理利用的基本保障。文物工作的16字方针是一个互相联系、不可分割的有机整体，彼此间的关系是辩证的。我们要全面、完整、准确地理解这个方针，把思想统一到这个方针上来，保证这个方针得到认真全面有效的贯彻落实。

第一，要在有效保护的前提下实现对文物的合理利用。文物是祖先留给我们的珍贵遗产，是绝对不可再生的宝贵文化资源。我们这代人必须把它保护好，留给子孙后代，并要让子孙后代永远把它保护好。如果保护不好，上对不起祖宗，下对不起子孙。在任何时候、任何情况下，都要坚持"保护为主"，都必须把文物本体及其原生环境的保护和

保存放在主要位置，这是文物事业得以存在和发展的基础，是文物工作安身立命的基石。保护文物和利用文物是相辅相成的。只有有效地保护好文物，才能为合理利用创造必要的前提，而合理的利用又能促进对文物的有效保护。大量事实说明，合理利用文物不仅不妨碍文物的保护，而且有利于促进保护。许多文物特别是历史建筑不利用就很难保护。在利用文物方面，要有科学的态度，既不能只讲保护、不讲利用，也不能急功近利、竭泽而渔，关键是利用要合理。我们必须在坚持文物工作社会效益第一的前提下，努力争取社会效益和经济效益的统一，反对那种不惜以牺牲文物为代价、片面追求经济利益的倾向，坚决克服在这个问题上出现的吃祖宗饭、断子孙路的功利主义短期行为。对于那些一时还不具备“合理利用”条件的文物，也必须先设法将它保护起来，避免自然和人为的损害。例如，秦始皇陵，暂时是不能发掘，就要建设遗址公园，进行有效保护，以防止在陵区盗掘破坏。

第二，要通过加强管理实现对文物的有效保护和合理利用。加强管理是有效保护和合理利用文物的基本保障。要确定合理利用文物的内涵、途径、手段和办法，制止各种对文物不协调、不合理的利用，遏制对文物不择手段的滥用、破坏，杜绝掠夺和破坏性开发、毁灭性拆建，努力实现文物的永久保护、永续利用。各级政府尤其是文物部门要按照文物保护法的要求，加强对文物的管理，提高科学管理水平。一些地方对文物乱堆乱放、缺乏管理；一些地方文物古迹很好，但周边环境却很差，乱建滥造，像个集贸市场，很不协调，必须加强综合治理，尽快改变这种现象。长城是人类历史上最伟大的建筑工程之一，是勤劳勇敢的中华民族的象征，是著名的世界文化遗产。小平同志曾发出号召：爱我中华，修我长城。但是近年来，由于人为破坏、管理不力和自然侵蚀等多种原因，长城的安全面临相当严重的威胁，加强保护已经刻不容缓。要加快有关法律法规建设，大力加强对长城的保护和管理，严禁无序、过度、破坏性的开发利用。文物保护工程的建设不能搞独家垄断，因为垄断既不能保证工期，更不能保证质量。要按照社会主义市场经济的要求去办，在取得文物保护工程资质证书的单位中搞招投标。要签订实施合同和责任书，施工中要有工程监理，严格实行项目责任制，确保工程质量。这里我要强调，近年来，有些地方将国有文物保护单位交旅游企业去经营，这种做法是错误的也是违反《文物保护法》的。旅游公司可以组织游客参观文物古迹，提高经济效益，但不能把国有文物保护单位作为企业资产去赚钱。否则，势必会影响文物的保护，甚至会造成文物的破坏，从长远看也不利于旅游业的持续发展。文物管理部门进行文物保护的投资和费用应列入财政预算，由政府拨款，文物管理部门的合法收入应上交国库，实行收支两条线管理，政府对还款收入只能用于加强和改善文物保护和管理，不得挪作他用。

第三，要注重基本建设中的文物保护。在加快城市更新改造和城镇化进程、实施西部大开发、加强基础设施建设的形势下，如何正确处理文物保护与基本建设的矛盾，是一个十分突出的问题。各级政府、有关部门和单位，必须本着既要有利于经济建设，也要有利于文物保护的原则，坚持在保护文物的前提下进行基本建设和生产建设，在基本建设和生产建设的过程中注重文物保护，能避开的尽量避开，实在不能避开的，要想办法保护好，努力实现文物保护事业和经济建设的协调发展。建设工程涉及文物保护的，要事先征求文物行政部门的同意。大中型基本建设项目在立项前必须按国际惯例进行考古调查、勘探，并把它作为前期环境评估报告的重要内容之一。文物部门要增强紧迫感，积极主动地配合国家基本建设，做好文物抢救工作。当前，特别要配合做好三峡水库、西气东输、南水北调、青藏铁路等大型基本建设工程的考古调查、勘探、发掘和保护工作。在城市建设和土地开发利用中，对文物埋藏密集区也要做好前期考古调查、勘探、发掘和保护工作，并结合城市改造，进一步改善文物古迹的周边环境。要依据《文物保护法》，抓紧制定《历史文化名城保护条例》和《历史文化街区、村镇保护条例》，加强对城乡建设的规划和管理，保护好历史文化名城和历史文化街区、村镇。

*第四，要健全完善文物管理体制和运行机制。*在我国进行改革开放和现代化建设、发展社会主义市场经济的新形势下，文物的经济价值日益显现出来。《文物保护法》规定，在一定条件下、一定范围内文物可以进行交换、购买、销售、拍卖。对于国有馆藏文物的调拨、交换、借用，可以给予合理补偿；民间收藏文物可以依照《文物保护法》和即将公布的《文物保护法实施条例》进行购买、销售、拍卖。我们要按照文物保护法的要求，进一步深化改革，逐步建立起适应社会主义市场经济体制要求、遵循文物工作自身规律、以国家保护为主并鼓励全社会广泛参与保护、充满生机与活力的文物管理体制和运行机制。

*第五，要采用现代科技手段加强文物保护。*文物保护是一门科学性和技术性很强的学问。在文物保护工作中，如何把运用传统工艺和采用现代科技成果统一起来，是一个十分重要的课题。一方面，文物保护特别是对古建筑的维修保护，必须尊重历史，充分运用优秀传统技术、材料、工艺，严格遵守“不改变文物原状”的原则。另一方面，时代在前进，科技在发展，文物保护技术也要与时俱进。当今时代的文物保护不能一味只讲传统技术、材料和工艺，而要充分吸收现代科学技术发展的最新成果，合理地采用新技术、新材料、新工艺来解决文物保护方面的疑难问题，比如，西藏传统建筑使用“阿嘎土”作为隔水材料，但现在由于环境、气候变化，西藏地区雨量增大，防水性能较差的“阿嘎土”就不适用了。如果现在完全使用过去的建筑材料，只沿用传统工艺技术，可能维修后还会漏水。使用新材料、新技术、新工艺与保持文物原貌并不冲突，在传统的技术不可能解决保护中存在的问题时，使用新材料、新工艺和新技术，也是国际上一个通行的做法。当然，采用这种做法既要积极也要审慎，要注意与传统工艺相结合，避免因使用不当而对文物本体或环境造成不可弥补的破坏，对一些具有特殊价值的古建筑更应该慎之又慎。以前对古建筑的维修保护有个说法，叫“整旧如旧”。我认为，这个“旧”不应是指陈旧、破破烂烂，而是指恢复原貌，还文物的本来面目。把古建筑改头换面是不对的，弄得面目全非更是错误的，但“蓬头垢面”也是不行的。即使是随着岁月流逝原貌已不可能恢复的遗址，也应经过充分论证，加以适当修整，在保护的同时，增强可观赏性。要根据文物工作的实际需要，抓紧筹建文物保护中心、研究中心、信息中心和古建研究中心，推进文物保护的技术研究、理论研究、信息共享和古建筑的维护，通过文物系统和科研机构、高等院校的共建，实现优势互补。要充分采用现代信息技术手段，提高文物保护、利用和管理的现代化水平。要把专业研究与人才培养结合起来，抓紧培养一批有真才实学、甘愿献身文物保护事业的专业人才，保证文物事业的发展后继有人。文物保护是一门综合学科，学术观点上可以不同，我们也提倡百家争鸣。但在文物工作中，我们只能依法办事，不能因学术上的争论而影响工作的正常开展。

三、切实加强对文物工作的领导

新的《文物保护法》已经公布，党中央、国务院关于文物工作的方针任务已经明确，做好今后的文物工作，关键在于加强领导，狠抓落实。

*一是要进一步统一思想认识。*文物保护的水平，体现了一个国家、一个民族的文化素质和文明程度。不重视文化遗产保护工作，是没有文化、缺少文化素养的表现。保护文物是全体公民义不容辞的责任。各级党委、政府要把思想统一到《文物保护法》上来，高度重视文物工作，提高文物保护意识，充分认识做好文物工作的重要性和紧迫性，切实承担起保护文物的责任。要按照1997年《国务院关于加强和改善文物工作的通知》（国发〔1997〕13号）精神，把文物保护纳入当地经济和社会发展计划、城乡建设规划、财政预算、体制改革、各级领导责任制。继续加大文物保护的投入，少说空话，多干实事，杜绝造假。对急需进行的文物保护和抢修工作要及时作出决策，对涉及许多部门的问题，党政负责同志要亲自出面，搞好协调。文物是人民群众创造出来的，也要依靠人民群众来保护。要进一步形成政府加强领导、各部门密切配合、广大群众积极参与的文物保护工作新格局。

*二是要认真做好文物保护的基础性工作。*把文物工作的家底摸清楚，做到心中有数，这是做好新时期文物工作的基础。要深入调查全国不可移动文物和馆藏可移动文物的数量、分布和保护的基本状况，建立文物档案，增强保护工作的针对性、有效性和科学性。对全国重点文物的保护维修，要按轻重缓急排列出优先顺序，按规划滚动式推进。大型的古遗址、古墓葬和古建筑群要先制定好保护规划，分步实施。各地对本辖区重要的省级文物保护单位的保护也要提出规划，安排专项资金分步实施。要深入调查全国文物单位、机构和文物工作队伍的基本状况，区别情况、分门别类，推进文物系统事业单位的改革，进一步建立健全文物工作机构，提高文物工作队伍的思想道德素质和业务素质。要深入了解和掌握新时期文物工作出现的新情况新问题，按照国务院的要求，全面清理已经形成的行政法规和法规性文件，积极做好与《文物保护法》相配套的法规体系的补充和完善工作。要大力加强博物馆建设。博物馆要健全博物馆的各项规章制度，提高管理水平，确保馆藏文物的安全，充分发挥收藏、研究、展示文物的职能。要制定政策措施，鼓励社会各界力量兴办各种综合性或专题性的博物馆，发展博物馆事业。

*三是要依法打击各种文物犯罪活动。*各级政府的领导和文物系统的干部职工要带头认真学习、严格执行《文物保护法》，研究和解决本地区文物工作当前存在的突出问题，坚决制止各种人为原因造成的文物损毁和破坏。对于拆毁真文物、兴造假古董和大型假文物的错误做法，必须认真检查，坚决纠正。当前，非法经营文物特别是出土文物的现象相当严重。公安、工商、经贸、海关、文物等有关部门，要联合行动，标本兼治，防治结合，大力整顿和规范文物市场秩序，加大对各种文物犯罪活动的打击力度，重点是打击非法买卖出土文物。对各种文物犯罪分子都要依法严加惩处，特别是对那些内外勾结，疯狂盗窃文物、盗掘古墓葬、走私国家文物的犯罪团伙和走私集团，要依法严惩不贷。要把《文物保护法》作为全民普法教育的一项重要内容，进一步提高各级政府和广大人民群众的文物保护意识，形成"保护文物，人人有责"的良好社会风尚。

做好文物工作是历史赋予我们的光荣使命。让我们在以胡锦涛同志为总书记的党中央领导下，认真学习贯彻党的十六大精神，高举邓小平理论伟大旗帜，全面贯彻“三个代表”重要思想，严格执行《文物保护法》，继往开来，与时俱进，努力开创我国文物保护事业的新局面，为中国特色社会主义建设作出新的更大贡献。

在全国文物工作会议上的讲话

文化部部长 孙家正

2002年12月19日

同志们：

在全党全国深入学习贯彻党的十六大精神，全面建设小康社会，加快推进社会主义现代化新的发展阶段，国务院批准召开了全国文物工作会议。各省、自治区、直辖市的领导同志、中央有关部门的负责同志与文物战线的同志们聚集一堂，共商新时期繁荣发展文物事业的大计，充分体现了党中央、国务院对文化建设特别是文物工作的高度重视和巨大关怀，标志着文物工作作为政府行为进一步纳入了政府工作的重要议程。我谨代表文化部和全体文化、文物工作者，向同志们表示热烈欢迎，衷心感谢大家对文物工作的关心和支持！

1995年全国文物工作会议以来，在党的文物工作方针指引下，依靠中央有关部门和各地党委、政府的重视与支持，经过文物部门广大干部职工的共同努力，文物、博物馆事业取得了显著成就。这次会议是跨入新世纪以来的第一次全国文物工作会议，将极大地推动新时期文物工作的长足发展。

当前，文物工作面临着非常好的发展机遇。党的十六大全面规划了新世纪新阶段中国特色社会主义现代化事业的宏伟蓝图，确定了全面建设小康社会的宏伟目标，指明了文物、博物馆事业在社会主义现代化建设中的重要地位和作用。全国人大常委会修订、颁布了新的《中华人民共和国文物保护法》。国务院建立了文物工作部际协调会议制度。中央有关部门提出了新时期贯彻《文物保护法》和进一步做好文物保护“五纳入”的实施意见。党中央、国务院领导同志对这次会议给予了极大关注。岚清同志将发表重要讲话，对文物工作提出指导性意见。希望大家认真领会，集思广益，共同为开创文物工作新局面献计献策。

下面，我就贯彻党的十六大精神和江泽民同志“三个代表”重要思想的要求，统一思想，振奋精神，做好新时期的文物工作，讲一点意见，供同志们参考。

一、认真学习贯彻十六大精神，增强做好新时期文物工作的使命感和责任感

党的十六大确立了“三个代表”重要思想的指导地位，提出了全面建设小康社会的奋斗目标，对建设中国特色社会主义经济、政治、文化和加强党的建设等各项工作作出了全面部署。江泽民同志在党的十六大报告中指出，全面建设小康社会，必须大力发展社会主义文化，建设社会主义精神文明。我们一定要认真学习、深刻领会十六大精神，

充分认识文物事业在构建当代中国先进文化中的重要地位和作用，充分认识积极推进文物保护和博物馆建设的创新实践，对于弘扬和培育民族精神，不断增强人们的精神力量，促进中华民族的伟大复兴有重大而深远的意义，进一步增强做好新时期文物工作的使命感和责任感。

随着经济全球化、政治多极化的曲折发展，当今世界各种思想文化的相互激荡也日趋激烈。发达国家，凭借其经济实力、高新技术和营销网络，不遗余力地加强文化的渗透和扩张。面对这一严峻形势，发展中国家普遍认识到保护、发展本土文化的极端重要性和现实紧迫性，积极倡导对文化多样性的保护和弘扬，大力增强国民对自身民族文化的认同感、归属感和自豪感。中国是一个拥有优秀民族传统和辉煌历史文化的发展中国家，博大精深的民族文化遗产作为全民族的宝贵财富，既是我们历史悠久、文化灿烂这一基本国情的重要载体，也是我们进行社会主义物质文明和精神文明建设的珍贵资源和特殊优势。保护好祖国珍贵文化遗产，通过展示与普及，充分发挥其社会教育功能，使之成为凝聚民族力量的强大精神纽带和激发爱国热忱的力量源泉，激励全民族以博大的胸怀面对世界，把握未来，更加积极地投身振兴中华的伟大事业。近几年来，江泽民同志一再谈到我国的综合国力包括经济实力、军事实力和民族凝聚力，并强调指出，要把弘扬民族精神和增强民族凝聚力作为文化建设的一个极为重要的任务，使广大人民在建设有中国特色社会主义的征途上，始终保持奋发有为、昂扬向上的精神状态。我们必须充分认识我国文物事业在当代国际文化和综合国力激烈竞争中的突出价值和作用，担当起弘扬民族精神、凝聚民族力量的神圣使命，为加快我国社会主义现代化建设作出应有的贡献。

按照党的十六大作出的总体部署，21世纪头一二十年，我国将进入全面建设小康社会，加快推进社会主义现代化新的发展阶段，我们党将团结和带领全国各族人民，实现推进现代化建设、完成祖国统一、维护世界和平与促进共同发展的历史任务。在这一极具历史意义的战略机遇期，随着改革开放和经济建设高潮的到来，中国特色社会主义的政治文明和精神文明建设将获得空前的发展，人民群众的精神文化需求将持续高涨。坚持先进文化的前进方向，大力建设和繁荣社会主义文化，不断丰富人们的精神世界，不断增强人们的精神力量，为改革开放和现代化建设的健康发展提供有力的思想保证和良好的舆论环境，将成为全国文化工作者必须承担的一项重大历史性课题。机不可失，时不我待。广大文物工作者一定要提高对新世纪新阶段文物事业发展战略机遇期的认识，从全局性和战略性的高度，认真分析和把握新时期文物事业面临的形势和任务，高举邓小平理论伟大旗帜，按照“三个代表”的要求改进我们的各项工作，努力开创文物事业繁荣发展的新局面。

当前，我国正处在由计划经济向社会主义市场经济的重大转轨期，文物工作既面临着快速发展的大好机遇，又面临着复杂而艰巨的形势。从世界各国发展的经验看，越是在市场经济条件下，越要加强政府对文物的抢救、保护和管理。改革开放和经济的快速发展，一方面能够为文化、文物工作提供更好的基础和条件；另一方面，经济的快速发展，大面积的城乡开发和建设，也使文化遗产的保护面临着复杂的情况和艰巨的任务。比如城市建设，一些地区的城市建设忽视历史遗存，忽视民族的地域的特征，片面追求面貌焕然一新，结果使其悠久的历史失却了记忆，鲜明个性失去特征。保护文物就是保持我们与祖先联系、沟通的渠道，就是保护中华民族的文化根基。时代在发展,形势在变化,文物工作一定要适应新形势、新要求,积极创建新体制、新成绩。

二、坚持以“三个代表”的要求统领文化建设,充分发挥文物工作对构建当代中国先进文化的突出价值和作用

党的十六大把“三个代表”的重要思想确定为党必须长期坚持的指导思想,要求我们以“三个代表”统领文化建设。我们要深刻认识“三个代表”重要思想集中反映了新的历史条件下人民群众对我党各项工作的新要求,自觉对照“三个代表”的要求,坚持先进文化的前进方向,结合新世纪新阶段文物工作面临的新形势、新任务,加强和改进文物、博物馆的各项工作。

(一)全面贯彻“三个代表”的要求,坚持先进文化的前进方向,需要我们大力保护和继承祖国优秀传统文化,培育和弘扬民族精神

我国是一个有着悠久历史和灿烂文化的文明古国。在漫长的历史进程中,我们的先人创造了连绵不断、世罕其匹的中华文明,为人类的文明与进步作出了不可磨灭的贡献,形成了独树一帜的卓越民族精神和优秀传统文化。

现实中国是历史中国的发展。民族优秀传统文化是我们建设当代中国先进文化的根基和依托,是凝聚民族和发展民族,并使之立于世界之林的精神支柱。在整个文化事业中,文物工作与民族优秀文化传统的关系最为紧密,它承担着保护民族文化遗产、弘扬民族精神的重要职责。做好新时期的文物工作,一要坚持马列主义、毛泽东思想、邓小平理论和“三个代表”重要思想的指导地位,全面贯彻江泽民同志关于“大力发展面向现代化、面向世界、面向未来的、民族的、科学的、大众的社会主义文化”的科学论述,加强文物保护,充分发挥文物见证历史、弘扬传统的独特功能,为改革开放和现代化建设提供强大的精神动力和智力支持;二要坚持继承优秀传统文化与弘扬时代精神相结合的原则,科学分析传统文化的丰厚内涵,准确把握传统文化的精髓实质,使优秀传统文化融会到当代文化创新的实践中来,成为中国特色社会主义文化的重要内容;三要坚持解放思想、实事求是的思想路线,弘扬与时俱进的精神,不断适应新情况,研究新问题,提出新思路,开拓新境界,在改革中求发展,在发展中求创新,切实加强和推进文物事业的自身建设。

(二)全面贯彻“三个代表”的要求,坚持先进文化的前进方向,要求我们坚持党的文物工作方针,坚持社会效益第一的原则,努力把文物事业发展成为政府支持为主、群众广泛参与、社会贡献率高的公共事业

文物事业作为保护、研究和展示文化遗产的社会公益事业,具有十分显著的文化性、群众性和标志性,在文化、科学、教育等领域发挥着独特的社会功能。在我国加快推进现代化建设,社会主义市场经济体制逐步完善和深入发展的新形势下,一方面必须进一步明确文博工作作为文化教育事业的社会公益属性,强调它是一项能够促进经济、社会持续发展的事业,各级政府必须对其提供经费保证和法律、政策的扶持,为其创造有利于把社会效益放在首位的良好条件;另一方面,又要适应社会主义市场经济体制的要求,深化改革,加强管理,不断增强自身发展的活力。

新时期的文物工作,要把贯彻落实“保护为主,抢救第一,合理利用,加强管理”的文物工作方针,建立政府主导、社会参与的文物工作新体制,作为繁荣发展有中国特色社会主义文物事业的长期奋斗目标。各级文

物部门要牢牢坚持以“三个代表”的要求总揽全局，牢牢坚持为人民服务、为社会主义服务的根本方向，牢牢坚持党的文物工作方针，不断研究新情况，解决新问题，寻求新突破，开创新局面。要认真调查研究近年来各地的创新实践和典型经验，提出进一步确立新体制、推动“五纳入”的具体措施和方法。要切实承担起政府部门对博物馆行业的主导职责，集中力量在大城市和一些重点城市规划建设好一批代表国家或地区文明形象的大中型、骨干型博物馆；继续发展和完善综合性、历史性博物馆，注重建设符合时代需要的、具有行业代表性和鲜明个性特色的各类专题博物馆。与此同时，要本着积极扶持，加强管理的原则，制定相关法规，完善保障措施，有效地促进和引导社会团体、公民个人兴办品类各异、独具特色的民办专题博物馆，逐步促进博物馆的社会化发展，使文博事业真正成为全社会的共同事业。

（三）全面贯彻“三个代表”的要求，坚持先进文化的前进方向，要求我们密切关注新世纪新阶段我国文物工作所处社会环境发生的深刻变化，大力提高各类文博单位的服务水平

在我国加快推进改革开放和现代化建设新的历史进程中，物质生活水平的不断提高，现代科学技术和传播手段的日新月异，将使公众的知识领域和审美情趣进一步扩展。一方面，广大群众对文博领域各类精神产品的内容和形式将提出更高的要求；另一方面，社会各界将更加关注文博单位的参观环境和相关服务。但从当前的总体情况看，我们各级各类文博单位推出的参观、服务项目还不够丰富，还缺乏应有的吸引力和感召力，与时代的要求、与人民群众的要求还有一定的差距。我们要努力适应时代潮流，不断推出精心的策划与选题、新颖的形式与手段、优质的环境与接待，以全新的工作理念和传播方式面向社会，以更具吸引力和感染力的精神产品奉献给大众。

首先，要紧紧把握时代脉搏。各类陈列展览及出版物、宣传品要充分体现文物工作的先进性、文化性和群众性，选题要准，立意要新，要引起广大群众的关注与共鸣。

其次，要大力提高精品意识。面向公众的开放、服务项目，要深入挖掘文物的丰富内涵，反映最新研究成果，提高学术文化含量，满足公众对精品文化的精神需求。

第三，要在展示艺术和表现手法上寻求新的探索和突破，注重高新技术和材料的合理运用，实现思想性与艺术性、科学性与观赏性、教育性与趣味性的完美结合，努力打造公众喜闻乐见的文化品牌。

第四，要改进展览的参观组织和讲解咨询，针对不同职业、不同年龄、不同文化层次和不同文化背景的各类观众，提供热情周到、细致入微的接待服务，使参观文物、博物馆成为广大群众精神文化生活的追求和时尚。

三、全面贯彻《文物保护法》，保证和促进文物事业的健康发展

《文物保护法》是文物工作的大法，是文物工作统一认识的基本依据，是规范政府、社会团体和公民行为的法律准绳。全面地贯彻执行《文物保护法》是文物事业健康发展的根本保证。当前，要突出抓好《文物保护法》的宣传贯彻，大力倡导和树立保护文物人人有责的思想观念，使保护文物成为全社会的道德规范和法律准绳，成为每个公民的精神素质。要加大执法力度，依法打击盗窃、走私、破坏文物的犯罪行为。要全面理解和贯彻“保护为主，抢救第一，合理利用，加强管理”的文物工作方针。保护是前提；抢救是当务之急。科学合理的利用，文物的

价值才能得以体现，同时也有利于文物的保护；关键在于加强管理。我们要妥善处理文物抢救、保护与经济、社会发展需要的关系，积极探索保护前提下的利用，科学、合理地发挥文物对弘扬中华文化的重要作用。要坚持保护与利用的良性互动，树立文物资源有效保护与合理利用的发展理念，坚持反对和防止不顾文物及其环境的客观承受力，不顾长远发展需要的盲目利用和恶性开发，促进文物事业可持续发展。要通过深化改革，加强管理，提高文物工作的整体水平。要在继续加强各类不可移动文物和馆藏文物、标本的管理，改善保护、展示条件的基础上，进一步扩展文物的工作视野，积极开展对民间文物收藏品和非无物质形态文化遗产的登记、管理，促进合法的民间收藏物向公众展示和开放；抓紧对一些濒临灭绝的民族艺术、民间绝技、民俗文化等遗产进行抢救和保护。要实行更多的优惠和鼓励，加强对少数文物保护、宣传工作的指导和扶持，做好对西部少数民族地区文物、博物馆工作的对口支援。

同志们，这次全国文物工作会议是在党的十六大精神指引下召开的，必将全面推动新时期文物事业的繁荣与发展。我们一定要以党的十六大精神为指针，紧紧抓住正在面临的重要战略机遇期，努力实践“三个代表”重要思想，深入贯彻“保护为主，抢救第一，合理利用，加强管理”的方针，与时俱进，大胆创新，不断取得文物工作的新成就，为建设中国特色社会主义的伟大事业作出更大贡献！

保护祖国文物、传承中华文明、弘扬先进文化，努力推进文物事业的持续发展

国家文物局局长　单霁翔

2002年12月19日在全国文物工作会议上的讲话

同志们：

在党的十六大精神指引下，新世纪的第一次全国文物工作会议隆重召开了。这次会议的主题是：认真学习、贯彻党的十六大精神，以“三个代表”重要思想为指导，全面回顾和总结1995年以来我国文物工作取得的成就和经验，继往开来，与时俱进，努力开创文物工作的新局面。现在，我代表国家文物局向会议作工作报告。报告共分两个部分：一是7年来工作的回顾与体会；二是本世纪头10年的工作要点与基本思路。

一、1995年以来文物工作的回顾和体会

1995年西安全国文物工作会议之后的7年来，我国经济持续快速健康发展，国家繁荣稳定，人民安居乐业，为文物事业的发展提供了前所未有的机遇。在党中央、国务院的领导和关心下，在文化部党组的指导下，在各级党委、政府的支持下，全国文物系统广大干部职工高举邓小平理论伟大旗帜，坚持贯彻“三个代表”重要思想，坚持党的

文物工作方针和原则，坚持紧紧围绕经济建设这个中心，服从与服务于全党、全国工作的大局，团结奋斗，努力工作，在传承中华民族文明精粹，弘扬我国优秀传统文化，发展社会主义先进文化等方面做了大量工作，取得了显著成就。

*7年来，文物保护工作实现了前所未有的发展，社会效益和经济效益显著增强。*我国的世界遗产总数达到了28处，居于世界前列。1996年以来国务院先后公布770处全国重点文物保护单位，超过了新中国成立后40多年所公布的总和，总数达到1271处。各省、自治区、直辖市政府和市、县级政府也分别公布了新的省、市县级文物保护单位。据不完全统计，我国已公布的省级文物保护单位近7000处，市县级文物保护单位6万余处。文物保护单位“四有”建设、馆藏文物建档和全国文博单位基本情况普查等基础性工作扎实推进，包括西藏布达拉宫、天津独乐寺、青海瞿昙寺、河北隆兴寺大悲阁在内的一批较大的文物保护工程陆续完成，基本实现了前四批全国重点文物保护单位没有大的险情的目标。故宫、洛阳龙门石窟、大同云岗石窟等一批重点文物保护单位进行了大规模整治，使周边环境得到明显改善。开展了有史以来规模最大的配合黄河小浪底水库、长江三峡水利工程建设等国家大型基本建设项目的文物保护工程。国家历史文化名城、全国重点文物保护单位以及大遗址保护规划的编制和实施工作明显加强，当城市规划和工程建设与文物保护之间出现矛盾时，一些重点建设项目及时修改规划设计，使广州南越王宫署、杭州良渚遗址、黑龙江阿城金代宫殿、青海民和马厂塬等一批重要遗址得到妥善保护。配合国家经济建设而开展的考古工作不断取得重大成果，如湖南湘西里耶秦简、成都金沙商周遗址、西安安伽墓等的发现，极大地推动了对我国古代历史和文化的认识。包括边疆考古、水下考古、航空遥感考古在内的考古学术研究进展加快。全国各类博物馆的数量已达到2000余座，每年推出陈列展览8000多个，接待国内外观众1.5亿人次。新建的上海博物馆、河南博物院、西藏博物馆、青海博物馆、福建博物院等现代化程度较高，提升了我国博物馆的综合水平。召开了全国革命文物工作会议和全国少数民族文物工作会议，中共中央办公厅和国务院办公厅转发了《中共中央宣传部、国家教委、民政部、文化部、国家文物局、共青团中央关于加强革命文物工作的意见》，国家民委和国家文物局联合下发了《关于加强少数民族文物工作的意见》，促进了革命文物和少数民族文物保护工作的深入开展。

*7年来，文物法制建设不断加强，初步形成了以《中华人民共和国文物保护法》为核心，以专项法规、部门规章和地方法规为骨干的文物保护法规体系。*1982年公布实施的《文物保护法》是我国文物保护事业的第一部法律，在保护祖国文化遗产方面发挥了巨大作用。2002年10月，全国人大常委会审议通过了《文物保护法》修订案，为新世纪我国文物工作的发展提供了更加有力的法律保障。各级人大、政府着力加强文物保护法规体系建设，出台了一批具有很强针对性和操作性的行政规章和地方法规，初步营造了依法决策、依法管理的文物保护法律环境。此外，我国还加入了与文化遗产保护有关的4个国际公约。各级人民政府及相关职能部门加强了依法行政的力度，在充分发挥文物行政部门执法作用的同时，组建了各种形式的文物执法队伍，依法处理违反法律、违背文物工作规律、造成文物破坏的行为。稳步推进文物系统博物馆风险等级达标工作，文物安全保卫工作得到了进一步加强。公安、海关、工商等部门会同各级文物部

门，破获了一批走私、盗窃、盗掘文物的案件，有力地打击了违法犯罪分子的嚣张气焰，并依据国际公约多次成功追索被走私出境的中国文物。

7年来，各级党委、人大、政府和政协对文物工作关心、重视的程度普遍提高。按照党中央、国务院关于文物保护“五纳入”工作的统一部署，将文物保护纳入当地经济和社会发展计划，纳入城乡建设规划，纳入财政预算，纳入体制改革，纳入各级领导责任制，不断提升文物工作的社会地位和文物事业的整体水平。文物保护经费增长较快，中央财政用于文物保护的专项补助经费从1995年的1.29亿元增加至2002年的2.76亿元；各级地方政府普遍设立了文物保护专项资金，用于文物事业的经费逐年有所增加，“九五”期间的投入达到19.6亿元。北京市政府于2000年出台了“三年3.3亿元文物抢救修缮计划”，并将于2003年至2008年间，每年再投入1.2亿元用于文物保护。山西省在机构改革中不仅加强了省级文物行政部门，而且在所有的地市都设立了文物管理机构。湖南省委、省政府大力推进“五纳入”，有效改善和加强了全省的文物工作。同时，社会各界支持、参与文物保护的积极性日益高涨。各行各业的专家、学者为文物保护事业献计献策，提供了大量的智力和技术支持。中国博物馆学会、中国文物学会等社会团体积极参与文物、博物馆工作，获得了良好的社会反响。全国各地活跃着数以万计的业余文物保护员队伍，为保护文物安全作出了很大贡献。新闻媒体积极报道文物工作的新进展、新成就，抨击破坏文物的违法行为，有效地提高了全社会的文物保护意识。广大人民群众和海内外有关人士以多种形式参与文物保护，文物工作的社会环境进一步改善。实践表明，以国家保护为主，动员全社会共同参与的文物保护新体制已初步形成，并显示出旺盛的生命力。

7年来，全国广大文物、博物馆工作者不仅精心守护着我国近40万处不可移动文物和1200万件馆藏文物，还十分注重发挥文物在社会主义经济建设和文化建设中的重要作用。文博单位的开放、管理水平明显提高，在利用文物资源促进经济发展方面，发挥了积极作用。一些文物丰富地区，如北京、西安、承德、曲阜、平遥、丽江等，以及一些著名的文博单位，如故宫博物院、敦煌研究院、秦始皇兵马俑博物馆等都已成为我国在海内外旅游市场具有较大影响和较强竞争力的文物旅游城市和景区。7年来，文物工作在促进与推动我国对外交往方面也发挥了巨大的作用，文物领域的国际交流与合作不断扩大与加深，政府间的合作继续加强，100多个中国文物展览亮相世界，向世界人民介绍了博大精深的中国古代文化，展现了改革开放给中国带来的深刻变化。积极探索多种国际合作形式，与多个国际组织和学术机构共同开展文物保护与科学研究，参与了联合国援助柬埔寨吴哥窟保护维修项目，在国际舞台上展示了我国文物保护工作的实力和水平。

7年来，文物考古学术和文物保护技术研究稳步发展。一大批重点学术课题取得突破，夏商周断代工程取得阶段性重大成果，中华文明探源课题进展顺利，许多高水平的文物考古科研成果发表出版。文物事业信息化建设开端良好，国家文物局发布了《全国文物、博物馆事业信息化建设“十五”规划》，以故宫博物院、上海博物馆、河南博物院为代表的一批文博单位在信息化建设方面取得进展。一批有关古建筑、石窟保护维修。馆藏文物和重要出土文物保护等技术难题得到解决，现代科学技术在文物保护工作中发挥着越来越大的作用。

7年来，文物队伍建设取得明显进展。

尽管全国文物系统仅有7万余人,大多数单位的工作和生活条件还十分艰苦,但这支队伍始终保持艰苦奋斗、淡泊名利、无私奉献的光荣传统,讲学习、讲政治、讲正气,遵守《中国文物、博物馆工作者职业道德准则》,表现出高度政治觉悟、良好思想品德、较强业务素质、优良工作作风,已经成为堪当文物事业发展重任的生力军。

回顾7年来文物事业的发展,我们深深地体会到:

只有坚持以马列主义、毛泽东思想、邓小平理论和"三个代表"重要思想为指导,贯彻执行党的文物工作方针,才能保证文物事业始终沿着正确方向健康发展。

只有以经济建设为中心,综合国力全面提高,政治稳定,国富民强,才能为文物事业的繁荣发展奠定坚实的基础。

只有坚持先进文化前进方向,充分发挥文物工作在社会主义精神文明和物质文明建设中的作用,才能使文物事业实现自身价值,获得生存发展的不竭动力。

只有建立国家保护为主,动员全社会共同参与的文物保护新体制,才能使文物工作的地位不断提升,才能使文物事业获得更为广泛的支持。

只有加强文物法制建设,不断丰富和完善文物保护法规体系,依法管理,依法行政,才能保证文物事业沿着法制化、科学化、规范化的轨道正常运转。

只有时刻把文物安全放在首位,严防死守,警钟长鸣,切实加强文物安全工作,才能使文物事业安身立命,大有作为。

只有加强队伍建设,注重文物、博物馆事业人才培养,不断增加文物工作的科技含量,才能保证文物事业适应时代要求,不断提高工作水平。

只有紧跟时代步伐,坚持解放思想,实事求是,与时俱进,改革创新,才能使文物事业始终保持生机与活力,不断开创新局面。

7年来文物工作的成就和经验充分表明,文物事业的每一步发展都离不开党中央、国务院的高度重视和亲切关怀,离不开各级党委、政府和有关部门的大力支持,离不开广大人民群众的积极参与,离不开文物战线广大科学工作者和干部职工的辛勤努力。在此,请允许我代表国家文物局,向所有关心、支持和参与文物事业的各级党委、政府和有关方面,向所有为我国文物工作付出辛勤劳动、作出巨大贡献的同志们、朋友们表示崇高的敬意和诚挚的感谢。

在充分肯定成绩的同时,我们也清醒地认识到,目前我国文物事业发展的总体水平与我们文明古国、文物大国的地位不相适应,与我们面临的文物保护、管理、利用的繁重任务不相适应,与人民群众日益增长的物质文化和精神文化需要不相适应。

一方面,各类文物遭受破坏的情况还相当严重。一是经济建设与文物保护的矛盾仍然突出,或在进行基本建设时有法不依,破坏古遗址、古墓葬等文物古迹;或在旧城改造和城市化建设中忽视文物保护,拆毁有价值的文物建筑和历史街区,导致一些历史文化名城丧失传统风貌和特色,有的重要历史文化街区、村镇名存实亡。二是一些地区在发展旅游和地方经济的过程中,忽视国家整体利益和长远需要,或热衷于在世界遗产地、文物保护单位的保护范围内进行缺乏历史根据的复建和新建;或违背文物工作规律,擅自改变文物管理体制,将国有文物的管理权和经营权转移给企业,引发许多不良后果。三是个别政府部门和法人违法的行为屡禁不止,有法不依、执法不严、以言代法、以罚代刑的现象尤为突出。四是盗掘古遗址、古墓葬和盗窃、走私珍贵文物的犯罪案件居高不下,境内外团伙相互勾结,犯罪手法趋于集团化、智能化、暴力化,造成文物的严重损毁和流失。

另一方面，在文物工作的一些问题上还存在着认识上的误区和理解上的偏差，在一定程度上制约了文物工作的健康发展。一是文物保护新体制的建设还不够完善，“五纳入”工作没有得到深入落实，文物保护的法规体系建设还亟待加强。二是一些地方文物行政部门和文物保护机构不健全，经费严重不足，设施落后，影响了文物保护工作的有效开展。三是文物保护的各项基础工作仍很薄弱，文物的登记建档工作还不够完备，“四有”工作尚未全面完成，仍有相当数量的文物保护单位没有制定保护规划。

以上问题，有的是多年遗留，有的是近年新热。要从根本上解决这些问题，需要一定的时间和过程。但我们不能消极等待、无所作为，必须以高度的责任心和使命感去履行职责，解放思想，开拓进取，才能够不辜负党和人民的期望，肩负起时代的重托。

二、本世纪头10年的工作要点与基本思路

人类社会已经进入充满生机与希望的21世纪。党的十六大全面规划了新世纪、新阶段的宏伟蓝图，标志着全党全国满怀信心地跨上了全面建设小康社会，加快推进社会主义现代化的新征程。文物事业连结着民族的历史、现实和未来，是我国社会主义精神文明和物质文明建设的重要组成部分。党和政府十分重视文物工作。改革开放以来，党中央、国务院为文物工作制定了明确的方针和原则，作出了一系列重大部署。1997年国务院发出《关于加强和改善文物工作的通知》，为新时期文物工作指明了前进的方向。以江泽民同志为核心的第三代中央领导集体，多次视察文博单位，对文物事业作出了一系列重要指示。胡锦涛总书记和中央书记处的领导同志在党的十六大胜利闭幕不久，就到西柏坡纪念馆和中共中央、解放军总部旧址学习考察，是对文博工作的巨大鼓舞。李岚清等领导同志经常听取文物工作汇报，并对故宫、布达拉宫保护维修工程、湖南长沙走马楼三国吴简保护和秦始皇陵遗址公园建设等重大问题作出明确指示。当前，文物工作正面临着非常好的发展机遇。党的十六大确定的奋斗目标和战略部署，全国人大常委会新修订的《文物保护法》，国务院建立的文物工作部际协调会议制度，中央有关部门提出的进一步做好文物保护“五纳入”的通知等，为新时期的文物工作提供了强大的精神动力和政策保证。我们一定要从新世纪实现中华民族伟大复兴的时代需要出发，承担起历史赋予的崇高责任，开创文物工作的新局面。

新世纪头10年文物工作的指导思想和总体目标是：以邓小平理论和“三个代表”的重要思想总揽全局，紧紧围绕党的十六大确定的全面建设小康社会必须大力发展先进文化的战略部署，坚持“保护为主，抢救第一，合理利用，加强管理”的文物工作方针，深入贯彻执行《文物保护法》，抓住机遇、开拓创新，扎实工作、奋发图强，不断增强文物事业的发展活力，为把我国建设成为世界文物保护强国而奋斗。

（一）深入贯彻文物工作方针，不断推进文物事业的健康发展

党中央、国务院从我国处在社会主义初级阶段的基本国情出发，提出了新时期的文物工作方针是“保护为主，抢救第一，合理利用，加强管理”，新修订的《文物保护法》又将这一方针以法律的形式予以明确。这一方针最大限度地保留了原方针和原则的科学内涵，符合新时期文物工作形势的变化和发展，体现出对文物工作改革创新、与时俱进的时代要求，是科学的、富有远见和创造性的。在今后相当长的时期内，我国文物工

作必须全面地、完整地、坚定不移地坚持“保护为主，抢救第一，合理利用，加强管理”的方针，推进新时期的文物保护工作。

“保护为主”强调了文物工作的根本任务。要求各级人民政府应当重视文物保护，正确处理经济建设、社会发展与文物保护的关系，确保文物安全。同时也要求文物工作在任何时候、任何情况下，都必须把文物本体及其原生环境的保护和保存放在首位，这是文物事业得以存在和发展的基础，是文物工作安身立命的基石，也是国际社会关于文化遗产保护的通则。在当前情况下，我们要着重加强文物保护工作的理论研究，要解放思想，更新观念，加强对文物保护基础理论、管理体制、维修原则、基本方法的研究，深化对文物工作热点、难点、重点问题的研究，在实践中探讨传统工艺和现代科学技术相结合的最佳途径。

“抢救第一”表明了文物保护时不我待的紧迫感。要求我们充分认识到在当前社会经济还不甚发达、基本建设突飞猛进的时期，是文物工作较为艰苦、任务最为艰巨的时期。强调把抢救放在文物保护工作的首位，就是要引起人们对文物保护工作面临严峻形势的高度重视，从而动员各级政府和全社会都来关心和支持文物的保护和抢救，同时也要求文物部门合理规划，统一部署，抓住重点，急事先办，把有限的力量集中起来，解决当前存在的迫切需要解决的突出问题。在强调“抢救第一”的同时，应当注意两个问题：一是要做好工作规划。抢救第一不是仓促行事、临时突击，而是要纳入到我们的工作规划当中，要理清工作中的轻重缓急，做好文物工作的各项规划，还要将这些规划纳入到当地社会发展计划和城乡建设规划当中。二是要注意日常维护。不能片面强调大修而忽视岁修，岁修做得好，不仅可以节约有限的人力物力，还可以避免大修给文物带来的伤筋动骨，延缓文物的衰老。

“合理利用”要求各级文物部门充分认识到文物本身所具有的文化教育作用、鉴古知今作用和科学研究作用，要善于利用文物资源的独特优势展示中华民族在漫长的历史进程中所形成的强大凝聚力、创造力和生命力，帮助人民群众认识自己的悠久历史和优良传统，增强民族自信心，激发爱国热情，提高思想道德素质和科学文化水平，促进人的全面发展。我们要尽可能多地把得到有效保护的各类文物向社会推出，充分发挥文物对促进中外文化交流、推动旅游和社会经济发展等的积极作用。对于不可移动文物，在确保文物不受损害的前提下，可以采取多种方式发挥作用，促进相关产业发展。对于可移动文物，也要在确保文物安全的前提下，通过陈列展览供广大群众观赏。我们不赞成将文物“藏在深闺人未识”，进而造成博物馆“门前冷落车马稀”的现象，同时也不赞成过度开发、竭泽而渔的做法，在扩大开放、利用的同时，也要考虑文物的脆弱性，研究文物开放利用的合理方式并确定文物承受能力的界限，保证文物利用的合理、规范、有序。

“加强管理”是实现文物有效保护和合理利用的根本保证。从当前的工作实际出发，“加强管理”的主要内涵，一是继续深化文物管理体制改革，加强文物保护的机构建设和职能配置；二是大力推进依法管理、依法行政，健全执法队伍，加大执法力度；三是加强对文物保护工作的政策研究，制定更加科学、合理、严密、完善的规章、制度、政策和规划，不断提高管理水平，完善工作机制；四是增加文物保护、管理工作中的科技含量，充分利用现代科技成果与手段，提高文物建档、保管、保护、展览、信息传播和科学研究水平；五是要积极普及文物知识，宣传文物的历史、科学、艺术价值及其重要作用，提高全民族的文物保护意识，努力完善国家保护为主、动员全社会共同参与文物保护的新体制。

“保护为主，抢救第一，合理利用，加强管理”的文物工作方针，坚持既有利于文物保护、又有利于经济建设和提高人民群众生活水平的原则，坚持文物工作必须服从和服务于社会主义物质文明、政治文明、精神文明建设的原则，坚持社会效益放在首位，努力实现社会效益和经济效益统一的原则。文物工作方针所阐述的科学内涵，既强调了文物工作的重点所在，又突出了文物工作各个方面的辩证关系，符合我国社会主义初级阶段的基本国情，符合文物工作的自身规律和客观实际，为我们做好新时期的文物工作提供了强大的思想武器和坚实的理论依据。

（二）深入贯彻《文物保护法》，进一步加强文物保护法规体系建设，以法律手段规范和加强文物工作

社会主义市场经济条件下的文物保护工作，必须依法开展。尤其在今天，我国的文物保护工作比以往任何时候都更加需要用法律的手段进行规范和加强。《文物保护法》的修订和公布实施，为文物保护工作提供了更加充分和完备的法律保障，同时要求广大文物工作者必须在实际工作中深入贯彻，坚决执行。

深入贯彻《文物保护法》，首先要求我们把认识统一到《文物保护法》上来，把行为规范到《文物保护法》上来。我们注意到，这次会议之前，许多地方大张旗鼓地开展了对新修订的《文物保护法》的深入宣传，取得了很大成效。但是还不够，希望各地高度重视，结合对党的十六大精神的学习，更加深入地开展《文物保护法》的学习宣传活动。要通过扎扎实实的学习，使广大人民群众能够了解《文物保护法》的基本精神，各级领导干部能够熟悉《文物保护法》的原则要求，各级文物部门的同志能够精通《文物保护法》的内容和各项规定。各级文物行政部门要进一步明确岗位职责，正确履行法律赋予的权力与责任，真正做到有法可依、有法必依，执法必严、违法必究，保证文物工作健康有序地发展。

深入贯彻《文物保护法》，要求我们构筑完整的文物保护法规体系，要抓紧做好修订和完善现行的文物法规工作。这次提交会议讨论的《文物保护法实施条例》表明修订现行文物法规的工作已经开始。今后我们还要陆续开展一系列条例、办法、规定和标准等部门规章和法规性文件的起草和制定工作，从更为宏观的层面对文物保护的各项工作进行规范和协调。希望各地文物部门及时向当地党委、人大和政府进行汇报，适时组织力量，对本地区制定的相关法规性文件进行一次清理检查。要根据新修订的《文物保护法》所确立的原则和制度，结合本地区实际情况，对现行各类文物法规作出修订和完善。

深入贯彻《文物保护法》，要求我们对照《文物保护法》的各项规定，对本地区的文物工作进行一次系统检查，对不符合法律规范的各种行为必须及时纠正。新修订的《文物保护法》由原来的33条扩展为80条，在适用性、可操作性等方面都较原法更为明确，在更大范围内规范了文物保护的各种行为，各地文物部门要结合当地文物工作实际，逐条对照检查，及时将工作纳入到法制的轨道上。这次修订的一个重点是更加明确了文物行政部门的行政执法主体地位，进一步加强了文物部门的相关执法权力。各地文物部门要及时请示当地政府，对文物行政执法工作作出部署，安排专门力量加强这方面的工作，同时要准确理解，适度掌握，规范行为，文明执法；要注意协调与公安、工商、海关、城乡建设规划、旅游、宗教等部门之间

的关系，充分发挥各个职能部门在文物保护工作中的重要作用，共同把《文物保护法》的贯彻工作做好。

深入贯彻《文物保护法》，要求对文物保护工作切实做到“五纳入”。进一步做好文物保护“五纳入”工作，是新世纪文物事业发展的关键所在。新修订的《文物保护法》将一个时期以来工作实践中行之有效的“五纳入”上升为法律规范，使我们做好“五纳入”工作有了法律保障，必将极大地促进这项工作的深入进行。这次会议提请大家讨论拟由中央编办、国家计委、财政部、建设部、文化部、国家税务总局、国家文物局等部门联合发布的《关于进一步做好文物保护“五纳入”的通知》。这个通知，是在全面总结“五纳入”工作开展5年来情况的基础上，客观分析工作中取得的成绩和存在的问题，提出进一步做好文物保护“五纳入”工作的具体要求和措施。国家文物局还考虑制定《文物保护“五纳入”工作规范》，将“五纳入”的各项工作指标定性定量，使地方政府在工作实践中有所遵循，更具可操作性。同时，各地在“五纳入”的工作实践中取得了许多好的经验，涌现了不少好的典型，我们将采取一定形式对“五纳入”工作的先进地区进行表彰和奖励。

（三）深入贯彻《文物事业“十五”发展规划和2015年远景目标纲要》，努力实现规划纲要提出的各项工作目标

去年底，国家文物局发布了《文物事业“十五”发展规划和2015年远景目标纲要》，提出了“五纳入”期间文物工作的指导方针和原则、总体发展战略、事业发展的重点项目及指标，部署了一些重点加强的基础工作，明确了保障规划实施的法律和政策措施。当前关键是要认真抓好规划纲要的实施和落实，有计划、有步骤地实现文物事业各个领域的发展目标。我们将在随后召开的全国文物局长会议上具体部署有关工作。在这里，我着重谈一下基本思路。

1.大力抓好基础工作。要尽快摸清我国现存不可移动文物和可移动文物的现状，以便全面掌握我国文物资源的数量、分布和保存状况。用2～3年的时间完成1271处全国重点文物保护单位的“四有”工作和国家一级文物藏品档案的建立工作。要加强信息化建设，进一步完善文物档案信息的采集、管理和利用制度，充分发挥文物档案在文物保护工作中的积极作用。继续做好《中国文物地图集》的编辑出版工作，力争在“十五”期间完成这一跨世纪工程。继续推进全国文博单位基本情况普查和文物保护项目管理系统建设，提高文物管理、保护等工作的科技含量。

2.要加快机构建设和改革步伐，加强文博队伍建设。通过推进机构和人事制度改革、体制创新等措施，营造人才脱颖而出的环境，吸引人才并留住人才。要采取适当方式对各地各级文物局局长、博物馆馆长、文物保管所所长、考古所所长等进行岗位培训，使他们能够适应新时期的岗位职责，更好地推动文博事业的发展。要选拔任用优秀的中青年业务骨干和学术带头人到关键的工作岗位上。同时要不遗余力地加强人才的培养，逐步实施资质认定、持证上岗的管理方式，培养一批专业水平高、管理能力强的复合型人才。要继续与北京大学文博学院、中国社会科学院考古研究所等高等院校和科研院所合作培养实际工作中迫切需要的各类专门人才。要抓紧建设文物、博物馆科技、管理人才信息库，提高人才资源的配置效率。在中国文物研究所和中国文物信息咨询中心的基础上，组建文物理论研究中心、文物科技保护中心、古建筑维修研究中心和文物信息资料中心等符合文物保护事业要求、按照新型管理模式运作的文物保护科研

机构，提倡面向社会、跨学科的合作研究，建立开放、流动、竞争、协调的运行机制。总之，为了做好新世纪的文物工作，我们必须建立一支思想好、作风硬、业务精、管理强的高素质人才队伍。

3.重点抓好北京故宫、山西应县木塔、大同云冈石窟以及西藏布达拉宫二期、罗布林卡、萨迦寺等一批重大文物保护抢救维修项目。同时，要建立健全文物保护工程设计、施工、监理等资质审查和相关管理制度。继续贯彻国务院办公厅《关于西部大开发中加强文物保护和管理工作的通知》精神，落实国家文物局西部文物工作会议部署的各项任务。重点抓好配合三峡工程、南水北调、西气东输、青藏铁路等重点工程的文物保护项目。继续大力开展革命文物和少数民族文物的保护工作。

4.大力发展博物馆文化。提倡博物馆特色化、多样化，进一步完善以国有博物馆为主体、民办博物馆为补充，各地方、各行业和各种所有制博物馆协调发展的事业体系。继续推进国家博物馆建设，在“十五”期间完成北京、天津、四川、重庆、湖北等省级博物馆新馆建设，积极支持财政、邮电、铁道等行业博物馆以及国际友谊、民族生态等特色博物馆的建设，大力推进博物馆改革，充分发挥博物馆在文物收藏、保护、研究和信息传播等方面的作用，以满足人民群众对精神文化的不同需求。积极开展馆际间文物展览的交流活动，鼓励民间合法收藏文物的展示。提高陈列展览的科学艺术水平，为社会奉献更好的文化产品和精神食粮。

5.正确引导和规范民间合法收藏文物的行为，适应社会主义市场经济需要，有条件地允许文物进入市场流通。正确处理国家保护和民间收藏的关系，对国有文物在强调和确保国家所有权的同时，积极探索社会参与文物保护的形式，调动全社会了解文物、爱护文物和广泛参与文物保护工作的积极性。严厉打击各种文物制假、贩假行为和各种文物违法犯罪活动，规范文物流通秩序，加强文物市场管理。

6.加强文物的国际合作与交流工作。进一步加强与各国政府在文物保护方面的合作与交往，密切与相关国际组织的联系，积极参与文化遗产保护的国际行动，履行我国加入的相关国际公约的责任与义务。继续进行世界文化遗产的申报，以此推动和提高我国文物工作的管理水平。通过对外展览、人员交流及科学技术合作等方式，扩大文物工作的国际交流，增强世界对中华民族优秀文化遗产和中国文物保护事业的认识和了解，进一步提高我国作为文物保护大国在国际文化遗产保护、研究以及国际合作中的地位。精心筹备好在我国举办的2003年第27届世界遗产委员会年会和2005年第15届国际古迹遗址理事会大会。

7.始终把文物安全工作放在各项工作的首位。各文物单位的主要负责人是文物安全工作的第一责任人。对重要的文物开放场所，要事先制定安全预案，严密防范各种突发事件，切实保证文物安全。当前，尤其要加强对田野石刻、寺庙文物的安全防范。继续抓紧《文物系统博物馆风险等级和安全防护级别的规定》的落实达标工作。文物犯罪案件多发地区要建立打击文物犯罪工作联席会议制度，文物部门要积极配合有关部门打击文物犯罪活动。

8.进一步加强文物工作的理论研究。文物工作的政策性、科学性、社会性都很强，面对不断发展与变化的形势，我们必须认真研究文物工作面临的新情况和新问题，以理论创新推动制度创新、科技创新和机制创新。要大兴调查研究之风，进一步提高基础研究和学术研究水平，加强理论、政策、规划、管理和应用等方面的研究，勇敢面对文物工作中的难点和热点问题，不断探索和实践推动文物工作持续发展的新思路和新方法。

同志们，党的十六大提出了新的奋斗目标，也为文物工作指明了方向，在新的历史时期，我们必须牢牢把握文物工作面临的难得历史机遇，始终遵循“三个代表”重要思想的要求，充分认识文物事业在构建当代中国先进文化中的重要使命和战略地位，深入探讨中国文物事业在当代世界范围各种思想文化相互激荡和综合国力激烈竞争中的突出价值和作用，勇敢担当保护祖国文物、传承中华文明、弘扬先进文化的神圣使命，使祖国文物世代安宁，永续利用。

事 业 篇

文物法制建设

《中华人民共和国文物保护法》是我国文化领域里的第一部专门法律，1982 年由第五届全国人大常委会第 25 次会议公布实施。1991 年，该法的第三十条、第三十一条做过修正。近 20 年的实施情况表明，《文物保护法》所确定的各项原则和规定，已成为各级行政执法部门依法行政的锐利武器和违法犯罪分子难以逾越的法律屏障，对我国的文物保护工作发挥了巨大的积极作用。

【贯彻执行文物保护法的成就】

1. 中央和地方都建立了文物保护管理的行政机构和保护研究机构，初步形成了一支具有较高政治、业务素质的专业队伍和较为完整的文物保护管理体系。全国文物保护和管理机构有 3624 个，有 20 个省（自治区、直辖市）设立了文物局。

2. 文物法制工作取得一定成果，初步形成了以《文物保护法》为核心，行政法规、部门规章及地方法规相配套的文物保护法律框架。我国已经参加了全部 4 个文物保护国际公约（《关于禁止和防止非法进出口文化财产和非法转让其所有权的方法的公约》、《保护世界文化和自然遗产公约》、《国际统一私法协会关于被盗或者非法出口文物的公约》、《武装冲突情况下保护文化财产公约》）。

3. 通过文物普查和登记等大量基础性工作，基本摸清了我国文物资源的数量、分布和保存状况，在此基础上，由各级政府分批公布为各级文物保护单位。目前，我国已知的地上地下不可移动文物近 40 万处，其中县级重点文物保护单位约 6 万处，省级重点文物保护单位约 7000 处，全国重点文物保护单位 1271 处。通过文物抢救修缮工程和综合运用传统技艺和现代科技手段，一定程度上制止了人为破坏，减缓了文物的自然损坏，抢救、保护了大批珍贵文物。

4. 确立了以配合国家基本建设为主做好抢救性发掘、暂不主动对帝王陵进行发掘的考古工作原则。在配合基建的考古发掘和学术发掘中，发现和研究均取得较大成果。

5. 博物馆事业发展迅速，基础设施建设有所改善。

【《文物保护法》修订的客观必然性】《文物保护法》需要作出修订的客观必然性反映在以下几个方面：(1) 随着社会主义市场经济体制的逐步建立和文物工作客观形势的变化，文物保护的管理制度和措施应该有相应的调整。(2) 文物保护工作在新形势下的实践中形成的一些行之有效的制度和措施需要进一步补充到法律中去，使法律规定更加明确、更具有可操作性。(3) 由于城乡建设的大规模发展，人为的建设性破坏文物情况屡有发生，需要在法律中进一步加强文物行政管理部门和有关部门的行政审批权和行政执法力度。(4) 近些年来,私人收藏文物已成为新的热点之一。进一步明确和加强有关管理制度和措施,正确引导个人的收藏行为,保护好收存于民间的文物,已经成为文物保护工作的重要组成部分,需要在法律中有所体现。(5) 文物古迹已成为我国极为丰富的人文旅游资源中的主体,在我国旅游业的发展中发挥着重要作用。但一些地方片面追求经济利益,出现了在文物利用过程中造成开发性破坏的现象。(6) 随着改革开放和我国文物保护国际合作的进一步开展,我国已参加了有关的国际公约和国际组织,国际社会公认的文物保护的具体原则和制度,也应根据我国的实际情况在法律中尽可能地得到反映。根据以上我国文物保护工作出现的新情况、新问题,为了在社会主义市场经济体制条件下更加科学、规范和有效地保护好文物,全面深入地贯彻党中央、国务院"保护为主,抢救第一,合理利用,加强管理"的文物工作方针,有必要对《文物保护法》作进一步的修订完善。

【《文物保护法》的修订过程】 在全国人大常委会的部署和国务院的统一领导下,从1996年起,国家文物局开始着手进行《文物保护法》修订的准备工作,1998年上半年完成了关于修改《文物保护法》的具体建议和修改草案。于1998年6月上报国务院。《文物保护法》的修订工作由国务院法制办主持进行。法制办共组织了十几次不同类型的征求意见座谈会和调研活动,并向全国各地文物行政管理部门征求了意见。在此过程中,法制办将这次法律修改工作的重点明确在加强管理措施、规范文物流通领域和强化文物行政执法权力3个方面,并围绕3个修改重点,法制办重新提出了新的法律修改草案。2001年9月21日,国务院常务会议原则通过了《文物保护法》修订草案并上报全国人大常委会审议。10月25日全国人大常委会第24次会议进行了第一次审议。11月全国人大教科文卫委员会在江苏南京召开了22个省市人大和文物部门参加的征求意见座谈会。12月25日,全国人大常委会第25次会议进行了二审。2002年4月25日全国人大常委会第27次会议进行了三审,在这次的分组审议中,李鹏委员长指出文物保护工作要认真研究并处理好保护和利用、重点和一般、国家和民间的关系。9月,人大法律工作委员会召开由多方面专家参加的文物保护法论证会。10月25日,九届人大常委会第30次会议对《文物保护法》修订草案进行第四次审议,并于10月28日审议通过,国家主席江泽民签署第76号主席令公布。

【《文物保护法》修订的主要内容】 《文物保护法》修订的基本指导思想是,坚持文物工作方向,适应社会主义市场经济体制的要求,遵循文物工作自身规律,为文物保护提供更加充分和完备的法律保障,促进文物工作和文物事业繁荣、发展,促进社会主义物质文明和精神文明建设。修订后的《文物保护法》作了较大规模的调整,由原来的33条扩展到80条。在内容上也作了较大修订,提出的文物方针政策更加符合我国现阶段文物工作实际,对加强文物保护管理的要求更加明确,在规范我国文物保护各种行为方面更具有可操作性和权威性,有关文物保护的原则和法理也更为清晰和严谨,加大了行政执法力度。

第一次将文物工作方针写入法律,明确了各级政府负责本地文物工作的职责。 在总则的第一条,明确指出《文物保护法》的制订是为了加强对文物的保护,建设社会主义精神文明和物质文明。将"保护为主,抢救第一,合理利用,加强管理"的文物工作方针，以法律的形式写进总则。明确规定地方各级人民政府负责本行政区域内的文物保护工作。要求各级人民政府应当重视文物保护，正确处理经济建设、社会发展与文物保护的关系，确保文物安全。基本建设、旅游发展必须遵守文物保护工作的方针，其活动不得对文物造成损害。规定公安机关、工商行政管理部门、海关、城乡建设规划部门和其他有关国家机关应当依法认真履行所承担的保护文物的职责，维护文物管理秩序。

*进一步强调了国家对文物的所有权。*强调了国家对文物的所有权，除规定中华人民共和国境内地下、内水和领海中遗存的一切文物属于国有外，指出国有不可移动文物的所有权不因其所依附的土地所有权或者使用权的改变而改变，可移动文物的所有权不因保管、收藏单位的终止或者变更而改变。规定国有不可移动文物的转让、抵押，不得作为企业资产经营，非国有不可移动文物不得转让、抵押给外国人。禁止国有文物收藏单位将馆藏文物赠与、出租或者出售给其他单位、个人。

强化了文物保护的各项管理措施。(1)加强了对不可移动文物的管理。增加了对尚未核定公布为文物保护单位的不可移动文物的保护，对这部分文物由县级人民政府文物行政部门予以登记并公布，制订具体保护措施。不可移动文物已经全部毁坏的，应当实施遗址保护，不得在原址重建。增加了对历史文化街区的保护内容，要求历史文化名城和历史文化街区、村镇所在地的县级以上地方人民政府组织编制专门的历史文化名城和历史文化街区、村镇保护规划，并纳入城市总体规划。规定对文物保护单位的修缮、迁移、重建，必须有取得文物保护工程资质证书的单位承担。(2)加强了对考古发掘活动的监督和管理，明确了考古发掘的文物，任何单位或者个人不得侵占，应当登记造册，妥善保管，根据国家有关规定移交给省、自治区、直辖市人民政府文物行政部门或者国务院文物行政部门指定的国有博物馆、图书馆或者其他国有收藏文物的单位收藏。明确规定在基本建设工程范围内进行文物调查，在有可能埋藏文物的地方进行勘探时，对发现的文物，首先应由文物行政管理部门提出保护意见，并同有关部门共同商定处理办法。(3)加强了国有馆藏文物的保护管理，规定文物收藏单位的法定代表人在离任时，应当按照馆藏文物档案办理移交手续。在保证文物安全的前提下，对馆藏文物的合理利用也作了规范，如国有文物收藏单位在已经建立文物档案的前提下，经过各级主管文物部门批准，可以依法调拨、交换、出借馆藏文物。

*对文物的民间收藏和拍卖、进出境予以法律规范。*根据我国民间收藏文物发展趋势及现行管理情况，新的《文物保护法》规定了国有文物收藏单位以外的公民、法人和其他组织可以通过依法继承或者接受赠与、从文物商店购买、从经营文物拍卖的拍卖企业购买、公民个人合法所有的文物相互交换或者依法转让、国家规定的其他合法方式等有效途径收藏文物。为减少文物拍卖对地下文物、馆藏文物保护的负面影响，加强了对文物拍卖的管理，规定合法设立的拍卖企业，经营文物拍卖，应当取得国务院文物行政部门颁发的文物拍卖许可证，拍卖企业拍卖的文物应当经省、自治区、直辖市人民政府文物行政部门审核，并报国务院文物行政部门备案。强调禁止设立中外合资、中外合作和外商独资的文物商店或者经营文物拍卖的拍卖企业等。此外，新法还进一步完善了文物的进出境管理制度，明确了文物进出境的核查制度和程序。

完善法律责任规定，强化文物行政执法权力。 在其他有关行政部门行政执法的基

础上，新的《文物保护法》大大强化了文物行政管理部门的行政执法权。对于违反《文物保护法》的行为，文物行政管理部门有权责令改正或者予以处罚。关于法律责任部分，主要从3个方面入手：一是与现行刑法相衔接；二是补充了应当受到行政处罚的行为，加大了处罚的力度；三是对文物部门和从事文物工作的人员的违法乱纪行为，要求从严、从重予以处罚。

【修订《文物保护法》的重要意义】 新修订的《文物保护法》总结了新中国成立几十年来，特别是改革开放以来文物工作的经验和教训，广泛听取了社会各方面的意见。针对目前文物工作的实际情况，适时对《文物保护法》作出修订和完善，以更好地适应社会主义市场经济体制的建立，适应社会主义精神文明建设的各项任务，适应广大人民群众对文化生活日益增长的需求。新《文物保护法》不仅坚持了社会主义文物工作的方向，遵循了文物工作自身规律，而且注重适应社会主义市场经济体制建立的要求。它的颁布和实施为文物保护工作提供了更加充分和完备的法律保障。标志着我国文物保护法制建设的进一步完善，也是加强文物保护管理工作的一项重要举措。进一步贯彻落实新的《文物保护法》，依法加强文物保护管理和科学研究工作，促进文物工作和文物事业繁荣、发展，促进社会主义精神文明和物质文明建设已成为当前各级文化、文物行政管理部门的一项重要的工作任务。

【国家文物局关于贯彻落实新《文物保护法》的措施】

大力宣传《文物保护法》。文化部、国家文物局发出《关于开展〈文物保护法〉宣传活动的通知》。要求各级文化、文物行政管理部门的领导要高度重视《文物保护法》的宣传、学习，把组织宣传、学习、贯彻新的《文物保护法》作为今后一段时期内日常工作的重点。要把对《文物保护法》的宣传教育纳入工作计划，建立文物法制宣传教育工作责任制，明确职责，落实到人，做到有部署，有检查，把工作落到实处。要充分发挥大众传播媒介在法制宣传教育中的重要作用，加大宣传力度。通过举办法制图片展览，开展法律知识咨询，组织法律知识竞赛等多种形式的活动，使《文物保护法》的宣传教育收到较好成效。要把这项工作的重要性向当地党委、人大和政府领导进行汇报，取得支持，并争取将其纳入到政府法制宣传教育规划中去。要利用新修订的《文物保护法》颁布及《文物保护法》公布施行20周年的契机，配合党的十六大的召开，在2002年冬2003年春掀起一个宣传《文物保护法》的高潮。

深入贯彻《文物保护法》。各级文化、文物行政主管部门要首先带头学好、用好《文物保护法》，要组织全体文博单位职工在认真学法的基础上，在思想上进一步明确岗位职责，正确看待法律赋予的权力与责任。坚持学法与用法相结合，全面推进文物事业的依法治理。各地文物部门要指定专人负责，根据本地区文物工作的特点和实际需要，对《文物保护法》的贯彻实施提出具体意见。有条件的地区要举办各种形式的培训、学习班。要注意加强向有关部门如公安、工商、海关、城市规划、旅游等部门重点宣传和介绍，加强同这些部门的合作，共同把文物保护法的贯彻工作做好。

坚决执行《文物保护法》。要求各级文物部门适时组织有关力量，对本地区本单位制订的相关法律规章进行一次清理检查。要根据新文物保护法所确立的原则和制度，结合本地区、本单位实际情况，对现行各类法律规范作出修订和完善。地区和部门的法律规定不得与国家法律相抵触。相关工作计划应尽早与当地党委、人大和政府协调沟通，争取他们的支持与指导。文物工作者要提高熟练掌握和运用《文物保护法》的水平和能力，提高自身法律素质，提高依法行政、依法管理的水平和能力，做到有法必依、执法必严、违法必究，保证文物工作健康有序发展。

文物保护

【概况】 建国以来，为了摸清中国境内文化遗产的情况，国家先后组织了数次大规模的文物普查工作。经过广大文物工作者的艰苦努力，基本廓清了中国境内文化遗产的数量、分布和保存状况；截止到 2002 年 12 月 31 日，我国的世界遗产总数达到了 29 处，居于世界前列。全国重点文物保护单位总数达到 1271 处。各省、自治区、直辖市人民政府和市、县级人民政府也分别公布了省、市县级文物保护单位。据不完全统计，我国已公布省级文物保护单位 7000 多处，市县级文物保护单位 60000 余处；文物保护单位“四有”建设、馆藏文物建档和全国文博单位基本情况普查等基础性工作扎实推进；包括西藏布达拉宫、天津独乐寺、青海瞿昙寺、河北隆兴寺大悲阁在内的一批建国以来较大的文物保护工程陆续完成，基本实现了前四批全国重点文物保护单位没有大的险情的目标；故宫、洛阳龙门石窟、大同云冈石窟等一批重点文物保护单位进行了大规模环境整治，使周边环境得到明显改善；国家历史文化名城、全国重点文物保护单位以及大遗址保护规划的编制和实施工作明显加强，全国广大文物、博物馆工作者在精心守护着我国 40 余万处不可移动文物的同时，还十分注重发挥文物在社会主义经济建设和文化建设中的重要作用。一些文物丰富地区，如北京、西安、承德、曲阜、平遥、丽江等以及一些著名的文博单位，如故宫博物院、敦煌研究院、秦始皇兵马俑博物馆等都已成为我国在海内外旅游市场具有较大影响和较强竞争力的文物旅游城市和景区。

【维修方案的审批工作】 2002年国家文物局针对古建筑、石窟寺及石刻、近现代重要史迹及代表性建筑的维修保护工程设计方案共批复约 300 项。国务院第五批国保单位公布后，我国国保单位总数增加到 1271 处，随之报审的国保单位尤其是第五批全国重点文物保护单位维修工程设计方案有了大幅度的增加。在审批各地上报的维修保护设计方案和保护规划时，国家文物局十分重视专家在方案审核中的意见和建议，充分发挥专家作用，保证了方案审核的科学性。

【文物保护规划的审批工作】 国家文物局重视文物保护单位总体保护规划编制工作。要求全国重点文物保护单位应当编制总体保护规划，经国家文物局审批同意后，由当地政府公布实施，规划应对文物保护单位的保护具有指导作用，文物保护工程应当依据批准的规划进行，使国保单位的保护、管理、利用走上规范化、法制化的道路。2002 年，国家文物局批复了 10 余项文物保护规划，其中，较为典型的有《四川王建墓文物综合保护规划》、《新津观音寺保护规划及维修方案》、《新疆阿巴和加麻札保护规划和维修方案》、《河南嵩山少林寺景区规划》、《黑龙江亚沟石刻图像保护规划》、《江苏明祖陵保护利用总体规划》、《陕西彬县大佛寺保护规划》、《韩城党家村保护规划》、《海南丘浚墓保护规划》等。同时，国家文物局也在积极组织有关单位和专家编制文物保护规划的规范，使文物保护规划的编制工作逐步规范化、科学化。

【全国重点文物保护单位“四有”工作】 文物保护单位“四有”工作是文物事业最重要的基础工作之一，是摸清我国不可移动文物家底的一项重要措施，是在一些极端情况下（例如遭自然灾害、盗窃、抢掠等）文物遭到破坏后进行维修、追索的重要依据。落实该项工作是各级文物行政部门的法定职责。《中华人民共和国文物保护法》第十五条规定“全国重点文物保护单位的保护范围和记录档案，由省、自治区、直辖市人民政府文物行政部门报国务院文物行政部门备案”。为了使遗产的管理有一个坚实的基础，国家文物局要求各级文物保护单位均做到“四有”，作好遗产保护、管理的基础性工作。在1997召开全国文物保护单位“四有”工作会议，1999年布置各省自查，2001年对部分省市自治区的“四有”工作进行检查和调研。2002年开始启动全国重点文物保护单位“四有”档案备案工作，成立了由张柏同志任组长的国保单位“四有工作领导小组”，具体工作由文物保护司和中国文物研究所承办。计划用三年时间将全部全国重点文物保护单位记录档案全部汇集、整理、归档保管，建立“国家全国重点文物保护单位记录档案库”和“国家全国重点文物保护单位记录档案（核心指标）数据库”，实现全国重点文物保护单位记录档案的数字化管理，使我国的文物事业步入更加科学、更加规范的轨道。

【法规建设】 2002年完成了《文物保护工程管理办法》、《文物保护工程勘察设计资质管理办法》的修改、完善工作，并报局审核。完成了《文物保护工程施工资质分级标准》等法规初稿的起草。对《文物保护工程设计方案编制办法》、《全国文物保护优秀工程奖评选办法》的起草工作进行了专门研究，提出了初步工作计划。

【重要文物保护工程】

故宫保护维修工程。故宫是我国现存规模最大、保存最完整的古代建筑群，是中国两千年封建王朝宫廷建筑的最终标本，集中表现了中国古代建筑艺术的优秀传统和特有风格，也代表了传统建筑技术的最高水平。从1949年，国家每年都拨出专款，保护维修故宫古建筑。但由于故宫古建筑面积大，年代久远，积累问题多，难以满足故宫全面维修保护的需要。2001年11月，中共中央政治局常委、国务院副总理李岚清视察故宫博物院并主持会议，要求研究故宫古建筑维修和文物保护有关问题。故宫博物院成立了以主管院领导牵头、各部处有关同志参加的专门工作班子。完成了故宫保护维修工程工作计划及经费估算，提出2002年至2008年为一期工程，并安排进行了29个前期课题研究和试点工作——包括故宫整体维修保护规划、清代故宫维修管理档案整理、安防消防和技防方案的招标和论证等工作正在积极紧张地进行。2002年故宫保护维修工作的重点是：制定总体规划，进行武英殿试点工程，基础设施改造改善工程和传统建筑材料的准备。

布达拉宫、罗布林卡、萨迦寺保护维修工程。布达拉宫二期、罗布林卡、萨迦寺三大保护维修工程，受到党和政府的高度重视，是中央第四次西藏工作座谈会和国家“十五计划”确定的重点文化援藏项目，是党中央、国务院关心支持西藏文物保护工作的又一重大举措，在国际国内具有重大政治意义。2002年6月26日在拉萨举行了隆重的开工典礼，标志三大工程进入了具体实施阶段，2002目前总体进展基本顺利，完成了阶段性工作。

（1）布达拉宫。①布达拉宫平措堆朗（地垄四层、建筑四层）维修工程。布达拉宫平措堆朗（地垄四层、建筑四层）维修工程于2002年8月3日正式开工。该项目经正式招标，确定北京第二房屋修建工程公司（甲级古建筑施工资质）承担施工任务，西藏方正监理事务所（乙级监理资质）承担工程监理任务。工作进展顺利。②完成了雪城居民搬迁工作。2002年完成雪城358户居民搬迁工作，搬迁总量达到46864平方米，35处大院。在当地政府部门精心组织下，工作人员耐心做好群众的思想工作，不仅搬迁彻底，而且搬迁后的民房完整无损、整洁干净，为整治世界文化遗产周遍环境作除了贡献。搬迁居民也都得到了自治区政府的妥善安置，全都住进了宽敞美观的藏式新居，成为三大工程的第一批受益者。③《布达拉宫雪城保护规划》正式批复实施。2003年1月份，国家文物局批复西藏自治区文物局，原则同意《布达拉宫雪城保护规划》和雪城内东西印经院、造币厂、南大门维修设计和布达拉宫珍宝馆改建设计工作。下一步即将进行的工程设计和项目实施阶段。

（2）罗布林卡。2002年9月29日，西藏工程办第五次主任办公会同意工程组修改后提交的罗布林卡维修工程开工项目招标文件，并尽快通知中技国际招标公司发招标公告。要做好2003年3月份开工前的各项准备工作。2002年11月12日经中技国际招标公司公开招标，江苏苏州香山古建集团公司和拉萨市城关区古艺建筑美术公司联营体中标，预计2003年3月份动工。

（3）萨迦寺。萨迦寺城墙和七个角楼、敌楼，工程进展较好，完成了附属建筑屯吉拉康和卓玛拉康抢修任务已完成。已完成55户居民搬迁工程。成立了萨迦寺保护维修工程安全保卫小组，负责施工期间的安全。

大遗址保护

【概况】 2002年，国家文物局重点进行了大遗址保护规划的规范工作，启动了《遗址保护规划规范》的编制工作。国家文物局组织了《吐鲁番地区文物保护和旅游发展总体规划》的编制，并以此为突破口，大力推进规划编制的规范化。据统计，2002年各地已完成或启动的遗址保护规划达50余个。国家文物局批复了四川三星堆、河南殷墟、陕西阳陵、甘肃大地湾等重点文物保护单位的遗址保护规划。

2002年，国家文物局加强了对遗址保护范围内建设项目的管理，共审核批准了25项大遗址保护重点工程项目，同时重点抓了陕西秦始皇陵遗址公园、北京圆明园含经堂遗址等一批在建保护工程的监督管理。

【大遗址重点工程项目】 2002年，国家文物局审核批准的大遗址保护重点工程项目有25项，分别是：楼兰（罗布泊）地区文物保护工程、吐鲁番地区文物保护工程、秦始皇陵文物保护展示工程、西夏王陵工程、居延遗址保护工程、良渚遗址保护工程、北庭遗址保护工程、阿房宫遗址保护工程、汉长安城遗址保护工程、陕西阳陵保护工程、高句丽王城王陵保护与展示工程、大明宫遗址保护工程、甘肃大地湾遗址保护棚工程、里耶古城遗址保护工程、四川三星堆遗址保护工程、湖北龙湾遗址保护工程、辽上京遗址保护工程、渤海上京龙泉府遗址保护工程、圆明园遗址保护工程、牛河梁遗址保护工程、偃师商城遗址保护工程、南越王宫署遗址保护工程、绥中姜女石遗址保护工程、扬州城遗址保护工程、特殊类型大遗址的保护工程（成都古蜀船棺合葬墓的保护工程和成都金沙遗址的保护工程）。

考古工作

【概况】 2002年，配合三峡水库等国家"十五"重点建设项目的考古发掘和文物保护工作进展顺利。年内完成里三峡水库文物保护总经费的核算、白鹤梁等重大项目的可行性报告和初步设计的审核、二期文物保护项目验收准备等工作。三峡水库的考古发掘和文物保护同三峡工程一样备受世人关注，自工程建设开工以来，文物系统为配合工程建设而进行的大规模、多学科、高层次的会战，是我国考古和文物保护工作的能力和水平得以全面施展的难得的机会。10年间，仅135米二期蓄水线下，就完成了地下考古发掘项目468处，累计完成71.63万平方米的考古发掘工作和726.42万平方米的考古勘探任务。湖北出土了从新石器时代早期至明清时期的珍贵文物2000余件，各类文物标本近2万件。这些重要的考古发现，廓清了三峡地区考古学文化的基本面貌，填补了许多阶段性空白，获得一批比较完整的三峡文物资料。西气东输、南水北调、青藏铁路等重点建设项目的考古发掘和文物保护工作也随着工程建设的进度逐步开展。

2002年，国家文物局共审核考古发掘项目450余项，水下考古项目4项，涉外考古项目6项。这些考古项目多数是为配合重点建设项目而进行的抢救性发掘，出土了一大批具有相当学术价值的文物精品，在考古界，乃至社会上外引起了轰动，列入2002年度全国十大考古新发现的项目是其中的优秀代表。广西革新桥新石器加工场遗址的规模之大、遗物之丰富和保存之完好在全国罕见；湖南里耶战国古城距今2200年前后，出土的36000多枚秦代简牍极大地丰富对秦代政治经济制度的认识；山东日照海曲汉代墓地为研究汉代墓葬埋葬制度和埋葬习俗提供了重要资料；河北邺南城东魏北齐塔基遗迹是我国目前发现的东魏北齐时期惟一的一座佛寺方形木塔基址；山西太原王家峰北齐徐显秀墓壁画保存完好，对中国绘画史的研究具有重要价值；湖北巴东旧县坪遗址作为唐宋时期的山区县城，保存如此完整，为研究我国唐宋时期县级城址及城市建筑史提供了一批重要的资料；吉林延边西古城城址为渤海文化研究带来诸多新的研究视角；黑龙江阿城刘秀屯金代大型宫殿基址是我国传统礼制建筑的罕见实例；江西李渡元代烧酒作坊遗址对我国蒸馏酒酿造工艺起源和发展研究提供了实物条件；浙江宁波元代庆元路永丰库遗址是首次发现的我国古代地方城市的大型仓库遗址，为宋元对外贸易港口城市保存了一处无可替代的历史遗迹。

边疆考古方面，2002年国家文物局确立了11项高句丽、渤海课题研究项目和9项新疆专题研究项目。在水下考古方面，继续开展了对"南海一号"沉船遗址的考古发掘，在山东、福建等沿海水域也进行了考古发掘和调查工作，为我国水下文化遗产保护提供了重要资料。由中科院、教育部、国家文物局联合组建的"遥感考古联合实验室"成立了一年来，先后在内蒙古、陕北、四川等地开展了航天、航空遥感考古研究，并取得了可喜的成果。同时还在浙江、河南、安徽等省建立了6个省级遥感考古工作站，并将逐渐形成覆盖全国的遥感考古研究网络。12月17日，第一届全国遥感考古会议在北京召开。

涉外考古继续顺利开展。经国务院特别许可，国家文物局批准了中国社会科学院考古研究所与日本奈良文化财产研究所对陕西大明宫太液池遗址和甘肃省文物考古研究所与日本秋田县埋藏文化财产中心对甘肃武威磨嘴子遗址的合作发掘项目，批准了中法和中日有关合作考古综合研究项目，对吉林省文物考古研究、中国社会科学院考古研究所赴俄罗斯考古工作提出指导性意见。

国家文物局加大了对考古资料出版的资助力度，各地考古发掘资料整理和报告编辑工作加强。年内，整理出版了《盘龙城》、《金乡公主墓》等许多积压多年的考古发掘资料。

【重要的考古发掘项目】

广西百色革新桥石器时代遗址。遗址位于广西百色市百色镇东笋村百林屯南。其第5层发现大型石器制作场。出土各类遗物数万件，有用于石器制作的原料、制作石器的石砧、砾石和石锤等工具以及大量不同制作阶段的产品与废料。有许多分布相对集中的石制品，每一部分基本上都有一个石砧，以石砧为中心，散布许多砾石、断块、碎片等，石砧周围往往发现有石锤和砾石，有的还有石斧、石锛的毛坯或半成品或成品。个别石砧周围这几种石制品都可以见到。有的石砧一边分布很少石制品甚至没有石制品，而在另一边散布很多石制品，其散布面呈扇面形，石砧恰好位于“扇”的把端，表明石器制作者的作业位置。石器中有的和广西洞穴出土的打制石器非常想相近。遗址中还发现有相对集中的动物遗骸和许多红烧土碎粒、炭屑和果核等，并有两座和石器制作场同期的墓葬，葬式葬俗与顶狮山、甑皮岩一致并可能具有相近的年代。这是百色市迄今发现的唯一一处新石器时代台地遗址，也是广西发现的唯一一处石器制造场，其规模之大、遗物之丰富和保存之完好在全国也是罕见的。

湖南里耶战国古城及出土秦代简牍。里耶古城现存城址呈长方形，南、西、北三面有护城河，南门有道路直通城外，城墙转角略呈弧状。古城南北长210米，东西现存宽度103—107 米。城内发现通道、作坊、官署建筑和古井等遗迹。古城为战国晚期楚国修筑，后经重修，经历了秦和西汉早期，绝对年代为距今2200年前后。紧邻酉水，有时代和规格与之相应的麦茶古墓群。墓地位于城北1000米处，排列有一定规律，以山顶部墓葬为中心，四周的墓葬依自然地形分布。墓葬的年代在战国中期至战国晚期。里耶古城为研究战国晚期、秦至汉初中原中央政权对湘西地区的行政管理和区域政治提供了资料。古城内的重要遗迹一号井井深14.3米，井壁用厚15公分、宽近30厘米、长2米多的硬质木版用楔卯结构构成，重重相叠，保存完好。井内出土36000多枚秦代简牍。其中，绝大多数为木质，极少数为竹质，均为毛笔墨书。内容涉及邮传、历术、法律、军事等各个方面，是当时的官署档案，为研究秦代政治、经济、法律和社会制度提供了极为难得的文献资料，将极大地丰富对秦代政治经济制度的认识。

山东日照海曲汉代墓地。发掘90座中小型墓，分为四个区域，其中1、2、3区墓葬各有高大的封土，呈三角形分布。封土为堆筑而成，未经夯打。每座封土之中都包含数量不等的中小型墓葬，并有早晚打破关系。三个较大封土之中共有84座墓葬。墓地从东汉末年至魏晋时期延续约400年。除17座砖室墓大部分被破坏外，竖穴土坑木椁墓基本保存完好。一号封土的规模最大，面积约2000平方米，封土内墓葬的规格最高，保存最好。绝大部分墓葬葬具为一棺一椁，也有一棺重椁、一椁重椁、一椁双棺等。墓葬中盛行设置器物箱，一般设置头箱、脚箱或边箱。木质棺椁全部采用楔卯结构扣

合，制作考究，棺内外髹朱漆或黑漆。出土文物丰富精美，陶、铜、漆、木、玉、铁、角器等各类文物1200件。其中500件漆木器和大量丝织品是发掘的重要收获之一，不仅数量多，且是山东目前保存最好的，是研究汉代漆器制造业和纺织手工业的工艺水平的极为重要的实物资料。发掘基本搞清了封土墓葬的堆积形式和形成过程，为如何认识封土墓葬的性质提供了新的资料。墓地完整的棺椁结构、清晰的封填、下葬方式、随葬品组合和形制特征以及由此反映出的时代和地域特点等，为研究汉代墓葬埋葬制度和埋葬习俗提供了重要资料。

河北邺南城东魏北齐塔基遗迹。遗址是一座方形木塔的基地，遗址包括塔心实体等地上和佛塔基槽地下部分，两部分均为夯土和砖石构筑。塔基地下基槽为正方形，边长约45米。基槽近底部用卵石层和夯土层交替构筑，卵石层多达10层。土石层之上的夯层坚实、均匀，基槽深约6米。地上部分有夯土塔心实体、南侧斜坡踏道、砖铺散水等。塔心实体夯土上残存有柱础石、承础石、础石坑等遗物、遗痕，可复原塔心实体的柱网结构。发掘出土了大量建筑构件如砖瓦、柱础石、石刻构件以及与佛教有关的彩绘佛像、彩绘残件等遗物，一定程度上反映了木塔的规模和等级。该遗址规模宏大、规格较高，是我国目前发现的东魏北齐时期惟一的一座佛寺方形木塔基址，塔基中刹柱础石、塔基砖函等的发现填补了汉唐考古学的一项空白；对于探讨北朝佛寺规制等课题具有重要价值；对研究这一时期佛教塔基的特点和佛教考古都具有十分重要的意义。

山西太原王家峰北齐徐显秀墓。徐显秀墓为平面近方形的砖室墓，由斜坡墓道、土顶过洞、天井和砖券甬道、墓室等部分组成，总长约31米，距地面深8.1米。甬道内有佛雕石门。砖砌弧边方形墓室约6米见方，西侧有长方形棺床。在墓道两壁、门扉、墓室四壁均绘有彩色壁画，总面积330余平方米，画有各类人物200余，各色仪仗、兵器、乐器和生活什物若干，物体形象与现实同大。画面内容纷繁，人物关系复杂，但布局和谐，脉络清楚。十分难得的是壁画气势恢宏、色彩斑斓，是目前在山西、河北、河南、陕西、宁夏等省区已发现的北朝晚期砖构壁画墓中惟一完好的一座。为研究北朝晚期的葬俗、葬制，墓室壁画的规制、题材以及表现出来的衣饰、车饰、马具等细部，都提供了珍贵的图像资料。由于壁画保存完好，对进一步了解当时墓室壁画绘制的技法和其反映出的绘画艺术水平，对中国绘画史的研究具有重要价值。墓葬中尤为引人注目的是反映中西文化交流的内容，如墓室残存的一枚嵌宝石戒指，为西方传入之物，为民族融合盛况的研究和中西文化交流提供了资料。

湖北巴东旧县坪遗址。遗址文化内涵上自商周，下迄明清，其中最重要的是六朝至宋代，是当时巴东旧县城所在。在两万平方米的发掘面积内，揭露出保存较好的六朝时期的城墙、城门、道路、房址；隋唐时期的县衙遗址、仓库和石板路面；宋代的民居区和官府区以及寺庙建筑、街道、完善的供水排水系统。宋代官府区的中部为北宋衙门所在地，其核心建筑规模宏大、布局严谨，包括大型的门前台阶、门址、围墙、回廊、庭院、水池等附属建筑。遗址中唐宋历史时期的建筑遗址的构筑与布局是整体规划、一次施工完成的。以衙院为中心，东为居住区，西为文化设施和仓储区。街道与巷道的布局很有规律。其风格讲究平稳对称，建筑特点是高台平地立柱、木构梁架，与一般民居采用的干栏式建筑风格迥然有异，体现出官府的气派。作为唐宋时期的山区县城，保存如此完整，在三峡地区尚属首见，在全国也极为少见。宋代巴东县城的整体揭露，为研究我国唐宋时期县级城址和有关城市规划史、城市建筑史方面，提供了一批重要的资料。

吉林延边西古城城址。唐代渤海政权和中原一样，实行五京制度，其中中京、上京和东京都先后作过渤海都城。西古城城址由内外两重城墙组成，外城周长2700米，内城周长1000米。发掘在内城宫殿区清理出3组建筑基址及其附属建筑，其相对独立又彼此相接成为同一建筑布局的有机组成部分，反映了渤海人的建筑理念中，借用了中原土木工程注重平面布局组合的建筑传统。在内城中出土了大量具有渤海都城中流行特点的建筑构件，其中板瓦、筒瓦上戳印刻划的文字及符号，檐头筒瓦六瓣莲纹主题的瓦当，构成了西古城城址建筑用瓦的鲜明特色。西古城城址规范的建筑布局，威严的建筑气势，高标准的建筑材料（大量的釉陶制品）显示出的礼制等级制度，可以认定西古城城址是渤海中京显德府故址。发掘为“西古城渤海中京说”提供大量佐证。同时也为渤海文化研究这一国际性的学术课题，带来诸多新的研究视角。

黑龙江阿城刘秀屯金代大型宫殿基址。2002年3～4月，为配合绥满公路扩建工程，黑龙江省文物考古研究所对阿城至尚志沿线进行考古调查，阿城刘秀屯发现一处大型建筑基址，并于5～11月进行了大规模揭露。刘秀屯宫殿基址位于金上京故址东郊。经发掘与钻探得知，宫殿基址朝向正东南，由主殿（前殿）、过廊、后殿、正门及回廊组成，占地面积5万余平方米。本年度对主殿、过廊、后廊和东北角回廊进行了发掘，揭露面积1万平方米。正门位于东北回廊正中；主殿与正门对称，位于西北回廊正中；后殿位于主殿之后；过廊为连接主殿和后殿之通道；回廊呈正方形，边长184米。主殿台基全部夯筑且高于地面，四周以多层青砖包砌，墙基宽约1.3米。其规模庞大，面积3823平方米。结构复杂，由正殿、露台、两侧挟屋和后阁组成，总体布局呈对称多边形。正殿呈长方形，面积2100平方米。表面清晰可见排列有序的刘秀屯宫殿基址是我国传统礼制建筑的罕见实例，它的发现与发掘，对研究宋金时期政治体制、宗教信仰、风俗习惯以及建筑风格等，提供了不可多得的第一手资料，在中国建筑史上亦占有重要的地位。

江西李渡元代烧酒作坊遗址。2002年6月，江西李渡酒业有限公司在改造老厂房时，发现地下有古代酿酒遗迹，李渡酒业有限公司立刻报请江西省文物考古研究所进行抢救性发掘，揭露和出土了一批重要的遗迹和遗物，获得重要成果。已发现面积约15000平方米，发掘面积约250平方米，发现元代酒窖，明代水井、晾堂、酒窖、炉灶、蒸馏设施、水沟、墙基等酿酒遗迹，布局配套，完整齐全。在以淀粉质为原料酿酒的各种方法中，特别是糖化、酒化同时进行和半固态发酵方法的运用以及这两项技术的巧妙结合，在酿酒工业发展中具有重要的意义和科学价值，是宝贵的文化遗产。李渡酒正是运用此法从民间酿酒中发展起来的。本次发掘证明，李渡酿造蒸馏酒的历史至少可以追溯到元代，历经明清，连续不断，发展至今，是继四川成都水井坊之后我国发现的又一处时代最早、延续时间最长且具有鲜明地方特色的古代烧酒作坊遗址。它为中国蒸馏酒酿造工艺起源和发展研究提供了实物资料。

浙江宁波元代庆元路永丰库遗址。2001年3月，宁波康莱特房地产开发公司准备在位于宁波市中山西路的市公安局地块（宁波历史文化名城核心区域——原唐宋子城遗址）进行建设，宁波市文物考古研究所于9月在占地面积约6000平方米的基建工程范围内进行了抢救性发掘，至11月揭露面积1000平方米，出土了大量的遗迹和遗物。2002年3月再次进行抢救性发掘，扩大发掘面积2500多平方米，发现布局相对完整的以元代庆元路永丰库为核心的宋元明时期大型衙署仓储机构遗址，并发现了汇集大多数宋元时期江南和中原地区著名窑址的陶瓷器等大量遗物。是迄今为止宁波最重要的城市考古新发现。同时，该建筑遗址的出土，是我国新发现的一种古建筑构造做法，对中国古建筑史的研究具有重要价值。永丰库遗址保存完整，布局清晰，是首次发现的我国古代地方城市的大型仓库遗址，是宁波历史文化名城具有标志性的不可再得的珍贵遗址，也是宁波城市发展过程中能够保留下来的唯一一处大型元代建筑遗址，为宋元考古提供了重要实例，也为宋元对外贸易港口城市保存了一处无可替代的历史遗迹。

世界遗产

【概况】 截止到2003年7月，全球共有754处遗产被列为世界遗产名录。这些遗产分布在128个国家，其中文化遗产582处，自然遗产149处，文化和自然双重遗产23处。尚有1000余处各种遗产已列入世界遗产预备名单。截止到2003年7月，我国列入世界遗产的项目已达29处（组），居世界第三位，其中，文化遗产21处，自然遗产4处，文化和自然双重遗产4处。

【世界遗产公约、世界遗产委员会】

世界遗产公约。1972年11月16日，联合国教科文组织第十七届会议在巴黎通过了《保卫世界文化和自然遗产公约》，简称世界遗产公约。

世界遗产委员会。1976年联合国教科文组织根据世界遗产公约，成立了世界遗产委员会。世界遗产委员会负责审议《世界遗产名录》、《濒危世界遗产名录》，安排世界遗产基金的使用和对世界遗产进行的国际援助，对世界遗产的保护状况进行监测等。世界遗产委员会由21个成员国组成，中国目前是该委员会的成员国。1992年，联合国教科文组织设立了世界遗产中心，作为自己的常设办事机构，兼作世界遗产委员会的秘书处。世界遗产委员会认定国际文物保护与修复研究中心（ICCROM）、国际古迹遗址理事会（ICOMOS）和国际保护联盟（IUCN）为专业咨询组织。国际古遗址理事会负责组织专家对申报世界文化遗产的项目进行实地考察、评估，并就是否列入世界遗产名录向世界遗产委员会提交报告，也应世界遗产委员会的要求，对世界文化遗产面临的威胁情况、国际援助等事务提供专业意见。世界遗产委员会全体会议目前于每年6～7月举行。

【申报世界遗产的主要规定】

世界遗产的定义。《世界遗产公约》第一条规定，以下各项为文化遗产：“文物：从历史、艺术或科学角度看具有突出的普遍价值的建筑物、碑雕和碑画，具有考古性质成分或结构、铭文、洞窟以及联合体；建筑群：从历史、艺术或科学角度看，在建筑式样、分布均匀或与环境景色相结方面，具有突出的普遍价值的单位或连接的建筑群；遗址：从历史、审美、人种学或人类学角度看具有突出的普遍价值的人类工程或自然与人联合工程以及考古地址等地方。”

申报世界遗产的有关规定。《世界遗产公约》第十一条规定，各缔约国应尽力向世界遗产委员会递交一份关于本国领土内适合列入《世界遗产名录》的组成文化和自然遗产的清单。世界遗产委员会在《世界遗产公约实施规划》中也规定，各缔约国应提交一份在未来5～10年内申请列入《世界遗产名录》的遗产预备名单。该预备名单应在《世界遗产公约》第十一条规定的各国文化和自然遗产清单之内。缔约国如不提交预备清单，该国遗产提名将不予考虑。世界遗产委员会目前试行如下规定，已有世界遗产的国家，每年只能申报一项世界遗产，但已有项目的扩展项目不受此限。各国必须在当年2月1日前，将下年度申报文件送达世界遗产中心，向世界遗产委员会正式提名将该遗产列为世界遗产申报项目。世界遗产中心对申报项目进行检查核实后，将世界文化遗产提名项目转交国际古迹遗址理事会进行专业评估。国际古迹遗址理事会在次年的2月底前，将评估报告转达给世界遗产中心。评估报告的建议分为4类，即建议列入名录；认为基本符合条件，但建议补交材料再议；推迟审议；不列入。世界遗产中心负责将国际古迹遗址理事会的评估报告转交世界遗产委员会，由委员会对申报项目进行审议裁决。世界遗产委员会全体会议对申报项目的决定也分为前述4类。世界遗产中心应在7月将委员会的决定传达给所有缔约国。根据以上规定，申报世界遗产从缔约国向世界遗产委员会正式提名到列入《世界遗产名录》至少要经过一年多的时间。但是，当遗产无疑符合列入《世界遗产名录》的标准，且因自然或人为灾害而受到严重威胁时，提名将按紧急情况处理，不受正常程序规定的期限限制。

【世界遗产地政府的责任】 世界遗产地政府承担着保护、展示和适度开发世界遗产资源的主要日常工作。根据世界遗产委员会《世界遗产公约实施规则》的规定，各缔约国除每6年就世界遗产的保护状况向世界遗产委员会提交定期报告外，还应随时提交就有关遗产的保护状况发生不寻常变化及修复工作有可能对遗产保护状况产生影响的具体报告。因此，世界遗产地政府在办理涉及世界遗产的重大事项，如保护规划、文物修缮、开发建设等，除依法报有关部门审批外，还应征求世界遗产委员会的意见。

【加强世界遗产保护】 我国于1982年公布实施《中国人民共和国文物保护法》。1985年正式加入《世界遗产公约》，对国际社会作出了为全人类妥善保护中国境内世界遗产的庄重承诺。根据国务院“三定方案”，国家文物局“承担世界文化遗产项目的相关审核申报工作”。实际上，国家文物局还承担着对世界文化遗产的监测管理，以及为遗产地政府提供政策、业务指导。中国教科文全国委员会主要承担与联合国教科文组织和世界遗产委员会的联络工作。2002年4月25日，文化部、国家文物局、国家计委、财政部、教育部、建设部、国土资源部、环保总局、国家林业局联合下发了《关于加强和改善世界遗产保护管理工作的意见》。2003年，国家文物局和中国教科文全国委员会将重新设定中国世界文化遗产预备名单。入选项预备名单的遗产，应当符合《中华人民共和国文物保护法》、《世界遗产公约》及其《实施规则》的规定，具有谐调的环境景观、保护规则和法规、结论性研究成果鉴定和记录。符合条件的遗产将列入重新设定的中国世界文化遗产预备名单，并报世界遗产中心备案。

社会文物管理

【整顿和规范文物市场秩序，加强文物市场管理】 根据国务院的统一部署以及国家文物局等六部局联合下发的《关于印发〈整顿规范文物市场方案〉的通知》，继续推动全国开展整顿规范文物市场第二阶段工作。其中，仅湖北省在第二阶段工作中，就查处取缔非法经营文物、文物监管物品及文物复仿制品的经营户和摊点52户，处罚了21个废旧物资回收点。收缴文物及监管品966件，文物复仿制品407件。撤消了经营不善、管理能力较差的省文物总店荆门分店、咸宁地区分店、黄石分店、仙桃分店、阳新分店等5个文物分店。

经过2001年下半年和2002年上半年近一年的努力，文物市场秩序从总体上有了比较明显的改观，初步遏制了违法违规经营文物和盗掘、盗窃、走私文物犯罪的势头，整顿和规范文物市场秩序工作取得了阶段性成果。2002年7月3日，向全国整顿和规范市场经济秩序领导小组办公室上报了《关于整顿和规范文物市场秩序工作的报告》（文物保函[2002]452号文）。

为了进一步规范和整顿文物市场，加强管理，根据《整顿规范文物市场方案》的要求，完成了《文物复仿制品暂行管理办法》(讨论稿)的起草工作，并征求了工商行政管理部门和有关专家的意见。该"办法"对文物复仿制品制作单位的条件、生产文物复仿制品必须具有复仿制标识、文物行政管理部门审批程序等，均做出了具体和规范性的要求，为明年净化文物市场，规范文物流通，打下了基础。

【积极争取文物回流政策，努力促进境外文物回归】 为了促进境外文物回流，根据国务院已批准的《财政部关于国家文物局和国有博物馆接收境外捐赠和追索归还的我国文物入境免除进口税收的请示》和国家文物局代财政部拟定的《国有文物收藏单位接收境外捐赠、归还和从境外追索的中国文物进口免税暂时办法》，协助有关文物部门办理了境外归还和捐赠文物的事宜，为促进境外文物回流作出了最大的努力。

2001年，经国家文物局批准，以《关于建议中央设立征集具有重大价值珍贵文物的专项经费的函》（文物保函[2001]734号）向财政部提出征集珍贵文物的要求。2002年4月25日，财政部印发《国家重点珍贵文物征集专项经费使用管理办法》的通知（财教[2002]34号）。根据其管理办法，分别召开了部分省市文物行政管理部门领导和文物鉴定委员会专家参加的文物征集和文物鉴定会议，掌握了一批拟征集的国内珍贵文物的情况，同时努力为国家征集了一批境外珍贵文物，如《研山铭》等文物的征集。

【积极推动清理"文留"文物工作】 为推动清理"文留"文物工作，多次与广东省、天津市文物管理、保管部门进行协商，并与天津市文化局文物处、博物馆领导达成清理"文留"文物的共识。经与国家文物局计财处协商，提出了清理"文留"文物的步骤与具体办法，在充分调研和协调下，提出了工作方案和计划。

【加强文物出入境的管理，严格监管珍贵文物出境】 完成了对全国文物出境鉴定站进行调查的报告，并对历年的文物出境鉴定数做了详细统计，完成了7种文物出境鉴定统计数字表，并根据调查结果，对文物出境鉴定站从体制、管理诸方面提出了改革建议。据不完全统计，2001年，全国各鉴定站配合海关查验私人携带文物216387件；配合司法鉴定文物16717件；查扣不准出境文物4085件。有力地防止了珍贵文物外流、有效地打击和扼制了文物走私犯罪活动。

根据近年古代书画出境数量逐年增多的情况，为便于海关监管人员和文物责任鉴定员掌握著名画家及鉴定标准，配合去年颁发的《关于颁发“一九四九年后已故著名书画家”和“一七九五年至一九四九年后已故著名书画家”作品限制出境的鉴定标准的通知》，召开了有关专家会议，对编辑的“1795年以后至1949年著名画家和近现代已故著名画家的简介”进行了审核修改。

配合贯彻落实新颁布的《文物保护法》，在河南举办了“文物出境鉴定“青铜器”责任鉴定员考核培训班”。期间，学员们专门学习了《文物保护法》，通过学习，大家在提高文物保护意识，加强文物鉴定管理；充分认识保护民族文化遗产是每一个责任鉴定员的历史责任；全面执行新的《文物保护法》，依法行政、依法管理、进一步加强文物出境鉴定管理诸方面达成了共识。

为了配合海关监管工作，为加强文物出入境鉴定管理，在有关部门和中华文物交流协会的支持下，为全国17个鉴定站配备了电脑、数码照相机，并积极争取推广文物出境鉴定电脑管理系统，努力实现全国文物出境鉴定与海关联网。

【积极配合司法部门办理涉案文物鉴定和打击文物走私犯罪活动】 积极协助公安部、最高人民法院等执法部门对北京、山西、河北等地的6起文物大案进行了复核鉴定，参与涉案文物复核鉴定200多件，有力地配合了打击文物犯罪的斗争。

依据《关于禁止与防止文化财产非法进出口与非法转让其所有权方法的公约》和《关于被盗和非法出口文物国际公约》国际公约，通过国际政府间合作，运用国际法律武器，追索流失文物也取得了一定成绩。经过多方面的努力，依法从美国、新西兰索回一批走私文物。从美国圣得亚哥海关追索回的93箱从贵州走私出境的古脊椎动物与古生物化石，其中有保存完好，比较珍贵的10条贵州龙和无数的海百荷，其中一条贵州龙是新发现的种类，具有较高的科学研究和学术价值。这批索回的古生物化石在北京自然博物馆展出后，在国内外引起了强烈的反响。我国依法打击文物走私和依法索回流失境外文物的行动和成功的经验，在国外产生了很大反响，受到了联合国教科文组织有关专家的好评，并推荐日本、韩国等国学习我国依法追索文物的成功经验。

一些维护正义和国际公约的国家和地区，以及一些友好人士纷纷将不属于本国的文物提出归还中国，如美国收藏家安思远先生将一件从河北走私出境的西周时期的青铜归父敦无偿归还中国。此外，香港特区政府，将其依法查扣非法入境的3件石雕佛像归还祖国。

【加强文物拍卖标的的备案审核工作】 按国务院《关于加强和改善文物工作的通知》精神要求，依据《文物保护法》、《拍卖法》和国家文物局《关于加强文物拍卖标的鉴定管理的通知》的有关规定，依法对北京市文物局在国家文物局备案的北京华辰、中国嘉德、北京海王村、中国太平洋四家拍卖公司的文物拍卖标的进行了复核。依法禁拍了非法拍卖文物标的，有效地保护了国家文化遗产，防止了珍贵文物外流。

为了落实新《文物法》对文物拍卖实行许可证管理的规定，起草了《文物拍卖管理暂行规定》等文件，为2003年规范文物拍卖秩序，进一步加强文物拍卖管理工作做了准备工作。

博 物 馆

【概况】 2002年,随着经济、社会的繁荣发展,各地区、各行业建设博物馆的积极性持续高涨,全国博物馆的数量和质量有了新的提高。截止到2002年末,我国文物系统共有博物馆1504座,比2001年的1453座增加51座。加上其他部门和民间兴办的博物馆,全国博物馆总数目前已达2126座。具有中国特色的博物馆体系进一步发展和完善,全国博物馆的品类结构和区域布局更趋合理。

博物馆藏品保护基础工作水平进一步提高。2002年,文物系统博物馆公用房屋建筑面积达到4893971平方米(比上年的4689738平方米增加204233平方米),其中陈列展览用房1879069平方米(比上年的1812943平方米增加66126平方米),文物库房465649平方米(比上年的431651平方米增加33998平方米);馆藏文物9974420件(比上年的9593416件增加381004件),其中一级文物41559件(比上年的43466件减少1907件),二级文物1016780件(比上年的930163件增加86617件),三级文物2294628件(比上年的1981902件增加312726件)。文物系统的博物馆中,一级风险单位有50%的单位已建立了安全技术防范报警系统,二、三级风险单位有30%的单位建立了安全技术防范系统,有效地保障了博物馆的藏品安全。馆藏文物调查和数据库建设在山西试点取得重要进展,部署了河南、甘肃、辽宁3省扩大试点的工作。

博物馆的社会功能日益显著,在社会发展特别是文化事业中发挥了重要作用。2002年,全国文物系统博物馆举办陈列展览8040个(比上年的8629个减少589个)。观众82235267人次(比上年的81394612人次增加840655人次)。陈列展览的主题内容、表现形式、科技含量和艺术感染力都有了很大提高。孙中山故居纪念馆于2002年4月通过ISO9001:2000国际质量管理标准体系认证。

【博物馆法规建设进一步加强】 《博物馆管理暂行办法》、《博物馆登记暂行办法》的调研修改已经启动。2001年以课题形式委托浙江自然博物馆牵头研究的《自然标本定级标准》,委托国际友谊博物馆牵头研究的《博物馆陈列展览管理规定》,已有初步成果。委托有关专家研究《馆藏文物保护管理技术标准》,并部署了甘肃、上海、湖南、江苏等省、市试点研究,在吸收各方面成果基础上,起草了《馆藏文物保护环境规范》。这个《规范》重点是提出统一的保护环境要求,在执行已有的安防标准、照明规范之外,对展厅、库房等存放馆藏文物的场所提出温度、湿度、空气、设备等方面的规范,并据此制定达标规划,争取各级财政的专项支持,既促进地、市级以上博物馆的保护环境达标,又为一、二级文物调转至达标单位集中保管创造条件。《近现代一级文物藏品鉴定参考标准》、《近现代文物征集参考范围》草案已在2000年全国博物馆工作会议上征求意见,2002年安排有关专家修改定稿。

【抓好各具特色的博物馆建设】 (1)1月,贯彻落实中央领导同志"要认真研究促进博物馆事业发展的理论和政策问题"的指示,专题研究关于民办博物馆管理问题。(2)3月,国家博物馆建设前期工作领导小组办公室完成《国家博物馆项目建议书》编制任务,经国家文物局审批报国家计划委员会。(3)5月,会同中国文物报社策划出版《全球化下的中国博物馆》一书,该书对各门类博物馆的建设、发展起到了宏观指导作用。(4) 8月，专题研究冠“中国”字样博物馆和其他行业博物馆的标准、规划及审批问题，研拟《关于冠“中国”字样博物馆有关问题的意见的报告》(讨论稿)，意见和建议被中编办采纳并上报国务院。(5) 9月，对故宫地下展厅项目的前期工作进行了专题研究，代部起草《文化部关于故宫博物院文物藏品展示及地下展厅立项研究问题的报告》上报国务院，提出：一是应高度重视故宫和故宫博物院的全面发展规划及重点专项方案的研究制定工作，妥善处理古建筑和文物藏品的保护与展示的关系，其中，地下展厅建设是否可行和急需、西华门现代建筑是否与何时拆除，是重大课题。二是对地下展厅工程建设、西华门现代建筑问题应进行充分的研究论证。故宫博物院要切实负责，国家文物局要加强指导。三是故宫地下展厅工程建设要依照有关文物保护法规，严格履行报批。(6) 在国管局支持下，将化工部礼堂3200平方米改造成国际友谊博物馆库房，10月该馆文物全部安全搬迁完毕。(7) 中国财政博物馆、中国中医药博物馆、中国铁道博物馆、中国印钞造币博物馆等行业博物馆的筹建工作顺利开展。

【加强文物藏品保护管理基础工作】 (1) “馆藏文物腐蚀损失调查”项目启动，并于12月5～12日在四川进行“馆藏文物腐蚀损失调查”(金属与石质类文物)调研，完善总体方案。(2) “文物调查及数据库建设试点工作”顺利进展。6月13日，财政部与国家文物局联合在北京召开“文物调查及数据库建设试点工作协调会”。9月19～20日会同财政部教科文司在山西布置第二批试点省相关工作。(3) 根据国家加强公共财政支出预算管理的改革要求，完成2002年度珍贵文物征集、重点博物馆维修项目方案及预算的审批。(4) 11月，启动国家一级文物藏品档案建设项目。

【抓好国家和省级博物馆的精品陈列】 (1) 中国历史博物馆新版“中国通史”陈列和中国革命博物馆“近代中国”、“当代中国”陈列的筹备有序进行。(2) 故宫博物院、辽宁省博物馆、上海博物馆资源共享，联合于年底在沪举办“晋唐宋元书画国宝展”。该项目根据国家文物局的要求，上海市文物管理委员会主持进行了为时半年多的可行性论证，最终获得批准，并在公安、铁道等部门支持下顺利举行。(3) 国际友谊博物馆3月27日～4月4日赴港举办“我们的朋友遍天下——中国国务珍贵礼品大展”，展出120余个国家的近260件礼品。香港特首董建华出席开幕式。(4) 中国革命博物馆完成“新文化运动纪念馆”、“中国历史名人蜡像馆”的筹建，两馆分别于4月28日和7月30日顺利开馆。(5) 任弼时纪念馆陈列方案评审会在京举行。(6) 总结了前四届全国博物馆陈列展览十大精品的评选工作，制定发布《全国博物馆十大陈列展览精品评选活动办法》，将评选由原来一年一届调整为每两年评选一届。研究发布了开展第五届(2001～2002年)评选活动的通知。(7) 9月，会同中国文物报社编辑出版《2000年度十大陈列展览精品图解》，发挥优秀展览的示范作用。

【中国博物馆学会换届】 在国家文物局党组重视和指导下，经过精心筹备，中国博物馆学会完成了时隔9年之久的换届工作，学会工作逐步规范化、正常化。4月29日，中国博物馆学会在北京召开第四届代表大会，来自全国各地近100位代表出席了会议。会议听取并通过了吕济民理事长代表第三届理事会所作的工作报告；听取了纪宏章秘书长的《关于修改〈中国博物馆学会章程〉的建议和说明》,并原则通过了经过修改的学会章程。会议经过投票,选举112名理事组成学会第四届理事会。新的一届理事会,选举29人担任常务理事;选举国家文物局局长张文彬为学会理事长,故宫博物院常务副院长朱诚如等9人担任学会副理事长。

【国际博协亚太地区第七次大会召开】 国际博协亚太地区第七次大会暨博物馆与无形文化遗产国际学术讨论会于10月20~24日在上海召开。该会由国际博协亚太地区委员会、国际博协中国国家委员会(中国博物馆学会)联合主办,上海博物馆承办。亚太地区26个国家和国际组织的150名代表出席会议。大会于10月21日上午在上海博物馆学术报告厅隆重开幕。中共中央政治局常委、国务院副总理李岚清向大会致信祝贺。国家文物局局长单霁翔和上海市副市长周慕尧分别致辞。国际博协秘书长布林克曼、联合国教科文组织代表艾卡娃女士发表讲话。国际博协亚太地区委员会主席加拉教授、国际博协中国国家委员会主席张文彬教授分别作了主旨报告。会议期间,开展了分组讨论和学术考察,通过了指导亚太地区无形文化遗产保护的行动纲领性文件《上海宪章》。

【开展博物馆宣传推介活动】 1月14日,国家文物局发出通知,部署全国开展"5.18"国际博物馆日宣传纪念活动,并决定参与主办北京地区的活动。"5.18"国际博物馆日活动期间,全国博物馆紧紧围绕"博物馆与全球化"这一主题,结合实际,发挥优势,开展丰富多彩的纪念宣传活动,扩大了博物馆的社会影响,达到了推介博物馆,增进博物馆与公众互动交融的目的。北京地区的纪念活动在王府井金街举行,国家文物局局长张文彬出席开幕式并致词;118家博物馆专版展示,其中70家博物馆与观众零距离接触,盛况空前。河南博物院推出"走向世界,传承文明"展览,并于网上发布,展示该省与世界各国文物交流与合作的成果。国家文物局红楼宣传橱窗推出4期专题展览,展示山东、江苏、甘肃、青海、宁夏、新疆的文物、博物馆事业,以及纪念中国共产主义青年团建团80周年。

【组织学习国际先进经验】 11~12月,国家文物局组织北京、河北、山西、内蒙古、安徽、山东、湖北、甘肃主管博物馆的行政领导、馆长、国家文物局有关人员、计划和财政部门人员,赴法国、意大利、美国考察、学习博物馆建设如何利用旧建筑、馆藏文物环境、设施条件的改善、博物馆管理等方面的先进经验和理念。

【国家博物馆筹建稳步进展】 拟在现革、历博大楼基础上,改造、扩建至15万平方米,投资概算18亿元,2008年奥运前完成并开放。革、历博现有总建筑面积6.5万平方米,文物藏品50万件。由国家博物馆前期工作领导小组办公室委托北京华信捷投资咨询有限公司编制的《项目建议书》,2002年3月报送国家计委。中国国际工程咨询公司受托提出评估意见。《项目建议书》已报国务院审议通过。

【各级博物馆建设步伐加快】

新建并开放的重要博物馆。(1)福建博物院(福建省博物馆新馆):馆藏文物16万余件(另有标本14万件),建筑面积3.5平方米(原馆拆除,建设新馆),总投资2.7亿元。建设时间为1999~2002年。主要特色:集历史、自然、考古于一体。包括历史馆、自然馆、积翠园艺术馆、闽台交流中心等。(2)

湖南省博物馆(陈列大楼):馆藏文物12万余件,其中一级品700多件;占地建筑面积14000平方米,展厅6800平方米;总投资10800万元,其中国家补助4000万元。建设时间为1998年3月~1999年10月1日。2002年完成内装修、安防、布陈并开放。(3)中国铁道博物馆(北京):在铁道部科技馆的基础上组建,16000平方米机车展厅于2002年落成开放,4000平方米综合展厅计划2003年完工。(4)贵州镇山布依族生态博物馆:与挪威合作,吸收国际资金和经验技术,建设取得较大进展。7月15日正式开放。(5)三门峡虢国博物馆:依托全国重点文物保护单位虢国墓地遗址建立,4月21日举行隆重开馆仪式。(6) 辛亥革命纪念馆:湖北省在辛亥革命武昌起义纪念馆基础上成立,10月25日开放。(7)中国医史博物馆新馆:9月26日正式开馆。(8)四川凉山奴隶社会博物馆:中国第一个奴隶社会博物馆。已完成改扩建,正式对游客开放。

主体工程落成的省级以上大型博物馆。(1)辽宁省博物馆新馆:馆藏文物10万余件,其中一级文物446件,二级文物3339件(另外还有11类文物尚未鉴定,古书画著名);占地面积20000余平方米,建筑面积3万余平方米;总投资3.1亿元,其中国家补助650万元。建设时间为1998年10月~2002年。(2)中国财政博物馆(杭州):位于西湖之畔吴山广场,建筑面积1.2万平方米。由财政部会同国家文物局支持,浙江省财政厅、杭州市财政局负责筹备、实施。主体工程基本完工,现进入筹展阶段。

正在兴建的省级以上大型博物馆。(1)山西省博物馆新馆:馆藏文物10万余件;建筑面积5万平方米;总投资3亿多元,其中国家计委批准立项并补助1亿元。1999年已完成建筑设计招标,但因规划选址、建设用地等遇到困难,开工时间推迟,至今仍在进行土建工程。(2)首都博物馆新馆:馆藏文物95万件(套),其中一级文物196件,二级文物995件;占地面积2.91万平方米,建筑规模7万平方米;总投资11.8亿元,其中约4亿元用于征地。建设工期为2001~2005年。2001年12月25日,首都博物馆新馆工程正式开工。新馆位于北京西长安街白云路北口西侧,总建筑面积6万平方米,工程投资7.8亿元,是经国家计委报请国务院批准建设的北京市重点工程项目,也是新中国成立以来北京市投资规模最大的文化公益设施。该馆将于2005年建成开放,并将成为新世纪北京的标志性建筑之一。入选方案为法国APEP公司和中国建筑设计研究院联合设计的首都博物馆新馆设计方案图。(3)天津博物馆:由天津市历史博物馆、天津艺术博物馆合并另址新建。馆藏文物14万件(套),其中一、二级文物5000余件;建筑面积3万平方米;总投资2.9908亿元,其中国家补助1亿元。2000年开工。(4)重庆中国三峡博物馆(重庆市博物馆):馆藏文物、标本10万余件,其中一般文物1万余件,珍贵文物2000余件;占地面积3.2万平方米,总建筑面积4.25万平方米;总投资4.9733亿元。2000年12月开工,力争3年内建成并投入使用。已向国家计委请求支持。(5)湖北省博物馆扩建工程:总建筑面积3.5万多平方米。11月30日正式开工。该工程总投资2.3亿元,占地122亩。扩建工程将新建两层楼的楚文化馆,展出湖北及其他各地楚国墓葬、遗址出土的楚文物等。预计2003年8月底完工。综合陈列馆4层,为主陈列馆,预计明年10月动工,2005年底完工。扩建工程竣工后,综合陈列馆、楚文化馆将和原有的编钟馆形成湖北省博物馆"一主两翼"的总体布局。(6)中国电影博物馆:11月22日在北京开工兴建,预计2005年建成开放。位于规划建设中的北京

影视城内，占地面积607公顷，总建筑面积3.5万平方米，展厅面积1万多平方米。(7) 中国烟草博物馆：6月7日正式奠基，计划于2003年建成开馆。建筑面积9614平方米，展厅面积约3500平方米。该馆以烟草在中国的传播、发展历程为主线，展示烟草农业、工业、商贸、管理、文化等方面的状况。全馆分烟草农业馆、烟草工业馆、烟草制品馆、烟草文化馆、烟草国际交流馆、烟草图书馆等9个分馆。目前已经征集入库的烟草文物有6630件。该馆坐落于上海市杨浦区。(8) 中国美术馆改造工程：改造装修一期工程现已基本完工，预计2003年5月在建馆40周年之际向公众开放。新扩建5328平方米，使整个建筑群部面积达到2.76万多平方米。大小展厅由原来的14个增加到21个，还在四层改建一座240平方米的学术研讨厅。此外，甘肃省博物馆扩建工程、新疆自治区博物馆扩建工程仍在进行。中国地质博物馆改造工程等也已开工。

【行业和民办博物馆发展迅速】 陕西师范大学妇女文化博物馆6月12日建成并对外开放。淄博中国陶瓷馆于9月1日正式开馆。山西平遥中国商会博物馆（平遥民营企业家）9月9日开馆。中国最大葡萄酒博物馆——张裕酒文化博物馆（张裕公司）9月9日在山东烟台开馆。上海工艺美术博物馆（上海轻工集团）10月16日正式开馆。北京首座自来水博物馆（北京自来水集团）于12月7日正式开馆。此外，山西省祁县建成了中国第一座珠算博物馆（周保林）。全国首家纸文化博物馆蔡伦纸文化博物馆在陕西洋县开馆。内蒙古首家由企业筹资建设的行业博物馆——酒文化博物馆（河套酒业集团公司），在巴彦淖尔盟杭锦后旗落成并向社会开放。甘肃省首家高校博物馆西北师大博物馆于校庆之际正式开馆。

【国家一级文物藏品的管理】

国家一级文物藏品档案建设项目启动。新修订的《文物保护法》第三十六条规定，“国务院文物行政部门应当建立国家一级文物藏品档案和其主管的国有文物收藏单位馆藏文物档案”。联合国教科文组织“1970年公约”和1997年国务院13号文件也对国家政府部门建立一级品档案提出了明确要求。2002年11月11日，国家文物局局长办公会作出部署，决定启动国家一级文物藏品档案建设项目，要求3周内提出馆藏一级文物建档项目文本，并委托有关单位起草可行性研究报告。11月29日，博物馆司提交《建立国家一级文物藏品档案、总目录项目文本》和《关于建立国有馆藏一级文物档案和加强馆藏文物保护基础工作的研究报告》。12月2日，为进一步了解国有馆藏一级文物建档及保管情况，博物馆司发文各地及有关博物馆，要求核对或提供所辖行政区域国有馆藏一级文物数量并附建档、保管情况说明。共发放调查函件40份（31个省、自治区、直辖市，行业博物馆19个，其中国家文物局直属馆2个）。12月19日，全国文物工作会议将建立国家一级文物藏品档案列为重要基础工作之一，要求用2～3年时间完成。12月24日，为完善《建立国家一级文物藏品档案、总目录项目文本》，博物馆司将《项目文本（征求意见稿）》发送中国文物信息咨询中心、中国文物研究所、中国文物报社、文物出版社、山西省文物局和国家文物局有关业务处室研提意见。截至2003年1月6日，除了山西省文物局外，其他单位均按时反馈了意见，中国文物信息咨询中心还编制了《国家馆藏一级文物档案数据库建设项目实施方案（草案）》和《国家馆藏一级文物档案数据库管理系统技术实施方案（草案）》。另外，负责软件开发的北京市太极华青信息系统有限公司也提出了建议。

国家一级文物藏品鉴定确认。组织了四川省樊建川博物馆、湖北武汉中山舰博物馆、八七会议纪念馆、武汉八办纪念馆、詹天佑故居文管所的近现代一级文物鉴定确认工作。初步确认一级文物 66 件（套）。

【博物馆文化产品设计与开发】

举办“参观纪念品设计大奖赛”。3 月 18 日上午，首届北京地区博物馆“清华工美杯”参观纪念品设计大奖赛组委会在北京正阳门城楼举行获奖作品颁奖会。2001 年 10 月，为充分发挥北京地区博物馆的社会和文化教育功能，更好地满足观众要求，由北京市文物局等 5 家单位联合发起，面向全国各地区博物馆和社会各界分两组广泛征稿，推出了首届参观纪念品设计大赛。截至 2002 年 3 月 5 日，共收到有效作品及设计图 276 件，其中博物馆组作品 109 件，社会组作品 167 件，部分作品来自外省市和香港、台湾地区。经严格评审，《明清天文仪器》（北京天文馆）和《麒麟印章及龙、虎护身符系列》（罗莉）获得金奖，《蜂恋花》（中国蜜蜂博物馆）等获银奖。

举办“博物馆文化商品展览”。“2002 年博物馆文化商品展览”暨“博物馆文化商品开发研讨会”于 2002 年 10 月 12～14 日在上海博物馆举行。该项活动由上海博物馆与北京故宫博物院、澳门博物馆、台湾博物馆商品联盟和香港艺术馆大业艺院联合举办。探讨如何结合旅游业和社会文化事业发展，开拓博物馆礼品、纪念品的产品与市场，发展博物馆文化产业，以及各博物馆之间如何在商品开发与经营理念方面进行联盟互动，并获得可持续性发展等问题。“博物馆文化商品展览”的举办在文物界还是第一次，将为加强博物馆之间的联系和交流、提高博物馆文化商品的开发水平起到积极的推动作用。

【博物馆建设与管理研讨】

“博物馆与全球化”论坛高层研讨会。4 月 25 日，以“博物馆与全球化”为主题的首届北京博物馆论坛高层研府会在北京和敬宾馆召开，拉开了本年度北京地区国际博物馆日系列活动的序幕。国学大师张岱年先生为本次活动亲笔题写了贺词。论坛历时一天。中国文物报社社长李文儒、中国历史博物馆副馆长李季、首都博物馆馆长韩永先生作主旨报告，北京地区博物馆的馆长们就博物馆的资源、人才、经济发展等问题进行热烈、广泛的讨论。

新世纪博物馆发展走向馆长论坛。5 月 11 日，由河南省博物馆学会、鹤煤集团公司主办，河南博物院、鹤煤集团古典艺术博物馆承办的新世纪博物馆发展走向馆长论坛在鹤壁隆重召开。在为期 3 天的博物馆论坛会上，来自全国各地的博物馆馆长先后在大会上作了精彩的发言，专家们就新世纪博物馆行业人材的培养、博物馆的经营方式、营销策略、经费来源、体制改革等问题，尤其是加入世贸组织以后所面临的各种机遇和挑战都作了各自独到的阐述。

革命纪念馆发展研讨会。5 月 15 日，中国人民抗日战争纪念馆于建馆 15 周年之际举办全国部分革命纪念馆发展研讨会。全国 50 多家抗战系列纪念馆馆长与会，以“共同合作、资源共享、扩大影响、加强研究”为主题进行研讨。

【博物馆学术交流】 （1）5 月，《全球化下的中国博物馆》出版。该书由国家文物局、中国文物报社编辑，结合当代博物馆的重点难点、亮点热点、前沿前瞻，围绕博物馆与全球化、博物馆与社区、博物馆与数字化、博物馆建设与现代管理、发展博物馆文化等主题，从理论与实践相结合的高度进行深入探讨，对各门类博物馆的建设、发展起到宏观指导作用。(2) 9月，《中国博物馆陈列精品图解》(二) 出版。该书由国家文物局、中国博物馆学会 、中国文物报社编撰，为中国博物馆陈列精品工程书系之二，汇集2000年中国博物馆界评出的全国十大陈列精品以及单项奖获得者，以图文对应的组合形式全方位解说25个优秀展览的创作过程，对于各级各类博物馆、纪念馆陈列展览的创意、策划、设计、制作、布展具有直接的借鉴作用，对于各行各业文化性、商业性陈列展览也有直观的参考价值。(3) 8月13～15日，中国自然科学博物馆协会在辽宁大连举办第二届海峡两岸博物馆学术研讨会。海峡两岸博物馆界代表100余人出席。(4) 10月30日，上海博物馆主办的“中国白瓷国际学术研讨会” 在该馆新落成的学术报告厅举行。来自英国、美国、日本及中国港澳台等地区的150位专家学者和著名文物收藏家，以及国内有关博物馆的著名古瓷专家出席会议。为配合本次大会的主题，上海博物馆集中有关博物馆等收藏单位的白瓷文物，在四楼陈列室中布置了白瓷专场展示，供广大白瓷爱好者前来观摩。(5) 11月29日，配合“晋唐宋元书画国宝展”，千年遗珍国际研讨会在上海博物馆报告厅举行。来自英国、法国、美国及中国港澳台等国家地区的会者300余名出席了会议。本次会议共收到论文60余篇，著名书画专家北京师范大学启功先生、辽宁省博物馆杨仁恺先生、美国普林斯顿大学艺术博物馆方闻教授、香港中文大学饶宗颐教授等，与各地博物馆的书画专家济济一堂，欣赏并探寻中国古典书画艺术的无穷魅力。

【博物馆展览交流】 (1) 西湖国际博览会期间，河南博物院与浙江省博物馆联合举办“中原瑰宝——河南博物院院藏精品展”。观众络绎不绝，以32843人次的数字创下了浙江馆历史上的同比新高，成为西湖国际博览会的一大亮点。(2) 河南博物院和安徽省博物馆于9月28日～10月28日联合举办“画魂——潘玉良美术作品展”，展出安徽博物馆收藏的潘玉良在20世纪30～60年代的油画、白描和彩墨画近100幅。该展曾相继赴安庆、杭州、上海、广州、南京、长沙、重庆等20多个大中城市巡回举行，观众反响强烈。

【博物馆馆庆】

中国历史博物馆90周年馆庆。7月9日，中国历史博物馆遍邀国内重要博物馆馆长，举行建馆90周年庆祝大会。文化部孙家正部长发表讲话，国家文物局张文彬局长致词，高度评价历博90年来的成就，对其未来发展提出了建议与希望。

上海博物馆50周年馆庆。经过50年的建设，上海博物馆已经发展成为国内领先、国际一流的现代化大型博物馆，在国内外享有盛誉。为庆祝建馆50周年，该馆制定详细活动计划，举办一系列国际学术会议和重要文物展览，国内外博物馆纷纷参与。

【重要的全国性文物展览】

晋唐宋元书画国宝展。为弘扬中华民族优秀传统文化，充分发挥博物馆的文化传播功能，经国家文物局批准，上海博物馆于庆祝建馆50周年之际，联合故宫博物院、辽宁省博物馆，集中三馆72件珍稀的晋唐宋元书画作品（其中书法26件，绘画46件），于2002年12月1日～2003年1月6日，在上海博物馆成功举办了 “晋唐宋元书画国宝展”。展览为期37天，在合理控制人流的情况下，日均观众量6000人次以上，共接待海内外观众23万人次。国务院总理朱镕基等领导同志参观了展览并给予了高度评价。这是新中国成立以来级别最高的一次古代书画展示，为千载难逢之“盛世之展”。该展览引起海内外强烈反响，社会效益极为显著，是近年来涌现的颇具代表性的陈列展览精品之一。具有以下特点：(1)珍品云集，国宝荟萃。此次展览，首次荟萃了国内3个重要博物馆久负盛名的72件晋唐宋元书画珍藏，特别是晋王珣《草书伯远帖卷》、唐阎立本《步辇图》、宋张择端《清明上河图》、元钱选《浮羽扇居图卷》等经典杰作空前集中亮相，具有极大的艺术震撼力和感染力。(2)精心组织，服务周到。“国宝展”主办方从展览策划、文物安全、展品运输、陈列设计、宣传推广、服务观众等各方面精心组织，细致入微，精益求精，竭尽全力为公众奉献一道精美的文化大餐。为确保文物安全，北京、沈阳两地文物往返上海，争取了铁路部门的支持，他们调用专节软席列车运输，路途沿线由武警戒备；展出期间首次设置安检程序，并由武警和公安24小时轮流值守。展厅环境始终保持在恒温湿状态，并考虑到书画文物质地特点，将所有照明采用过滤灯光，展厅内按观众负载标准严格控制人数，这不仅有利于文物保护，也为观众创造了良好的参观氛围。通过大众传媒的有力宣传，展览信息被广泛传播至海内外，引起了不同文化背景、不同文化层次人们的极大关注。(3)观众踊跃，盛况空前。在37天展期中，每日清晨五六点钟上海博物馆门前即人头攒动，观众队伍排出千米以外，晚上十一二点才能闭馆。有48%的观众为“一睹国宝风采”而不惜排队长达7～8个小时。展览期间的最后一位观众入场是在1月6日24时整，而最后一名观众离场是在1月7日凌晨5时30分。有54%的观众是15～34岁的青年人，他们渴望感受传统优秀文化艺术的执着精神令人感动。除国内观众外，展览还吸引了许多海外观众，尤以日本、韩国的旅游团队居多，日、韩、欧美以及台湾、香港地区的不少研究人员、爱好者更是专程而至。(4)改革机制，创新理念。这次展览是在对珍贵文物有效保护和确保安全的前提下推出的，也是有关博物馆发挥群体优势，实现优势互补、资源共享的有益尝试。这种展出方式，不仅很好地推动了中国古代书画的学术研究，也有助于各类文博单位在文物收藏、保护、展示等方面的理念更新、方法改进和灵感激发，更好地实现文物、博物馆的社会价值。

神州风采——世界遗产在中国。这是我国迄今为止最大的世界遗产展览。由国家文物局、建设部等单位共同主办，中国革命博物馆承办。中国革命博物馆超过6000平方米的大型展厅被布置成一座大型的微缩景观回廊，以景观还原、珍贵文物、雕塑等形式展现了我国现有的28处世界遗产的风采，小桥流水，亭台轩榭，戈壁雪山，尽收眼底。我国的历史上，还从来没有过28处世界遗产聚集一堂、共同展出的记录，而各个世界遗产单位带来的100余件难得一见的稀世珍宝也是本次展览的亮点之一。自2002年12月30日开展以来，已经有来自全国各地的10万观众从中领略了我国丰厚的历史文化底蕴。为了让更多的观众能领略到我国28处世界遗产的风采，原定2003年2月28日结束的展览延期至5月7日。

契丹王朝——内蒙古辽代文物精华大展。由中国历史博物馆和内蒙古自治区文化厅联合主办。荟萃内蒙古契丹文物精华，包括文物200余件（套）和临摹壁画、契丹大小字拓片等18件辅助展品。第一次集中反映了新中国成立以来内蒙古地区辽代考古的重大成果，尤其是陈国公主墓、耶律羽之墓和庆州释迦佛舍利塔考古的重大收获。展

览于2002年6月10日开幕,受到了国内外广大观众的热烈欢迎，参观人数达到15万人次。展览原计划于10月10日闭幕,结果延期到11月。展览期间举办了内蒙古考古讲座3次,为观众提供讲解服务692批次。

人间四月天——中国近代名人书法大展。由海峡两岸历史博物馆——中国历史博物馆、台湾历史博物馆与何创时书法艺术基金会共同举办,于2002年3月20日在北京中国历史博物馆隆重开幕。展览2002年5月15日结束。这是海峡两岸文化交流中心的一大盛事。展品179件（组）,均为何创时书法艺术基金会多年收藏的近代名人书法精品。展出的有杨守敬、吴昌硕、康有为、黄宾虹、齐白石、吴敬恒、罗振玉、李瑞清、欧阳渐、梁启超、于右任、高剑父、谭延闿、李叔同、叶恭绰、沈尹默、谢无量、胡小石、郭沫若、董作宾、徐悲鸿、溥儒、张大千、台静农、高二适等25位书史名家的手迹，除此之外还有涵盖文、史、哲、教育、宗教等近代名人书法作品近160幅。作者皆为海内外闻名的大家。19世纪末20世纪初,西学东渐,中国社会面临“数千年未有之大变局”,传统教育的许多方面都不得不进行脱胎换骨的转型,新文化蓬勃兴起。为了使观众能够一睹先贤们的容颜、了解他们的生平事迹,在展品说明中附加了作者肖像和小传。通过这些展品,观众不仅能欣赏这些名家精湛的书法艺术,而且能嗅到“袖中吴郡新诗本,襟上沧浪旧水痕”那个时代的气息与脉搏的律动。该展览既是中国近代书法史的缩影,也是中国近代史,尤其是文化史的剪影。

晋国奇珍——山西晋侯墓群出土文物精品展。为上海博物馆庆祝建馆50周年系列活动之一，于2002年5月1日~7月30日正式对外展出。本次展览一共汇集了145件（组）晋侯墓地出土文物精品,其中有青铜器94件、玉器46件、石磬4件、金饰件1组,其中大部分是北京大学考古系和山西省考古研究所合作的成果,还有一些分别来自于上海博物馆、山西省曲沃县博物馆和美国华裔收藏家范季融先生的藏品,台北故宫博物院也提供了所藏晋侯青铜器的照片。其间还举办了“晋侯墓地出土青铜器国际学术研讨会”。

【第五届全国十大陈列展览精品评选】

第五届全国十大陈列展览精品评选活动由国家文物局主办，中国博物馆学会、中国文物报社承办。开始于1997年的“全国十大陈列展览精品评选”活动,至今已举办了5届。本届评选活动范围是2001~2002年两年间全国博物馆（除港、澳、台地区外）最新推出或重新改陈的陈列展览。入选的陈列精品是从23个省、自治区、直辖市文物部门和国家文物局直属单位推荐的57家博物馆、纪念馆的58个参选项目中,经专家评议投票产生的。与往届相比,本届评选参选范围、分布地区更为广泛,不仅有国家级馆更有许多地市级馆,不仅有文物系统的博物馆更包括了许多行业博物馆,特别值得一提的是还首次出现了民营博物馆参与评选。展览陈列内容丰富，评审过程更加规范有序,大大增强了整个评选工作的专业性和学术性。获得精品奖的陈列不仅代表了这两年间全国陈列展览的最高水平,而且在陈列选题思路、陈列学术研究、陈列宣传等方面也各有特色。由中共中央组织部、中共中央宣传部等8部委主办,中国革命博物馆承办的“肩负人民的希望——纪念中国共产党成立80周年图片展”荣获特别奖。峨眉山博物馆“世界文化与自然遗产——峨眉山”，上海博物馆的“雪域藏珍——西藏文物精华展”,法门寺博物馆“宁静的辉煌——法门寺文化文物陈列展”，三门峡虢国博物馆“虢国墓地遗址与文物陈列”，黑龙江瑷珲历史陈列馆“瑷珲历史陈列”，中国茶叶博物馆 “中国茶叶文化展”，武汉市博物馆“武汉古代历史陈列”，河北省邯郸市博物馆“磁州窑陈列”，吉林市博物馆“中国吉林陨石雨展”，山西吕梁汉画像石博物馆“铁笔绣像，浪漫汉风——吕梁汉画像石艺术”荣获精品奖。成都杜甫草堂博物馆“诗圣著千秋”获最佳创意奖，烟台博物馆“烟台开埠陈列”获最佳内容设计奖，凉山彝族奴隶社会博物馆“基本陈列”获最佳形式设计奖，北京服装学院民族服饰博物馆“衣冠王国——中国民族服饰精品展” 获最佳制作奖，大连现代博物馆“基本陈列”获最佳新技术、新材料运用奖，青岛消防博物馆“基本陈列”获最佳安全奖，中国革命博物馆“我爱你，中国——共和国国旗、国歌、国徽展”获最佳宣传奖，长春市伪满皇宫博物院“伪满皇宫同德殿原状复原陈列展览”获最佳服务奖，中国科技馆“儿童科学乐园”获最受观众欢迎奖，郑州市博物馆“郑州改革开放以来配合基本建设考古成果展”获最佳综合效益奖。青海省博物馆“青海民族文物展”，南京博物院、江苏省爱涛艺术精品有限公司 “江苏省首届文化艺术精品展”，刘明秀俄罗斯民间艺术博物馆“俄罗斯民间艺术”，南京大学历史系“南京大学考古与艺术博物馆精品展”，鄂伦春博物馆“基本陈列”获得提名奖。

本届评选委员会的成员是从国家文物局设立的全国博物馆专家库中随机抽签产生的，整个评选过程分初评、终评两个阶段，以无记名投票的方式，最终评定了本届的精品奖、单项奖和提名奖。

肩负人民的希望——纪念中国共产党成立80周年图片展。由中共中央组织部、中共中央宣传部、中共中央统战部、中共中央文献研究室、中共中央党史研究室、文化部、中共北京市委、中央档案馆主办，中国革命博物馆承办。展览时间为2001年6月20日～10月8日。展览设在中国革命博物馆一层展厅，面积5300平方米，展线1500米，展出图片1500余幅、珍贵文物近500件、美术作品31件、三代领导人的语录文摘29条、图（表）16幅。展览全景式地展现中国共产党80年来所走过的不平凡历程，充分展示中国共产党团结带领全国各族人民所取得的伟大成就。是历年来规模最大的一次党史展览。整个展览主题鲜明、内容丰富、气势恢宏、形式新颖，受到中央领导同志的充分肯定，引起新闻媒体的广泛关注，得到了社会各界的一致好评，是庆祝建党80周年各项纪念活动中持续时间最长、直接参与人数最多的一项重要活动。

世界文化与自然遗产——峨眉山。主办单位：峨眉山博物馆。2001年5月1日开放。峨眉山博物馆坐落于峨眉山报国寺凤凰湖畔，占地22公顷，馆区主体2.12万平方米，展厅面积7200平方米。展览总投入为2000余万元，是国内一流的县级综合性博物馆。基本陈列6部分，即地质厅、生物厅、古蜀峨眉文化厅、道教文化厅、佛教艺术厅、书画厅组成。展品有包括多件国家级珍贵文物在内的4000多件文物、标本。峨眉山博物馆自开馆以来，截至去年底，免费接待中外观众达260多万人次。展览紧紧围绕峨眉山文化遗产与自然遗产两条主线，陈列主题鲜明，展览内容集峨眉山双遗产精华于一馆，趣味性、地方性强，采用当前世界最新型的展示理念——主题单元和先进的展示手段，结合峨眉山的实际情况，以人为本，各学科、各种展示手段精密配合，精工细作，富有时代气息，为各个层次观众所喜闻乐见，是峨眉山创建世界旅游精品的具体体现。

雪域藏珍——西藏文物精华展。主办单位：上海博物馆。2001年5月27日～2002年3月10日展出。展览是为了庆祝西

藏和平解放50周年，以及加强沪藏两地文博界在实施西部大开发战略中的友好合作而特别举办的。这个展览也是上海博物馆举办的边疆系列展览之一。展览分为西藏地方与中央政府的关系、宗教文物、生活用品3大类，展品中绝大部分系第一次离开西藏和第一次公开展出。展览具有的几个显著特色：展览规模大，展出文物计132件（组）；展览规格高，展品中包括"金瓶掣签"用的金贲巴瓶等一些国宝级的珍贵文物；展览设计有所创新，社会效益、经济效益好。在充分尊重藏族风俗习惯的基础上，努力营造良好的视觉效果，如为布达拉宫中高达354厘米的弥勒佛专门布置了佛堂，得到西藏观众和内地观众的一致好评。不少海内外观众专程前来参观展览，总人数达到75万人次。展览期间，还配合展览举办了5场专题讲座。

宁静的辉煌——法门寺文化文物陈列展。主办单位：法门寺博物馆。2001年11月15日起对外开放。法门寺博物馆新建2座馆舍，进行重新布展，分为3个展厅：第一展厅"法门寺"；第二展厅"舍利阁"；第三展厅"大唐珍宝"。展厅面积2800平方米，展线长度950米。虽然此次展览有可谓"穷天上之庄严，极人间之焕丽"的大唐珍宝，但展览并不是简单地依赖器物，而是从观众接受文化信息和普及教育的角度考虑，跳出了一般的文物精品展的程式，努力揭示文物背后的历史生活现象。为此，展览除光色外，还特别注意环境气氛的营造，让观众直接受到历史场景的感染。设计者将唐代宫廷文化有代表性的纹案、构件的造型转化为设计要素，成为陈列语言的一部分，再与相关器物相配合，营造出浓郁的唐宫廷文化色彩。

虢国墓地遗址与文物陈列。主办单位：三门峡虢国博物馆。2003年1月起对外展出 。三门峡虢国博物馆是依托西周虢国墓地遗址建立的一座遗址性专题博物馆，遗址是最重要、最具特色的展品。陈列以保护和展示遗址为原则，运用原状陈列、复原陈列的方法，突出其遗址性、专题性的特点；以遗址及出土文物为依托，从不同侧面反映虢国的政治、经济、文化、军事等，再现2000多年前古国雄风。按照虢国历史——文物——车马坑——墓葬这一顺序，向观众展示虢国墓地的保护、开发利用情况，让其了解西周时丧葬制度和宗法等级制度。在整体设计定位上，着重把握庄严、厚重、华贵、神秘的艺术氛围。在空间、整体造型和色彩、辅助设施的具体形式设计中，充分体现了艺术性、象征性和功能性。

瑷珲历史陈列。主办单位：黑龙江瑷珲历史陈列馆。2002年6月开展。瑷珲历史陈列采用编年与专题相结合的体例。首次展出了诸多黑龙江畔中国一侧采集、出土的精美石器，辽金文物，珍贵的鄂伦春民族萨满服、神像、神偶，签订《瑷珲条约》场景的复原，反映中俄战争中双方使用的武器、历史资料、照片等，以及众多中、俄、日、英文资料综合研究后的最新学术成果。展墙设计针对不同的内容需要，设计不同形式的不直接相连的碑式展墙，每墙墙面以该墙面重要内容放大作为背景处理。在具体陈列内容的形式设计上，以景箱、超写实雕塑场景、通透的开放式场景、半景画等视觉效果好、感染力强的展览形式展示重点陈列内容，其他部分以文物、图板、列表、文字等形式布展。展馆建筑造型独特，寓意深刻。馆舍西圆东方，方圆一体象征完整，但一个三角形大台阶将馆舍一冲为二，寓意"刀剑"割裂了国土；台阶东侧是"黑龙江——母亲河"大型浮雕墙，展现着黑龙江流域古代民族生产、生活的情景；西侧是风铃墙，悬挂着1858个风铃，寓意警钟长鸣，勿忘《瑷珲条约》割地之耻；风铃墙下的小广场树立着一座铜雕：一位母亲抱着已死去的女儿，寓意祖国失去了儿女，失去

了国土。半景画馆大楼顶端建有平台，站在平台上可见瑷珲遗址全貌，滚滚东流的黑龙江和隔江对岸的“江东六十四屯”。

中国茶叶文化展。主办单位：中国茶叶博物馆。2002 年 4 月开展。中国茶叶博物馆是茶文化专题博物馆，占地 3.7 公顷，建筑面积 7600 平方米，陈列展览面积 2200 平方米。陈列展览提炼出茶文化典型内容部分，通过图片、实物相结合的陈列方式展示出来，茶文化相关的一些细节部分通过多媒体触摸屏得到实现。陈列手法上不过多采用文字版面，而采用了录音点击系统。陈列以茶史、茶萃、茶事、茶缘、茶具、茶俗 6 大相对独立而又相互联系的展示空间，从不同的角度对茶文化进行诠释。茶史厅展示偏重于茶的历史文化角度，以史为线，通过实物为主，设计中十分注重突出展示重点，做到使陈列有起有伏，富有节奏感，韵律感。其展示总体色调以沉静为主，墙面颜色设计为浅草绿色，版面以土黄为背景，展览通柜内顶部射灯照射文物和版面，保证了稳重和谐的基本色调。茶萃厅和茶事厅采用了简练、明快的色调。

武汉古代历史陈列。主办单位：武汉博物馆。2001 年 10 月 2 日开展。展览时间跨度为从史前时期至汉口开埠以前，以武汉地区 50 年来出土的珍贵历史文物为基石，以历史学、考古学等学科为依据，充分展示武汉在各个重要历史时期的历史文化。分为 5 大部分：江汉曙光（史前时期）、商风楚韵（夏商周时期）、军事要津（秦汉魏晋南北朝时期）、水陆双城（隋唐宋元时期）、9 省通衢（明清时期至汉口开埠前）。重点突出了商代盘龙城、三国军事要津、隋唐双城繁盛、宋代制瓷业、明清 9 省通衢等历史阶段。为了在有限的空间里，将纵跨三四千年的历史容纳进来，设计者在研究分析方案内容、参展文物以及展厅面积基础上，将序厅、江汉曙光、商风楚韵安排在面积较小的第一展厅，军事要津、水陆双城、9 省通衢 3 部分安排在面积较大的第二展厅，形成一厅紧凑丰满，二厅疏朗耐看的格局。并将环境艺术风格纳入陈列整体设计之中，通过细节处理，将历史背景与环境色调、现代技术与场景复原巧妙地结合在一起，为展览创造出了严谨、精细、轻灵、浪漫的艺术风格。

磁州窑陈列。主办单位：河北省邯郸市博物馆。2001 年 9 月开展。是目前国内首次举办、规模最大、陈列文物精品数量最多的磁州窑专题陈列，使用 4 个展厅，陈列面积近 1000 平方米，展出文物 400 余件，其中精品 200 余件。文物都有考古地层关系，断代明确，清以后的文物都带有款铭。陈列展现出北朝、隋、唐、宋、金、元、明、清、民国、现代各个阶段磁州窑的发展，体现了国内外学者关于磁州窑学术研究的最新成果。在陈列形式上，展示分为 3 条展线：主展线以时代为序，展出各个时期文物；单橱展线陈列磁州窑各个时代的文物精品；辅助展线以图片资料反映国内外磁州窑文物的收藏情况。此外，复原了一处馒头窑模型，使观众了解北方、南方窑炉和烧瓷工艺的区别；布置了一处具有明清地方特色的民居，以形象反映瓷器陈设和使用情况；并以一种新的标本陈列架展示磁州窑瓷器标本的装饰技法。

中国吉林陨石雨展。主办单位：吉林市博物馆。2001 年 12 月 31 日开展。吉林陨石雨展览是吉林市陨石雨博物馆基本陈列。以“展示吉林陨石，探索宇宙奥秘”为主题，采用多学科综合表现的手法，打破以往陈列单元排列形式，以现代美学理念和审美意识，创造性地发挥构思想象力，将博物馆有效的展示空间合理划分出展示区域，科学处理了内容体系结构、展品性质与总体规划、陈列艺术探讨之间的关系。运用高新技术、多媒体等先进手段，集声、光、电融为一体，全面生动地展示出天外来客——吉林陨石世界之最的风采，创造出陨石雨展独具时代特色的艺术风格。在内容上利用天文学最新的研究成果，按着从宏观（宇宙）到微观（吉林陨石），再由点（吉林陨石）到面（世界各地陨石）全面展开。

铁笔绣像，浪漫汉风——吕梁汉画像石艺术。主办单位：山西吕梁汉画像石博物馆。2002年10月19日开放。山西吕梁地区是汉画像石主要分布区之一，出土的画像石以其丰富的内涵、独特的技法、完整的资料、确凿的纪年，呈现出鲜明的地域特色和艺术风格。本陈列由“西河古蕴”、“演绎人生”、“青山石韵”、“铭载春秋”4部分组成，共展出画像石79块、同出器物34件，充分展现晋西北地区汉画像石艺术的完整风貌。辅助陈列形式丰富多彩，以文字、图表、拓片、场景、模型、沙盘等手段，全面展示汉代社会生活的各个方面。

最佳创意奖：成都杜甫草堂博物馆“诗圣著千秋”。陈列布展于杜甫草堂博物馆诗史堂东西两侧古建筑——现称第一展厅和第二展厅内。展览采用2个既相关又独立的主题：“诗圣著千秋”和“草堂留后世”。选择杜诗中关于他生平回忆的诗句作为叙述的重要依据，用几个能典型反映他一生重要阶段的概念来构筑展览的叙述框架。“诗圣著千秋”：少年壮游、在长安、左拾遗、漂泊西南；“草堂留后世”：杜甫与草堂、草堂诗作中的杜甫世界、杜甫离去后的草堂。为了让观众深入了解杜甫的内心世界以及诗歌的特点，陈列采用“感性进，理性出”的方式，从杜诗中精选和复原最能反映杜甫精神本质的典型场景作为反映其一生的亮点，揭示和突显杜甫的性格，通过具有视觉美感和震撼力的感性形象将观众引向对杜甫内心世界的理解，在文字处理和场景塑造上努力营造诗化品格，以与杜甫的内心世界相协调。

最佳创作奖：北京服装学院民族服饰博物馆“衣冠王国—中国民族服饰精品展”。北京服装学院民族服饰博物馆是中国第一家民族服饰类特色博物馆，珍藏有中国56个民族丰富的传统服饰并已形成收藏优势。其中，苗族服饰的收藏在民族研究机构中是最齐全、最精良的；民族金工首饰的系列收藏也是独一无二的；织锦、刺绣、蜡染亦精品众多，各成体系。同时还收藏有20世纪30年代一批十分珍贵的民族考察图片资料。这些内容构成了北京服装学院民族服饰博物馆的收藏特色。在此基础上，举办这个展览。主要设有金工首饰、综合服饰、苗族服饰、织锦刺绣蜡染、民族考察图片5个部分，汇聚了中国各民族的服饰精华，旨在展示中华民族博大精深、多姿多彩的服饰文化。北京服装学院民族服饰博物馆设计理念：用最现代的设计展示最传统的展品。这个展览是极有特色的大型专题展览，每件展品均为屡经历史积淀的中国民族传统服饰文物，在展示设计时将其切入到现代的展示设计环境中，是对上述设计理念的一个实践。

最佳宣传奖：中国革命博物馆“我爱你，中国——共和国国旗、国徽、国歌展”。展览在中国革命博物馆一层展厅展出，分为历史的重托、共和国的象征、祖国在我心中3大部分和一个专题“人民的情怀”以及“互动区域”。300多件展品中80%以上系首次展出。展览系统介绍了国旗、国徽、国歌诞生的历程，相关的法律法规知识以及华夏儿女为国旗、国徽、国歌增光添彩的爱国情怀。此次展览体现“以人为本”的思想，注重与观众交流，并为观众自我学习提供优质服务。展览专门开辟了吸引观众参与的互动区域，由巨型国旗、中小学生绘画与征文、大屏幕、观众绘画平台、多米诺骨牌和多媒体触摸屏组成。还请来国旗护卫队以及当年参与国旗、国徽、国歌设计制作的历史见证者举办讲座，与观众交流。为扩大宣传，采用新闻媒体、网站、博物馆信息、宣传品、巡展等多种渠道推介展览。举办流动展览是有效办法，上海、广州、珠海、浙江象山以及澳门博物馆、香港历史博物馆相继引进此展览。

最受观众欢迎奖：中国科学技术馆“儿童科学乐园”。“儿童科学乐园”是专为儿童设计的、以科技为主要内容的常设展览，确立了“让孩子们在游戏和展项中体验到科学的乐趣”的展览设计理念，在内容和形式设计上突破了以往博物馆陈列和科技馆展示的惯用模式，创造出一种全新的展览教育模式——“展览加游戏”。孩子在无拘无束的参观和游玩中，激发对科学的兴趣和爱好，培养想象、动手、创造等多方面能力，提高综合素质。展馆一层以“人与自然”为主题，将“人体旅行”、“森林乐园”、“恐龙大复活”、“太空城堡”、“戏水园”等展区有机结合；二层以“探索与发现”为主题设置了“拼装天地”、“感觉体验”、“健身游戏”、“小制做”等展区，环境设计突出场景化、童趣化，造型夸张，色彩跳跃，使儿童产生亲切的归属感。“儿童科学乐园”科普展模式的创新取得了成功。开放以来，受到少年儿童和家长的热烈欢迎。观众多次参观的例子屡见不鲜，有的孩子甚至在半年内连续参观了10多次。有数字统计，观众中“回头客”的比例高达37.1%，仅2002年全年接待观众31万人次，单位展示面积年接待观众量达到了114.5人次/平方米，充分显示了展览的受欢迎程度。

最佳内容设计奖：烟台博物馆“烟台开埠陈列”。陈列围绕烟台开埠这一特定历史事件，以200余件实物、文献、图表、图片等展品，生动展现了自鸦片战争至1945年80余年中烟台社会的发展概貌。陈列共分4部分：开埠前的烟台，烟台被迫开埠，烟台开始近代化历程，以及人民抗争与烟台解放。还通过复原陈列逼真地显示了当时社会生活的一角。在展现时人救亡图存精神的同时，也充分展示出东、西方文明在不平等状态中的撞击与交融。陈列设计坚持“以人为本”的设计理念，本着求新——以新的创意体现主题，求美——以美的形式展示史实的宗旨，在诸如空间调整、序厅创意、版式设计等方面均进行了新的探索。陈列立意独特，视角新颖，开拓了近代史展览方面的题材。注重主题提炼，严格精选史料与文物，力求客观科学地反映历史面貌。艺术形式设计与陈列内容完美结合，将现代设计理念与地方特色、具体内容相结合，创造出布局巧妙、造型新颖独特、洗练明快的陈列艺术形象，引导观众在形象感知与理性思考的同时，得到审美的愉悦。

最佳新技术新材料运用奖：大连现代博物馆“基本陈列”。以主题展示的方式组织基本陈列。“城市风貌”主题由“我们的交通”、“女骑警”、“我们的住房”等8部分组成，以新旧对比的手法，从不同侧面展示了大连在改革开放后城市建设和居住环境等方面所发生的历史性变化。“腾飞的经济”从农业、水产业、经济先导区等6方面，展示大连的经济实力和经济建设所取得的成就。“浪漫之都”由教育、体育、旅游等6部分组成，展示了大连作为服装城、足球城、田径之乡和旅游城市的人文特征。“回顾与展望”主题由世纪回眸和未来大连两部分组成，回顾了大连一个世纪的风雨沧桑，展望了大连更加开放、更加繁荣、迈向现代化国际名城的美好明天。高新技术手段的运用是大连现代博物馆陈列中的突出特点，采用了虚拟现实、三维仿真、影像合成、多媒体展示和网络技术等手段，信息量大，科技性强，受到观众的好评。高新技术手段的运用，使整个陈列呈现出现代、科技的色彩，发挥了动态陈列的优势，最大限度地发掘和展示了基本陈列所包涵的各种信息，同时向观众传播了科学的概念，实现了知识性、趣味性、参与性的有机结合。

最佳服务奖：长春市伪满皇宫博物院“伪满皇宫同德殿原状复原陈列”。同德殿是伪满皇宫标志性的主体建筑，为伪满洲国傀儡皇帝溥仪重要的政务活动场所和生活起居之地。整体复原后，再现了当年日本关东军操纵溥仪和令人难以想象的伪满宫廷生活，这一点在伪满皇宫复原陈列中具有重要地位。整个陈列分一楼、二楼两层。一楼有中国间、钢琴间、台球间、日本间、电影厅、长廊等。二楼还复原了溥仪和李玉琴的客厅、卧室和卫生间。2002 年 5 月伪满皇宫一期复原工程竣工并对外开放以来，以优质的服务、优良的管理、优美的环境吸引了大批游客。他们强化管理，严格制度，加强岗位培训，开展岗位练兵；设立迎宾咨询台、留言簿、电影放映、医疗、列车时刻表、免费宣传品、残疾人专用车等服务项目；开展丰富多彩的共建活动和多种形式的旅游促销活动。先后被国家、省、市授予“优秀爱国主义教育基地”、“全国青年文明号集体” 等荣誉称号。

最佳综合效益奖：郑州博物馆“郑州改革开放以来配合基本建设考古成果展”。紧扣“配合基本建设”这一命题，从基本建设工程出土的 20 余万件文物中，遴选出 2000 余件组文物精品作为陈列展示的基础，通过介绍建设工程和考古发掘成果及通过对相关文物法规的解释，彰显了基本建设考古工作取得的重要成果，并从一个方面反映建设工程的成就，使人们了解到基本建设和文物考古工作相辅相成的关系，从而激发人们提高文物保护意识、树立文物法制观念。展览所引发的关于基本建设与文物保护关系的思索，也具有深刻的现实意义。展出的各类文物精品，大多是首次与观众见面，有不少还是刚刚发掘出土的。展览所用文物是通常情况的 3～5 倍，其高密度、大容量的展示风格，切合主题的需要，营造了气势磅礴、具有强烈冲击力的视觉氛围。 展览中的文物很大一部分来自于省市文博单位的通力合作，这对于加强馆际交流，合理利用文物资源，形成联合互补的运作模式是一次有益的尝试。

最佳形式设计奖：凉山彝族奴隶社会博物馆“基本陈列”。2002 年为了庆祝四川凉山彝族自治州建州 50 周年，凉山州人民政府拨巨款，对凉山彝族奴隶社会博物馆的陈列和外部环境设施进行了大规模的整改。整改后的陈列展厅分为序厅、宗教信仰、婚姻家庭、文学艺术、风俗习惯、奴隶和劳动群众的反抗与斗争、凉山州出土文物展等 8 个展厅。新展厅共展出文物 1120 件，一批珍贵的国家一、二级文物走出深宫与观众见了面，其中包括一批传世 75 代的木牍、木简、竹简、骨书、皮书、骨印等 16 件彝族文物。展览近万字的文字说明，采用了彝汉英三种文字，方便了不同民族的观众，也适应了凉山彝族逐步走向世界的社会发展需要。陈列为全封闭式展示，采用现代陈列声、光、电相结合的表现手段，每个展厅根据不同的内容，用不同的手法表现主题。整个展厅以现代装饰材料、工艺与彝族传统色彩黑、红、黄为主色调的设计，使陈列呈现出强烈视觉效果的同时，蕴涵着彝族厚重的历史文化渊源，展示着西南彝族深邃的文明史。

最佳安全奖：青岛消防博物馆“基本陈列”。青岛消防博物馆是全国首家以 “消防”为主题的博物馆。室内展览总面积 2200 平方米，由序厅、百年消防厅、荣誉厅、服装器材厅、消防设施厅、模拟灭火体验厅、模拟火灾逃生体验厅、模拟火灾报警体验厅、家庭火灾复原厅、灭火抢险演示厅、陆海空立体消防厅、消防多媒体教育厅、消防文化商品厅等14个展厅组成，展现了青岛建置以来消防工作的历史沿革过程，全方位地展示了消防组织、车辆装备、城市公共设施、消防监督、灭火救援等内容和青岛消防历次重大事件和活动。馆内装饰物全部采用灭火器、消防警铃、消防斧、水枪、消防水带等实际消防器材或参照消防设施外形设计，通过鲜明的消防标志物，营造消防主题环境，并在国内首次研制开发了灭火器使用、火场逃生和灭火抢险等一系列模拟演示系统。

文物安全保卫

文物安全工作是文物工作的重中之重，是文物基础工作之一，没有文物的安全就谈不上文物的利用及文物事业的可持续发展。2002年，安全保卫工作积极加强基础工作的同时，强化各项安全管理制度，确保文物安全。

【加强文物“三防”相结合的综合防范体系】

人防、物防工作。主要从加强基础建设方面，完善文物保护单位“四有”工作。建立保卫机构，加强保卫队伍建设，提高保卫人员素质。健全规章制度，强化管理，加强安全监督检查等。

技术防范工作。在第一、二批100处一级风险单位的基础上，与公安部联合审批第三批一级风险单位1301处（其中全国重点文物保护单位1271处）。根据国家文物局与公安部《关于进一步落实文物系统博物馆风险等级和安全防护级别的规定的通知》（文物博发[2000]001号）和《关于落实〈文物系统博物馆风险等级和安全防护级别的规定〉达标情况的通报》（文物博发[2002]78号）精神。主要抓落实《风险等级》达标工作。与公安部三局对落实《风险等级》达标工作进行调研。在调研基础上，对一级风险单位未达标的，在经费上给予支持，争取用2年的时间，使第一、二批一级风险单位全部达标。针对古墓葬、田野石刻、寺庙文物被盗的严峻形势，抓紧对文物保护单位安全技术防范设备研究和试点工作，探讨针对古墓葬、寺庙、田野石刻的技术防范措施。在部分单位进行技术防范试点后，召开评估会，以便进行推广。增加了古墓葬、寺庙、田野石刻等文物保护单位安全防范的科技含量，目前，用声音控制报警的设备已在河南巩义宋陵安装试点，用震动报警的设备拟在湖北荆门纪山古墓群、河南虢国墓地安装。

【加强安全检查】 为贯彻《安全生产法》和国务院有关安全生产会议精神，向全国文物系统下发《关于贯彻国务院安全会议精神，对文物安全进行检查的通知》。9～10月份，由局领导带队，对全国10个省市109个世界文化遗产地、文物保护单位、博物馆文物安全工作进行检查。此次检查是文物系统有史以来检查最细、范围最广、影响最大的一次。通过对规章制度是否健全，保管条件是否符合安全条件，防盗、防火基础设施是否达标等几个方面的安全检查，使文物系统广大干部职工增强了安全意识，同时提高了领导对文物安全工作的重视和支持。对不按规定配备防火、防盗设施和不按规定制定安全预案的单位下发隐患通知书，限期改正，消除隐患。加大了对文物保护单位、博物馆安全监督检查的力度。通过检查，消除了一批隐患，提高了地方政府和文博单位对文物安全工作的重视，推动了文物系统的安全工作。检查情况以文化部名义向国务院写了报告。

【安全防范业务培训】 2002年11月，在成都举办了安全技术防范业务培训班。培训班聘请了公安大学、北京市公安局刑事科学技术研究所等单位具有丰富实践经验的专家、教授讲课。通过学习班的学习，增强了文物保卫干部理论与实践相结合的水平，交流了经验，进一步扩大了文物系统保卫干部持证上岗的人数。

【文物消防管理工作】

召开消防安全工作座谈会。2002年3月，在湖北召开了关于文物、博物馆消防安全工作座谈会。会上张柏副局长代表局党组总结了“九五”期间文物博物馆消防安全工作，提出了“十五”期间加强消防安全工作目标和任务。11个消防先进单位利用多媒体形式介绍了加强文物、博物馆消防安全工作的经验和做法，大家交流了思想。此次会议是文物系统召开的第一次消防安全工作专项会议，收到了较好效果。

开展全国消防安全调查。2002年，对全国31个省、自治区、直辖市文物保护单位、博物馆消防、安全基础设施建设进行了调查。在被调查的1207个博物馆中已有消防供水设施的667个单位，占55.3%；已有消防报警设施的409个单位，占33.9%；已有避雷设施的390个单位，占32.3%。在被调查的70个省级以上博物馆中，有消防供水设施的单位51个，占72.9%；有避雷设施的单位46个，占65.7%。在36261个文物保护单位中，已有消防供水设施的单位3802个，占10.5%；有避雷设施的单位2094个，占5.8%。在被调查的994个全国重点文物保护单位中，有消防供水设施的单位367个，占36.9%；有避雷设施的单位323个，占32.5%。

【文物案件】 近年以来，在各级领导的重视和各有关部门通力合作下，文物安全工作取得了一定的成绩。加大了博物馆和文物保护单位安全经费的投入，提高了自身的防范能力，博物馆被盗案件数量有所下降。但与此同时，针对田野石刻、寺庙文物的盗窃、抢劫案件时有发生。大规模盗掘古墓葬、古遗址的犯罪活动仍十分猖獗，文物损失严重，影响恶劣。火灾事故的发生给文物带来毁灭性的破坏。2002年，全国发生文物被盗案件（不含盗掘古墓葬、倒卖文物案件）35起，丢失文物1001件，其中侦破5起，未遂2起。文物案件发案率比上年上升13%，丢失文物数量上升了168%。全国文博单位、古建筑发生火灾事故4起，烧毁大殿一座，古建筑1816平方米。

古塔被盗被炸。2002年4月15日，甘肃省宁县湘乐村建于宋代的湘乐砖塔（省级文物保护单位），被犯罪分子在塔体正西5米处埋置炸药引爆，炸成一个直径1.1米、深4.3米的洞，由于爆炸冲击，塔体上层部分檐砖震落在塔基四周，塔基西南方向9.9米处石砌护坡坍塌。5月27日，甘肃省合水县塔尔湾石造像（省级文物保护单位），被犯罪分子以同样的方法添埋炸药引爆，使塔体严重破坏，整个塔体倾斜形成“弓”形，塔园内的石碑及省级文物保护单位标志碑全部震倒，塔内的条石围栏大部分坍塌。这连续发生的以塔为目标的爆炸案件，作案手段极其相似，反映出文物管理单位自身防范的薄弱环节。犯罪分子的这类犯罪行为，给文物带来不可弥补的损失；有些犯罪分子作案虽未得逞，但也造成塔体损坏和部分构件损毁，影响恶劣。针对此类情况，2002年7月，国家文物局发出了《关于近年来连续发生古塔被盗、被炸案件的通报》，要求各单位加强防控，因地制宜制定政策，采取措施有效防止此类案件的再次发生。

田野石刻、寺庙文物被盗抢。我国现存

最早的木结构建筑五台县南禅寺大殿，殿内保留的与木结构同时代的泥塑佛像 17 尊，未经近代装銮，基本保存了原有风貌，是现存唐代塑像的杰出作品。1999 年 11 月，发生团伙持枪抢劫案件，殴伤值班人员，盗走 3 尊佛像，主佛像被毁。举国为之震惊。

博物馆被抢。2002 年 7 月 21 日上午 11 时，一伙歹徒以观众身份进入新疆伊犁州博物馆，把展厅门关上，用消防器材打伤值班人员，抢走文物 8 件，值班人员后经抢救无效死亡。经当地公安部门的努力，此案已破。

文物库房被盗。有的文物保护单位文物库房没有达到存放文物的基本要求，千万文物损失，而且有的地方由于文物底数不清，文物被盗后损失情况统计不清，给破案追缴工作造成困难。2002 年 4 月 18 日，甘肃省古浪县博物馆对文物库房例行检查时发现库房房顶瓦被揭开一直径 37 厘米的洞，存放文物的 6 只大木箱锁被撬，共有 79 件文物被盗，其中，二级文物 3 件，三级文物 50 件，一般文物 4 件。

古墓被盗掘。盗掘古墓葬犯罪活动十分猖獗，古遗址主要遭受的是建设和生产活动的破坏或蚕食，但也有发现埋藏艺术品而遭到有目的盗掘。在一些地区，盗墓者公开盗掘，甚至动用推土机推开封土。有的还携带武器，带着炸药等盗墓工具，开着汽车，公开探洞，有的甚至鸣枪恫吓当地群众和文物执法人员，气焰嚣张。河南省三门峡市虢国墓地，一伙犯罪嫌疑人，自 2000 年下半年，在三门峡湖滨车站租用水电站闲置库房，以存放化肥为名义，用近一年的时间，到 2002 年 4 月 30 日向虢国墓地（国保单位）打地道（长 400 米，高 1.2 米，宽 0.7 米）盗掘三座古墓。据犯罪嫌疑人自己交待，共盗掘文物几百件，此案现已侦破，犯罪嫌疑人全部抓获，缴获文物 170 多件。此案是新中国成立以来，发现盗掘古墓打洞最长的一起案件。

御窑址被盗。1998 年以来，江西省景德镇“御窑厂遗址”附近，犯罪分子租用当地民房和店铺，雇用民工挖地下坑道盗取官窑瓷片，遗址上的市政府办公楼内竟能听到地下盗掘的声音。长期的盗掘，有些墙体甚至因此开裂，变成危房。2002 年 12 月，景德镇市公安局成立了专案组，至 2003 年初，共抓获犯罪嫌疑人 54 人，其中刑事拘留 53 人，逮捕 39 人，移送检察院起诉 36 人。收缴拼装成形的碗、盘、罐、瓶等陶瓷 100 余件，此案还在进一步审理之中。

监守自盗。近年来，文物单位由于自身管理或制度不完善等问题，出现文物单位人员监守自盗或内外结合的盗窃案件。2002 年 11 月，河北省承德外八庙发现历史以来持续时间最长、盗窃文物最多的内部盗窃文物案件。1972 年、1974 年故宫博物院调拨到承德避暑山庄外八庙的文物，其中有些在香港拍卖公司样本上被发现。经查，原外八庙管理处保管部主任李海涛盗窃走私国家珍贵文物 158 件，一部分出卖，一部分藏若家中。案件暴露后，公安部门从其家中搜出未卖出的文物 70 件。李海涛从 1990 年担任承德外八庙保管部主任后，利用职务之便盗窃贩卖文物长达 12 年。据警方调查，李先是在外面先做好赝品，然后到文物库房换出真品。后来，他看没人检查，胆子越来越大，干脆连赝品都不复制了，直接将文物往外拿，然后将文物登记账一改了事。文物库中一座高近 1 米的瓷佛也被其搬回家中。已经出卖的文物有 40 余件，另有 40 余件文物尚不知下落。

文物走私严重。近年以来，受经济利益的驱动，盗运珍贵文物出口的犯罪案件日趋增多，走私现象严重。1994 年 6 月 20 日，河北省曲阳县发现灵山镇西燕川村“坟山”上的唐末五代时期义武军节度使王处直墓被盗掘，墓葬甬道内东西两侧两块浮雕和墓室

内12生肖浮雕中的6块被盗走。2000年2月美国克里斯蒂拍卖行出版的《中国瓷器、绘画和艺术品拍卖》样本（定于2000年3月21日星期二在纽约拍卖）中，拍卖品第209号刊登了浮雕一块，其说明为："出自中国河北曲阳西燕川王处直墓"，且样本上刊登的浮雕尺寸与盗墓分子留下的痕迹尺寸一致。说明拍卖样本中第209号文物，系犯罪分子从我国河北曲阳西燕川王处直墓盗窃的文物。国家文物局通过外交途径和国际刑警组织敦促美国终止克里斯蒂拍卖行此次拍卖样本第209号文物的拍卖，并按照国际公约和有关文化遗产保护法律规定，通过法律程序成功地将我国被盗并非法出境的文物追索回国。

文博科技

【规范社科课题管理】 起草社科课题管理办法及规范文本（包括《管理办法》、《申请书》、《函审表》、《立项合同书》、《中期报告》及《评估报告》等文本8个），并经局长办公会通过向全国文博系统发布实行。

【科技研究管理】 （1）完成《1990～1999年度文物科学技术研究项目执行情况的通报》，印发全国文博系统，继续敦促1990～1999年科技研究项目未结题项目的完成。（2）组织了对上海博物馆承担的《吴越青铜技术研究》、《银器文物抗变色处理的研究》、《古陶瓷修复高强度仿釉涂料的研究》、《古陶瓷完整器的元素成分无损分析方法研究》，徐州博物馆承担的《狮子山出土铁铠甲修复》，甘肃省博物馆承担的《潮湿环境下壁画地仗加固保护材料与技术研究》和《中国北方干燥地区出土糟朽漆器保护研究》等7项课题的鉴定。（3）推进国家"十五"重点科技攻关项目《文物保护技术与中华文明探源研究》，各课题基本上按计划进行，下拨第一笔课题经费210万元。（4）启动《馆藏文物腐蚀损失调查》项目的试点工作，并于12月5～12日在四川进行"馆藏金属与石质类文物腐蚀损失调查"的调研，进一步修改、完善实施方案。

【专项补助费管理】 （1）对2003年度国家重点文物保护专项补助经费申报项目方案（藏品、保管品技术保护部分）文本格式进行统一要求，引入专家咨询机制，对2003年度项目进行了审核、批复。并核实了2002年度批准项目专项补助经费1280万元。（2）落实李岚清副总理关于"简牍保护研究要列个国家专项"的重要指示，经与财政部会商并经财政部同意，已将走马楼吴简和里耶秦简列入专项补助经费，并增设简牍保护专项经费2000万元，专题报告已由文化部报国务院。

【文物保护科技成果展】 已组织各地开展文物保护与修复科技成果的调查、登记及拟参展科技成果的推荐工作。在此基础上完成了科技成果资料的汇总。共收到推荐参展成果181项，涉及24个省、自治区、直辖市和故宫、历博、革博及局直属单位的科技成果与部分外系统科研院所、大专院校取得的保护与修复科技成果。其中包括9项获得国家级科技奖励项目、50余项省部级科技奖励项目。

【文物信息化建设】 （1）2002年7月，完成了《文物保护单位信息指标体系规范》的起草工作，并已征求了局有关司处及地方文物部门意见，现处于汇总阶段。（2）"文物调查及数据库建设试点工作"顺利进展。6月13日，财政部与国家文物局联合在北京召开“文物调查及数据库建设试点工作协调会”。(3) 2002年7月2～18日，8月23日～9月4日，全国政协教科文卫体委员会会同国家文物局组成联合调查组，对山西、内蒙古和甘肃3省的文博事业信息化建设和发展文物信息产业情况进行了专题调查。全国政协副主席张思卿任联合调查组组长，全国政协常委、教科文卫体委员会副主任杨伟光，全国政协委员、时任国家文物局局长张文彬任副组长。联合调查组先后赴山西省运城、临汾、平遥、太原、五台山、大同，内蒙古自治区呼和浩特市、锡林郭勒盟、赤峰市，甘肃省兰州、白银、张掖、嘉峪关、敦煌等地，听取了上述省、区、市领导和有关部门的情况汇报，并进行了实地考察。(4) 9月19～20日，国家文物局同财政部在山西省联合召开“文物调查及数据库建设试点工作山西现场会”。参加会议的有山西、河南、甘肃、辽宁4省文物、财政部门的有关负责。会议由财政部教科文司王立峰和国家文物局侯菊坤同志分别主持。(5) 2002年11月，推荐挪威古建筑维护管理信息系统（MMS）在山西晋祠试点合作。目前已经达成初步意向，取得实质性进展。(6) 2002年，中国文物信息咨询中心机房装修完毕，并通过验收。

文博教育培训

【概况】 建国初期，国家文物局在北京大学举办了四期考古短训班，缓解了大规模经济建设中考古专业人员极其短缺的困难局面。1980年国家文物局设立了教育处，统筹全国文物、博物馆系统的教育培训工作，并曾先后在全国建立了8个直属国家文物局的教育培训中心，作为文博系统在职培训的基地，对全国文博系统4万余人次职工进行了各种类型的在职短期业务培训，占全国文博系统从业人员总数的三分之二，极大地提高了全国文博系统从业人员的整体业务素质。近年来，国家文物局利用高等院校师资和教学条件，采用联合办学、委托培养等形式，重点培养和培训文博事业急需的各级各类人才。1998年4月，国家文物局与北京大学合作办学，联合创建了中国文物博物馆学院（即北京大学考古文博学院），现有考古学、博物馆学、文物科技保护和古建筑维修4个专业（方向）。迄今为止，全国已有20多所高校设立了考古学、博物馆学、文物科技保护和古建筑维修等专业，培养大专、本科、硕士和博士等多层次的专业人员，培养、输送了大批优秀人才，成为文博事业快速发展的重要力量。同时，我国与联合国教科文组织等国际组织和美国、英国、意大利、日本、加拿大、挪威、印度、波兰、埃及等十多个国家合作进行过人才培训工作，一方面派遣人员出国进修、深造，另一方面积极邀请国外专家来华举办各种专题培训班，同时也尝试发挥国内优势培养国外文博人才。中外在教育培训方面的交流使我国缩短了与发达国家在文物、博物馆管理和专门业务工作等方面的差距。

目前，全国文博系统共有7万多干部职工，经过多年来的在职教育和学历教育，整个文博队伍的政治、业务素质有了普遍提高。但是全国文博系统从业人员整体素质仍然偏低。根据1999年的调查，全国文博系统从业人员中，具有大学本科以上学历的只占人员总数的12.3%，其中具有硕士和博士学位的分别只占人员总数的0.8%和0.05%；现有人员的知识结构、专业结构和年龄结构也不够合理；文博系统内既懂管理又懂专业的复合型高级管理人才和既懂文博业务又掌握现代科学技术的新型专业人才数量较少，难以适应社会主义市场经济条件下发展文博事业的需要；人才地区分布不均衡。东南沿海地区人才相对较集中，中西部地区则普遍人才匮乏。因此，大力加强文博教育培训工作，努力建设一支体系完备、结构合理、素质优良的文博工作队伍，是文物、博物馆事业在新世纪面临的一项艰巨而又紧迫的任务。2001年，国家文物局印发了《全国文博事业"十五"规划和2015年远景目标纲要》并提出《全国文博教育培训工作"十五"规划》。2003年初，国家文物局拟订了《2003～2005年全国文博教育培训工作计划》。

【国内培训】 根据2002年初制定的教育培训项目计划和预算，委托北京大学考古文博学院举办的"全国省级和重要博物馆馆长任职资格培训班"、委托中央美术学院举办的"书画鉴定与修复高级研修班"、委托浙江省文物局在杭州丝绸博物馆举办的"古代丝织品保护修复技术培训班"已经按计划顺利进行。全年国家文物局举办的各类培训有20多项，见附表。

2002年国家文物局举办的各类培训项目总表

	培训（研讨）班名称	学员人数
1	党办纪检干部培训班	30人
2	入党积极分子培训班	50人
3	学习十六大精神培训班	60人
4	审计干部培训班	30人
5	团干部培训班	35人
6	直属单位法人代表培训班	40人
7	局机关人员英语普及班	30人
8	WTO知识培训班	25人
9	人事政策法规培训	35人
10	文物博物馆专业知识培训班	25人
11	机关公务员培训班	65人
12	局系统人事干部劳资培训班	25人
13	事业单位改革工作培训班	25人
14	英语口语提高班	20人
15	宣传贯彻《文物保护法》培训班	40人
16	省级考古所等所长、总工研讨班	30人
17	遥感考古高级研讨班	20人
18	中法南京古人类环境合作项目高级研修班	10人
19	文物出境鉴定培训班（铜器类）	30人
20	世界遗产监测培训班	80人
21	省级博物馆馆长任职专业资格培训班	30人
22	技防培训班	70人
23	纺织品鉴定保护培训班	30人
24	古书画鉴定修复高级研修班	30人
25	竹木漆器脱水保护培训班	30人

【中意合作支持和加强中国文物研究所修复培训中心项目】 中意合作支持和加强北京中国文物研究所文物保护修复培训项目，经过三年的不断商讨和谈判，在文物领域双边合作与发展的框架下，于 2000 年 3 月 6 日达成了中华人民共和国与意大利共和国为改善中国文物研究所进行文物保护培训的框架协议，被国家文物局列为重点合作项目；2002 年 2 月 22 日两国政府（外经贸部龙永图副部长和意大利驻华大使）在北京签署了中意合作《支持和加强中国文物研究所修复培训中心》的项目谅解备忘议定书，规定了中意双方实话项目的目标、责任和义务。此后，该项目严格按照中意双方签署的确良意合作项目谅解备忘议定书中的要求进行组织与安排。为此，中意双方成立了"项目指导委员会"，中国文物研究所组建了"项目实施协调办公室"，并制定了项目实施计划书，确定了负责项目实施的参与人员。在项目准备阶段，国家文物局多次对项目的实施给予指导意见，中国文物研究所就项目实施中遇到并需解决协调的问题多次开会研究，并予以解决。在多方努力下，项目处于顺利实施中。

机构设置及人员配置。中意双方签署项目谅解备忘议定书伊始，中意双方按照议定书中的要求成立了"项目指导委员会"，中国文物研究所组建了由吴加安所长兼任主任的"项目实施协调办公室"，在中国方物研究所成立了文物保护修复教育培训中心，目前培训中心有包括主任詹长法在内，从事管理、文物保护、英语翻译等工作的 5 名工作人员，但按照项目需要，还需配置计算机工程师、修复技术人员各一名。

项目计划书及各项制度的制定。中意项目议定书签署后，根据议定书要求和国家文物局相关指示，项目负责人与意方商议制定完成了项目实施计划书的草稿（待审），培训中心完成了项目可行性报告，完成了 2002～2004 年中间合作项目配套经费预算，并根据培训要求及中意专家组的意见制定完成了培训教学大纲和实习教学大纲和实习教学计划，相关报告请示经中国文物研究所报请国家文物局审批通过。在此之后，中国文物研究所培训中心根据职能要求制定了培训必需的各项规章制度，包括：(1) 项目协调办公室职能；(2) 培训中心职责及任务分解；(3) 教学管理实施细则；(4) 教学质量控制程序；(5) 学员培训守则；(6) 实验室管理办法规定；(7) 培训档案的管理制度；(8) 文物仓库管理办法；(9) 实习工地安全管理措施。完成了教员聘用合书，翻译（口译、笔译）合同等各类相关合同的制定。以上各项制度、合同的制定将为培训工作的有序进行提供有力的保证。

文博对外交流与合作

2002年，国家文物局在对外交流与全作方面着重开展了以下工作：(1) 加强对国际组织和国际会议的研究和参与，与有关司室一道对本年度我国需要参加和在我国举办的会议进行了深入细致的研究，进一步了解并参与了有关文化遗产保护国际组织和机构的活动，增强我国在国际文博和其他文化遗产领域里的影响和作用。(2) 继续加强与国外有关政府和文博单位的合作，进一步加强对我文博界管理人员和文保技术人才的培训工作，开展了不同形式的人员互访交流活动。(3) 协调组织文物来展和出展工作，包括"古罗马文物展"来华展出，"中国西藏文物展"和"走向盛唐"文物展赴美展出，以及为配合 2003～2004 中法文化年所筹办的多项文物展览等。(4) 加强了文物外事法规管理力度，颁布了《文物出国展览管理规定》等四个法规文件和《首批禁止出国（境）展览文物目录》，严格按照文物法规定开展涉外考古合作。

2002年，文物系统124个团组出访了40个国家和地区，申办签证223次，出访人数387人次，其中局内47人/次出访了20个国家和地区，出访任务51项，共出访85次。圆满完成了朝鲜、泰国、土耳其、肯尼亚、伊朗、日本、韩国、奥地利等8个政府文物交流代表团的接待工作。协助接待了国际遗产官员对我国申报世界遗产单位的考察工作。

【国际会议】 （1）国际博物馆协会亚太地区第七次大会。国家文物局、中国博物馆协会和上海博物馆圆满完成了“国际博物馆协会亚太地区第七次大会”会议的外联、组织和筹备工作。国际博物馆协会首次决定在中国召开类似大会，会议的主题是“博物馆、非物质遗产和全球化”，来自30个国家和地区的150多位官员和专家就会议主题进行了研讨，一致通过了“上海宪章”。国际博协亚太地区委员会董事会主席嘎拉先生称此次大会是该委员会召开的最富有成效的盛会。（2）积极开展拟于2003年在中国苏州举办的“世界遗产大会”的组织筹备工作，开始着手拟于2005年在北京召开的国际古迹遗址理事会第14界大会的有关筹备工作。（3）组织了七个团组赴西班牙、意大利、匈牙利等国参加了ICOM和ICROM等国际组织的有关会议。

【国际合作】 加强了与外国政府、组织在人员培训、文物保护和修复等方面的合作。主要有：（1）在2001年与美国梅隆基金会合作基础上，加强了对敦煌等有关文物部门利用数字化技术进行文物保护的人员培训工作，扩大了培训规模，使更多人员参加了有关培训活动。由于在敦煌取得了成功，准备把此项目介绍到山西，配合山西文物信息中心对该省寺庙壁画进行系统数字化拍摄，用于对壁画进行研究、修复和永久性保存。（2）继续与美国梅隆基金会合作，完成了从博物馆司、山西省文物局和上海博物馆选派人员赴美国纽约大都会博物馆等单位进行有关博物馆管理建设的培训工作。完成了与意大利文化文物遗产部合作对文物修复人员培训项目的协议签订工作。（3）积极协助实施与外事有关的涉外文物保护工作，包括故宫建福宫花园的复建工程，柬埔寨吴哥窟周萨神殿保护修复工程，新疆库木吐喇石窟保护工程，河南龙门石窟保护工程等。（4）继续实施了与美国盖蒂文物保护所在敦煌开展的合作项目，接待了该所两批访华团，初步完成确定了《中国文物古迹保护准则》的起草工作。（5）加强了与海外有关政府和友好人士建立良好关系，使日本、意大利等国家政府继续关注并援助我文物保护工作。通过多方面工作，成功地使我流失到美国的一件青铜器回归祖国。协助文保司加强了对走私流失到海外的文物开展追索的工作。

【文物来华和出展工作情况】 在“埃及古代文物展”因埃方面原因取消之后，国家文物局有关单位积极配合中国历史博物馆开始筹备“古罗马文物展”，争取意大利政府和有关博物馆对展览工作给予热情支持。为我有关博物馆准备举办美国哈佛大学赛克勒博物馆收藏中国文物展览事完成了有关联络工作。

初步完成了拟于2003年赴美国展出的“中国西藏文物展”的筹备工作。已完成的展览有赴英国展出的“山东青州佛像展”，赴香港展出的“秦汉文物精华展”；基本完成筹备工作的展览项目还有将于2003

年2月在巴西开幕的“永恒的中国——五千年文明展”，赴日本展出的“丝绸之路展”，赴法国展出的“四川三星堆文物展”展览的筹备工作。积极筹备的展览还有拟参加巴黎2003～2004中法年活动的多项展览，拟于2004年赴日本东京国立博物馆展出的“中国佛教艺术展”，拟于2004年赴美国纽约大都会博物馆展出的“走向盛唐展”等。

地 方 篇

北 京 市

【3.3 亿元文物抢险修缮工程】 2000 年以前，作为世界历史文化名城的古都北京长期以来文物修缮费用严重不足，市文物局每年只有 400 万元修缮费，面对全市 200 万平方米的文物建筑，杯水车薪，许多文物长期破败不堪，得不到有效的修缮和保护。从 2000 年开始，市政府决定 3 年投入 3.3 亿元人民币对全市 98 项市级以上文物建筑进行抢险修缮。“3.3 亿工程”以城区为重点，主要集中在“两线一街一区”。两线是：(1) 中轴线。钟鼓楼－火神庙－后门桥－天安门－普度寺－永定门。(2) 朝阜路沿线。白塔寺－历代帝王庙－广济寺－宣仁庙－北大红楼－孚王府－东岳庙，中间有故宫、景山、北海、中南海，使这条街的沿线成为北京历史文化名城的景观线。一街是国子监街。对国子监、孔庙进行修缮，恢复国子监街历史风貌。一区是什刹海地区。以恭王府开放，醇王府修缮，火神庙腾退修缮形成新的景观。“3.3 亿”工程项目已经顺利实施两年，截至 2002 年底，98 个项目已全部进入实施阶段，其中已完工 51 项，如钟鼓楼，后门桥，法源寺，圆明园一、二期考古发掘，宛平城南城墙，先农坛，府学胡同 36 号四合院，纪晓岚故居等。在施工程 47 项，如历代帝王庙、白塔寺西路、天坛神乐署、大慈延福宫、天宁寺等。“3.3 亿工程”全面带动了北京的各项文物保护工作，有效调动了各方面对文物保护的投入，配套资金超过 20 亿元，特别是各区县的投入呈前所未有的增长，一大批文物得到了切实的抢救和保护，全面缓解了文物建筑长期存在的经费不足、年久失修的局面。这个工程也是北京解放 50 年来规模最大的文物保护修缮工程，预计工程完成后，北京市级以上文物建筑的状况将得到极大改善，对北京的文物保护和历史名城的保护的影响是深远的。

【周边环境整治和文物腾退】 多年来，文物的腾退及环境整治一直是文物保护工作的难题，涉及单位、居民多，历史遗留问题十分复杂。文物得不到腾退、环境得不到整治，直接影响到文物修缮的进程和开放效果。为此，市文物局集中力量积极推动和协调区县政府和有关单位，重点开展对明城墙遗址、天坛神乐署、元大都土城、菖蒲河、地坛等文物建筑的搬迁整治工作。整治崇文门三角地，修复明城墙，建设遗址公园，是列入市政府为市民办的“60 件实事”的项目之一。明城墙遗址公园的建设共搬迁居民 2600 余户，单位 79 个，是北京文物保护史上最大的腾退工程。在重点推进明城墙腾退工作的同时，天坛神乐署、白塔寺西路、普度寺、福建汀洲会馆北馆、长椿寺、东岳庙西路、长辛店“二七”革命遗址、隆安寺等近 20 处文物保护单位的腾退和环境整治工作业已完成，投入资金约 11.7 亿元，共搬迁居民 1698 户，搬迁单位 55 个，拆除违章、杂建 16187 平方米，搬迁整治的力度是几十年来从未有过的。这些重点项目的实施，在全市的文物保护工作中起到了示范效应和推动作用，使全市文物保护单位的腾退、整治、修缮和利用取得突破性进展，为下一步实施《人文奥运文物保护计划》打下了良好的基础。

【城市危房改造中的文物保护】 城市的危房改造和历史文化名城的保护，是一项关系到首都发展全局和百姓切身利益、关系首都对外形象的重点工作和重大问题。为妥善处理好城区危房改造中的文物保护工作，市文物局在上年完成对危改中各级文物保护单位和普查项目的调查、标图、制定管理办法的基础上，2002 年重点开展危房改造中的四合院保护工作。已调查院落 3000 多处，从中选出有保留价值的院落 539 处，有关资料分五批上报市政府。在深入调查的基础上制定了《在危改中加强四合院保护工作的管理规定》，确定了四合院保护的标准、取舍方式、审核程序。截止到 2002 年底，已审核危改区的文物保护方案 22 项，涉及文物保护单位和普查、调查项目 400 余处，如长椿寺、禄米仓、智化寺、普度寺、蔡元培故居等，使一批文物得到了抢救，历史风貌得到了维护，在工作中实现了“在危改中挂牌的一个不动、普查的一个不少、调查的争取多保”的目标。

【建立依法保护文物的新体系】 举办 2008 年奥运会对文物事业是一次千载难逢的机遇和挑战。“人文奥运”的理念不但要求将北京 2008 年奥运会办成一次体育盛会，也要办成一次展示中国、展示北京的文化盛会。北京不但要向世界展示她作为现代化国际大都市的一面，而且还要展示她作为世界级历史文化名城的一面。为实现“人文奥运”的理念，展示古都北京的历史风貌，北京市政府批准了《人文奥运文物保护计划》。该《计划》以“保用并举、恢复景观、成片整治、形成风貌”为指导方针，以“整治两线景观、恢复五区风貌、重现京郊六景、营造北京历史文化名城的基本格局”为总体设想，覆盖绝大多数区县，执行期 5 年，总规模将超过“3.3 亿工程”。该《计划》的实施，将使北京市文物保护实现从对单体文物的保护向成片的宏观控制和管理的转变，到 2008 年将极大提升北京作为世界级历史文化名城的形象。2002 年，《北京历史文化名城规划》、《北京旧城 25 片历史文化保护区保护规划》、《北京皇城保护规划》的编制工作也已经完成，确立了北京历史文化名城总体保护格局的基本思路，为正确处理城市现代化建设与古都历史风貌保护的关系提供了明确的要求和依据。与此同时，全市的文物法规体系也得到进一步的加强与完善。《北京市明十三陵保护管理办法》正式公布实施，为明十三陵申报世界文化遗产提供了必要的法律支持。《北京市长城保护管理办法》和《北京市周口店北京猿人遗址保护管理办法》也已经起草完成。另外，还开始了《北京市文化保护管理条例》、《北京市古建筑修缮管理办法》等一系列文物保护法规的修订工作。

【博物馆建设】 全市博物馆事业迅速发展，博物馆的建设与管理工作一直走在全国前列。到 2002 年年底，全市注册博物馆的数量已由 1996 年的 90 座上升到 120 座，居全国第一位。馆藏文物达 226 余万件，固定展览 200 多项，每年推出临时展览 400 多项，年接待观众能力达到 3000 多万人次。出现了一批行业博物馆、企业博物馆和私人博物馆。不少区县也正在着手筹办博物馆。一批古建筑腾退修缮后辟为的博物馆或纪念馆陆续对外开放。具有鲜明地域特色和时代精神的现代化、社会化的博物馆体系正在形成。

同时，北京出现了建设大馆、新馆的强劲势头。作为未来北京文化的标志性建筑首都博物馆新馆建设工程已经启动，截止到 2002 年底，新首都博物馆建设全部按工程计划进行。土建工程已经完成过半，展览陈列大纲经过数十次专家论证，基本思路及框架已经确定。目前机构编制、藏品征集、搬库方案等工作正在积极进行当中。此外，正在扩建的还有北京天文馆、农业博物馆、北京科技馆二期工程、地质博物馆，在未来 5 年内还要新建中国电影博物馆、中国汽车博物馆等，新中国成立以来的第二轮博物馆的建设高潮正在形成。年内，中国电信博物馆、中国印钞造币博物馆、松堂斋民间雕刻博物馆、中国钱币博物馆 4 家博物馆正式对外开放。在建设新博物馆的同时，不断改进和完善现有博物馆的服务质量，提高接待能力，充分发挥博物馆的文化和社会教育功能，开展了多种既体现博物馆特点，又符合大众需求的展览展示和学术科普活动，使博物馆在社会主义精神文明和物质文明建设中发挥了不可替代的作用。

在宣传方面，全市博物馆普遍加大宣传力度，走出“围墙”，开门办馆，采用多种形式开展宣传活动，引起强烈的社会反响。“5.18” 国际博物馆日的宣传活动较以往做出了创新，70 家博物馆在王府井大街上形成了一条 “博物馆长廊”；“首届博物馆高层论坛”首次将主会场设在金街，与观众面对面交流；在全国文博界率先导入 VI 识别系统。这些活动吸引了一些外省市博物馆和文化企事业单位参与，进一步扩大了博物馆的影响力。市文物局争取经费，相继推出了大葆台博物馆“考古小骑兵”、古建博物馆 “古建模型拼搭”、大钟寺博物馆“钟铃文化展示”、文博交流馆“小盆栽”等项目。在 2002 年北京博物馆通票工作中首次推出了儿童套票。组织了首届北京地区博物馆参观纪念品设计大奖赛。以上活动均取得了良好的社会效益。

【文物市场】 针对文物市场现状与发展趋势，加强全市文物市场管理的力度。根据国家文物局的要求，继续开展整顿文物市场的活动。在整顿过程中，撤销了大钟寺、雅宝路市场的文物经营资格。在充分调研的基础上，加强各市场监管人员政策法规的学习，提高了监管工作水平和掌握政策能力，各个市场的经营秩序和服务面貌良好。文物市场在加强管理、规范秩序的基础上快速发展，文物监管物品市场、文物拍卖经营单位、国有文物购销单位的经营活动继续列全国首位。年内又审核批准了 “华冠”、“华辰”等单位的文物拍卖资格，从而使北京市从事文物拍卖的企业达到 23 家。文物拍卖市场异常活跃，吸引了大量的海外回流文物，拍卖成交额大幅攀升，其中翰海、嘉德两家拍卖公司 2002 年拍卖会成交额均超过 2.5 亿元，创下历年最好业绩，突显出北京成为全国文物集散流通中心的实力和潜能。

【文物监察执法】 为确保全市文物的安全，市文物局健全全市文物监察执法队伍，坚持安全巡视检查制度，加大了对文物违法、违章案件的查处，全年对 60 处全国重点文物保护单位进行了两次巡视检查，抽查市级文物保护单位 43 处，共查处问题和隐患 95 处。全年共查处违法违章案件 39 起，其中违章修缮文物建筑的案件 6 起，在文物保护单位保护范围和建设控制地带内进行违章建设的案件 10 起，损毁文物案件 5 起，责令修缮的案件 1 起，有代表性的如北京财富中心在金台夕照遗址违章施工、顺义六环路工地现场取土发现古墓案、西城德外危改小区破坏古建遗址等案件。完成了占用天坛神乐署的居民的强制拆迁任务，保证了神乐署修缮开放计划的顺利实施。对各类文物经营场所检查 90 余次，查处违法经营单位 20 家。完成对 36 片地下文物埋藏区的巡视检查工作，制止了 4 起未经审批擅自动工的工程。掌握了一批北京地下文物埋藏区的相关资料和信息。

（北京市文物局）

天 津 市

【概况】 天津市的文博工作，从 1997 年开始进入了一个繁荣发展的新阶段，先后建立了平津战役纪念馆、周恩来邓颖超纪念馆，改建了天津自然博物馆。几个馆被分别命名为全市和全国爱国主义教育基地。天津自然博物馆和周恩来邓颖超纪念馆基本陈列分别荣获 1998 年全国文物系统十大陈列展览精品奖和提名奖。在文物普查的基础上公布了天津市第三批文物保护单位，共有渤海大楼、万国桥等优秀近现代建筑 60 处，报批公布了南开中学、利顺德饭店、广东会馆、劝业场为国家级文物保护单位。对五大道（睦南道、马场道、大理道、重庆道、常德道）风貌保护区进行了全面整修，对 100 处文物建筑实施挂牌保护，还抢救维修了独乐寺、大沽口炮台、广东会馆、文庙、张园等一批国家级和省市级文物保护单位。在配合基本建设工程的考古发掘中，在蓟县、宝坻县发现了一批古墓葬、古遗址。出台了《天津市文物市场管理条例》，文物市场纳入法制管理。至 2002 年底，全市共有博物馆、纪念馆 22 座，馆藏文物 55 万件，国有文物公司 1 处，收藏文物 38 万件。有国家级文物保护单位 8 处，市级文物保护单位 119 处，还有风貌保护街区 11 处，保存较完整的近现代风貌建筑 500 处，历史文化名城一处（蓟县）。2002 年，市文物局认真实践“三个代表”的重要思想，努力按照“与时俱进，力争上游，抢抓机遇，跨越发展”的时代要求，以天津博物馆建设为龙头，以元明清天妃宫遗址博物馆建设为重点，培育和发展专题展览超市，积极发展博物馆文化；以配合城市建设为重点，在完成五大道风貌建筑全面整修的同时，对部分文保单位提出了规划方案并根据情况进行了抢救维修，加大了文物保护工作力度。

【开展“5.18”宣传活动】 按照“博物馆与全球化”的主题，市文化局与天津文博学会以“中华百年看天津”为中心，举办了丰富多彩的 2002 年“5.18”国际博物馆日宣传活动，今晚报社、天津广播电台专题报道了国际博物馆日的来历及其活动，5 月 18 日上午在文庙博物馆门前举办了大型文博展示咨询活动。

【文物鉴定工作及其人才培养】

文物鉴定工作。2002 年，国家文物出境鉴定天津站全年鉴定出境文物、文物监管物品、文物复仿制品 45000 件；鉴定复出境文物 20 项 1002 件；鉴定拍卖标的 2919 件；鉴定 20 起涉嫌文物走私、诈骗案共计 818 件，其中 3 级文物 24 件，一般文物 731 件。

鉴定人才培养。为了培养文物鉴定方面的专业人才，市文物管理中心和天津轻工职业技术学院联合开办《文物鉴定与修复（中国书画方向）》专业大专班，开设中国文物学概论、书画鉴定概论、近代书画鉴定、中国书画笔迹分析等课程，学制3年。该校是经市教委和国家教育部批准的。

【文物公司经济和社会效益双赢】 市文物公司面对国内文物市场竞争日趋激烈的形势，及时调整购销渠道。全年收购金额上千万元，收购商品4000余件，销售金额2000万元，销售商品4600件。春季竞卖会成交额达1200万元。为天津博物馆建设支持资金1000万元。举办的“跃马迎春书画义展义卖捐助困难职工”活动，筹款26万元全部捐给市困难职工救助中心。

【先进集体和个人】 2002年12月，天津自然博物馆被人事部、国家文物局评为全国文物系统先进集体；平津战役纪念馆馆长张世增、周恩来邓颖超纪念馆馆长助理李爱华荣获国家文物局授予的全国文物系统先进个人称号。

【“五大道”整修工作】 2002年12月19日，市政府召开了五大道风貌建筑保护区整修工作总结表彰大会。市文物局等16个单位被评为五大道风貌建筑保护区整修工作先进单位。五大道地区是全市风貌建筑较为集中的地区之一，素有万国建筑博览会之称，在国内外有相当影响。为保护和抢救天津的历史文化遗产，市政府决定对五大道地区进行整修。1999年整修睦南道，2000年整修马场道，2001～2002年对大理道、重庆道、常德道进行了整修。整修工作连续3年列入市政府为民办实事的项目之一。4年中共整修建筑536幢，71.8万平方米；拆除沿街违章建筑2395间，21461平方米；拆除沿街有碍观瞻的建筑612间，8373平方米；清理沿街商业网点360家；整修五大道地区内11条道路，长12.7千米，面积23万平方米；改造了电力线网、通信线网、自来水管道、排水管道、煤气管道、供热管道；增改了3万平方米绿地和园林小区；建起17处雕塑和1处浮雕墙；安装新式路灯800盏，电话亭260个；马路、便道全部重新铺设。总投资近3亿元。有70余个单位、近万人参加了整修工程。对其中的重要建筑都悬挂了介绍其历史和建筑特色的保护标志。今日的五大道，是一座城市建设的博物馆，亦是一处风光美丽的游览区。

【鼓楼及其东北南三街建成开放】 鼓楼拥有天津“三宗宝”之首的称誉，于2000年11月25日开工重建的鼓楼体量增大，为27米见方。主体为现代钢混结构、砖城木楼，木楼外形按明清木作大式，设斗拱和飞檐，砖城四面开拱形穿心门洞，四拱门上恢复汉白玉城门石，仍镌刻镇东、安西、定南、拱北字样。同时对鼓楼附近的问津书院、中昌当铺、徐家大院和卞家大院等风貌建筑做了维修保护。

【大直沽天妃宫遗址建成博物馆】 自1997年开始，市考古队到现场考察发掘，确认出土文物为明代天妃宫遗物，同时发现建筑遗迹。发现的明代《重修敕建灵慈宫天妃碑记》残石质碑首上有“重修敕建”4个残字和龙纹。还发现了石赑以及大量的元、明、清建筑构件和生活用品。准确地揭露出明、清时期的天妃宫大殿基址和元代建筑基址。这是天津考古第一次在市区范围内发现地层关系明确的元代遗存。出土的元代蓝色琉璃筒瓦和明代绿色琉璃筒瓦表明，元明时期的天妃宫是等级较高的官庙。根据建筑施工基槽提供的剖面推断，该遗址极有可能藏存着宋金或更早的遗存。2002年5月1日，在该遗址建成的元明清天妃宫遗址博物馆开馆，占地5800平方米，建筑面积3000平方米，是全市第一座遗址博物馆。博物馆主体建筑中央大厅为元明清大殿基址，周围设两层展厅，展线长 200 米。展出 200 余件出土文物、实物及 300 余图片，前方广场中央矗立一通柱式妈祖像。

【独乐寺维修工程申报验收】 独乐寺维修工程自 1990 年由国家文物局立项，列为国家重点古建筑保护修缮工程，1998 年 10 月 5 日通过初步验收。专家对大阁位移、变形的木柱和框架的拨正纠偏、观音阁半落架大修工程十分满意。2002 年对独乐寺西大墙进行了维修加固。独乐寺维修工程竣工资料编制完成，并向国家文物局申报验收。

【完成梁启超“饮冰室”整修】 众人关注的坐落在天津市河北区民族路 44 号、46 号的意式风貌建筑梁启超“饮冰室”于 2002 年初整修完毕。2001 年 4 月市政府决定投资 2000 多万元恢复“饮冰室”。先将住户搬迁后，本着“原汁原味、修旧如旧”的原则，依原样进行了全面整修，对其中 100 多件家具经复制后按照陈列要求摆放到位。承载厚重历史的“饮冰室”将成为中国北方研究梁启超的中心和中国近代史的生动教材。梁启超纪念馆于 2002 年 10 月建成开放。

【考古发掘】

蓟县汉代建筑遗迹发掘。2002 年 4 月，配合引滦入津饮用水源保护工程，对蓟县卅河沿线进行考古调查，发现 5 处新遗址，为天津考古史上罕见。5 月，在蓟县七里峰村发掘的一座面积近 25 平方米的汉代建筑遗迹，这在全市属首次发现；出土的 10 块完整、6 块残破的汉代石刻，填补了天津汉代历史研究的空白。8 月，在蓟县小毛庄古墓勘探发现全市面积最大的古墓群（4 万平方米），墓葬自汉代至明清，其密度之大，年代跨度之久，天津考古史上罕见。至年底已发掘 51 座，出土了大量陶壶、陶盆、青铜器及汉五铢钱，其中彩绘陶和青铜器在以前的汉墓发掘中很少见到。如此规模的古墓群对研究天津汉代历史文化颇具价值。墓葬中出现的 3 个一组的墓葬形式比较新鲜，折射出当时的婚姻和丧葬习俗。

北运河的明代遗址。武清区杨村镇修桥工程人员在北运河底挖泥浆时出土一对明代大型铜人，经专家认定铜人系黄铜铸就，做工精美，对于研究明代的历史、宗教和铸造工艺有很高价值。现场还发现一些“红衣陶片”，是元代器具的明显特征，意味着遗址中有元代文明的痕迹。同时出土的石碑亦很完整，字迹清晰，记载了明万历年间一位乘船经过此地的为官者捐修玄帝庙的事情。

【天津博物馆建设】 天津博物馆建设是全市的一项重点工程。2000 年 3 月 1 日，国家计委下达了关于天津博物馆项目建议书的批复，原则同意新建天津博物馆。2001 年 3 月 1 日，日本川口卫构造设计事务所的建筑设计方案中标。2001 年 10 月 29 日，国家计委下达关于天津博物馆项目可行性研究报告的批复，原则同意《天津博物馆项目可行性研究报告》，委托天津市计委审批项目初步设计。2002 年初正式开工，由市第六建筑工程公司承建。该馆占地面积 47000 平方米，总建筑面积 35032 平方米，总投资 3.36 亿元。新馆基本陈列大纲初稿已完成。市政府转发了市文化局征集文物资料的文件，文物资料的征集工作已经开始。

【中国戏剧音像文库】 2002 年，召开了各种座谈会征集 6 个地方剧种的资料，录制了珍贵老唱片百余张，充实了中国戏剧音像文库。为更好保存、研究和利用戏剧音像资料，市文化局在戏剧博物馆建立了中国戏剧音像文库，文库资料征集工作从2001年开始进行。一切与戏剧有关的资料均属收藏范围。包括各种戏剧剧种表演和演奏艺术家，国家一、二级著名演员，国家级戏剧大奖获得者的老唱片、录音、录像、影碟、光盘和个人文字照片简历资料；各戏剧表演和研究机构简史的文字照片和音像资料。全国各地相关单位和个人已向文库捐赠了大批资料，目前已初步形成一定规模和藏量的戏剧音像资料收藏和研究中心。

【天津自然博物馆举办“展览超市”】 天津自然博物馆“展览超市”创办于2001年，当年推出11项展览，巡回19个省市，47个展馆吸引20万观众。2002年“展览超市”继续扩大规模，延伸展线。全年举办有“世界蝴蝶”、“地球在呼救——环境保护”、“世界濒危动物”、“宇宙与生命”、“少男少女——青春期教育”、“恐龙时代”、“中华传统美德”、“中华传统文化大观”、“生殖与健康”、“海底奇葩——珊瑚”、“海洋贝壳”、“古代动物”、“基因与使用”、“桑志华与北疆博物院”共14个展览，20套；展线延伸为北京、广东、河北、河南、湖北、江苏、浙江、内蒙古、甘肃、黑龙江、安徽、吉林、山东、陕西、山西、福建17个省市自治区42个地区及天津市的区县、街道、机关、学校的414个站点，观众超过30万人次。

【天津市艺术博物馆】 2002年，市艺术博物馆举办了“津门六家书画联展”、“中国书画艺术大展”、“馆藏‘湖社’著名画家作品展”、“纪念《在延安文艺座谈会上的讲话》69周年全国美术作品展”、“天津市第九届艺术节摄影作品展”、“第五届亚洲漫画展”等23项陈列展览。

【周恩来邓颖超纪念馆】 2002年，周恩来邓颖超纪念馆推出8项展览、5项规模较大的活动。其中3月5日周恩来诞辰104周年纪念日，免费开放，接待观众1万多人。7月18日，为纪念邓颖超逝世10周年，与天津港务局联合召开座谈会，举行了祭撒花瓣纪念活动。

【天津市危陋平房改造成果展】 于2002年9月26日在鼓楼开放。开放初期每日接待近万名观众。展览以图片、图表、复原模型配以声光电等展示方式真实生动地反映了成千上万的老百姓从危陋平房搬入高楼大厦的动人场面，歌颂了这一心系百姓的浩大工程，歌颂了新时期共产党人立党为公、执政为民的公仆作风。

【全市首家私人博物馆建成开放】 2002年3月26日，由市文物局批准的天津首家私人博物馆——粤唯鲜集团华蕴博物馆、隽祯博物馆、古雅博物馆挂牌开放。三馆所藏均是粤唯鲜集团总裁张连志多年收集珍品。涉及家具、门窗、门楼、牌坊、雕塑、乐器、铜镜等数千件。

【市文博学会第四次会员代表大会】 于2002年9月25日在天津会宾园宾馆召开。大会通过了第四届理事会工作设想的报告、文博学会章程修改建议的报告及第四届理事会人员组成的名单。他们是，顾问：张映雪、张新生，名誉理事长：张志，名誉理事：李孔椿、王绪周、云希正、李经汉、陈锡欣，理事长：赵文刚，副理事长：李家麟、陈卓、孙景云、刘毅、陈克、王同立，秘书长：郑宝芳。

（天津市文物局）

河　北　省

【广泛深入宣传《文物保护法》】 河北是文物大省，修订后的《文物保护法》在河北的贯彻实施，对发展文物事业、建设文物强省、发挥文物在全省两个文明建设中的作用，具有至关重要的意义。省文物局非常重视《文物保护法》的学习、宣传。在新《文物保护法》公布实施前，即制定了学习宣传计划。10 月 29 日，将《文物保护法》文本发放到局机关每个处（室），要求全体干部职工先进行自学。11 月 1 日，召集省直文博单位有关负责人，对学习宣传《文物保护法》工作进行了部署，要求各单位高度重视，学习好、贯彻好。11 月 4 日，省文物局组织局机关全体干部职工，集体学习新《文物保护法》。11 月 5 日，省文物局在局机关召开了修订后的《文物保护法》座谈会。大家认为，修订后的《文物保护法》内容丰富，规定明确，适应新的形势，解决了许多新的问题，是新时期文物保护管理的有力武器，也是文物工作的指南。建议国家和省级文物主管部门尽快制定与之相配套的、完备的、具有可操作性的《文物保护法实施细则》及相关的专项法规和规章。举办文物法制培训，提高文物工作者行政执法水平，以适应新法和新时期文物工作的要求。省文物局于 11 月份在省会石家庄组织文物法规宣传周，并利用省内新闻媒体，向广大人民群众进行广泛宣传。承德、涿州、正定等市也都开展了《文物保护法》的宣传活动。

【加大泥河湾遗址群保护开发力度】 2002 年 1 月 28 日，省政协八届五次会议将张家口政协提交的《关于保护开发泥河湾遗址群的建议》确定为大会提案，700 多名政协委员一致通过，交由省政府研究办理。对此，省政府非常重视，钮茂生省长批示，要求省直有关部门尽快采取有力措施，研究解决泥河湾遗址的保护开发问题，并准备在阳原县召开现场办公会。2 月 3 日，省政协副主席郭洪岐带队，组织部分省政协委员和省直有关部门的负责同志先期到达阳原县，到马圈沟遗址和小长梁遗址现场考察后，召开专题座谈会，研究提出了 12 条建议。2 月 4 日，钮茂生省长带领省直有关部门的负责同志来到阳原县，首先考察了小长梁遗址。之后，召开现场办公会，并提出了 12 条实施意见。钮茂生强调，保护、珍惜、开发、利用泥河湾，具有重大的政治、经济、历史和现实意义，关系到全省在人类发展史的地位问题，关系到以此来激励全省人民发奋向上、建设河北的精神问题，关系到推进全省的经济建设、文化建设问题，非常重要，所以，我们一定要又快又好地把事情办好，争取无愧于祖先，无愧于今人，无愧于后人。根据省委、省政府的指示，省文物局完成了《泥河湾遗址群文物保护利用规划》草案的编制工作，代拟了《河北省人民政府关于保护泥河湾遗址群的通告》和《泥河湾遗址群保护条例》。

【避暑山庄文保和环境治理成效显著】 配合避暑山庄肇建 300 周年庆祝活动，避暑山庄及周围寺庙加大了文物保护和环境治理力度。山庄内拆除了 2.5 万平方米的非文物建筑，恢复绿地 8 万平方米，撤除商业摊点 52 处。完成了避暑山庄东路拆迁和绿化美化，完成了两宫门拆迁改造工程、殊像寺宝相阁修复、普陀宗乘之庙消防治水工程，成立了承德市避暑山庄研究所。

【发布保护长城的规章】 2002 年 11 月 19 日，省政府发布《关于进一步加强长城保护管理工作的通知》（冀政[2002]51

号），这是全国第一个以省政府名义发布保护长城的政策措施，标志着全省在长城保护、管理和合理利用上迈入了一个崭新的阶段。《通知》明确指出，各地要建立长城保护领导责任制，“有关市、县政府主要领导负总责”，并将保护长城的责任分解落实到沿线各乡镇政府及村民委员会。明确要求在长城的重要区段设立专门的文物保护管理所，以加强对长城的保护。要求各地要抓紧编制长城整体保护规划和重点区段保护规划，并与城镇发展规划相衔接。在保护维修中，要按照“不改变文物原状”的原则进行，维修设计方案须报经省文物主管部门批准。强调，长城的一切开发、利用和管理工作，都要以保护和保存为前提。严禁无限度、无规划的恶性开发和利用。凡涉及长城的重大建设项目、开发利用计划和管理体制的事项，都要进行科学论证与评估，并按照规定报经文物、建设等部门同意。要求各级政府要将打击长城的犯罪活动纳入社会治安综合治理责任制，实行标本兼治。文物、公安、司法等部门要依法履行职责，密切配合，严厉查处破坏长城的违法行为。

【考古发掘成绩突出】 配合基本建设考古，完成省内考古勘探 15 万余平方米，发掘遗址 1570 平方米，清理墓葬 42 座，出土文物 700 余件，制定了《邯郸赵王陵 2 号陵抢救清理工作总体方案》、《邯郸赵王陵 2 号车马坑初步保护方案》和《邯郸赵王陵 2 号陵墓道临时保护棚建设方案》。沽源梳妆楼墓地考古发掘出土了一批有时代特征的珍贵文物，纠正了一些地方志对“梳妆楼群”的记载及传说的谬误，为研究元代蒙古及其他民族部落的民族文化，提供了新的实物资料。配合三峡工程建设，完成重庆丰都县 3 处古文化遗址勘探发掘，面积达 4700 平方米。

【首次赴港考古发掘圆满结束】 2002 年 2 月 6 日～4 月 10 日，应香港特别行政区康乐及文化事务署古物古迹办事处的邀请，省文物研究所组成 13 人考古队，赴港对西贡区沙下遗址进行正式考古发掘，历时两月余，共发掘面积 905 平方米，出土各类文物 200 余件，圆满完成各项任务，受到港方的一致肯定和赞扬。遗址位于九龙半岛南端，濒临西贡海湾，是为配合香港特别行政区西贡区市政工程而进行的。发掘过程按 context （即系统发掘方法） 进行清理，这是全省首次采用这一新方法开展田野考古发掘工作。发掘区属海相和河机沉积地质区，地层堆积区划分为 6 层，以沙黏土砾石层文化遗址最为丰富。出土遗物中石制品最多，其次为陶器、铁器、瓷器等。

此次考古发掘是香港有史以来规模最大，邀请内地考古人员最多的一次，所以受到港方高度重视。发掘期间香港特别行政区康乐及文化事务署负责人等亲临现场视察，对各项工作给予了充分肯定。此项工作为文物考古工作走出河北，走向全国乃至境外，进行了一次有益尝试，为今后的工作开创了良好局面。

【古建筑维修进展顺利】 易县紫荆关北关城维修工程、蔚县玉皇阁加固工程、景县舍利塔修缮工程等 8 处维修保护工程进展顺利。玉田净觉寺维护、毗卢寺后殿维修、承德城隍庙维修、磁县城隍庙维修 4 项工程完工，部分项目已经专家验收。汲县双塔、新城开善寺、定州贡院等跨年度整体维修工程按计划开展。定州开元寺塔主体加固工程、台基修复工程竣工，下一步将完成一层砌体加固和壁画保护工作。清东陵景陵和清西陵泰陵的保护维修工程已经完工，陵区环境得到较大改观。

【积极参与外省文物建筑保护工作】 组织完成了西藏萨迦寺、甘肃天水胡氏民居、海南琼崖一大旧址、山西平遥慈相寺、四川仪陇朱德故居、山东灵岩寺等修缮设计方案或保护规划。新疆喀孜尔石窟、辽宁北票惠宁寺工程施工监理正在进行中。

【承德将与国际机构合作进行文物保护项目】 5月12～14日,美国盖蒂保护所中国项目负责人内维尔·阿根纽 (Nevnillef·Agnew)、澳大利亚遗产委员会前主席莎伦·萨丽雯(Sharon Sullivan)一行6人,到承德市考察文物保护项目,5月15～16日,在北京与国家文物局、省文物局、承德市文物局有关领导进行了洽谈,按照《中国文物古迹保护准则》,就承德市部分文物保护项目达成意向,确定了2002～2005年的合作项目:(1)编制《承德避暑山庄及向周围寺庙管理总体规划》,争取在2003年承德避暑山庄肇建300周年时完成并通过审批。(2)与澳大利亚有关单位合作完成避暑山庄及周围寺庙景点游客的调查、研究工作。(3)按照《中国文物古迹保护准则》,完成殊像寺、避暑山庄文津阁维修保护工作。1997年开始,美国盖蒂保护所、澳大利亚遗产委员会与ICOMOS中国委员会合作,编制了《中国文物古迹保护准则》。1999年,盖蒂保护所与甘肃敦煌研究院合作,按照《中国文物古迹保护准则》要求,编制完成了《敦煌莫高窟保护与管理总体规划》。加入世贸组织后,中外文化交流与合作更加频繁。河北文博行业今后将注重与国际文物保护机构合作,进行文化遗产保护促进文物管理工作与国际接轨。承德与美国盖蒂保护所、澳大利亚遗产委员会合作进行文物保护项目,是一个良好的开端。

【省文物代表团出访英国、丹麦】 2001年12月12～21日,以刘健生副省长为团长的省文物代表团对英国、丹麦进行考察访问,并取得了圆满成功。代表团与英、丹两国有关部门就开展文物交流与合作进行了洽谈和磋商,先后达成或签订了文物交流与合作意向23项。

【省文化代表团出访南非、叙利亚和印度】

应南非豪登省经济文化发展署和叙利亚、印度文化、文物部门的邀请,6月1～13日,以省政府副省长刘健生为团长的省文化代表团,对南非、叙利亚和印度三国进行了考察访问,取得了圆满成功。代表团出访期间,实地考察了南非、叙利亚和印度的部分博物馆和世界文化遗产地。分别拜会到访国文化、文物部门的负责人,就双方合作项目进行了广泛的磋商和会谈,形成了共识。此次出访,共签订意向29项。

【省博物馆春节期间接待观众2万余人】

为创造一个节日休息、娱乐及普及历史文化知识的良好环境,2002年春节期间,省博物馆"神秘王国——战国中山国"、"金缕玉衣的故乡——满城汉墓"等4个固定展览照常开放,展出1000多余件珍贵文物、上百件照片、文献、壁画等。春节前对"古代河北"、"近代河北"进行了改陈,增强了展示效果,使人们能一览古代、近代河北的历史风貌。同时,为活跃人民文化生活,开阔视野,省博物馆开设了"2002年新春雅石展"、"世纪辉煌——诺贝尔科学奖百年"、"双艺合璧——瑞士摄影家鲜伊代克镜头中的大师贾珂梅悌"等临时展览。春节期间,省博物馆接待参观者2万余人,实现了社会效益与经济效益"双赢"。

【清东陵精华展在上海举办】 7月24日，“中国皇陵的绝唱——世界遗产地清东陵精华展”在上海展览中心开幕，中央电视台、上海卫视、澳门卫视、《文汇报》、《上海日报》等新闻媒体争相进行了报道，称展览揭开了清东陵神秘面纱，还历史本来面貌，具有重要历史教育意义。展览分为“清东陵概貌”、“玻璃画像展”、“文物精华展”、“清代宫廷档案展览”、“陵寝建筑模型展”、“清东陵远景展望”6个部分。共展出了115件珍贵展品，以清东陵地宫出土的珍贵文物、清代宫廷皇家用品、帝后妃在宫中活动的档案为主，辅以清东陵建筑仿真模型。文物专业人员向人们讲述了“香妃其人其事”、“康熙遗诏”、“和珅被抄家产清单”、慈禧陵丹陛石“凤压龙”等许多鲜为人知的清宫秘史，展示了清东陵恢宏深厚的历史的文化内涵。清东陵是我国规模宠大、体系完整、保存完好的清代皇家陵墓群，埋藏5位皇帝、15位皇后、136位妃嫔，2000年11月被列入《世界文化遗产名录》。几年来，清东陵以申报世界文化遗产为契机，加大文物保护力度，大力发展文物旅游，取得了良好的社会效益和经济效益。但由于清东陵地理位置比较偏僻，南方省份游客较少，进一步发展受到了限制。为此，清东陵管理处确立了“跨出河北，面向全国，打造名牌，占领国内市场”的发展思路，在上海举办展览是第一步。此次展览由清东陵文物管理处与上海档案馆联合举办，该展览在上海举办成功，是河北文物展览走向全国的一次有益探索。

【中小学生自我防护巡回展开幕式在省民俗博物馆举行】 2002年4月4日上午，“为了明天——中小学生自我防护展”巡回展开幕式在省民俗博物馆举行，省委宣传部副部长张志平等有关领导出席了开幕式，与会领导认为这个展览对青少年健康成长有很好的教育作用，要尽快到学校展出。

该展览包括合法权益、交通安全、火灾自救、人身安全、灾害防范、居家安全、外出安全、卫生急救、自强自律9个方面的内容。内容通俗易懂，是保护青少年健康成长的优秀教材。展览首期在省民俗博物馆馆内展出，然后赴石家庄市各中小学进行巡展。

【磁州瓷器在日本展出】 2002年10月1日，“白与黑的竞演——中国磁州的瓷器世界”展览在日本大阪市立美术馆开幕，共展出118件（套）特美的古磁州窑陶瓷文物。

（河北省文物局）

山 西 省

【“四有”工作继续得到加强】 山西省文物局会同省建设厅公布了40处省级文物保护单位的保护范围和建设控制地带，至此，全省470处省保以上单位（除大同平城遗址）的保护范围和建设控制地带全部划定公布。基本完成了全省119处全国重点文物保护单位标志的制作、竖立和第四批省级文物保护单位的申报、资料汇总。完成了119处全国重点文物保护单位的简介编写和照片、图纸等基础等料的整理工作。长治市、晋中市公布了首批市级文物保护单位，大同市划定并公布了19处市级文物保护单位的保护范围和建设控制地带，树立了历史文化街区保护标志牌、传统民居保护标志牌和高级文物保护单位的保护标志。在全省市（地）文物行政部门全部成立的基础上，文物保护单位管理机构和市级文物科研机构进一步加强，其中临汾市成立了文物工作站，运城市成立了文物保护研究所，夏县河东特委活动旧址（省保）、运城泛舟禅师塔（国保）、稷山青龙寺（国保）、稷王庙（省保）、大佛寺（省保）5处文物保护单位成立了文物管理所。此外，省文物局积极协助推动芮城永乐宫、太原晋祠、解州关帝庙等文物保护单位申报世界文化遗产名录的工作，其中晋祠已经完成了保护立法、总体保护规划工作，申报文本等相关资料已进入最后制作阶段，环境综合整治工作已全面展开，永乐宫已完成了申报文本初稿，并通过了ISO9000质量管理体系和ISO4000环境管理体系认证。

【一批建筑文物得到了抢救保护】 完成了五台文殊殿和沁县大云院的全面维修工程，晋城青莲寺古寺维修扫尾工程，平顺龙门寺、大同关帝庙、浑源永安寺、万荣后土庙戏台和献殿的维修工程，左权麻田八路军前方总部邓小平故居维修工程，平型关战役遗址维修保护等20项大型维修保护工程。省文物局组织对大同上华严寺、善化寺维修工程和晋绥边区政府旧址维修工程进行了验收，组织完成了柳林香严寺、武乡大云寺、绛县文庙等近20项大型古建筑维修保护项目的方案制作和申报。

【应县木塔修缮保护和大同云冈石窟防水保护取得了实质性进展】 应县木塔修缮保护工程方案已经通过专家委员会评审论证，并以省政府名义上报国务院。大同云冈石窟防水保护工程方案已经专家组论证，进入工程勘察阶段。此外，经省文物局多次协调，永济蒲津渡遗址保护工程方案即将实施。

【大遗址保护与文物考古】 省文物局组织了天马—曲村遗址、晋阳古城遗址的调查、勘探和保护规划的制作，其中天马—曲村遗址总体保护规划已与北京建工学院、建设部测绘大队签署了协议，晋阳古城遗址的前期调查、勘探已经展开。吉县柿子滩旧石器遗址、太原王家峰北朝徐显秀墓、乡宁县阳垣古墓群、临汾尧都区庞杜村商代墓葬和晋中市榆次区什贴北朝墓地的勘探发掘继续进行，浮山县桥北墓地抢救出发掘的前期调研已完成。吉县柿子滩旧石器遗址发掘荣获2001年度“全国十大考古新发现”之一。省文物局组织完成了小浪底水库工程和重庆三峡库区工程、大运高速公路广武段新增互通工程、长晋高速公路工程、太原市西北外环高速公路工程、榆次工业园区建设工程、榆次校园路改造工程，以及河津电厂、榆社电厂、神头电厂、长治樟山电厂、山西焦化厂等扩建工程中的考古调查、勘探和发掘任务，使一大批珍贵文物得到了及时保护。与省交通厅协调了全省县际公路改造工程、大运高速公路影响区域路网改造项目中的文物保护事宜，与中国石油天然气股份有限公司协商了西气东输工程中山西段的文物保护事宜。

【博物馆与纪念馆】 国家“九五”重点工程、2001年8月1日开工奠基的山西博物馆建设工程，2002年11月底实现了主体土建结构提前一个月封顶，既保证了质量，又提前了速度。内外装修和陈列设计工作正在积极准备。一年来，国家计委副主任姜伟新、建设部副部长郑一军、国家文物局局长单霁翔、原局长张文彬和省领导田成平、刘振华、侯伍杰、申联彬、靳善忠、薛荣哲等先后视察了建设工程。省文物局直属的八路军太行纪念馆二期扩建工程任务过半，2002年完成了青少年培训营地、八路军将帅厅、八路军抗战纪念碑的主体工程和外装修工程，并通过了质量认证。新建成的吕梁汉画像石博物馆已于10月19日正式对外开放，太原市博物馆、晋中市博物馆的立项工作正在进行中。

【文物保护“五纳入”】 2002年，全省各级政府落实文物保护“五纳入”特别是纳入当地经济和社会发展计划及纳入本级财政预算有了新进展。文物行政部门参与了省级大型基本建设工程的行政审批，工程建设中的文物保护工作基本走上正轨。重点博物馆建设和文物基础设施建设在多数市（地）已列入当地经济和社会发展计划。长治市在进行城市建设中首开城市建设为文物保护让路的先例，使张家花园（明代）、关帝庙等古建筑得以完整保存。2002年纳入省级财政预算的文物保护经费为1400万元，比上年增长12%；市（地）列入财政预算的文物保护经费为总数为1102.5万元，比上年增长44.9%，其中：太原市纳入本年度财政预算的文物保护经费为636万元，比上年增长26.2%；吕梁地区纳入本年度财政预算的文物保护经费150万元，比上年增长8.7%；大同市纳入本年度财政预算的文物保护经费为98万元，比上年增长7.2倍，临汾、运城有较大增长，长治、晋城、晋中、忻州、阳泉等市也有所增长。

【文物法规建设】

《文物保护法》宣传方面。 一年来，全省各级文物部门继续利用“5.18”国际博物馆日、“12.4”全国法制宣传日广泛开展《文物保护法》大型集中宣传活动。省文物局与《山西日报》联合启动了“守望文明的家园——保护好我们的共同遗产三晋行”活动，并在《山西日报》开辟了“守望文明的家园”专栏，对全省119处国保单位进行介绍，产生了较好的社会反响。10月28日，《文物保护法》修订公布后，全省各地组织开展了广泛的宣传活动。省文物局与省人大教科文卫委员会联合召开了学习贯彻《文物保护法》座谈会，省直11个部门负责同志参加会议并作了发言。省文物局还印发了《文物保护法》单行本1万余册，向省、市（地）、县（市、区）党委、人大、政府、政协领导和省直各部门广泛送发。

地方文物法规、规章建设方面。 太原市报请省人大修改通过了《太原市晋祠保护条例》。省文物局出台了《山西省合作进行考古工作暂行办法》、《山西省文物安全技术防范工程审核组章程》、《山西省文物建筑消防工程设计方案审核组章程》，修订完善了《山西省文物维修工程管理办法》、《山西省文物建筑消防工程管理办法》、《山西省文物建筑单位消防工程管理办法》、《山西省文博单位安全技术防范工程管理办法》、《山西省文物建筑消防安全管理办法》等7个部门规章。

【文物展览与交流】 4月30日～7月底，省文物局主办的“晋国奇珍——山西晋侯墓群出土文物精品展”在上海博物馆成功举办；6月份，完成了国家文物局组织的赴韩“三国文物精品展”的组织协调工作。协助榆次常家庄园完成了“华夏文明山西”大型文化旅游展览的布展任务。11月5日，看“晋侯古玉——山西晋侯墓地玉器精品展”在澳门成功开展。正在筹备的“山西道教文物精品展”将于2003年3月在香港展出。一年来，省博物馆加强了与北京、上海、河南、浙江、广州等省、市的馆藏文物的馆际交流。大同云冈石窟文物研究所参加了在北京世纪坛举办的“中国世界文化遗产风采展”，在中国革命博物馆举办的“世界遗产在中国”全国28家遗产大型展会。

【文物行政执法】

重视加强执法能力建设。 省文物局重

点对机关全体公务员进行了行政执法培训，努力提高执法人员行政执法能力，并通过了省法制办组织的考核验收，取得了行政执法相关证件。临汾、长治等市成立了文物执法稽查队，并普遍进行了培训。

*积极推进行政审批改革工作。*按照省政府要求，进一步清理保留了行政审批项目33项。大同市文物局建立健全了行政审批程序和项目登记制度，并向社会公开，接受社会临督，全年审批涉及文物保护的基建工程项目68项，对大同古城内建设项目，还召开了3次专家论证会。

*依法履行行政执法职能。*省文物局重点对翼城宏阳钢铁责任有限公司、霍州中冶焦化厂有限责任公司在建设工程中破坏古墓葬的事件和未按程序履行报批手续的行为依法进行了制止和纠正，对大同市云冈石窟广场前进行违章建筑的法人违法事件和平遥县政府擅自改变文物保护单位管理体制的错误做法，均依法责令纠正。

*组织开展文物执法检查。*6月中旬～7月上旬，配合省人大组成3个执法检查组，深入太原、大同、忻州、长治、晋城、运城6市，就各级政府履行法定职责、文物保护单位依法管理、文物保护设施建设、涉案文物移交等4项重点内容，进行了为期1个月的文物执法检查。

【文物安全工作】 省文物局编制完成了全省文物场所技防、消防“十五”规划。

*加强安防工程设计方案的审核。*全年共组织召开安防工程设计方案审核会6次，对全省19处文物场所的安防工程设计方案进行了审核，其中崇福寺、永乐宫、寿旧文管所等8处技防工程方案和王家大院、三多堂等8处消防工程方案通过审核。

*完成了安防设施建设的年度任务。*共完成了万荣东岳庙、平顺大云院等7处文物场所的消防供水工程和风险单位长治沁县南涅水石刻馆、侯马市文物库房2处技防工程，完成了省考古所侯马工作站文物库房（一级风险单位）、晋祠博物馆（二级风险单位）技防工程验收工作，完成了全省第三批8处一级文博风险单位的上报工作。

*加大了文物安全督察的工作力度。*共对大同、朔州、临汾、吕梁等8个市（地）39处县（市、区）的91个基层文博单位进行了文物安全检查，共向37个存在安全隐患的文博单位发出安全隐患通知，向朔州、忻州、临汾、大同、运城、长治、晋城7个市的人民政府发出了《关于加强文物安全工作的函》。

【文博单位基本情况普查】 省、市（地）两级文物行政部门分别成立了文物博物馆单位基本情况普查工作领导组，普查工作已基本结束，目前正在对市（地）上报的机构普查基本资料进行整理和录入。

【文博信息化建设】 省编办批准成立了山西省文物资料信息中心。初步建立了“山西文物综合信息网”数据系统，并在全省范围内开展了文物资料数据信息采集，其中三级以上玉器类文物调查工作已基本结束，其他各类文物藏品的调查已全面铺开，局域网已试运行，基本资料录入正在进行中。召开了文博信息化及数据库建设阶段性成果验收会，基本做法和取得的阶段性成果得到了与会代表特别是财政部和国家文物局的一致肯定。

【文物科研取得新进步】 省文物局确定了旧石器向新石器过渡时代的考古学研究、中国古代文明探源考古研究、晋国历史文化考古研究、黄土高原东部1万年以来人类生存与环境变迁研究等四大主动性考古学术研究课题，研究工作已展开；组织了全省文博事业人文社会科学研究课题和自然学科开题申请书的申报工作，共向国家文物局申报课题或开题申请15项。省文物技术中心确定了关于木结构、彩塑、壁画修复科研课题；完成了"非金属文物防风化污染及反渗固化内部无机盐"、"金属文物残缺'再生法'修复"等文物科技保护项目的试验和论证；选定并上报了"古建筑屋面药剂除草和木构件防腐"、"古建筑琉璃饰件脱釉再生法修复"、"'应县木塔'图案透光镜子成像成原理解析"等文物保护科研项目。经过省古建筑研究所努力，全省的古建筑维修设计实现了由传统手工绘图向计算机绘图、制作、包装等现代化技术手段的飞越，计算机出图率达95%以上。

【文物出版工作成果明显】 晋祠博物馆《晋祠碑碣》、《宝贤堂集古法贴》等一批文物书籍出版，完成了再版《晋祠志》的撰写。八路军太行纪念馆主编的《八路军抗战辞典》、《太行抗战大事记》已交付审定，即将出版。省考古所已同科学出版式社签署了《侯马乔村墓地》的出版协议。

【文物学术研究取得新成果】 省考古研究所有30余篇考古报告和学术论文发表。八路军太行纪念馆《论八路军游击战在中国抗战中的战略地位及重大贡献》等4篇学术论文入选《全国八路军新四军第七届学术研讨会论文集》。

【文物学术交流日益活跃】 省文物局系统有2名专业技术人员应邀出国进行学术访问或交流，有10余名专业技术人员参加了在上海举办的"晋侯墓地考古国际学术研讨会"、在上海和浙江举办的"陶瓷研讨会"。太原晋祠博物馆参加了全国（部分）文物单位研讨会。太原国师纪念馆参加了中国人民抗日战争纪念馆15周年暨全国抗战纪念馆第一届学术研讨会和全国八路军新四军纪念馆第七届学术研讨会。先后有澳大利亚、日本、韩国、瑞士、美国、英国、法国、意大利等国同行到山西进行文物学术访问或交流。

【先进集体和个人】 大同云冈石窟文物研究所被人事部、国家文物局联合表彰为全国文物系统先进集体。吕梁地区文物局局长王若东被人事部、国家文物局表彰为全国文物系统先进工作者。太原市文物局局长李钢、晋中市文物局副局长晋华被国家文物局表彰为全国文物系统先进个人。省考古所王建先生荣获了"裴文中科学贡献奖"。

（山西省文物局）

内蒙古自治区

【通辽市博物馆】 市博物馆的前身是建于1975年的哲盟博物馆。馆址占地面积2万余平方米，馆舍建筑面积5600平方米，主体展厅为仿古建筑，红柱黄瓦，金碧辉煌。

博物馆自成立以来，先后发掘了在国内颇有影响的库伦1～7号辽墓、霍林河金界壕边堡、辽陈国公主墓等，并对全市文物古迹进行两次大普查；举办了"哲盟古代简史"、"库伦辽墓壁画"、"历代文物荟萃"、"哲盟革命英烈"、"科尔沁蒙古民族文物展"等5项基本陈列和数百次临时展览；"草原明珠"、"库伦辽墓壁画"进京展出，受到党和国家领导人的充分肯定和媒体的广泛关注，引起了强烈的社会反响。1997年为庆祝内蒙古自治区成立50周年，又成功地举办了"一代神弓，八世雄风——科尔沁蒙古族文物展”、“藏传佛教文物精品展”等,受到了社会各界的好评。近年来,有几十件文物精品随自治区博物馆的展览在美、法、日、加拿大、比利时等国家及北京、上海、香港等地区展出。同时,博物馆还大力加强文物和历史的科研工作，取得了一定成绩。1975 年,与自治区考古研究所共同撰写了大型考古发掘报告《辽陈国公主墓》,该书由文物出版社出版;还出版了 5 期《哲盟博物馆馆刊》,专业研究人员每年都有一定数量的论文在国内各级学术刊物上发表。

博物馆现有职人员 37 人,其中具有大学及专科以上学历的 25 人,占职工总数的 68%；专业技术人员 32 人，占职工总数 86%。高级职称 2 人,中级职称 18 人。内设机构有历史部、民族部、技术部、陈列部、群工部、保管部、保卫部、办公室等 8 个部室。

馆藏。新收藏藏经筒、念珠、喜字头簪、蝶花头簪等文物 29 件。

展出。2002 年举办了“辉煌五十年——迎接党的十六大”展,接待了市委宣传部“打击邪教法轮功”、市环保局“环保与生物”、乌海市与通辽市“书画联展”及外馆“太平洋奇特贝壳”展览。6 月,自治区文化厅与中国历史博物馆联合举办的“契丹王朝”在北京开幕,市博物馆三彩摩羯壶等 8 件文物参展。

考古调查。6 月,科尔沁左翼中旗腰列毛都一座辽代古城被当地群众盗掘，博物馆立即前往调查处理，并与当地政府取得联系,使此事得到了妥善解决,同时责成当地村干部给予保护。7 月份,派出考古队,对扎鲁特旗哲北农场“寂善大师”墓群中的 3 号墓进行了清理发掘，对省际大通道扎鲁特旗境内沿线进行考古调查，对扎鲁特旗查布嘎吐辽墓群进行考古调查，对库伦旗水泉镇辽墓进行考古调查。

国际博物馆日和《文物保护法》宣传活动。为了使 2002 年博物馆日“博物馆与全球化”的主题深入人心,市博物馆于 5 月 18 日在百货大楼门前举行了声势较大的宣传活动,文化局张志强局长、文化局文物科王维国科长早早来到现场。上午 9 时,头戴“博物馆志愿者”帽、身披“庆祝世界博物馆日”绶带的 22 名民族大学的学生,整齐地站立在街头，向过往的行人发放专门为此次活动印刷的《通辽市文博》；在写着“庆祝 5.18 国际博物馆日”的横幅下,博物馆的全体同志细心地向观众讲解展版上的文物精品，扬声器滚动播送着介绍通辽地区的历史和文物知识的稿件，整个活动持续两个小时。

召开创建文化大市研讨会。为响应市委市政府关于创建文化大市的号召,5 月 30 日,市博物馆召开了“打造品牌,共筑辉煌——创建文化大市研讨会”。科研人员就科尔沁沙地理想文化模式、宗教文化在开发游环境中的作用、科尔沁文化品牌的构想及思想内涵、市博物馆在创建文化大市中的地位和作用以及城市雕塑、文化广场的建设与发展问题进行了广泛的讨论。这些论文,论点鲜明,既有深层次理论思考也有具体的操作办法。

【筹建玛拉沁夫文学馆】2002 年 7 月 20 日,全国政协委员、原中国作家协会党组书记、中国少数民族作家学会会长、蒙古族著名作家玛拉沁夫先生专程来到通辽市,就捐赠手稿等资料事宜与市博物馆达成意向。玛老准备将他的文学创作手稿及有关资料无偿捐献给博物馆。博物馆将设立专门的“玛拉沁夫文学馆”,和用这些书稿等资料举办反映玛拉沁夫文学创作和艺术人生的专题陈列展览，并将此展览作为固定陈列,永久向社会开放。目前,市博物馆已指派专人负责捐赠的接洽工作。为了配合“玛拉沁夫文学馆”的建设,通辽博物馆已在“内蒙古民族博物馆网站”上设立了“玛拉沁夫文学馆专页”。

【内蒙古民族博物馆新馆工程】 为了发展少数民族地区的文化公益事业，满足人民群众日益增长的精神文化需求，带动内蒙古东部地区文物博物馆事业的发展，市政府决定投资4000万元新建一座建筑面积2万平方米的“内蒙古民族博物馆”。新馆工程2001年5月18日国际博物馆日奠基开工,2003年10月竣工，新馆落成后将成为自治区第二大博物馆，成为全市标志性建筑和通辽向世界敞开的窗口。届时将推出“从森林走向草原——蒙古人历史足迹”、“淹没的辉煌——契丹人的壁画”、“跨越时空的对话——馆藏文物精品展”、“洒在草原的珍珠——科尔沁艺术荟萃”、“火热的乡情——巴音那·包满亮收藏蒙古族文物展”和“飞回草原的骏马——蒙古族著名作家玛拉沁夫”等6部大型展览。

【开通内蒙古民族博物馆网站】 为发挥全市丰厚的文物资源优势，弘扬和传播中华民族优秀传统文化，特别是北方少数民族的优秀文化,让世界了解通辽,也使通辽大踏步地走向世界,2月23日开通了文博专业网站——内蒙古民族博物馆网站(http//:www.nmgmzbwg.com.cn)。整个网站形式设计典雅庄重,图文并茂,界面友好,可视性强。共分为今天的通辽、历史上的通辽、内蒙古民博历史、馆藏精品、名胜名迹、历史人物、大型展览、新馆姿容、乡情呼唤、玛拉沁夫文学馆、馆刊索引、文博快讯、机构设置、专家介绍等15个栏目,网页为简体中文版和英文版，有中文6万余字,英文14万字,照片200余张。网站已跻身于全国大型文博网站行列，先后被搜狐、雅虎、百度、中文搜索引擎指南等大的门户网站和大的搜索引擎收录。中国历史博物馆、中国文物信息网、中国文博、中华博物网、浙江博物馆、汉龙网、上海博物馆、南京博物院、故宫博物院、“九·一八”历史博物馆、中国考古网、陕西历史博物馆、中国文化信息网、内蒙古旅游信息网、通辽市人民政府网站、通辽信息港、通辽科技信息港、通辽在线等网站为该网站做了友情链接。中国历史博物馆用一个页面对内蒙古民族博物馆作了详细的介绍。

【奈曼王府博物馆】 奈曼王府位于通辽市奈曼旗大沁他拉镇王府大街中段。清同治二年(1863年)由奈曼旗第十一任扎萨克、清道光帝第四女寿安公主额驸德木楚克扎布所建。原王府建筑大部分已毁掉,现存部分仅为原王府的37%。王府系奈曼旗最高行政长官扎萨克生活和办公的地方。整个王府现占地面积1.45万平方米,是一左右对称的四合院,由串堂门、正殿、东西配殿、佛堂等组成。串堂门为进入王府的入口,正殿为扎萨克办公和休息的地方，东配殿为扎萨克秘密议事的场所，西配殿为福晋住处，佛堂乃扎萨克及眷属拜佛之处。1985年,为了保护和利用奈曼王府,建立了奈曼王府博物馆。

【博王府博物馆】 内蒙古科尔沁左翼后旗是清代著名爱国将领僧格林沁的故乡。为了纪念历史名人,弘扬民族文化,科尔沁左翼后旗1997年投资300万元兴建了博王府博物馆。博物馆位于甘金公路东端9公里处，占地面积1.3万平方米，建筑面积2000余平方米,建筑造型呈仿古风格,馆藏文物2000余件。博物馆设有正殿、展厅、库房和礼佛场所。正殿内陈列着僧格林沁生平及在大沽口战役中英勇抗击英、法联军，维护国家主权和民族尊严的英雄业绩的展览，其他展厅内列有后旗历史文物、珍贵出土文物、教育图片等。

【库伦宗教博物馆】 库伦宗教博物馆前身为库伦文物管理所，馆舍为兴源寺建筑群。兴源寺位于库伦旗库伦镇中心街。清顺治七年（1650年）建，匾额“兴源寺”三字，系顺治皇帝亲笔。康熙五十八年（1719年）和光绪二十五年（1899年）两次扩建。寺院呈正方形，占地面积2.5万平方米，围墙周长1200米。兴源寺主体建筑均在同一中轴线上，四进院落，层层升高，中轴线两侧，辅以配殿、钟、鼓二楼及额克苏莫庙、吗呢殿、天王殿、护法神殿、罗汉殿、山门、象教寺、玉柱堂、救度佛母庙、弥勒佛殿等建筑。1993年，为了保护和利用兴源寺建立了宗教博物馆。博物馆现有职工9人，馆藏各时代文物1200余件。

【鄂尔多斯博物馆】 鄂尔多斯博物馆是集鄂尔多斯地区历史与文化的收藏、陈列及研究于一体的综合性博物馆，其前身为1963年建立的伊克昭盟文物工作站。馆于1989年建成，占地面积6000平方米，展厅面积约2600平方米。博物馆设计颇具民族特色，整体建筑既似展翅翱翔在辽阔草原上空的雄鹰，又似佩带头饰伸展双臂热情迎接远方客人的蒙古族妇女，而外表乳白色的格调洋溢着蒙古族奶文化的浓厚气息。

馆藏文物8000余件（套），以著名的“河套人及其文化”、乌仁都希岩画、“朱开沟文化”、“鄂尔多斯式青铜器”——匈奴文化，以及鲜卑、党项和蒙古等中国北方民族文化最具特征，尤以中生代恐龙足迹印痕化石、河套人与萨拉乌素动物群、乌仁都希山岩画、朱开沟文化、鄂尔多斯式青铜器、西夏文化以及鄂尔多斯蒙古族文化等蜚声海内外。

博物馆的常规展览有“鄂尔多斯文物珍品展”、“鄂尔多斯青铜器展”、“鄂尔多斯草原文化展”等，它们分别以精美的展品和新颖的陈列手段，向世人展示鄂尔多斯地区，从36亿年前的远古时期以来的历史沧桑变幻和人类社会的发展进程，享誉海内外的鄂尔多斯式青铜器的发生、发展和在人类社会发展史上的突出贡献，以及守护一代天骄——成吉思汗近800年的鄂尔多斯蒙古族的历史和文化精髓。

鄂尔多斯博物馆编著或参与撰写的专著有《鄂尔多斯文物考古文集》、《成吉思汗研究文集》、《朱开沟——青铜时代早期遗址发掘报告》、《可爱的鄂尔多斯》（上、下）、《鄂尔多斯草原文化》、《鄂尔多斯历史与文化》、《草原圣地鄂尔多斯》、《桑杰道尔吉及其诗集》、《岱海考古（二）——中日岱海地区考察研究报告集》、《内蒙古革命老区》等。另外，还有自治区以上级专业刊物发表文章数十篇，这些文章为探索鄂尔多斯的古代历史和文化，弘扬鄂尔多斯民族文化，做出了积极的贡献。

鄂尔多斯博物馆在自治区文博馆系统中首家开通“鄂尔多斯博物馆网站”（网址：www.ordosmuseum.com.cn），在互联网上向世界展示鄂尔多斯悠久的历史、灿烂的文化和本地区文博事业的发展概况，加强馆际间的信息传递和学术交流。鄂尔多斯博物馆也是自治区盟（市）级博物馆首家开展馆藏文物微机化管理的单位、并正在积极建立“鄂尔多斯文物数据库”，力争在最短时间内，使鄂尔多斯地区的文物管理数据化工作，步入国内先进水平的行列。

【纪念成吉思汗诞辰840周年】 2002年8月14日，成吉思汗诞辰840周年大型纪念活动在成吉思汗陵园隆重举行。自治区政协副主席夏日，自治区工商银行行长贺富元，福建省经贸委副主任张少钦，鄂尔多斯市市委副书记、市长云锋，市政协主席贾荣昌，市人大副主任李秀兰，副市长王德宝、袁庆中，市政协副主席钱世清，市委、市政府、各旗区委、政府几大班子领导及社会各界数万名各族群众参加了纪念活动。

【鄂尔多斯市“四项文化发展工程”齐驱并进】 根据中共鄂尔多斯市委、市政府《关于进一步繁荣新时期鄂尔多斯文化事业的决定》要求，市文化局为配合“西部大开发”和鄂尔多斯“二次创业”新形势及建设文化强市战略，在认真调查研究的基础上经广泛征求意见，推出了2001～2005年《鄂尔多斯小康文化工程》、《鄂尔多斯萨日纳艺术工程》、《鄂尔多斯文物保护发展工程》、《鄂尔多斯文化产业发展工程》四大工程，征得市委、市政府同意后，正式出台并付诸实施，为新时期鄂尔多斯文化事业的发展明确了方向和奋斗目标。

为了更好地保护鄂尔多斯地上地下文物资源，充分发掘民族文化精髓，也为了引导和督促全市的文博工作在新世纪有一个由量到质的转换，形成突破性的飞跃，市文化局于1999年推出了《鄂尔多斯市文物保护发展工程》，在实施的两年中收到了良好效果。2002年市文化局在制定4项文化发展工程时，针对新形势的要求，在充分总结经验的基础上，在宏观目标和具体任务等方面，对原“工程”重新进行了修订。修订后的《鄂尔多斯文物保护发展工程》不仅在发展力度方面有了较大程度的提高，而且在具体任务的规定上，亦有了很大的改观，增强了可操作性和实用性，特别是在加强党政领导、实行目标责任管理以及落实专项经费等方面作了明确规定，对业务目标不仅量化宜行，而且更科学合理；不仅重在当前保护，更侧重于长远发展，特别是在队伍建设、阵地建设、开展文物科研工作及科学合理地开发文物资源、为社会服务等方面，都作了合理的长远部署。按照工程要求，预计5年内使全市国有馆藏文物数量达到1.5万件以上，其中三级以上文物达到1000件以上；全市5个旗（市）建成博物馆，各馆馆舍面积均达到700平方米以上；其他3个旗（市）均要建成300平方米以上的文物陈列厅；各文博单位都要建设有合格的文物库房、档案资料室、文物修复保养室、安全保卫设施等办公处所，配备有交通工具，添置电脑、摄像机等现代化设备；建立内蒙古西部文物养护中心；完成全市文物数据库建设，使文博工作走向网络化；对全市各级重点文物保护单位以及各类重要遗址进行有效的管理保护，使其免遭损失破坏；通过调整、充实、培训等措施，建成一支高素质的文物工作队伍，使全市文物工作队伍具有良好的思想素质、业务素质和职业道德。

【文物考察夏令营】 鄂尔多斯博物馆于2002年5月1～3日成功举办了首届鄂尔多斯文物考察夏令营。参加这次夏令营活动的7所学校都是鄂尔多斯博物馆的“精神文明共建单位”。夏令营活动从东胜起程，首先考察了秦直道遗迹和城梁秦汉古城。又从城梁出发，到东胜市泊江海子国家级遗鸥自然保护区。第二天，首站抵达鄂旗查布苏木，参观内蒙古西部地区第一座苏木级博物馆——查布恐龙博物馆。由查布出发抵达杭锦旗，夏令营沿着穿沙公路行驶，同学们一边聆听着杭锦旗人民发扬“穿沙精神”、修建穿沙公路感人事迹，一边在漫漫黄沙中，领略库布其沙漠的浩瀚和沙漠奇观——“响沙”的神奇魅力。举办这次活动是鄂尔多斯博物馆为进一步延伸博物馆的服务空间，推动博物馆的工作与社会接轨，以及配合学校开展素质教育的一种新的尝试，目的是让更多的人了解博物馆，走进博物馆，充分发挥博物馆的教育职能，为社会主义“两个文明”建设做出应有的贡献。这次活动的成功举办得到了社会各界的认可，取得了良好的社会效益。

【查布恐龙博物馆】 查布恐龙博物馆位于内蒙古自治区鄂托克旗查布苏木，创建于1999年，是内蒙古西部地区第一座乡（苏木）级博物馆。由苏木政府和相关部门投资70万元建设，展厅面积近400平方米。2002年8月8日落成命名为“查布恐龙博物馆”，并正式对外展出。

查布苏木位于鄂尔多斯高原西南部，特殊的地理位置和自然气候，使之蕴藏有丰富的古生物化石和人类历史文化遗存，尤以中生代各类鱼化石和数量众多、形态各异的恐龙足迹、尾迹印痕化石而享誉中外。我国及美国、加拿大、比利时、日本等国的古生物专家和学者曾多次到查布进行考察，收获颇丰，许多重要的发现，在我国乃至世界古生物研究领域均占有十分重要的地位。据初步研究可知，尚待开发的研究领域还十分广阔，前景无量。查布恐龙博物馆正是基于这些敦厚的基础，向世人展示发生在这块神奇土地上遥远的、鲜为人知的一幕。

内蒙古西部区第一座苏木（乡）级博物馆——查布恐龙博物馆的诞生，是鄂尔多斯社会经济飞速发展的必然产物，是鄂尔多斯“四项文化发展工程”的丰硕成果，也是社会各界通力合作的结晶。

【鄂尔多斯市“撤盟设市”举办四大展览】

伊克昭盟自清顺治六年建立以来，三个半世纪的漫漫历史征程走向辉煌。为了适应改革开放以来全地区飞速发展的经济形势，也为了更好地招商引资，将本地区更加具体地介绍给全国、全世界，国务院批准撤销“伊克昭盟”，设立“鄂尔多斯市”。2001年9月28日，举办了盛大的“撤盟设市”庆典活动。其中由鄂尔多斯博物馆承办的四大展览成为“撤盟设市”庆典活动的重头戏。

“鄂尔多斯文物珍品展”。是一部记录鄂尔多斯历史进程的自传体文章，行文流畅，娓娓道来。从远古的鄂尔多斯古陆直至元代文化的瑰宝——阿尔寨石窟寺，叙述了各个历史时期在鄂尔多斯这个舞台上的沧桑巨变。

“鄂尔多斯草原文化展”。如一部表现游牧文化的叙事诗，整个展览充满了草原文化生活的气息。展示了几百年来生活于草原上的蒙古族的文化、生活、狩猎、宗教信仰等多个侧面，如行云流水般叮咚有至。

“崛起的鄂尔多斯——鄂尔多斯市改革和发展成就展”。似一部气势磅礴的报告文学，真实的反映了改革开放以来，特别是20多年来，鄂尔多斯飞速发展的经济实力，真实、震撼鼓舞人心。

“鄂尔多斯青铜器展”。宛若一篇隽永的散文，将“鄂尔多斯青铜器”这一文物瑰宝在浅吟低唱中完美的表达给观者，让这足以令鄂尔多斯人骄傲的世界文化精髓展露无遗。

“撤盟设市”庆典中，四大展览交相辉映、相映成趣、互通有无，为弘扬鄂尔多斯文化，介绍鄂尔多斯深刻的文化内涵，将鄂尔多斯推出世界起到了积极作用，为“撤盟设市”庆典添辉增色。

（内蒙古通辽市、鄂尔多斯市文化局）

辽 宁 省

【概况】 辽宁省蕴藏着丰富的文物资源，从 20 多万年前的海城仙人洞和 1 万多年前的金牛山古人类遗址到 6000 多年前牛河梁红山文化遗址，从姜女石秦汉遗址、大量的辽塔、高句丽山城和以“一宫三陵”为代表的前清史建筑到平顶山殉难同胞遗骨馆、旅顺日俄监狱旧址等众多近现代历史遗址，无不映射着中华民族历史文化的辉煌。到 2002年底，全省已发现各类文物遗迹 1.13 万余处，其中全国重点文物保护单位 35 处，省级文物保护单位 145 处，市级文物保护单位 432 处，县区级文物保护单位 1130 处。沈阳为国家级历史文化名城。

全省已建各级各类博物馆 64 座，其中文物部门管理的 36 座，初步建立起具有辽宁地域特色的博物馆体系。文物系统博物馆、纪念馆共收藏文物 23.2 万余件，其中国家一级文物 1000 余件。省博物馆、旅顺博物馆、沈阳故宫博物院并称辽宁三大历史艺术类博物馆。其中，省博物馆馆藏的书画、辽瓷、缂丝类文物，旅顺博物馆馆藏的外国文物和新疆文物，沈阳故宫博物院馆藏的明清宫廷文物，在国内外享有盛誉。经过几十年的发展，全省纪念馆的基础设施得以逐步改善。沈阳“九·一八”历史博物馆、辽沈战役纪念馆、抗美援朝纪念馆、旅顺日俄监狱旧址博物馆已经步入全国大馆行列。近年来，大连现代博物馆、锦州市博物馆、铁岭市博物馆新馆舍先后建成对外开放，成为当地的文化形象工程。即将对外开放、投资近 3 亿元的省博物馆新馆建设更是得到省委、省政府的高度重视，新馆馆舍面积达到 3 万平方米，是老馆的 5 倍，为新中国成立以来全省最大的文化建设项目。同时，文化系统之外不同门类的博物馆，如辽沈战役纪念馆、大连自然博物馆、抚顺雷锋纪念馆、朝阳辽宁化石博物馆等已成为全国知名的博物馆。大连箸文化博物馆、锦州文雅博物馆等民营博物馆都各具特色。

【申报世界文化遗产工作全面展开】 申报世界遗产工作倍受各级政府的高度重视和社会各界的广泛关注。争取尽快将已具备申报世界文化遗产基本条件的项目申报成功，已成为省政府和有关市政府以及有关职能部门的一项重要而艰巨的任务。2002 年，申报世界文化遗产工作得到省政府领导的表扬，主管省长批示“我省申报世界文化遗产工作近期以来很有成效，省文化厅并有关各市目标明确，思路清晰，工作得力，应予表扬。”

九门口长城。2002 年 11 月 18 日，经国家文物局批准，中国长城——九门口正式挂世界文化遗产标牌。九门口长城成为全省第一处世界文化遗产地，也是东北地区惟一一处世界遗产地。省政府高度重视九门口长城申请挂牌工作，有关领导亲自赴绥中，组织召开省文化厅、葫芦岛市政府、绥中县政府及有关部门参加的九门口长城世界文化遗产挂牌工作现场办公会，逐一解决各项问题。确定了绥中县政府为九门口长城申请挂牌工作的申报主体，落实了申报工作的专项经费。经过一年工作，省文化厅及相关市县政府共同完成了九门口的环境整治工作，葫芦岛市政府颁发了《九门口长城保护管理规定》，绥中县政府委托具有资质的单位编制了《九门口长城文物保护规划》，确保了申报挂牌工作顺利。

五女山山城。2002 年 3 月，根据中共中央和国务院领导同志的批示精神，国家文物局确定辽宁的五女山山城和吉林的丸都山城、国内城、洞沟古墓群以“高句丽王城、王陵及贵族墓葬”项目申报世界文化遗产。有关部门在短时间内高质量地完成了申报文本编制工作。桓仁县政府颁布了《五女山山城保护管理规定》，并委托中国文物研究所编制了《桓仁五女山山城保护与展示规划》。此项目作为2003年中国政府向联合国教科文组织申报世界文化遗产的首选项目于2003年2月底上报世界遗产委员会。

关外三陵和沈阳故宫。沈阳、抚顺两市政府，将“关外三陵”（昭陵、福陵、永陵）作为“明清帝王陵”的扩展项目，沈阳故宫作为“明清故宫”的扩展项目进行申报。申报文本已于2月底上报世界遗产委员会。两市已经分别编制了文物保护专项规划，制定了文物保护法规，环境整治工作已初见成效。

【加强文物保护】

开展第六批省级文物保护单位的评审工作。经组织文物专家进行评审，从上报的107处申报项目中拟定73处，作为第六批省级文物保护单位拟选名单报请省政府审批。

开展省级优秀近现代建筑的评选工作。经组织专家对各市申报的84处进行评定，评选出65处拟公布为省级优秀近现代建筑，并完成了对65处建筑的名称、年代、地址、使用单位等事项的审核。

全面做好文物修缮、经费申请和方案制定工作。向国家申请14项重点文物保护单位的维修经费补助，得到财政部、国家文物局文物保护专项补助经费611万元。上报全国重点文物保护单位维修保护方案和工程预算21项，其中19项通过国家文物局审查。2002年，对沈阳故宫、九门口一片石、张氏帅府大青楼、原东北大学图书馆等6处全国重点文物保护单位和营口西炮台、新宾赫阿拉城、义县八塔子塔、西丰城子山山城等12处省级文物保护单位进行维修保护，其中5项全国重点文物保护单位和8项省级文物保护单位维修工程已经按照制定的修缮方案全面完工。

【严格贯彻执行《文物保护法》】

认真学习《文物保护法》。新修订的《中华人民共和国文物保护法》颁布实施后，全省各有关部门进行了认真学习。11月11日，省人大法制办、省人大教科文卫委员会、省文化厅联合召开了学习贯彻新《文物保护法》座谈会，省人大常务委员会副主任徐廷生到会并作了重要讲话。省政府法制办、省司法厅、省建设厅、省公安厅、省工商局、沈阳海关及省直文博单位的领导20多人参加了座谈会。与会代表座谈了学习新《文物保护法》的体会，提出了许多贯彻《文物保护法》、加强文物保护工作的建议和意见。

重视查处违法事件。省文化厅十分重视对破坏文物保护单位及其环境风貌，以及擅自改变文物保护单位管理体制事件的查处工作。年内，多次派员到阜新、辽阳等地实地调查，重点查处了海棠山摩崖造像、红帽子城遗址遭人为破坏的违反《文物保护法》事件；及时制止了辽阳县宗教人员进驻省级文物保护单位青风寺。

加强对文物管理人员的法律知识培训。7月初，省文物局干部培训中心在新宾县挂牌成立，并举办了首届全省文博干部培训班。各市文管办主任、博物馆馆长共40多人参加了学习班，就《文物保护法》执法内容、文物外事工作程序、博物馆馆长业务管理等方面进行了全面学习和深入探讨。

积极配合公安、海关、工商等有关部门加大打击文物走私等方面的违法犯罪活动。全年进行涉案文物鉴定80次，鉴定物品4669件，其中文物3966件，有效打击了文物犯罪活动。在办理相关案件中，文物部门认真做到严格依照法律规定提供执法文书，快捷、准确地进行文物鉴定，不为金钱的诱惑所动、不为权势所移。年内，与省公安厅联合对阜新、朝阳等市及部分县、区的文博单位和文物保护单位进行了安全检查，并对检查中发现的问题提出了整改意见。

【认真做好文博单位基本情况普查工作】

全省高度重视国家文物局部署的全国文博单位基本情况普查工作，多次对基层工作人员进行培训，并在国家文物局的资助下为各市文物处配备了计算机，经过几个月艰苦努力，11 月，辽宁提前高质量完成了此项工作，在全国第一个上报普查数据。经国家文物局审查认为，上报的数据质量较高。

【积极完成援藏工作】 支援西藏做好那曲地区邦那寺的测绘工作，是国家文物局交办辽宁的重要任务。8 月，由省文物局组织有关专业技术人员，历时 20 多天，克服了常人无法克服的困难，完成了对西藏那曲地区的邦那寺的现场测绘。对测绘资料进行整理后，将测绘报告和维修方案上报了国家文物局。

【博物馆事业长足发展】

*对 9 个博物馆纪念馆进行评估。*省文化厅经过多次讨论修改，制定了《辽宁省纪念馆评估标准》，并组织文物专家对沈阳“九·一八”历史博物馆、张氏帅府博物馆、旅顺日俄监狱旧址陈列馆、鞍山烈士纪念馆、曹雪芹纪念馆、平顶山惨案遗址纪念馆、周恩来少年读书旧址纪念馆、抗美援朝纪念馆、辽沈战役纪念馆等 9 个纪念类博物馆进行了评估，其中 5 个评为一级馆、2 个评为二级馆、1 个评为三级馆、1 个未达标。辽宁省是全国惟一完成历史类和纪念类博物馆评估的省份。这项工作的开展，对全国博物馆评估工作有一定的借鉴和推动作用，有力地促进了博物馆基础设施和业务建设。

*辽宁文博信息网建设工程全面启动。*辽宁是全国文博信息网建设 4 个试点省份之一，财政部、国家文物局在工程建设方面给予了大力支持和帮助。11 月全省馆藏文物数据采集工作已经启动，12 月大面积展开，2003 年 8 月底前将完成全部工作。辽宁文博信息中心的设备采购和建设工作也正在进行之中。

*按照省政府的要求，省文物部门积极参与了“三馆”（雷锋纪念馆、辽沈战役纪念馆、抗美援朝纪念馆）的改造工程建设。*省文物部门聘请了鲁迅美术学院、军事博物馆、上海博物馆、上海龙华纪念馆等单位的顶级专家，对辽沈战役纪念馆、抗美援朝纪念馆的外环境和陈列展览设计进行论证、设计。雷锋纪念馆的整体改造工程已接近完工。辽沈战役纪念馆外环境改造方案、重新布陈方案、环景画改造方案均已完成制定工作，各项整改资金也基本落实。

（辽宁省文物局）

吉 林 省

【概况】 新中国成立以来，吉林省一共进行了 3 次文物普查，现在掌握全省共有各个时期、不同类型的文化遗存 6015 处，其中全国重点文物保护单位 18 处，省级文物保护单位 123 处，市、县级文物保护单位 694 处。文物事业单位 64 个，文物管理单位 43 个，博物馆 19 个及文物店考古所。吉林市和集安市为国家历史文化名城。全省现有博物馆 19 座，馆藏文物 14.5 万多件，其中一级文物264件。省博物馆（面积1.2万平方米、大世界3200平方米）收藏的艺术品、省近代史博物馆（面积1.66万多平方米、考古所3000平方米）收藏的抗日联军文物、延边州博物馆收藏的渤海文物、集安市博物馆收藏的高句丽文物都在全国独具特色。这几个馆也是全省的重点博物馆。在公安部门的支持下，于1998年起在长春、通化、吉林、延边等地建立了7个文物派出所，加强了打击文物犯罪活动的力度。

全省文物工作特点可以概括为：民族性、边疆性、国际性、政治性。全省文物工作的重点是以通化地区为重点的高句丽遗存，以延边地区为重点的渤海遗存，以吉林地区为重点的夫余遗存。受地缘因素的影响，全省境内的古文化遗存自旧石器时代以来即与毗邻的朝鲜、韩国、日本、俄罗斯等国家存在着不同程度的文化联系，这一方面使全省的文物工作历来为东北亚所关注，同时出于不同的原因，各国对东北民族历史归属的问题也存在歧见。“高句丽”文化、“渤海”文化尤为如此。就地域而言，吉林在高句丽、渤海研究中所处的地位是十分重要的。高句丽、渤海研究工作一直是全省文物工作的重中之重。经过全省考古工作者多年的努力，已经初步建立起吉林考古学文化序列，已清理和发掘古遗址、古墓葬、古城址等150余处，尤其是在高句丽、渤海的考古学文化研究上，出版和发表了一批高质量的、在国内外学术界都有着非常广泛的影响的论著和论文。

【申报世界文化遗产工作】 2002年3月2日，国家文物局部署了高句丽遗址申报世界文化遗产的工作。省文物局接到任务后，立即召集省考古研究所、通化市文化局、集安市文化局、集安市博物馆等相关人员组成了申报小组，赶赴集安开展工作。年内完成了申报文本并通过了国家审定。同时，环境整治规划初稿也已完成，并将由集安市政府履行相关程序。

【考古调查和发掘】 主要工作重点是以丸都山城、西古城、渤海“旧国”遗址及二龙湖古城遗址的考古发掘，为高句丽渤海文化研究取得了丰富的实物资料。

【大遗址保护规划】 全年共完成11处全国重点文物保护单位规划构想，得到了国家文物局的批准，包括渤海中京、二龙湖、罗通山城、帽儿山等。这对制定各类遗址的保护规划奠定了基础，推动了大遗址保护管理工作。

【申请补助经费】 完成了2002年吉林国家重点保护单位补助经费申报文本，共28项。有效地争取到国家文物局的资金支持。这对全省今后的文物保护工作将起到积极的作用。

【召开考古学年会】 10月，成功地在四平市召开考古学年会。会上代表们交流了各自工作中的一些经验，探讨了一些有关学术和实际工作中的一些问题，同时也为全省今后的考古工作献计献策。

【完成了革命博物馆的搬迁】 按照省政府的统一安排，省文物局积极筹划，同革命博物馆一起顺利地完成了省革命博物馆的搬迁工作，结束了长达10年的无办公场所和展览地点的生活。

【鉴定和接收移交文物】 配合公安、海关等部门严厉打击文物走私、文物诈骗、非法经销文物等违法行为，鉴定涉案文物及物品754件。接收长春海关、珲春海关依法没收的文物95件,延吉海关存放在延边博物馆尚未正式履行移交手续的文物223件。使依法没收文物、收缴的文物移交工作有了良好开端,遏制了文物犯罪活动,防止了社会流散文物的流失。

【继续加强对文物市场的整顿工作】 对长春和平大世界的吉林古玩城进一步规范管理。与省整顿经济秩序办公室、省工商管理局、省邮政局等部门联合对吉发古玩城非法经营文物活动进行了检查，并对有违法行为的业户进行了行政处罚，加强了文物执法力度,进一步净化了文物市场。

【清理行政审批项目】 为了适应"入世"和高效"一站式"办公的需要,按照省政府的要求，清理了文物工作方面的行政审批项目,修订了相关的文件。文物工作方面的7项行政审批项目进入了省政务大厅。

【进行文物安全检查】 贯彻国家文物局的"文物消防安全工作会议"和《关于进行文物安全大检查的紧急通知》,全省各级文物管理部门对文物的安全工作进行了检查,进一步加强了文物安全、防火措施,保证了文物的安全。

（吉林省文物局）

黑 龙 江 省

【概况】 2002年,黑龙江省文物工作围绕建设边疆文化大省的目标，进一步加强基础工作,在文物保护、博物馆事业等各个方面都取得了可喜的成绩。到2002年底,全省共有各类不可移动的文物遗存4500余处，其中全国重点文物保护单位15处,省级文物保护单位170处，市县级文物保护单位近500处。国家级历史文化名城1座，省级历史文化名城5座；可移动文物和自然标本168692件，其中历史文物77252件。历史文物中，一级品278件，二级品1396件,三级品14844件。全省现有博物馆92座,其中由文化(文物)部门管理的博物馆50座,行业博物馆13座,私立博物馆29座。全省现有各级文物管理机构82个,文博从业人员约700人。

【文物法制建设进一步加强】 起草《黑龙江省文物调查勘探管理规定》的实施细则。在参考了河南、陕西、山西等省的规定后,现已写出第一稿,计28条6600余字,待修订后,经省法制局同意,由省文化厅颁布。根据新修订的《文物保护法》,开始启动《黑龙江省文物管理条例》 的修订工作。向省人大、省政协委员答复加强文物保护工作提案。向国家文物局上报全省文物保护工作"五纳入"及省"十五"规划。改革行政审批项目工作中的文物保护部分的有关项目。

【文物保护工作稳步发展】

坚持文物工作方针，妥善处理文物保护与经济建设的关系，促进文物工作与社会经济协调发展。2002年，全省继续坚持"保护为主,抢救第一,合理利用,加强管理"的文物工作方针,坚持文物保护与经济建设两利方针,从促进社会生产力发展,推动社会主义现代化建设的高度，严格按照《文物保护法》办事,既对各级文保单位进行有效的保护，又积极支持地方的经济建设。依据《文物保护法》等相关法律法规，较为妥善地处理了修建301国道时发现刘秀屯宫殿遗址、东宁县三岔口至勋山要塞公路扩建沿线文物调查、同抚公路抚远段扩建沿线文物调查勘探、双鸭山发电厂水库坝址附近文物勘探发掘、宁安兴隆寺维修扩建工程中的文物调查勘探、宁安渤海镇房产所翻建旧房工程中的文物勘探、哈尔滨市橡胶厂改造厂区工作中“731遗迹”保护、阿城巨源乡城子村金齐国王墓附近发现铁器，以及尼尔基水库考古工地和三峡水库考古工地继续发掘等10项涉及文物保护与经济建设的事件，有效地保护了地下文物。

加大“四有”工作力度，积极开展保护规划工作。第五批全国重点文物保护单位公布后，全省国保总数达到15个。为加强“四有”中的保护组织建设，全省将文物保护监察员数量增加到334个，文保监察员补助费也相应提高。哈尔滨市为该市的18处省、市级文物保护单位全部设置了保护标志和界标。11月，省文化厅与省建设厅等8个厅、局、办联合转发了《国务院关于加强城乡规划监督管理的通知》，这个通知为做好历史文化名城、文物保护单位及重要的地下文物埋藏区的保护规划提供了政策依据。

加大对文物保护单位抢救维修工作力度。完成了2002年度全国重点文物保护单位、省级重点文物保护单位维修方案及专项补助经费的申报、安排，共申请国家补助经费315万元。重点做好对文物保护单位维修保护方案的审批及监督管理。对颐园街1号庭院、宁安兴隆寺、金上京南城垣3处国保、省保单位进行了维修，安排了渤海宫殿建围棚封闭工程。组织省文博专家组对宁安兴隆寺维修扩建中发现渤海和清代遗迹如何保护问题、“七·三一” 四方楼遗址发掘保护问题、瑷珲新城遗址内魁星楼迁移方案、渤海上京龙泉府遗址保护规划、渤海宫城（御花园）封闭方案、集贤县滚兔岭城址保护方案等6个项目进行了论证，这些论证工作为科学决策提供了依据。省文博专家组成员共有51人次先后与会。专家组成员分赴黑河、大庆、肇源、集贤、双鸭山等地调研，指导如何保护现状，协助制定保护方案。

【加强考古工作的管理，考古发掘获新发现】 召开了2001年度田野考古工作汇报会，对2001年的考古工作进行了总结，并结合全省考古工作的实际，研究探讨今后的考古工作任务以及如何依法加强对考古工作的管理。配合经济建设，新发现各时代文物遗址289处，测绘重要遗址30处，勘探9000平方米，考古发掘1.47万平方米，出土文物近千件。其中尼尔基水利枢纽工程进行的文物古迹保护工作，发掘17处古代文化遗址；神泉2号旧石器晚期遗址发掘面积1500平方米，出土石制品300余件；库勒浅青铜—早期铁器时代墓地已全部揭露，出土陶、石、铜、铁、玉质器物300余件。尤为重要的是清代墓地发掘成果巨大，清理墓葬300多座，其中3处为将军墓地，出土大量文物价值与艺术价值极高的金、银、玉、瓷器等，为嫩江流域旧石器至清代各个不同时期的古代文化研究提供了新的实物资料。三峡考古发掘秭归老坟园六朝—唐宋时期墓葬，揭露面积3000平方米，清理墓葬13座，出土了大量瓷器、铁器及“五铢”钱币等。渤海上京龙泉府宫城内第4号殿址北门址出土了一批极富特色的建筑饰件，发现了较为特殊的门址附属建筑。重点发掘了阿城刘秀屯金代皇家祭祀遗址。其面积约6000平方米，规模宏大，令人震撼，虽历近800多年的剥蚀，但仍可透过残垣断壁想见昔日的神秘威严、气宇轩昂。对研究金代政治体制、宗教信仰、风俗习惯以及建筑风格等，提供了翔实的不可多得的第一手资料，是中国传统礼制建筑的罕见的鲜活实例，在中国建筑史上亦应占有十分重要的地位。现出土的文物主要有石螭虎、石龙首、灰陶鸾凤、神鸟、人面瓦当。其中，石螭虎雕刻细腻，造型生动，是中国已知最大的螭虎，堪称国之瑰宝。为保存阿城亚沟刘秀屯宫殿建筑基址，交通部门更改施工方案，增加工程投入，让高速公路改道绕过遗址，这是全省公路建设史上大型工程首次为文物遗址让路。

【正式启动渤海上京龙泉府遗址申报世界文化遗产工作】 在省委、省政府领导的直接关怀下，渤海上京龙泉府遗址的申报世界文化遗产工作经过两年的筹备，2002 年正式启动。按照申报要求，成立省政府渤海上京龙泉府遗址申报世界文化遗产组织领导机构，向省政府上报申报报告，与省政府、宁安市积极协调申报工作。同时向国家文物局汇报申报准备工作进展情况。国家文物局同意渤海上京龙泉府遗址申报《世界遗产名录预备名单》。

【博物馆建设稳步推进】 全省博物馆的基础建设得到全面加强，地方党政领导把博物馆当作展示地方文明、开展宣传教育的窗口，新建和续建了一批标志性文化设施。其中牡丹江、鸡西、齐齐哈尔博物馆的续建工作有了新进展；黑河市委利用《中俄瑷珲条约》签约旧址，新建瑷珲历史陈列馆4160 平方米，通过社会捐款、国家和地方投入，共融资 2470 万元，用两年时间建立了具有特色的现代化博物馆，并将于 2003 年对外展出。全省文化（文物）系统已有对外开放展览的博物馆 50 座。其他行业系统新建了苏宁纪念馆、密山北大荒开发建设纪念馆等行业博物馆，总数已达 13 座。一批私人收藏家和有识之士新建立了 12 座私立博物馆或陈列室，总数已达 29 座。

突出特色办好博物馆。年初召开的全省文化工作会议，省委、省政府领导对建设边疆文化大省提出了新要求。省文化厅将“突出特色办好博物馆”列为“文化厅重要工作项目”重点加以解决。组织省文博专家召开了 4 次规模较大的专题研讨论证会，逐一对省民族博物馆、东北烈士纪念馆、省革命博物馆、革命领袖视察黑龙江纪念馆等博物馆的工作方案进行了一个多月反复研讨论证。厅直属博物馆也在馆内开展了12 次研讨会。在研讨中，各博物馆对办特色博物馆提高了认识，对怎么办好特色博物馆涉及的工作问题产生了共识，提出了可行性工作意见和办法。大家认识到：在“三个代表”的指引下，必须树立与时俱进的思想意识，在我国加入 WTO 与世界接轨的新形势下，探讨研究博物馆的整体布局和文物资源的配置，使之更大地发挥作用。给博物馆办馆方向重新定位，是形势和任务的需要；办特色博物馆，首先要解决没有基本陈列的问题，重点要办好有特色的基本陈列；基本陈列和群众喜闻乐见的临时展览，是博物馆所有业务工作的中心任务，是办好办活博物馆的关键；要按照博物馆的自身规律和特点，积极主动与旅游相结合，要建立互惠互利的合作伙伴关系。通过省文化厅办公会的审议，对省直属博物馆分别确定了整体工作方案，明确提出了各博物馆、纪念馆年内及今后的任务和目标——创办特色博物馆，举办特色展览。

博物馆的陈列展览质量和服务水平显著提高。广泛开展的特色博物馆大规模论证会，为办好特色博物馆提供了基本思路，并奠定了理论基础。省文化厅首先从多年没有基本陈列的革命领袖视察黑龙江纪念馆抓起，以点带面将特色博物馆工作全面推开。为此重点推出了“亲切的关怀，巨大的鼓舞——中国共产党三代中央领导集体视察黑龙江”大型文物图片展，这个图片展受到国家文物局和省委领导的充分肯定和赞扬。为庆祝党的十六大胜利召开，同时为迎接省九次党代会，营造良好的政治氛围，展现中国共产党人全心全意为人民的光辉形象。东北烈士纪念馆相继举办了“馆藏领导和名人题词书画精品展” 和 “党风楷模——周恩来”两个展览。这两个专题展览深受观众欢迎，既反映馆藏特色，又可作为将来基本陈列的一个有机组成部分。省博物馆为吸引青少年，连续举办的水族、蝴蝶、藏传佛教等展览，受到青少年和学生的好评。省民族博物馆修改、充实了“孔子圣迹”展览，增加了可看性与科学性。革命领袖纪念馆巡回展览小分队深入基层，广泛宣传“三代领导集体”视察黑龙江的内容，受到基层群众的欢迎和赞扬。省收藏家协会在省博物馆举办“仿制明、清玉玺”展；在龙塔举办“全国第十三届门券”展览；深入基层为迎接党的十六大举办了 “收藏家精品巡回展”等 8 个展览，取得圆满成功。部分市、县博物馆也结合本地实际举办了一批临时展览，并且将展览送到农村、学校，开展了讲解和专场报告会等活动。全省各级各类博物馆一年来，共举办临时展览 35 个，修改并重新开放基本陈列 85 个，小分队巡回展览和报告会 50 多次，受教育的观众达 90 多万人次。

【精心组织“5.18”宣传纪念活动】 省文化厅以“5.18 国际博物馆日”宣传活动为契机，围绕“博物馆与全球化”主题，在全省开展了大规模的宣传博物馆文化，促进博物馆发展，提高博物馆知名度和社会地位的活动，以形成全社会了解博物馆、热爱博物馆、参观博物馆的氛围。为此，省文化厅印制了 13 个种类共 18 万余份的宣传材料，内容涵盖国际博物馆日介绍、全省博物馆简介、文物保护法规和文物收藏、历史文化名城简介等多项内容，在全省 13 个地市散发。全省 45 座公益性博物馆都按照省文化厅要求，实行对外开放，并减免门票。重点组织哈尔滨市文化局、省直博物馆和市直文博单位、省收藏家协会等 10 家单位，在全国重点文物保护单位——圣·索菲亚教堂前的广场上开展了近年来规模最大的一场集中宣传活动。100 余人的宣传人员，散发宣传材料、提供鉴定、征集文物、解答咨询等服务。各家博物馆举办本馆的展览，使各界群众对“5.18”国际博物馆日宣传活动有了一个比较深刻的认识。各地市县也同期开展了不同形式的宣传活动。同时组织省电视台、各大报纸对此次活动，尤其是哈市宣传站进行了广泛的报道。

【出版工作取得进展】 编辑出版全省文物精品图录《黑土瑰宝》的工作紧锣密鼓，多次召开编委会，明确各委员及文物收藏单位的分工、任务，至 2002 年底已提供条目近 400 条，现已经过专家汇总，并经初步鉴定，基本能按时完成任务。《中国文物地图集·黑龙江分册》编委召开了 2 次专家论证会，研究条目修改事宜，再一次统一条目撰写标准，并按条目类别，由不同的撰稿专家修改。书稿已经过第四次审读，共计 4500 条，70 万字。全省惟一的文博刊物《北方文物》 在处境艰难的情况下，仍然坚持高标准、高质量出版，全年刊发文章 87 篇，约 62 万字。

【加强对社会文物管理工作】

加强对省收藏家协会及社会收藏的管理。通过办理主管单位履行的手续，参与该会重要工作，协助其举办展览，宣传文物政策法规。通过协会了解社会文物流向及有关人员动态，以弥补文物市场非正式放开后管理方面的不足。处理肇源县文体中心发掘文革期间掩埋的毛主席像章和塑像事宜。解答群众文物法规咨询、文物鉴定。

积极鉴定走私及涉案文物。严格按照《文物保护法》，为配合行政执法机关工作，为海关、司法部门多次鉴定涉及非法出境和刑事案件中的文物，有效地保护了祖国文物。

【圆满完成文博单位基本情况普查】 根据国家文物局的统一部署和要求，在全省范围内开展了文物、博物馆单位基本情况普查工作。省文化厅成立以副厅长为首的领导小组，并成立普查工作办公室。各市也成立由相关领导任组长的领导小组和办公室，加强对普查工作的领导、组织和协调。通过全省广大文博干部深入细致的调查摸底，到2002年12月底，全面摸清了全省文物、博物馆领域的基本情况，为今后制定宏观文物政策和发展规划提供了基础依据。

【对外文物交流、展览活动频繁】 省博物馆完成了赴加拿大的“清代皇室珍品展”项目。东北烈士纪念馆赴俄罗斯哈巴罗夫斯克市举办“中苏边境侵华日军军事要塞罪证展”、“侵华日军化学战罪行展”两个展览，吸引了大量观众，实现了社会效益和经济效益的双丰收。俄罗斯哈巴地志博物馆、日本北海道开拓纪念馆相继来我省访问，省文博工作者也积极外出考察，先后赴朝鲜、日本、西班牙、希腊、意大利等国家进行博物馆、考古方面的访问，进一步扩大和加强了与当地文博部门的交流与合作。

（黑龙江文化厅文物处）

上 海 市

【概况】 上海是历史文化特别是近现代文化遗存极为丰富的地区，国务院在1986年确认上海为国家历史文化名城。地面文物主要为近现代建筑，其中包括中共“一大”会址纪念馆等大量革命旧址，有全国重点文物保护单位15处，市级文物保护单位158处，经文物普查登录的文物建筑共计3885处。地下文物主要为史前人类遗存，其中包括6000年前的马家浜文化、5000年前的崧泽文化、3000年前的马桥文化、近年发现的来自黄河流域的广富林遗存等等，有古代文化遗址30处，其中有1处为全国重点文物保护单位，2002年对12处进行了文物考古发掘。流散文物主要在文物保护性征集、文物捐献、文物流通管理、文物出入境管理等工作中加大了保护管理力度，近3年接受海内外捐赠的珍贵文物4235件、保护性收购文物1987件。至2002年底，具有资质的文物经营单位25家，文物交易市场10家，具有文物拍卖资格的艺术品拍卖公司14家，全市直接或者间接从事文物流通的人员约2万人，仅2001年鉴定许可文物拍卖标的近4万件。全市现有一定规模的博物馆64座，展出面积达8万平方米，每年接待观众200万人次，其中既有世界一流、全国领先的上海博物馆，也有独具特色的上海公安博物馆、重要革命圣地中共“一大”会址纪念馆等。

【具有上海特色的文博文化初步形成】 市文管委抓住经济和社会发展的良好机遇努力开拓创新，建设和发展取得了令人瞩目的成绩，形成了具有时代性、特色鲜明的文物博物馆文化，并为本区域的社会和经济进一步发展提供了巨大的精神动力。

全市文博事业的发展，一方面集中力量进行了大规模的建设。采用地方政府出资为主、置换旧房和利用海内外捐助为辅等多种市场经济运作形式，建设了具有世界一流、全国领先的上海博物馆，成为上海标志性的文化建筑；另一方面，建设和改造了一批有影响力的博物馆，如中共“一大”

会址纪念馆、鲁迅纪念馆、市历史博物馆、陈云纪念馆等。这些重点博物馆设施的相继建成，为上海构筑与国际化大都市相适应的文博事业发展的整体格局，为具有上海特色的文物博物馆文化的建设和发展，打下了坚实的基础。

在新的一轮建设基本完成后，全市的文博事业整体上已进入成熟发展时期，独具特色的文物博物馆文化已基本形成。进入21世纪，全市文博事业的发展已从量的扩大转向质的提高方面，将建立具有布局合理、种类齐全、各具特色、丰富多彩的各类专题博物馆、行业（产业）博物馆。特别是在市委、市人大、市政府等领导的关心支持下，正对市历史博物馆的建设方案进行全面、科学的论证，将建设具有鲜明时代特色和上海特点、完善的陈列展示和科学研究以及宣传教育的文化设施。

【文物流通领域规范有序发展】 市文管委认真执行《上海市文物经营管理办法》，培训考核文物经营单位的工作人员728人，换发“文物经营许可证”620余家，重新审核批准11家文物经营市场。配合文物执法部门处理了30家文物经营单位的非法经营行为，审核批准文物拍卖标的9.6万余件。在加强监管的基础上，完善文物流通领域的建设，打击买卖国家珍贵文物、文物走私、盗卖文物等违法行为。文物流通领域已初步形成规范经营的有序局面。

【文物考古发掘工作取得重大成绩】

*志丹苑遗址发掘取得突破。*志丹苑遗址位于普陀区志丹路延长路口，深藏于地下约7米处，是一座规模宏大、做工考究、保存完整的元代大型水闸建筑，已探明面积约1000平方米，平面呈双八字型。目前，已对遗址部分区域进行了考古发掘。志丹苑遗址的发掘，为上海研究吴淞江水利史、古代航运、城镇发展、地质变化等诸多领域产生重大推动作用。

*广富林遗址考古发掘成绩斐然。*广富林是上海地区考古发掘工作的重点项目。近年来，共发掘近1000平方米面积。其重要收获是发现了一类新石器时代晚期文化遗存，距今有4000多年，完全不同于以往分布于上海地区的所有其他文化，表明上海在新石器时代有来自于黄河流域的一支外来文化的存在。为探讨长江流域和黄河流域两大文明发源地的交汇融合提供了十分重要的实物。

*积极配合基本建设，做好抢救性考古发掘工作。*为了配合大规模城镇建设，保护文物遗产，市文管委加大了抢救性考古发掘的力度。完成了松江华阳镇明代墓葬群的发掘；对宝山区苏家宅明代墓进行了科学发掘，取得了13册珍贵明代线装书籍，完好保存的尸体对古代人类学的研究、防腐技术的应用等多学科具有十分重要的意义。

【历史文物建筑保管取得优异成绩】

*以公布第五批全国重点文物保护单位为契机，加强基础工作，推进保护管理水平的全面提高。*国务院公布了包括上海宋庆龄故居、福泉山遗址、张闻天故居在内的第五批全国重点文物保护单位。为了充分宣传文物在社会主义先进文化发展中具有的特殊优势，进一步推动文物保护管理工作，隆重召开了全国重点文物保护单位揭牌仪式，制定了新的全国重点文物保护单位保护管理方案，拆除了违法建筑，重新设计了陈列展览，对福泉山遗址等地区的环境面貌进行了彻底的整治。并以此为契机，组织专业管理人员，对市级和全国重点文物保护单位计120余处的建筑物、构筑物进行

了巡查,对10余处市级文物保护单位的建筑进行了测绘，将已经变化的基本资料逐一登记造册,发现问题及时解决。基础工作得到了加强，保护管理水平得到了显著提高。

*文物建筑保护抢救维修工作取得实质性进展。*一年来,遵循“保护为主、抢救第一”的方针,结合上海在“十五”期间大规模的城市改造建设的特殊环境，加大了文物建筑保护抢救维修力度。完成了中共“一大”会址、松江方塔、虹口区左联旧址等11处文物建筑的维修工程,指导、监督张闻天故居环境整治、马勒住宅维修等15处文物保护单位的维修工程。由于严格按照《文物保护法》的规定实施和监督、验收维修工程,文物维修质量得到了保障,市级和全国重点文物保护单位达到了基本无险情的目标,超额完成了国家文物局规定的任务。

*积极探索城市建设发展中保护文物建筑的有效途径，认真做好文物保护单位的研究、调整工作。*在文物保护管理工作中,十分注意对文物建筑的清查、研究工作。2002年在全市范围内进行了新中国成立以来规模最大、持续时间最长、最为广泛深入的一次文物普查工作。共新发现具有文物价值的建筑物、构筑物3957处,其中有古建筑2445处，近现代代表性建筑725处,近现代重要历史史迹887处。其中不乏“佘山天文台”、“奉贤华亭海塘”、“中华职教旧址”等具有较高历史、艺术和科学价值的文物建筑。同时,对重点文物建筑进行了复查。在专家论证的基础上确定了将“佘山天文台”等13处申报为上海市文物保护单位的名单，并相应做好了申报建筑的保护范围和建设控制地带的规划工作。

【文物公益事业取得了巨大社会效益】 一系列重要国际学术研讨会、珍贵文物精品展览扩大了上海博物馆的国际地位，建立了具有中国特色、融合海派文化的博物馆发展的新路。

一年来,上海博物馆以“中国隋唐至清代玉器学术研讨会”、“山西晋侯墓地出土青铜器国际学术研讨会”、“中国古代白瓷国际学术研讨会”、“国际博协亚太地区第七次大会暨博物馆与无形资产国际学术研讨会”和“千年遗珍国际学术研讨会”等为主线,开展了庆祝建馆50周年,展现学术水平、体现创新精神、造就世纪伟业的系列活动。

“晋唐宋元书画国宝展”盛况空前。作为上海博物馆50周年庆典的重要活动,展览汇集了中国美术史上辉煌时期的72件代表作品,其中唐阎立本的《步辇图》、东晋王羲之的《上虞贴》、北宋张择端的《清明上河图》等极为珍贵的国宝文物均为首次集中展出,盛况空前,举世瞩目。

此外，围绕全国庆祝建党80周年、上海召开APEC会议、国际博物馆纪念日等重要工作,举办了一系列活动,如坚持做好中共“一大”会址纪念馆对全国党员群众的接待开放,征集APEC会议重要实物,等等,取得了巨大的社会效益。

【信息化建设达到全国一流水平】 信息化、网络化建设使得文物保护管理工作得到了质的飞跃。投资约2000万元,创造性开发的博物馆网站、数据库系统结构设计和多媒体信息采集等信息化工程已经完成,藏品综合数据库、多媒体文物展示、多媒体导览等虚拟数字博物馆的建成，使信息化建设达到了全国一流水平。

【文物法制建设进一步加强】 制定并实施了《上海市文物市场管理办法》。为了规范博物馆事业的发展,《上海市博物馆管理办法》的立法工作正抓紧进行。配合《中华人民共和国文物保护法》的实施，《上海市文物保护管理条例》也将列入市人大立法计划。届时，与上海特点相符合的文物保护管理法律框架将建设完成，对未来文物工作产生积极作用。

【需要研究和解决的问题】 随着社会主义市场经济的发展，全市的文物工作出现了许多新情况、新问题，需要认真加以研究和解决。

社会和经济建设与文物保护抢救维修方面的问题。上海在大规模的建设中，一些单位或者部门出于经济利益的原因，有的故意隐瞒古文物建筑的发现情况，偷偷拆除的现象时有发生；有的公开以城市建设为名，擅自违法拆除文物保护单位建筑。由于建设工程面大量多，限于人力物力，这种现象没有得到有效遏止。

文博事业建设发展中的社会效益与经济效益的问题。多来年，一直坚持博物馆必须遵循自身规律，把社会效益放在第一位的原则，博物馆工作整体上发挥了功能，取得了良好的社会效益。但是，有些博物馆由于布局不合理、社会服务功能单一等原因，经济收入很低，甚至难以为继。

博物馆建设与上海现代化国际大都市的定位相比还有很大差距。目前，全市博物馆无论从数量上，还是规模上，都远远小于发达国家和地区的建设水平。行业博物馆的建设还很不平衡，需要加以规范和引导。上海文物工作“十五”发展规划中，制定了在5年内建设100座博物馆的目标，任务依然艰巨繁重。

文博领域深入研究不够。对文物的文化、科学、艺术以及史料价值的研究、发掘还很不够，不能满足人民群众深层次的文化需求。有专长的研究人员还很缺乏，缺少在全国领先的研究成果。

文物法制建设与文物事业加快发展的需求还有较大的距离。在文物建筑保护、流散文物管理、考古发掘、博物馆建设等方面还存在着较大的立法和制定规章进行规范的空间，亟待加以完善。

（上海市文物管理委员会）

江　苏　省

【文物保护与维修】 2002年，江苏省文物保护与维修工作进一步开展。依法协调处理了常州市、徐州市、南京市、泰州市等地在文物保护与城市建设中出现的一些问题，使城市建设与文物保护工作得到协调发展。一大批文物古迹得到了科学维修和有效保护。无锡市薛福成故居、苏州市宝带桥等全国重点文物保护单位以及南京市甘熙故居、扬州市朱自清故居、盐城市顾正红故居、无锡市东林书院第一期修复工程等省级文物保护单位的维修工作顺利完成。徐州市狮子山西汉楚王陵保护工程等56个维修方案已完成论证、审批、报审工作。

【文物基础工作】 (1)根据国家文物局的统一部署，2002年开展了对全省文物单位和博物馆基本情况的普查。全省有文物保护管理机构125个，工作人员2043人；其他文物机构7个，工作人员108人；文物科研机构2个，工作人员133人；博物馆146个，工作人员2299人；文物商店6个，工作人员247人；文物行政主管机关29个，工作人员84人。(2)为进一步加强文物保护单位的保护力度，合理利用好全省地面文物资源，在全省开展了各级各类文物保护单位基本情况调查。2002年底，全省有各级各类文物保护单位2620多处。(3)建立文物保护维修资料库，全面准确及时收录全省各级各类文物保护单位的基本情况和维修情况资料，使全省文物保护与维修工作更加规范化、科学化。(4)2002年10月22日，省政府公布了第五批省级文物保护单位，计163处，另有7处作为原省级文物保护单位的扩展项目。至此，由省政府正式公布的第一至第五批省级文物保护单位编号已达541处。省文物局完成了第四批省级文物保护单位的保护范围和建设控制地带的划定及CAD图初稿制作工作。第五批省级文物保护单位的保护范围和建设控制地带划定工作已全面启动。

【博物馆、纪念馆】 博物馆事业精品化进程又向前迈进：(1)文物精品库房改造工作进展顺利。已落实了镇江博物馆、扬州博物馆、南通博物苑等8个博物馆文物精品库房的改造方案。(2)扬州博物馆新馆、中国雕版印刷馆建设工程举行了奠基仪式；镇江市博物馆新展厅建设、苏州博物馆新馆、南通博物苑新展楼、徐州汉画像石博物馆扩展工程的设计和建设已全面启动。(3)首届江苏文化艺术精品展于4～6月间分别在北京中华世纪坛和南京博物院举办。在国内外引起较大反响。(4)4月，省文物局与西藏自治区文物局在南京博物院联合举办了“雪域瑰宝——西藏文物精品展”。这一展览是江苏省文化援藏项目之一，既加强了内地与西藏自治区之间的文化交流，又为西部地区文化、科技和经济的发展提供了支持。

【《文物保护法》宣传周活动】 10月28日～11月1日，在全省开展了“《文物保护法》宣传周”系列活动。10月29日上午，召开了“《文物保护法》宣传周”新闻发布会，省人大教科文卫委员会主任王建邦、副主任朱楚英、省文物管理委员会全体委员、省文物保护专家组成员等有关方面人员出席，省文化厅厅长季根章、副厅长王慧芬讲话。会上，还举行了《古韵流芳——江苏历史文化名城名镇》和《江苏文化之旅》两部VCD专题片的发行仪式。宣传周期间，在江苏卫视地球村栏目录播了《保护文化遗产，珍惜祖先馈赠》的专题节目。在《扬子晚报》开展了文物保护有奖知识问答，共收到来自北京、上海、云南、河南、福建、江西、安徽等地读者寄来的答卷2071份，其中有30人获得满分。经江苏省公证处公证，抽出一等奖1名，二等奖3名，三等奖10名，纪念奖100名。宣传周期间，全省各地都开展了不同形式的宣传活动。

【全省文物科研项目申报工作正式启动】

2002年，首次开展了全省文物事业人文社会科学和自然科学课题申报工作。经过广泛发动组织，共收到申报材料56份，经过专家研究，通过无记名投票方式，最后确定对21个课题立项，其中属自然科学类的有3项。另外，为配合国家文物局2002年度文物科研项目申报工作，全省向国家文物局申报了36个科研项目，其中属自然科学类的有4项。

【举办首届全省文管办主任培训班】 10月11～14日，在茅山新四军纪念馆举办了全省首届文管办主任培训班，来自全省市县级文物工作第一线的负责同志50多人参加了培训。省文化厅副厅长王慧芬出席培训班开讲典礼，并作重要讲话。东南大学朱光亚教授等为学员授课。培训内容涉及历史文化名城名镇保护、文化遗产及地面文物保护管理、博物馆现代化建设、依法行政等方面。

【调整省文管会组成人员】 根据省文化厅《关于调整省文物管理委员会组成人员的请示》,省政府办公厅于2002年2月25日以明传电报形式发出《省政府办公厅关于调整江苏省文物管理委员会组成人员的通知》。调整后的省文物管理委员会组成人员名单如下:主任委员张桃林(副省长),副主任委员朱步楼(省政府副秘书长)、杨承志(省委宣传部副部长)、季根章(省文化厅厅长、省文物局局长)、王慧芬(省文化厅副厅长),委员丁巧仁(省高级法院副院长)、王稳卿(省发展计划委员会副主任)、张泉(省建设厅副厅长)、周稽裘(省教育厅副厅长)、陶礼仁(省民政厅副厅长)、江建平(省财政厅副厅长)、赵庆侠(省公安厅副厅长)、徐俊仁(省水利厅副厅长)、丁建奇(省交通厅副厅长)、杨昭明(省旅游局副局长)、李全寿(省工商局副局长)、周卫国(省物价局副局长)、王波(省宗教局副局长)、盛占省(南京海关副关长)、许慧玲(南京市副市长)、晁家宽(徐州市副市长)、孙永如(扬州市副市长)、朱永新(苏州市副市长)、解信鹏(镇江市副市长)、何国平(省政府办公厅助理巡视员)、梁白泉(南京博物院研究馆员)、蒋赞初(南京大学教授)、潘谷西(东南大学教授)、龚良(省文化厅文物处处长)。

【省文物保护专家组成立】 为了有效地保护全省文物资源,使全省文物保护管理工作更加科学化、规范化、制度化,省文化厅决定成立了省文物保护专家组。2002年2月5日,发出了《关于聘任江苏省文物保护专家组成员的通知》。根据工作需要,专家组分为4个专业组和1个秘书组,各组专家成员聘期为两年。古建筑组:戚德耀、刘先觉、刘叙杰、朱光亚、叶菊华、方长源、汪永平。博物馆组:徐湖平、钱公麟、顾风、殷志强、徐艺乙、陈丽华、易家胜。考古组:邹厚本、魏正瑾、张敏、肖梦龙、谷建祥、李银德、黄建秋。文物科技组:奚三彩、郑必勇、朱一帆、曹双寅、王勉、王金潮。秘书组:龚良、胡清亮、刘谨胜、姚建平、束有春、章忠民。

【陈庆年故居遭破坏】 1月,镇江市市级文物保护单位陈庆年故居的大部分建筑在未经省文物主管部门同意的情况下,被有关单位擅自拆毁,致使该处文物保护单位的历史价值严重减损。对此,省文化厅致函镇江市政府,要求对此作出调查处理,同时要求镇江市对陈庆年故居所存“藏书楼”妥善加以保护。

【王氏住宅部分建筑被擅自拆除】 11月9日晚,泰州市省级文物保护单位王氏住宅部分建筑被泰州市凤凰房屋开发有限公司人员用推土机推毁。王氏住宅位于泰州市海陵路568号,是距今有400多年历史的泰州明代盐商住宅,原存东堂、西厅两处建筑,具有重要的历史艺术价值和文化价值,1995年,王氏住宅与其他两处住宅以“泰州明代住宅”名称公布为第四批省级文物保护单位。这次被推毁的是王氏住宅的西厅。事发后,省、市文物和公安部门联合到现场进行了调查取证,省文化厅和省公安厅联合行文向省政府作了报告,张桃林副省长作了批示。这是自修订后的《文物保护法》公布施行以后,全省出现的第一例破坏省级文物保护单位案件。泰州市委市政府对此事十分重视,泰州市公安局已经立案。

【阿炳故居遭破坏】 11月18~19日,省级文物保护单位阿炳故居的屋顶和木构架遭到拆除,仅存墙体。肇事单位为无锡市崇安寺地区改造指挥部。肇事单位承认是误拆,立即采取了补救措施,修复了屋面。阿炳故居位于无锡市崇安区图书馆路 30 号。其保护范围包括图书馆路 24～30 号以及 42～50 号。这里原是清代末年的洞虚宫道院内的雷神殿之火神殿,阿炳(1893～1950)生于斯长于斯,在此创作了许多著名的乐曲。原有建筑 20 余间,现仅存 9 间,包括雷神殿 3 间和附房 6 间,均系普通的硬山顶平房,分为前后两排。其中 30 号内的一间约 25 平方米的房屋为阿炳晚年同董彩娣的结合居室,也是他们相继去世的地方,基本保持了当年的原状。此次遭到破坏的正是 30 号房屋。

【《江苏省历史文化名城名镇保护条例》正式施行】 《江苏省历史文化名城名镇保护条例》于 3 月 1 日正式施行。该《条例》于 2001 年 12 月 27 日由江苏省第九届人大常委会第二十七次会议正式通过。

【省首届文化艺术精品展】 4 月 30 日～6 月 17 日,省首届文化艺术精品展分别在北京中华世纪坛、南京博物院成功举办。展览内容主要是江苏民间工艺品和文物精品。参观展览的观众达 70 万人次(北京 40 万,南京 30 万)。在京展销成交额在 400 万元。4 月 30 日上午,在中华世纪坛举行的开幕式上,全国人大常委会副主任成思危,全国政协副主席张思卿、万国权出席了开幕式。开幕式由省委常委、宣传部长王国生主持,省委副书记任彦申致开幕词,副省长张桃林出席。文化部副部长潘震宙代表文化部发表了热情洋溢的贺词。出席开幕式的还有周克玉、周坤仁、孙家正、王晨、李树文、周小川等领导同志,吴祖强、谢铁骊、沈鹏、吴雁泽、刘兰芳等数十位文艺界知名人士,美国、英国、法国、德国、意大利等数十个国家驻华使节以及首都各界人士 3000 多人。开幕式上,举行了江苏工艺服饰表演、南通哨口风筝放飞和千名少年儿童放飞万只彩球等活动。在京展出期间,中共中央政治局常委、国务院副总理李岚清及丁关根、李铁映等党和国家的领导人前往观看展览,对展览给予了高度评价。在宁展出期间,全国人大常委会副委员长彭佩云参观展览并题词"巧夺天工"。原全国人大常委会副委员长费孝通为精品展题词:"人间极品,我为我故乡而骄傲,希望江苏新一代子孙做出更大贡献。"省委书记回良玉、省长季允石、省人大主任陈焕友、省政协主席曹克明及在宁的省委常委、省人大、省政府、省政协的领导同志相继前往参观。这次精品展是树立江苏文化大省形象、推进江苏文化大省建设的重要举措,是文化艺术精品走向大众、服务人民的具体实践,是江苏文化走向全国、走向全世界的实际行动,是打造特色文化品牌、弘扬中华民族优秀文化、发展先进文化的具体实践,是全面展示提升江苏整体形象、透视江苏文化底蕴深厚的经济大省、经济繁荣发达的文化大省的成功之举。

(江苏省文化厅文物处)

浙 江 省

【政府主导型的全社会保护文物的合力已初步形成】 1998年,省政府印发了《关于加强和改善我省文物工作的通知》,要求各级政府全面落实文物工作"五纳入"措施。近年来,省财政累计投入文博经费 3.5 亿元;杭州市政府作出地下文物保护区内的建设项目必须履行文物部门前置审批的规定;宁波市政府调整文化遗产保护委员会,由市长担任主任,有效保障了文物事业的发展;温州市政府从城市维护费中提取 2% 的经费用于文物保护。其他各市均强化了政府保护文物的主导作用。在政府保护为主的同时，全省各地业余文保员、文博志愿者队伍不断扩大，社会力量举办各类专题博物馆热情高涨，社会资金参与文物保护越来越多，仅温州市近4年群众集资保护文物的资金就达2000万元。以省政府支持为主、全社会参与的文物保护新体制已初步形成。

【文物保护与经济、社会协调发展的实践有新的突破】省政府把文物保护纳入全省国民经济和社会发展“九五”和“十五”规划，市、县政府在编修当地经济、社会发展计划和城市总体规划中，把文物保护作为重要内容列入其中。土地整理、西气东输、水利枢纽、高速公路、铁路、高压输电线路等大型基建项目，有关部门能较好地配合做好文物保护工作。绍兴市政府在仓桥直街传统历史街区的整治中，采取由政府出资55%进行基础设施建设，居民出资45%进行房屋修缮的尝试，修缮工作完成后，居民的居住条件得到明显改善，街区的文物古迹和环境风貌得到保护，城市文化内涵得到提升。各有关部门在保护珍贵文物、打击文物非法交易和文物走私活动的同时，满足人们日益增长的收藏鉴赏文物、丰富文化生活的需要，妥善处理文物保护与民间文物收藏的关系。文物保护与经济建设、社会发展从总体上做到互相促进、协调发展。

【文物资源对社会的贡献率进一步提高】

全省文物工作者在“保护为主”的前提下，十分注重文物资源的合理利用。各文博开放单位大力实施精品工程，扩大服务，年举办受社会欢迎的各类“热点”展览600余个，年接待观众逾2500万人次，弘扬了爱国主义主旋律，产生了良好的社会效益。湖州南浔、嘉善西塘、桐乡乌镇等历史文化保护区及六和塔、岳庙、飞来峰造像等文博开放单位已成为旅游中的黄金热点，取得了可观的经济效益。文物资源已成为公众文化生活的重要内容，促进了地方旅游业的发展，成为省区域经济的重要贡献者。

【文物法规建设和依法管理力度加大】

近年来，省政府等部门修订了《浙江省文物保护管理条例》，颁发了《浙江省历史文化名城保护条例》、《浙江省文物市场管理办法》、《杭州良渚遗址保护管理条例》，文物法规体系逐步完善。各级文物行政部门依法整顿文物流通市场，实行文物经营许可制度，并会同公安、海关等部门打击各类盗窃、盗掘、走私文物犯罪活动。据统计，1989～2002年，全省共鉴定涉案文物4.68万余件；1998～2002年，全省各级人民法院正式审判的文物案件共有73起，判刑211人。依法管理的力度不断加大。

【文物基础性工作和科学研究取得重大进展】 全省352处省级以上文保单位中有348处已划定保护范围和建设控制地带；前四批28处全国重点文物保护单位的“四有”档案已有25处通过验收；全省一、二级文物藏品建档工作基本完成；完成了第三次历史文化遗产普查和文物、博物馆基本单位情况普查，摸清了全省历史文化遗产总量、分布情况、保存状况和全省文物、博物馆的基本情况。浙江文物保护科研基地和古代纺织鉴定保护中心建设进度加快；省博物馆的长效防霉防蛀装裱黏合剂获国家’98文物科技进步一等奖；大遗址无损探测、木质和石质文物保护等技术难题获得进展；电脑触摸屏导览、便携式语音导览等现代科技手段在文物展示和参观服务中的应用更为广泛；文博事业信息化建设取得初步进展，许多博物馆开展了藏品资源数字化、文博信息网络化建设；一批反映全省学术研究水平的考古发掘报告、学术专著陆续出版。

【文物保护成绩斐然】 2002 年，全省文物保护工作继续加大力度，在文保单位的“四有”档案、名城保护、文物修缮工程、考古发掘等方面都取得较大进展。

四有档案。召开了全省全国重点文保单位“四有”工作会议，对全省前四批 28 处国保单位的“四有”档案进行了验收，其中 25 处通过验收。并对完成第五批国保单位的“四有”档案工作作出部署，要求国保单位所在地组织力量，落实责任，按时完成。

名城保护。省文物局与省建设厅联合制定了《浙江省历史文化名城保护规划编制要求》，规范全省历史文化名城、历史文化保护区保护规划编制的内容和深度。一年来，已有省级历史文化名城瑞安、金华、温州、天台、兰溪以及省级历史文化保护区建德新叶、台州路桥、江山廿八都、缙云河阳、嘉善西塘、湖州南浔、宁波慈城、浦江郑宅等保护规划已通过论证。

文物修缮工程。坚持全国重点文保单位及省级文保单位维修的项目管理制，重点做好维修方案的审批和维修工程的质量监督和管理。对丽水通济堰、诸暨斯宅、武义俞源等 10 余处国保单位修缮设计方案进行了审核，并提出初审意见。组织对国家级、省级文保单位临海桃渚城、文成刘基庙墓、东阳卢宅、温州龙湾永昌堡、龙游鸡鸣山民居苑等保护规划进行论证、评审。先后审批了宁波演武巷总工会旧址、金华城隍庙等一批省、市（县）级文保单位的维修方案。组织对杭州梵天寺经幢纠偏保护工程及乐清王十朋墓、金华鹿田书院、上虞春晖中学等省保单位维修工程进行验收，并重点对近期已竣工或正在维修的国保单位维修情况进行了自查。

考古发掘。坚持以配合基本建设为主的原则，严格考古发掘报批程序，加强考古工作的规范化管理。坚持田野考古发掘领队负责制，努力提高田野考古工作质量。重点组织了宁波子城遗址二期、海盐仙坛庙遗址、萧山跨湖桥遗址、奉化酒务坊遗址等 10 余项考古发掘。其中，宁波庆元路元代永丰库遗址被评为“2002 年度全国十大考古新发现”；安吉、长兴两县 31 处旧石器时代文化遗物点的发现，填补了全省旧石器时代考古的空白，将古人类在浙江境内活动的历史提前到 10 万年前；萧山跨湖桥遗址第三次发掘发现了我国迄今为止最早的独木舟等遗物遗迹。

【博物馆事业发展迅速】 据 2002 年底不完全统计，全省已有各类博物馆和博物馆性质的纪念馆、陈列馆、艺术馆、科技馆、名人故居、革命旧址、烈士陵园等 300 处，馆藏文物标本近 90 万件。全年举办陈列展览 600 余个，年观众量 1000 万人次，收入总额近 1 亿元，取得了良好的社会效益和经济效益，呈现出一幅繁荣兴旺的景象。

省直博物馆争创全国名牌馆。省博物馆以其丰富的收藏和“园中馆，馆中园”的优美环境享誉全国。中国丝绸博物馆重视科研工作，学术活动走向世界，在国内外产生了良好影响。浙江自然博物馆在杭州西湖文化广场建新馆，目标定位为有世界水准的全国一流的自然类博物馆。省直博物馆的快速跃进，尽显浙江文化大省风采。

地市博物馆争相建成地区中心示范馆。杭州历史博物馆、温州博物馆新馆相继落成，嘉兴博物馆新馆、衢州博物馆新馆动工兴建，湖州博物馆新馆、丽水博物馆新

馆、台州博物馆先后立项。全省地市级博物馆建设呈现出一幅你追我赶、方兴未艾的景象，各市争相投资兴建综合性博物馆，全面展示本地区的悠久历史、丰富物产、秀丽景观、民情风俗、工艺美术等，以提高城市文化品位。

*县市博物馆注重展示地域特色文化。*近年来兴建的县市博物馆十分注重展示地域特色文化，如海宁博物馆的“海宁灯彩”、长兴县博物馆的“帝王故里、源长物兴”、余姚博物馆的“余姚七千年”、浦江博物馆的“浦江草编、竹编、剪纸”、龙泉博物馆的“龙泉青瓷”和“龙泉宝剑”、庆元香菇博物馆的“香菇陈列”等，都将最具地方特色的文化珍品呈献给观众，力争让观众感悟到当地历史的深邃、文化的厚重，从而激励人们超越前人，再创明日辉煌。

*名人纪念馆建设继续走强。*在管好、用好已有名人纪念馆的前提下，近年来又先后推出了杭州马寅初纪念馆、富阳郁达夫故居、余姚王阳明故居、宁海柔石纪念馆、象山殷夫故居、瑞安高则诚纪念馆、平阳苏步青故居、绍兴竺可桢纪念馆、安吉诸乐三艺术馆、海盐张乐平纪念馆、海宁徐志摩故居、金华严济慈故居、义乌吴晗纪念馆、东阳邵飘萍纪念馆、兰溪杨东海纪念馆等。全省名人纪念馆、名人艺术馆总数已达 92 家。

*专题博物馆越办越好。*全省专题博物馆建设起步早，杭州胡庆余堂中药博物馆、杭州都锦生织锦博物馆、杭州张小泉剪刀博物馆、临海国华珠算博物馆等，在全国具有很高的知名度。近年来，各地又相继办起了宁波服装博物馆、温州中国鞋都鞋文化博物馆、嘉兴船文化博物馆、湖州中国湖笔博物馆、安吉中国竹子博物馆、永康中国五金博物馆、青田华侨历史陈列馆等，专题博物馆已达 76 家。

*民营博物馆越办越多。*公民个人举办、村民集资兴办、企业出资建办的民营博物馆总数达 69 家。其中近年来开办的有杭州中美友谊民间纪念馆、余姚中国农机博物馆、宁海江南民间艺术馆、温州金洲动物博物馆、瑞安抗美缓朝纪念馆、桐乡乌镇宏源泰兰印花布作坊、德清陆有仁中草药博物馆、台州椒江吴子熊玻璃刻花艺术馆、衢州天章阁民俗博物馆、青田黄垟革命纪念馆等。

*英模部队历史陈列室成为爱国主义教育基地。*驻浙中国人民解放军、武警部队的军史、团史、连史陈列逐步展馆化，被地方党委、政府公布为爱国主义教育基地。如驻杭解放军“硬骨头六连”陈列馆、武警“钱塘江守桥模范中队”荣誉室、舟山警备区洛阳营营史馆、驻衢 39442 部队国防教育基地、驻台州路桥解放军“海空雄鹰团”陈列馆等，陈列内容丰富，形式设计专业，讲解生动规范，接受团体预约参观，被省市党政机关公布为爱国主义教育基地。

【文博理论研讨会在杭召开】 2002 年 10 月 16～18 日，由省文物局、省考古学会、省博物馆学会共同举办的“邓小平理论与文物工作——浙江省文博理论研讨会”在杭州花家山庄召开。国家文物局局长单霁翔发来贺信，省委常委、宣传部部长陈敏尔到会讲话，国家文物局原局长、中国博物馆学会理事长张文彬，中国考古学会理事长徐苹芳，全国人大常委、省考古学会会长、省博物馆学会会长毛昭晰，中国文物报社社长李文儒，省文化厅副厅长齐有为等领导出席了会议，并参加了研讨会的系列活动。中国文物学会理事长罗哲文发来贺信。省文化厅副厅长、省文物局局长鲍贤伦主持了开幕式。全省各市县文博单位的 100 多位文物工作者参加了研讨会，共提交论文

180余篇。经论文评选委员会评选，桐庐县文管办许重岗的《古村落历史文化保护区思考》等3篇论文被评为一等奖，武义县博物馆薛骁白的《文物建筑：资料认识与保护利用》等6篇论文被评为二等奖，东阳市文管办李祝尧的《光荣的职责，艰巨的任务——东阳古民居文物保护管理探索》等9篇论文被评为三等奖。另评选出优秀论文17篇。论文集在会后正式编印出版。

【完成第三次历史文化遗产普查工作】 2001年5月，全省开展了第三次历史文化遗产普查工作，11个市74个县（市、区）的文博工作者，克服范围广、时间紧、任务重的困难，坚持“加强领导、精心策划、抓住重点、提高绩效”的指导思想，采取一般调查、专题调查、重点调查相结合的方式，经过一年多的努力，如期完成了普查工作。全省共有登记备案的文物点7473处，其中古建筑4644处、古遗址855处、石窟寺及石刻680处、古墓葬486处、近现代重要史迹及代表性建筑450处、其他类265处、历史地段93处。新发现了义乌佛堂镇、仙居高迁、诸暨溪北古建筑群等一大批有较高价值的历史文化遗产。为全面掌握全省历史文化遗产的分布情况和保存状况奠定了良好的基础。以此为基础，开展了第五批省级文物保护单位和第三批历史文化保护区的推荐申报工作。此次普查是全省贯彻“保护为主，抢救第一，合理利用，加强管理”的文物工作方针的具有突出现实意义和深远历史意义的重要举措，体现了自觉的历史意识和创新理念。

【实施文博风险单位安全管理年检制度】 2002年9月23日，省文化厅、省文物局印发了《浙江省文博风险单位安全管理实施细则》。《细则》分总则、安全责任、文博风险等级与安全防护级别、消防设施、安全管理、安全检查、安全隐患整改、安全教育培训和预案演练、奖励与惩罚、附则共10章。《细则》规定，文博风险单位实行岗位日检、部门周检、单位月检、文博行政部门会同当地公安职能部门联合年检制度。

2002年底，全省各文博风险单位开展了安全管理自查自评工作，并填报了“浙江省文博风险单位安全管理年检申报书”，市县文博行政部门会同公安主管部门对所辖风险单位进行了核查与考评，并签署考评意见。省文物和公安主管部门对上报材料进行了审阅梳理，抽查了部分文博风险单位，并根据公安部颁发的2002年公共安全行业标准，确认全省6家一级风险单位全部达标，浙江自然博物馆为2002年省一级文博和风险单位安全管理示范单位；12家二级风险单位达标11家，达标率为90%，杭州历史博物馆为2002年省二级风险单位安全管理示范单位；81家三级风险单位达标61家，达标率为75%，长兴县博物馆为2002年省三级风险单位安全管理示范单位。

【欧盟“亚洲城市项目”落户温州永昌堡】 2002年12月8日，欧盟方面与温州市正式签订了“亚洲城市项目——永昌堡都堂第古迹修复项目”协议书。协议书明确了合作的具体内容、进度安排以及各方应承担的责任：温州市将在2003、2004两年，利用欧盟为该项目提供的资金，对永昌堡都堂第进行保护性修复；意大利方面在都堂第修复过程中，将派古建修复专家协助工作，并邀请温州市工程人员到意大利学习古迹修复技术；西班牙阿利坎特市负责都堂第旅游开发，帮助温州市征求欧洲游客的诉求，确定永昌堡旅游的发展战略和现实定位，并在2004年邀请国际性大酒店、大旅游社、国际知名媒体人士到永昌堡考察，向国际旅游界宣传推介永昌堡，把国外游客吸引到永昌堡；法国碧斯市承担为温州市培训10名具备接待国外游客资质的导游的任务。整个协议将在2004年完成，欧盟方面承诺届时将永昌堡开发成国际性旅游景点。

【中国丝绸博物馆编著出版《纺织品鉴定保护概论》】 2002年9月，由中国丝绸博物馆及其所属中国古代纺织品鉴定保护中心编著的《纺织品鉴定保护概论》由文物出版社正式出版。此书由中国丝绸博物馆副馆长赵丰主编，是我国第一部关于纺织品文物鉴定与保护的教材，被国家文物局指定为全国首届纺织品鉴定保护培训班教材。该书简述了中国古代纺织品考古发现与保护的历史和现状，并全面总结了国内外有关纺织品的鉴定保护方法。全书共分为3个部分：鉴定部分包括纺织纤维鉴别、织物结构分析、刺绣技术分析及染料测定；保护部分包括清洗与消毒、加固与修复、纺织品贮藏与展示；案例部分包括国内外纺织品专家进行的鉴定、保护、测试、清洗、修复、复制等15个实例。此书是一部科学严谨、例证典型、具有较高学术价值及实用价值的文物保护科技论著。它的出版将进一步提高纺织品科学保护技术水平，并深化我国纺织品保护技术的研究。

（浙江省文物局）

安　徽　省

【概况】 安徽省位于华东腹地，襟江带淮，古为《禹贡》扬州之域，到清康熙六年（1667年）设置安徽布政使司，基本形成今日全省区域版图，占地面积13.96万平方公里。安徽文物遗存众多。早在三四十万年前，便已有古人类活动。到公元前21世纪夏禹会诸侯于涂山（今安徽怀远县），标志着文明时代的到来。数千年来，安徽因地处交通要道，一直为南北文化的传播交汇区，留下了十分丰富的文物古迹。据文物普查获得的数据统计，全省已发现各类不可移动文物1.76万处，馆藏文物30多万件。其中有被列为世界自然遗产的黄山和文化遗产的皖南古民居西递、宏村2处，全国重点文物保护单位36处，全国历史文化名城3座，省级重点文物保护单位331处，省级历史文化名城11座，省级历史文化保护区11处，县级以上重点文物保护单位1400多处。文物的数量之多，价值之大，类型之丰富，位居全国文物大省之列。安徽文物资源具有4个方面的特点：一是历史悠久，延绵不绝，从时代上看，没有缺环。二是种类齐全，内涵丰富，琳琅满目，洋洋大观。三是品位高，价值大，馆藏文物仅青铜器、陶瓷、玉石、杂项4类就有国宝级文物11件（套），一级文物860多件。地面文物有“天下第一塘”的安丰塘，明清皇陵石刻之最的凤阳明皇陵石刻，北京城之蓝本凤阳明中都城等。四是独具风格，自成体系，馆藏文物中有江淮方国铜器和楚、蔡铜器，安徽地方名窑瓷器，徽州契约、版画，皖南文房四宝，风格独特，别具一格。皖南徽派古民居更是一枝独秀，被誉为“东方建筑艺术的瑰宝”。

【50年考古科研成果】 新中国成立以来，安徽的文博工作者积极配合各地经济建设开展文物抢救工作，累计发掘古墓葬3000座、古遗址2万多平方米，文物考古新发现层出不穷，取得了一系列重要科研成果，填补了安徽史志的许多空白。

史前时期。20世纪80年代初，先后在和县龙潭洞、巢湖银山发现一批古人类化石，距今分别为40万年、20万年，被学术界命名为“和县猿人”和“巢县智人”。在新

石器时代研究方面，沿淮流域相继发现一批距今7000～6000年前的原始文化遗存，具有淮河流域早期原始文化的特点，在蚌埠双墩遗址，许多陶器的底部刻划有鱼、鹿、猪、鸟、蚕等图案和数字符号，是研究早期汉字起源的重要实物。1979～1982年潜山薛家岗遗址的发现和发掘，是省内新石器时代考古的重大收获，出土石器、陶器和玉器2000多件，其中一批矩形石刀体大扁薄，有1、3、5、7、9、11、13孔不等，具有显著的地方特征，被命名为薛家岗文化。1987年以来在含山凌家滩遗址多次进行考古发掘，出土大批珍贵文物，其中的玉石器极为精美，尤其是玉人、玉龙、玉龟、三角形玉板和八角星图案玉板，造型别致，寓意神秘，具有原始宗教祭器性质。这批文物对研究当时的氏族社会制度和埋藏习俗有着重要意义。1989～1995年，蒙城尉迟寺遗址经过9次发掘，发现大量的灰坑、墓葬以及大型排房建筑基址、人工濠沟等，出土各类文物近万件。该遗址是大汶口文化中保存最完整的一处氏族聚落遗址，对研究原始社会氏族聚落形态具有重要的价值，被评为1994年全国十大考古发现之一。

夏商周时期。相继发现了含山大城墩遗址和商代的许多青铜器。西周晚期至春秋时期的铜器，在各地均有出土，其中西周龙纹盘、龙耳尊、羊首尊、春秋兽首鼎、弦鼎、蝉纹鼎等都具有浓郁的土著文化特征。1955年寿县蔡侯墓的发掘，是新中国建立初期的重大考古发现。该墓出土各类器物577件，其中铜器有486件，器类繁多，铸造精良。1983年以来，在南陵、铜陵等地发现大批西周至唐宋时期的铜矿遗址，有采矿井巷、炼铜炉等遗迹，以及大量的生活用具、采矿工具、铜锭等。为解决先秦时期青铜原料来源及有关冶金史等问题提供了重要的实物资料。

战国、秦汉时期。重要发现有寿春城考古及一批重要墓葬的发掘。其中淮南蔡侯墓的吴越蔡王侯铸铭兵器，长丰杨公楚墓的玉器，以及寿县东津乡出土的完整楚金币等，价值颇高，十分珍贵。阜阳西汉汝阴侯墓出土的竹木简和天文仪器比较突出。竹木简记载了《苍颉篇》、《诗经》、《刑经》等11种古籍，有的属于失传古籍，史料价值很高。天文仪器有六壬式盘、太乙九宫盘和天文图仪，有的是文献中失传的汉初测天仪器，对研究天文学史有着重要价值。天长三角圩、巢湖放王岗西汉墓的发掘，是汉代考古的重要收获，分别被评为1992年度全国十大考古新发现和1996年度全国十大考古新发现提名奖。

魏晋南北朝时期。重要发现有马鞍山东吴右军师左大司马朱然墓。该墓出土有青瓷器、陶器、漆木器等。漆器最为突出，如犀皮黄口羽觞、漆凭几、宫闱宴乐图漆案、季扎挂剑图漆盘、童子对棍图圆盘等，令人耳目一新，展现了三国时期精湛的绘画技艺和漆器制作水平，在美术史上占有重要的地位。

隋唐以后。各地发现了一大批瓷窑址、墓葬和窖藏。淮南市隋唐寿州窑、萧县白土寨宋代窑址等，规模巨大，遗物丰富，为研究唐宋时期陶瓷手工业生产的布局、工艺水平提供了重要的实物资料。合肥北宋包拯家族墓，出土几方墓志价值颇高，其中包拯墓志铭3200字，比《宋史·包拯传》字数还多，弥足珍贵。合肥北宋马绍庭墓出土有歙砚、端砚毛笔和墨锭等，其中墨上有“歙州黄山”、“九华朱觐墨”等款铭，均为“国宝”。

【文博管理机构逐步健全】 1954年，省文物管理委员会成立，负责全省的文物保护管理、协调事宜。1956年省博物馆成立，负责全省文物的收藏、宣传和研究。1958年省文化局文物工作队成立，负责全省文物的保护、考古发掘和研究。1958～1960年，毛泽东、周恩来、朱德、刘少奇、陈云、邓小平、陈毅、叶剑英等党和国家领导人，先后视察了省博物馆。毛泽东主席作了重要指示："一个省的主要城市都应该有这样的博物馆，人民认识自己的历史和创造的力量是一件很要紧的事。"随即，文化部文物局在合肥专门召开现场会，认真贯彻这一指示精神。截止到2000年底，全省顺利建成文物保护管理网络。形成省有文物局，市有文物局或文物管理处（所），县有文物管理所或博物馆的三级管理网络。组织机构的健全，为切实履行法律赋予的文物保护与行政执法的职责和任务，打下了一个良好的基础。

【文物维修保护工作成果累累】 新国保单位公布后，省文物局根据国家的要求，督促各单位认真做好国保单位的保护管理特别是"四有"工作，认真制定保护规划和维修设计方案上报审批。

狠抓维修项目的规划和管理，认真把好"三关"。"三关"是维修前的设计方案审批关、维修中的检查督促关和竣工后的验收关。要求各单位严格按照"修旧如旧、不改变文物原状"的文物维修原则精心组织施工，确保工程质量。

2002年，审核批准了池州清溪塔、安庆世太史第、六安苏家埠战役前线指挥部旧址、无为米公祠、庐江周瑜墓、潜山杨家祠堂、泾县翟氏宗祠、宁国仙人塔、宿州林探花府等文物保护单位的维修设计方案和保护规划。同时，对查济古建筑群、西递古建筑群、宏村古建筑群、棠樾牌坊群、亳州古地道、新四军军部政治部和战地服务团旧址等国保单位的维修方案进行审核并上报审批，争取国家文物保护专项补助经费；先后组织对李鸿章享堂、绩溪文庙、潜口民宅清代民居建筑群、肥东镇湖塔、渡江战役总前委旧址、安庆世太史第、霍山文峰塔、庐江周瑜墓、明光火神庙及古戏台等文物维修工程进行检查。已完工或分期工程完工的维修工程有：渡江战役总前委旧址、六安苏家埠战役前线指挥部旧址、绩溪文庙、旌德浦公祠、李鸿章享堂、梅文鼎墓、翟氏宗祠、安庆世太史第、堂樾牌坊群、西递古建筑群"居安堂"、庐江周瑜墓、无为米公祠、望江寺塔、池州清溪塔、霍山文峰塔、泾县大观塔、肥东镇湖塔、宁国仙人塔、滁州清流关、宿州林探花府、明皇陵石像生纠偏加固工程等20余处重点文物保护单位，圆满完成政府年度文物任期目标。

*加强对文物保护单位的管理，"四有"工作又有新进展。*第四批国保单位的"四有"工作基本完成，第五批国保单位"四有"工作正在进行，目前绝大部分的国保单位均已建立了保护标志碑和说明牌，有的还竖立了界桩。界首新阳城遗址、长丰武王敦等一些省保单位也根据要求建立或重新制定保护标志碑。保护机构方面有新的突破，寿县政府已将新国保单位寿县古城墙的管理工作划归寿县文广局管理，成立"寿县古城墙管理处"，负责古城墙的管理、保护、利用。对涉及文物保护单位的建设项目，严格依法办事，认真处理。对宣城市要求在国保单位广教寺双塔范围内恢复寺庙一事，省文物局坚决制止，并向省政府写出专题报告；对茂源矿业公司要求在省保单位李白墓的建设控制地带内开采矿石、泾县要求在国保单位新四军军部旧址建设控制地带内修建停车场、金寨县要求在省保单位红32师成立旧址建设控制地带内改建宿舍楼、亳州开元房地产公司要求在国保单位曹氏家族墓群的建设控制地带内兴

建门面商铺、宣城市要求在景德寺塔保护范围和建设控制地带内兴建广场，以对及淮南日寇侵华罪行遗址站后碉堡保护、寿县报恩寺文物建筑的保护等问题，文物部门都坚持了依法处理。

配合国家有关部门，开展国保单位管理经营权出让转让情况和文物保护工作“五纳入”情况的调研工作。国保单位管理经营权出让、转让是近年才出现的新问题，它直接关系到文物的有效保护和可持续发展。2002 年，配合国家计委、国家文物局等有关部门对黄山市的文物保护单位管理经营权出让、转让情况进行了检查和调研，写出了汇报材料。另外，还及时转发了文化部、国家文物局《关于禁止擅自改变文物保护单位管理体制的通知》，要求各级政府认真执行，不得擅自改变国保单位的性质，支持和帮助歙县棠樾牌坊群、潜山天柱山山谷流泉摩崖石刻、庐江周瑜墓等文物保护单位理顺管理体制。文物工作“五纳入”是国家建立文物保护新体制的重要举措，为了促进“五纳入”工作在全省各地的进一步贯彻落实，根据文化部等五部委办局的布署，省文物局下发通知要求各地对“五纳入”落实情况进行认真自查，并配合国家有关部门赴有关重点地市进行检查，写出书面汇报材料。

【配合基建文保成绩突出】 2002 年，配合基建的文物保护工作开展有声有色，考古发掘的项目和出土文物是历年来最多的一年，取得了显著成效。配合合黄高速公路铜陵至庐江段建设，清理发掘了枞阳横埠商周遗址、庐江菊花墩遗址、梅花墩古墓群等；配合马鞍山至芜湖高速公路建设，清理发掘了当涂县境内 200 多座古墓葬；配合马鞍山市区至开发区道路建设，抢救发掘五担岗商周遗址；配合合徐高速公路北段建设，对濉溪县取土场的古墓葬进行了抢救性发掘；配合广德至祠山岗高速公路和建设，对广德县境内的古墓葬进行了抢救性发掘；配合西气东输工程建设，对安徽境内沿线的滁州何郢商周遗址以及定远、凤阳、怀远、利辛、太和、蒙城境内的古遗址、古墓葬进行了考古勘探和发掘；配合大房郢水库建设，抢救发掘了合肥市庐阳区烟大古堆遗址。同时还对铜陵至黄山汤口高速公路、蚌宁（南京）高速公路、亳阜高速公路沿线进行了调查，写出了调查报告。据统计，全年配合基本建设的抢救性考古发掘有 24 项，共抢救发掘古遗址 10 多处、古墓葬 600 多座，出土大量新石器时代至唐宋时期的文物。在主动发掘方面，省考古所上半年对寿春城遗址进行发掘和钻探，特别是对城墙的分布情况进行了详细钻探，取得了一定的收获；9～11 月，省考古所与中国科技大学对繁昌窑遗址进行了科学发掘，发现保存较完整的北宋龙窑窑址 1 座、作坊遗址 1 处，出土大批瓷器标本和窑具，取得了重大的收获；配合中科院古脊椎所对芜湖县陶家山金盆洞旧石器遗址进行了发掘，出土石制品 15 件、动物化石 3000 多件，取得了重大收获。此外，对黄山市鸡母山恐龙化石群遗址的发掘也获得重大收获。同时，为做好对古遗址的保护管理和发掘工作，到繁昌人字洞、芜湖陶家山等古生物化石产地以及繁昌窑遗址、蒙城尉迟寺遗址发掘工地、马芜高速公路、西气东输工程的考古工地进行调研检查指导。

【考古资料编纂出版有新进展】 在加强对考古发掘的管理和支持的同时，狠抓考古发掘资料的整理出版工作。省考古所对考古资料占压情况进行年度分解，提出年度完成计划，并上报国家文物局。2002 年 5 月，《淮北柳孜运河码头遗址》一书已出版，这是近20年来全省第一部考古发掘报告专集。《六安堰墩遗址发掘报告》已完成。薛家岗遗址、凌家滩遗址、朱然墓考古发掘报告正在编撰之中。

【大遗址保护规划制定工作全面展开】

2002年，省文物局帮助、指导地方政府和文物部门制定了《凌家滩遗址保护规划工作内容和工作计划》、《繁昌柯家村窑址保护规划工作内容和工作计划》、《蒙城尉迟寺遗址保护规划工作内容和工作计划》、《潜山薛家岗遗址保护规划工作内容和工作计划》，并上报国家文物局，争取国家批准立项。

2002年，大遗址保护工作取得新进展。3月份省文物局主持评审了"蒙城尉迟寺史前遗址保护与展示规划"会，对由中国建筑学会建筑史学分会制订的规划文本进行了评审，并已将该规划上报审批。2001年上报的含山凌家滩遗址、柳孜运河遗址、繁昌窑遗址、薛家岗遗址的保护规划获得审批立项。2002年11月份，中国文物研究所就凌家滩遗址、薛家岗遗址制订保护规划的有关事宜与当地文化文物部门进行了商谈并进行了实地勘察。

【博物馆基本建设有新的进展】

库房建设。为了加强文物库房建设，2001年初会同省计委向国家计委、国家文物局申报亳州、和县、安庆、怀宁、蒙城、泾县、巢湖、怀远博物馆文物库房建设项目，争取国家给予经费补助。同时督促原已立项的桐城、潜山文物库房的建设。桐城文物库房已于2001年10月竣工，潜山县博物馆库房于2002年8月竣工。

博物馆建设。寿县楚文化博物馆于2001年6月8日开工奠基，工程进展顺利，计划300天竣工。安庆市政府规划"十五"期间建设安庆博物馆暨戏剧博物馆，省文物局参加项目评审并就选址问题提出建议。该博物馆将建在风景秀丽的菱湖旅游区，占地面积2万平方米，建筑面积8000平方米，计划总投资5000万元。2001年新增黄山市屯溪区、休宁县2座博物馆。省博物馆新馆建设是安徽省"十五"规划重点建设项目，经过文化厅、文物局、博物馆等方面一年多的积极争取，新馆选址问题经与有关部门研讨，达成共识，省领导已初步同意，保留现有博物馆，择地另建新馆。

馆藏文物鉴定工作正式启动。2001年，省文物局对各市县博物馆、文管所的藏品鉴定情况进行了调研，10月份委托国家文物出境鉴定安徽站对黄山市、歙县博物馆的藏品进行了鉴定。首批鉴定了陶瓷、字画、砚台等藏品1572件（套）。在鉴定的基础上，对藏品的建档工作提出了具体要求。

【"新四军在皖南"获精品陈列奖】 2001年，申报了新四军军部旧址纪念馆辅助陈列"新四军在皖南"，整个申报工作由省文物局参与指导，角逐十大精品陈列。经多方宣传，积极争取，最终获得2000年度全国十大精品陈列奖。这是全省博物馆陈列展览在全国首次获此大奖，标志着全省陈列展览工作迈上了新台阶。"新四军在皖南"被评为2000年度全国十大精品陈列后，吸引了全国各地各行业的广大观众，全年共接待观众近10万人次，取得了社会效益和经济效益双丰收。扩大了新四军军部旧址纪念馆在全国的知名度，充分发挥了爱国主义教育基地作用。

【博物馆展览丰富多彩】 2001年，以省博物馆为龙头，各地博物馆、纪念馆根据自己的馆藏特色，配合当地中心工作，共举办陈列展览40余个，接待观众50万人次。仅省博物馆一年内就举办了各类展览20多个。省博物馆配合省委宣传部、省保密局等部门举办的“反对邪教 崇尚文明”、“警钟长鸣——保密泄密展”等,都取得了较好的社会效益。为了加强对国内国外以及省、馆际之间的文化交流,省博物馆积极探索新途径,全年引进“古巴艺术”、“日本张贴画”、“走进非洲大型图片展”、“以色列古迹图片”、“长沙马王堆出土文物”、“世界政要赠送党和国家领导人礼品”等展览,丰富了群众的精神文化生活,受到广大观众的赞誉。省博物馆藏潘玉良作品先后到四川、湖南、贵州、深圳等地展览。

【“安徽古生物”陈列成为科普基地】 省博物馆基本陈列“安徽古生物”于2001年9月26日对广大观众开放。该陈列主要由中生代恐龙和新生代哺乳动物、古人类两部分组成。为了增强陈列的科普性和趣味性,尤其是满足广大青少年的要求,打破旧的陈列模式,增加了活体恐龙展厅,模拟复原了中生代侏罗纪恐龙及生态景观。运用现代化声、光、电高科技手段,使观众有身临其境之感,引人入胜。整个陈列突出了科学性、知识性和趣味性,成为全省又一科普基地。陈列开馆3个多月,接待观众近万人次。

【积极开展文化交流】 2001年6月,第二届全国博物馆陈列展览项目洽谈会在杭举办,省里经过认真遴选,省博物馆“明清祖容像”、亳州博物馆“曹操家族墓出土文物精品展”、巢湖市放王岗汉墓博物馆“放王岗汉墓出土文物精品展”等项目参加了洽谈会。为了发展国际间的文化交流,省文物局积极协调组合全省博物馆、文管所藏品优势,制作了《三国文物精品展》、《隋唐运河流域文物展》、《玉器精品》等图册,利用一切机会积极推荐全省的文物展览。2001年,全省文博系统爱国主义教育基地有了新的发展。1995年经省委、省政府授予爱国主义教育基地称号12个,2002年增加到24个。

【高度重视讲解培训工作】 讲解工作是博物馆的一项基础工作,是博物馆宣传教育的重要手段。2001年在纪念建党80周年之际,中国博物馆学会在革命圣地延安举行全国“延安杯”讲解大赛。为了积极参赛,省文物局通过选拔赛,选出6名选手,由省博物馆群教部负责进行培训,并聘请了全国著名讲解专家对选手进行强化培训,最后确定4名选手代表安徽赴延安参加大赛。经过激烈角逐,省代表队获团体二等奖,4人分别获得个人二等奖、三等奖、优秀奖,省文物局获组织奖。

【对全省馆藏文物进行调研】 2002年初,省文物局发文各市文化局、省直文博单位,要求对所属文物收藏单位的库房清理、藏品档案等工作认真检查并将检查情况书面上报省文物局。六安、巢湖、安庆、马鞍山等市已将库房清理情况书面报告省文物局。根据部分市县库房情况,省文物局组织有关专家对部分单位的库房清理及建档工作进行了检查,并委托国家文物出境鉴定安徽站对六安市文物管理所、皖西博物馆、霍山县博物馆、舒城县文物管理所的藏品进行了定级鉴定。在鉴定的同时,就文物的定名、档案的建立等诸多问题做了现场指导。

【加大对内对外的宣传力度】 2002年,以省博物馆为龙头,全省博物馆、纪念馆、陈列馆共举办陈列展览近百个,接待各界群众60余万人次。全年省博群教部送展到社会10余次,将2001年参加全国讲解比赛获奖的讲解内容分别送到解放军电子工程学院、安徽医科大学、中国人民银行、司法厅、省电信局等单位；为配合学生素质教育，还制作了“中华传统美德展”，面向中小学生，宣传2002年11月29日在合肥市第46中学做了首场展览和演讲，58块展板从“谦虚礼貌”、“爱国爱民”等10个主题表现了中华民族传统美德的精髓，深受师生们的欢迎。桐城市博物馆国庆期间向社会隆重推出“桐城派文物展”、“馆藏文物精品展”。

【加强文物法制建设】 全省文物部门在高度关注文物法制建设的同时，积极争取国家与省法制部门和上级领导机关的支持，在文物立法与执法两个方面做了一些具体的工作。

(1) 继续配合省政府法制办公室，先后两次对《安徽省建设工程中文物保护办法》做了大幅度修改，并陪同省法制部门的同志去江苏南京、江阴，浙江，上海等地进行立法调研、取经，回来后参加了由省法制办主持的立法协调会，起草了有关文物立法的背景说明材料，再次听取了省政府各有关部门的意见，最终形成了《办法》的论证稿和送审稿(草案)。

(2) 配合国家对《文物保护法》的修改，积极接受全国人大教科文卫委员会委托的任务。采取发文件、提要求、召开座谈会等一系列形式，根据国家法律、法规，并结合全省文物工作的实际情况，向省人大呈送了长达8000字的《文物保护法》(修订草案)修改意见的报告，得到了省人大教科文卫委员会的肯定。2001年11月18～22日在江苏南京举行的文物法修改座谈会上，省文物局向大会报告了修改意见与建议，得到了大会主持人的高度肯定和赞扬。会后，全国人大和国家文物局还专门来到安徽省进行了文物法修改的实地调研，省文物局作了全省文物立法方面的工作与建议的专题汇报。还应中国文物报社的要求，对省10年来的文物案件进行了系统调查，汇总了100余件案例资料。为了加强文物普法工作，选编了一份6万余字的文物法规的立法依据手册和宣传手册。

(3) 对各地发生的文物破坏案件和文物管理遇到的新情况、新问题，区别不同性质，采取了查清事实、严格管理、有力打击的做法，有效保护了文物的安全。如对绩溪县发生的走私古民居文物构件和凤阳县出土文物的移交案件，省文物局要求依法打击；对巢湖市发生的破坏王乔洞石刻的案件和黄山市古玩城经营文物问题，省文物局也及时要求地方文物主管部门查清事实，依法处理。省文物局还根据国家治理文物市场的指示要求，接受并协助《江淮晨报》等新闻媒体的采访，对全省文物市场存在的一系列不规范问题做了连续报道，以引起工商、公安部门对这一问题的关注。

(4) 加强了执法培训工作。2002年1～2月份，省文物局与省法制办联合举办了全省文物行政执法培训班，在全省培训了近300名文物行政执法人员，圆满地完成任务。

【积极开展文物宣传】 文物行业由于具有专业性强和政策性强的特点，内涵深，外延窄，所以一般不为社会各界或领导所了解。但文物行业要发展，首先就要引起领导和社会的重视，因此文物宣传的作用也就显得十分重要。安徽省文博系统近年在文物宣传方面主要抓了以下几件事：

(1) 继续主持评选了2000年和2001年度安徽十大文物新闻，向社会公布全省两年来文物工作的各项新成果、新进展。又在《安徽日报·周末特刊》开辟专栏，在头版头条连续发表了《安徽文物保护五十年》、《安徽考古成就辉煌》、《城市文明的标志——安徽博物馆的发展》、《文物鉴定向我们走来》等综合性文章，引起了社会各界对文物事业的关注，反响强烈。

(2) 积极组织评选、推荐先进人物，合肥市文物处彭国维、亳州市文管所任晓明二同志荣获国家文物局颁发的2000～2001年度郑振铎—王冶秋文物保护奖。

(3) 推出文物宣传新形式。省文物局成功协助省博物馆举办了“石谷风从事文博、艺术工作60年”座谈会与文物展览。这是全省文物部门首次为一个老专家举办的专门成果回顾座谈会。省政协张润霞、季家宏两位副主席，省政府王坦副秘书长等亲临会议，省委宣传部陈发仁副部长和省政府办公厅专门发了贺信，全省文博系统80余位代表参加了座谈会，许多领导、专家学者纷纷发言，肯定了这种宣传形式，会议取得了轰动效果，在全国文博界树起一面先进的旗帜。省电视台、合肥有线台和《中国文物报》、《安徽日报》、《合肥晚报》、《江淮晨报》、《江淮时报》多家新闻媒体发表多篇报道、文章，有力地宣传了全省文物工作。

(4) 全省掀起了新《文物保护法》的宣传贯彻热潮。组织召开了高层次的座谈会，并制定了宣传策划方案，开展了一系列的宣传活动，给省人大机关作文物法辅导报告。加强了省内与有关新闻媒体联系，总计组织发表近400篇有关安徽文物方面的宣传文章；配合《中国文物报》的自办发行，扩大征订和宣传工作。组织、联系、推进了有关图书出版工作，与台湾有关方面合作出版《安徽历代玉器》，与省财政厅等单位出版《安徽历代摩岩石刻》等，目前工作进展顺利；联系、策划泾县出版《泾县古民居图录》，目前该书已出版。

(5) 积极组织开展“5.18”纪念活动。2002年“5.18”国际博物馆日的主题是“博物馆与全球化”，围绕这一主题，全省开展了内容丰富的宣传活动。芜湖市文物办、马鞍山博物馆、潜口民宅博物馆等单位在报纸上开辟专版介绍自己的文物，宣传文物法律法规。淮南市博物馆在文化局的支持下，举办了为期一周的宣传活动。省直文博单位联合举行鉴定咨询等活动，全省博物馆、纪念馆、文物开放景点全日免费接待观众。省博物馆被国家文物局、人事部授予“全国文物系统先进集体”光荣称号。

(6) 狠抓了文物宣传队伍建设，在全省建立了文物宣传领导组和文物报特约通讯员与通讯员组织网络。除此之外，还应国家文物局的要求，向他们推荐了安徽新闻界记者撰写的有关文物保护、文物宣传方面的文章，参加中国首届“文物好新闻”政府奖的评选。配合国务院公布第五批全国重点文物保护单位名单，加大文物保护宣传的力度。首先在《中国文物报》上刊发了由省文化厅厅长、党组书记赵世对的署名文章，介绍安徽的文物情况，然后又专门订购了2000份《中国文物报》，免费发给全省各地市文化部门与省直各有关单位，扩大全省文物部门的影响。之后，还在《安徽日报》上发表署名文章，专门采访省文化厅副厅长兼文物局局长李修松，就申报“国保”取得显著成绩制作了访谈录。同时，还配合省电视台专题部，专门制作了山谷流泉、繁昌窑、潜口、罗东舒祠等5个文物专题片，向全省播出，引起了社会各界的广泛关注。

(7) 在对外交流和对外宣传方面。一是先后两次接待国家文物局外事处领导，有力地促进了国家局对安徽外事工作的支持。二是接待美国友人安思远先生，成功举办了国保单位老屋阁竣工典礼和省博物馆聘用安思远先生为高级顾问仪式。三是由分管厅长带头，积极利用赴英、赴台等机会，携带大量宣传材料、图片，努力向外推介安徽精品文物、特色文物展（如“安徽近年出土玉器精品特展”），同时积极争取台湾企业家支持“安徽玉器图录”等文物图书的出版工作。四是省博物馆先后赴塞浦路斯等国，成功举办了文物展览。

【着力抓好文物科研工作】 文物科研工作，是确保全省文物工作争先进位的有效措施，科研水平的高低，对文物行政管理工作和全省文物事业的发展产生至关重要的影响。为了为文物科研工作提供保障，为广大科研人员排忧解难，省文物局在努力提高服务意识的同时，加强了规范管理，采取了一些措施，把全省文物科研工作和本局牵头的科研活动摆上了议事日程。主要抓了以下5件事：

（1）对20世纪90年代以来在国家文物局立项的5个文物科研项目进行了调查、清理、整顿工作，针对项目的进展情况作了分析、研究，采取了加强管理、监督实施的措施并向国家文物局作了全面汇报。

（2）积极向国家文物局组织申报了2002年度的自然科学研究与社会科学研究的项目。结合全省近年来的重大考古发现，指导有关科研单位认真学习有关科研文件，有的放矢地确定科研项目，以保证申报成功，共向国家申报了2个科技项目和9个社科项目。

（3）积极组织和配合国家重点社科攻关项目《中国文物地图集·安徽分册》、《中国音乐文物大全·安徽卷》的编纂工作。《地图集》的编纂已进入终审前的筹备阶段。出版了《安徽博物馆藏瓷》一书，启动了《安徽考古》和《安徽摩崖石刻书法选》等书籍的编辑工作。

（4）为了扩大安徽文物的影响，省文化厅与中国先秦史学会和蚌埠市政府等有关单位，于2001年7月合作举办了淮河文明研讨会，省文物局承担了会议的部分工作，使“涂山·淮河流域历史文明研讨会”在蚌埠顺利召开，中国当代著名历史学家李学勤等100多人参加会议。会议取得丰硕成果，极大地提高了安徽文博界的知名度，会后出版了《蚌埠涂山与华夏文明》论文集。

（5）2001年11月份，省文物局协助省文物考古所召开了“楚文化学研究会第七届年会与换届会议”，全国10多省的80多名代表参加者讨论，为安徽今后加快楚文化研究打下了一个坚实基础。同时，组织科研人员积极参加“中国玉学研讨会”、“首届和阗玉研讨会”、“海峡两岸玉器研讨会”等学术活动，获得了海内外玉学界的广泛好评。

（6）对国家安排的漆木器脱水专项工作做了安排，委托省考古所已做先期调研；组织省博物馆、省考古所与北京大学文博学院合作整理、研究省博物馆收藏的李三古堆楚王墓出土铜器资料；增加主动科研意识，多渠道为基层争取科研项目与经费。为了扩大对颇有地方文物特色的皖南古民居文物建筑的调查、保护力度，争取国外资金的投入，省文物局制定了《徽州古建筑丛书》的编辑方案，并译成英文，广泛招商引资、寻求合作。同时积极争取省委宣传部宣教基金的经费支持。

【文物教育工作有长足发展】 全省文物教育工作在2002年度，无论在教育的形式上还是教育的层次上都较往年有所发展，出现了从培养普及型人才到培养专门化人才、复合型人才的新趋势。

（1）主持协调了玉器鉴定提高班的筹

办。从一开始省文物局就很重视文物教育和职工培训工作。2001 年 4 月间，经积极协调组织，由省文物总店牵头举办了玉器鉴定提高班，来自全省文博系统的 50 多名学员得到了强化训练，并以优异成绩取得了结业证书。这对提高全省玉器鉴定水平，改变职工业务素质发挥了积极作用。

（2）经过积极争取和认真组织协调，使国家文物局在安徽成功举办了全国杂项鉴定培训班，提高了全省杂项鉴定水平，并在全国产生了积极的影响。

（3）参加“3.15”瓷器文物的拍卖活动，组织有关人员配合省文物总店的拍卖活动，积极为基层单位服务。在“3.15”消费者权益保护日这一天，省文物局组织了省直文博单位义务为社会上的文物爱好者提供文物法规、文物鉴定知识咨询和实物鉴定活动，接待 100 多人次，鉴定的字画、陶瓷、玉器、钱币文物近百件。

（4）为了加强对文物系统执法人员的培训、教育工作，在全省行政执法培训工作已经结束的不利情况下，省文物局多次与省法制办联系、协商，最后争取了他们的理解、支持，联合举办行政执法培训班，此项工作已经启动。省文物局还对全省文博系统的人才教育情况进行了摸底调查，近期准备与高校联合举办进修班。

（5）推进文博信息化建设。根据国家文物局的要求，对全省文博信息化的现状作了调查分析，向国家作了专门汇报。对省直文博单位的信息化建设作了具体要求，并就省博信息局域网、省文物局网站建设调研，完成了网站建设。

（安徽省文化厅文物处）

福 建 省

【省领导重视文保工作】 2002年，福建省政协八届二次会议期间，召开文物和文化遗产保护专题协商座谈会，省委、省政府、省政协领导及各有关部门领导与政协委员们共商文物和文化遗产保护，省政府领导在讲话中指出：“文物是历史的见证，保护文物就是保护历史；文物是珍贵的不可再生资源，保护文物就是促进经济和社会的可持续发展。”新修订的《文物保护法》公布后，省政府召集各相关部门专题研究进一步贯彻落实《文物保护法》的措施，要求相关部门加强文物和文化遗产保护工作，并按照“全面规划，统筹安排，集中财力，保证重点”的原则，确定了近期全省重点文物保护项目分期分批抢救、维修规划方案，落实项目资金。2002 年，全国政协文史委人文史迹保护考察组到福建各地视察人文史迹保护情况。省政协视察团先后视察了龙岩市的革命文物保护，武夷山市的世界文化与自然遗产保护，泉州、漳州两市的文物保护“五纳入”情况。省人大法工委组织省人大代表赴南平市、武夷山市等地考察世界文化与自然遗产保护情况。就省委、省政府领导不惜代价依法抢救保护万寿岩遗址的举动，在全国文物工作会议上进行了交流。

【全面开展申报世界文化遗产工作】 “福建土楼”按照申报要求已经完成保护规划的编制，通过专家评审，国家审批，呈送联合国教科文组织世界遗产委员会。“海上丝绸之路——泉州史迹”的申报项目已通过省长办公会议审定，上报、提请国家转报联合国教科文组织列入世界文化遗产预备清单。“福建土楼”、“海上丝绸之路——泉州史迹”申报区域涉及到内外环境，各级政府积极动员全社会力量全面开展整治工作，广大人民群众保护和参与意识日益提高，为通过专家审查和联合国世界遗产委员会的审议创造条件。

【文物资源】

文保单位。万寿岩遗址等16处省级文物保护单位被国务院公布为第五批全国重点文物保护单位，四德堂等9处省级文物保护单位合并到原有的3处全国重点文物保护单位中。培田民居等74处县（市、区）级文物保护单位由省政府公布为第五批省级文物保护单位，4处县（市、区）级文物保护单位与原有的4处省级文物保护单位合并，2处省级文物保护单位予以撤销。至此，全省共有全国重点文物保护单位45处，省级文物保护单位248处。各地相继成立第五批省级以上文物保护单位的保护领导小组或保护管理机构，建立档案资料。省财政拨出28万元用于第五批省级以上文物保护单位保护碑的制作。

历史文化名城、名镇、名村。省文化厅与省建设厅联合开展了第二批省级历史文化镇（村）申报工作。经专家细审核、评议，上报省文物管理委员会，省文管会全体成员会议通过。省政府核定公布第二批省级历史文化名镇6个，省级历史文化名村11个。至此，全省拥有省级历史文化名城4座，省级历史文化名镇（乡）12个，省级历史文化名村16个。

【重点文物的抢救维修和保护】 国家计委下拨150万元用于漳州历史文化名城的保护和整治。中央财政重点文物保护专项补助经费940万元，省财政投入348万元，地方财政投入配套资金进行重点文物的抢救维修和保护。全国重点文物保护单位福州华林寺大殿、华安二宜楼、漳州府文庙大成殿、莆田元妙观三清殿、仙游天中万寿塔和省级文物保护单位永春东关桥、福州文庙、晋江陈埭丁氏宗祠等的维修工程全面竣工。组织编制的泉州德济门、泉州府文庙、漳州白礁慈济宫、漳州江东桥、漳州府文庙二期工程、顺昌宝山寺大殿等一批全国重点文物保护单位维修、保护方案通过国家审批。制定了城村汉城遗址、万寿岩遗址的保护规划。国家历史文化名城泉州市历史文化保护街区中山路的整治和保护，荣获2001年度联合国教科文组织亚太地区遗产保护优秀奖。

【博物馆、纪念馆工作】

坚持先进文化的正确方向，加强博物馆纪念馆建设，充分发挥其教育功能，全省各级文化文物行政管理部门和博物馆（纪念馆）以“三个代表”重要思想为指导，以积极发展博物馆（纪念馆）文化为着力点，紧密围绕着“博物馆与全球化”的主题，开展“5.18”国际博物馆日宣传活动。各级博物馆（纪念馆）在确保文物安全的前提下，结合当地实际，发挥自身优势，自行创意设计丰富多彩、形式多样的活动，借助新闻媒体，面向全社会开展宣传，激发公众的参与意识，实现博物馆（纪念馆）工作人员与公众的相互认知，发挥博物馆（纪念馆）在社会主义物质文明和精神文明及政治文明建设中的独特作用。

开展博物馆（纪念馆）达标活动。省文化厅、省文物局组织修改《福建省博物馆（纪念馆）达标标准》，实行定性定量标准。省文物管理委员会和省文化厅组织开展第二批全省博物馆（纪念馆）达标定级活动，并对第一批达标博物馆（纪念馆）进行复核检查。在各地按照重新修订后的《福建省博物馆（纪念馆）达标标准》申报达标级别的基础上，省文物局组织评审专家组对符合达标条件的博物馆、纪念馆进行实地考核，提出评估推荐意见，遴选推荐9个一级达标博物馆（纪念馆），10个二级达标博物馆（纪念馆），14个三级达标博物馆（纪念馆）。

加强博物馆建设。省政府投资 2.7 亿元新建的省博物馆全面完成建设施工和陈列布展任务，2002 年 10 月 1 日正式剪彩。新馆建筑面积 3.58 万平方米，展厅面积 1.15 万平方米，共有 9 个固定陈列和 2 个临时展览对社会开放。2002 年 8 月 22 日，福建省博物馆更名为福建博物院。全省第一个考古遗址博物馆——福建省昙石山遗址博物馆于 2001 年 6 月 24 日正式对外开放，2002 年省政府建设投资部门开始进行第二期建设项目规划方案的调研和论证。晋江市投入 4800 多万元新建博物馆新馆，经过两年的建设、陈列设计和布展，于 2002 年 12 月 17 日晋江市建市 10 周年之际剪彩，向社会开放。新馆建筑面积 1.7 万平方米，展厅面积 5400 平方米，是目前全国面积最大的县（市）级的博物馆，成为晋江市的标志性文化设施。配合“福建土楼”申报世界文化遗产，永定、南靖、华安 3 个县建设了各具特色的土楼博物馆，这些土楼博物馆已正式对社会开放。2001 年以来，全省各级政府投入资金，相继建设了一批博物馆（纪念馆）新馆，如福州市、漳州市、将乐县、光泽县等。这批新馆都已完成陈列布展任务，正式对外开放。泉州海外交通史博物馆二期工程等项目胜利奠基。

举办博物馆馆长培训班。为全面提高基层各级博物馆（纪念馆）领导的管理水平和业务素质，省文化厅举办一期全省博物馆（纪念馆）馆长培训班（60 人）。注重基础理论学习，联系实际，突出博物馆（纪念馆）特点，增强学习的针对性、选择性和实用性，为培养造就一支具有较高业务素质和复合型的文博管理干部队伍奠定基础。

【考古发现】 福建省万寿岩旧石器遗址的考古发现，荣获“2000 年度全国十大考古新发现”榜首，实现全省零的突破。福建博物院考古部暨省文物管理委员会考古队组成 5 个组，会同各地文化文物部门在全省范围内联合开展闽越文化遗存专题调查，基本摸清全省闽越文化遗存的分布情况，为下一步进行考古发掘和研究奠定了基础。配合城乡经济建设和高速公路建设开展考古工作取得新的成果：福州市发现一处汉代闽越建筑遗址及唐代樵楼遗址等；泉州市发现宋元时期刺桐城的南门（德济门）城址；福鼎市发现了宋代国兴寺建筑遗址；漳州市发现了相当于商周时期的墓葬群，出土了精美的铜器、玉器，其中不少是省内的首次发现；省昙石山遗址博物馆清理发现了相当于商周时期的墓葬群，出土了玉玦等珍贵文物。配合漳诏线、京福线、福温线等高速公路建设进行抢救性考古发掘，相继发现相当于中原商周时期的青铜镬、石璋、石玦和陶釜、罐等珍贵文物，为证史、补史提供了新的实物证据。

【文博考古调研】 根据《国务院办公厅关于认真做好第二次全国基本单位普查的通知》，按照国家的统一部署，全面完成了全省文博单位基本情况的普查任务，并录入计算机数据库。“宁德市虹梁式木构廊桥考古调查与研究”和“福建北部古民居聚落形态研究”2 个科研课题，列入 2001 年度全国文博系统人大文社会科学重点研究课题。《福建省志·文物志》的终审全面完成，交付出版。

【依法管理文物】 全省各级文化文物行政部门和文博单位以全国人大常委会审议通过新修订的《中华人民共和国文物保护法》为契机，开展多种形式的文物法制学习、宣传、教育工作。

公布《福建省武夷山世界文化和自然遗产保护条例》。2002 年 5 月 30 日，省人大常委会第三十二次会议审议通过该条例。省政府召开专题会议研究贯彻执行《条例》。各有关部门互相配合，在武夷山世界文化和自然遗产地划定保护地带，设立标志、提示碑、界桩。

省文物部门加强与公安、海关、工商、司法等相关部门长期密切合作，采取有效措施，严厉打击盗窃文物、盗掘古墓葬和古遗址及走私文物等犯罪活动。贯彻执行“谁主管，谁负责”及属地管理的原则，做好安全防范工作，确保博物馆（纪念馆）和文物保护单位的安全。省文化厅和省公安厅依据公安部《文物系统博物馆风险等级和安全防护级别的规定》标准，完成对全省第一批 71 个文博单位的二、三级风险等级的审定、确认工作。省文物局与省公安厅刑侦总队侵犯财产案件侦查队联合追缴闽侯二中基建工地民工和学校职工私分的一批出土历代铜钱，经过说服动员，参与私分出土文物的 17 个人，悉数上缴出土铜钱近 500 公斤，及时制止了犯罪，保护了国家的文物。厦门海关自 1986 年以来共查获各类文物案件 400 余起，依法没收、追缴的各类文物 13313 件（其中钱币 8807 件），全部依法向文化文物部门移交，厦门市政府奖励厦门海关 10 万元，表彰厦门海关在保护国家流散文物方面作出的贡献。

文化文物部门和海关密切配合，加强对文物出入境的监管工作，依法做好涉案文物、出入境文物的鉴定和文物拍卖标的鉴定，防止珍贵文物流失。省文物管理委员会文物鉴定小组为涉案文物、私人携运文物出境、监管物品、拍卖标的等鉴定 133 起（次），计珍贵文物 484 件，一般文物 23039 件，工艺品 5414 件，拍卖标的 6207 件，不准出境文物 12 件。

【先进集体和个人】 福建博物院荣获全国文物先进集体称号，受到人事部和国家文物局表彰。漳州的杨丽华、泉州的出宝阳两位同志荣获全国文物工作先进工作者称号，受到国家文物局表彰。

（福建省文物局）

江西省

【概况】 江西省现有世界文化景观 1 处；国家级历史文化名城 3 座，省级历史文化名城 4 座；全国重点文物保护单位 24 处，95 个点，省级文物保护单位 258 处，市县级文物保护单位 1700 余处。各类博物馆、纪念馆 83 座，其中省级博物馆 5 座，历史名人纪念馆 10 座。

2002 年，全省继续组织开展了第四批省级文物保护单位、第五批全国重点文物保护单位“四有”工作和全省馆藏二级文物确认工作。组织实施了全省文物、博物馆单位基本情况的普查工作；加强对文物保护工程方案的审核指导，全年向国家文物局上报项目方案 36 个（获批 35 个），争取国家支持全省文物保护经费 2621 万元。赣州古城墙维修、安源路矿工人运动纪念馆消防等大型文物保护工程验收合格。与省建设厅联合开展了全省历史文化街区和历史文化名村、名镇的普查工作。进贤李渡烧酒作坊遗址、景德镇珠山御窑遗址、吕湖二级公路改造工程湖田窑段等考古发掘取得重要发现；省文物考古研究所配合交通网络建设和重大高新工程等，完成了 5 条高速公路、1 条铁路、总里程 922.3 公里的配合基本建设考古勘探、发掘工作。全省各级文物主管部门高度重视文物安全工作，景德镇市严厉打击了盗掘御窑古陶瓷文化遗址的犯罪活动。

为加快文化先进省的建设，促进经济的大发展，展示江西的新成就、新风采，全省文博系统认真实践“三个代表”重要思想，以“塑造江西文化人的新形象”为主题，将学习浙江经验与树立江西文博界新精神风貌相结合，以扎实的工作、出色的成绩营造了昂扬向上、健康活跃、多姿多彩的文化氛围，以实际行动为迎接党的十六大胜利召开创建了良好的文化氛围。

多年来，为了提高江西文博队伍的业务素质和工作水平，改变学历偏低的状况，不断探索与高等院校联合办学、培养专业人才的路子。近两年来，继续走“馆校结合”道路，采取请进来、走出去的办法，把优秀人才和骨干力量送出去培养，把知名专家和学者请进来讲课，形成了尊重知识、尊重人才、鼓励创业的良好氛围。因文博教育成绩显著，国家文物局指定省代表在“全国文博教育培训工作研讨会”上作大会发言。

【文博展览实现两个效益双赢】 全省各级博物馆、纪念馆充分利用资源和阵地优势，共推出主题鲜明、丰富多彩的陈列展览350多个，接待观众550余万人次，门票收入3000多万元。其中，由省委宣传部、省文化厅成功主办的“崛起中的江西”图片展，以真实的图片资料生动形象地展示了江西一年来解放思想、加快发展的辉煌成就；上饶市委宣传部、市文化局联合筹办的以反映“上饶集中营”革命斗争事迹为主题的爱国主义教育巡回展“血染的丰碑”，运用市场机制办文化，在全国巡展中受到社会的广泛关注和好评。

【加大对文物工作的支持力度】 为贯彻落实国务院《关于加强和改善文物工作的通知》，省政府印发了《关于进一步加强文物保护工作的意见》。努力争取国家和省对文物事业的投入，实现了文物保护经费的大幅度增加。2002年国家下拨全省重点文物保护专项补助经费首次突破2000万元大关。省财政增加省级文物保护经费，由1999年以来的每年160万元增加到200万元。同时，省博物馆事业补助费100万元纳入基数。以“南昌—庐山—景德镇名山瓷都文化旅游线，南昌—龙虎山—三清山名山道教文化旅游线，南昌—井冈山—赣州、瑞金革命传统教育旅游线”3条文物旅游精品线路为龙头的文物旅游业日趋成熟，为省委提出的“三个基地、一个后花园”建设方案和江西旅游业的大发展作出了积极的贡献。

【推动文物博物馆事业稳步发展】 继续开展全省馆藏二级文物确认；景德镇御窑、鹰潭角山窑址、进贤李渡烧酒坊遗址考古发掘有较大发现；督促樟树吴城、景德镇湖田窑、万年仙人洞等大遗址发掘报告的整理；加强对赣州古城墙、乐安文馆、樟树吴城遗址、安源馆消防等保护维修方案的审核指导；加强文博人才培养和队伍建设，与高校联合开展学历教育；对全省250个文博单位和近千名中层、中级以上人员基本情况进行普查，建立文博单位信息库；与省建设厅联合开展历史文化街区和历史文化名村、名镇的普查和评定工作；全面启动全省文物信息网建设，提高科技含量。

【爱岗敬业，争创先进】 安源路矿工人运动纪念馆、景德镇陶瓷考古研究所刘新园分别被人事部、国家文物局授予“全国文物系统先进集体”和“先进工作者”称号，省文物考古研究所樊昌生、樟树市博物馆李昆被国家文物局授予“全国文物系统先进个人”称号，刘新园代表全国受表彰的29个先进集体、20名先进工作者和70名先进个人在表彰大会上发言，其典型事迹刊登在《中国文物报》上。高安市吴有训科教馆被科技部、中宣部、中国科协命名为“第二批全国青少年科技教育基地”，馆长刘裕黑被表彰为“2002 年全国科普工作先进工作者”。

【印发《关于进一步加强文物保护工作的意见》】 7 月，省政府印发了《关于进一步加强文物保护工作的意见》，明确了当前和今后一个时期文物工作的主要任务，提出加强文物保护工作的 4 条意见，即：认真贯彻落实文物保护工作“五纳入”的规定；正确处理经济建设与文物保护的关系；科学合理地发挥文物博物馆在两个文明建设中的独特作用；加强文物管理，严厉打击文物犯罪活动。

【进贤李渡烧酒作坊遗址考古取得重大突破】 6 月，江西李渡酒业有限公司在改造老厂房时发现古代酿酒遗迹，经省文物考古研究所历时半年的抢救性发掘，揭露元代酒窖，明代水井、晾堂、酒窖、炉灶、蒸馏设施、水沟、墙基等酿酒遗迹。其布局配套，完整齐全。这是我国至今发现的一处时代最早、遗迹最全、遗物最多、延续时间最长且富有鲜明地方特色的古代烧酒作坊遗址，它为中国蒸馏酒酿造工艺起源和发展研究提供了实物资料，被评为“2002 年度全国十大考古新发现”之一。

【参与三峡考古】 省文物考古研究所积极支援开发大西北建设，组队参与了三峡库区考古大会战，在重庆市奉节县完成了 1000 平方米的田野发掘和 3 万平方米的考古勘探，清理汉墓 10 座、清墓 4 座，出土各类随葬器物 110 余件。

【开展历史文化保护区普查和评定工作】

为保护好城乡内具有传统风貌和民族地方特色的街区和村镇，展现不同时代的历史文化遗产，促进社会主义精神文明建设和旅游事业的发展，省建设厅和文化厅联合在全省城市和乡村开展历史文化街区和历史文化名村、名镇的普查工作。2002 年组织专家对上报的 62 处进行实地考察与评审，初步遴选出其中保存文物特别丰富并具有重大历史价值或革命纪念意义的名镇、名村 29 处。

【重要文博展览】

*“崛起中的江西”图片展。*10 月 31 日，由省委宣传部、省文化厅联合主办，省博物馆、江西画报社、江西书画院承办的“崛起中的江西”图片展正式开展，它以图片的形式集中展示了全省人民在新一届省委领导下为实现江西在中部地区崛起不懈奋斗的崭新风貌和取得的辉煌成就。展览共分“大潮迭起”、“八面来风”、“气象万千”、“春色满园”、“喜庆十六大”5 个部分，计 200 余幅照片。

*江西明代王墓珍宝特展。*2001 年 12 月，在南昌市郊华东交通大学校园内发现明宁靖王朱奠培夫人吴氏墓，经省文物考古研究所清理，该墓出土文物 70 余件（套），有金器、银器、玉器、凤冠、丝织物、布匹等。2002 年初，省博物馆和省文物考古研究所即联合举办“江西明代王墓珍宝特展”，及时向社会展示考古最新成果。

*“江西元明青花瓷器精品展”赴香港举办。*这是江西文博界实施“走出去”战略举办的一次商业性文物外展，宣传了江西灿烂的历史文化，树立了江西文博工作对外开放的新形象。

【举办全省首届十佳文博讲解比赛】 9 月，

省文物局举办“庐山杯”全省十佳文博讲解员大赛,14支代表队的58名选手参加了文化考试和讲解比赛,经过激烈角逐,杨奕等荣膺“十佳”,南昌八一起义纪念馆代表队荣获团体一等奖,井冈山革命博物馆、瑞金中央革命根据地纪念馆代表队荣获团体二等奖,安源路矿工人运动纪念馆、江西省博物馆、景德镇市代表队荣获团体三等奖,14支代表队获组织奖。

【安源路矿工人运动纪念馆全面改陈】 为隆重纪念安源路矿工人大罢工胜利80周年，安源路矿工人运动纪念馆全面进行陈列修改、陈列大楼维修、革命旧址维修和馆区环境整治工作,新陈列的主题内容、表现形式、科技含量和艺术感染力都有了很大的提高。

【文博教育培训】

*举办文博方向硕士、本科班。*省文物局分别与南昌大学、江西师范大学联合举办中国古代史文博方向硕士班、本科班。硕士班共有16人就读,本科班共有28人就读。此举将逐渐改善全省文博队伍的学历结构,探索与高等学府联合办学、培养专业人才的新路子。

*举办各类学术讲座。*为提高文博业务人员专业素质,活跃省内文博学术气氛,组织省内专家讲课，诚请省外知名专家来赣讲学,如广东省考古研究所所长李岩,北京大学教授、著名考古学家李伯谦先后主讲了“计算机技术在考古学中的应用”、“中国古代文明史研究”专题。在南昌的省、市直属文博单位和部分高等院校的200余名人员前往听讲。

*省文博教育成果展示与经验交流会。*10月，省文物局与江西师大文旅学院联合召开“江西省文博教育成果展示与经验交流会”,150余人与会。省人大副主任钟起煌，省委宣传部副部长、文化厅厅长李玉英,副厅长曹国庆,省文物局局长孙家骅及江西师大、南昌大学有关领导出席会议,钟起煌、李玉英作大会讲话。会议总结了多年的办班经验，肯定了与高校联合办学的模式,并对今后的做法交换了意见。

(江西省文物局)

山 东 省

【概况】 截至2002年底，山东省普查登记的不可移动文物2万余处，各级政府公布的文物保护单位4732处。其中国家级51处，省级397处，省级优秀历史建筑345处。曲阜、济南、青岛、聊城、邹城、临淄6座城市被国家院公布为国家级历史文化名城,泰安、济宁、淄博、潍坊、临沂、青州、蓬莱、临清、莒县、烟台10座城市被省政府公布为省级历史文化名城。曲阜“三孔”、泰山被联合国教文组织列入世界文化与自然遗产。文物藏品总数79.3万件。其中一级藏品总数3869件。各级各类博物馆170余座,文管所93个,文物店8个,全省文博系统职工总数3887人。2002年全省文物博物馆工作在文物的保护、研究、展示和为经济建设服务等各个方面继续保持稳定发展,在配合大型基本建设工程和考古工作等领域取得了较为突出的成绩。

【学习贯彻新的《文物保护法》】 新修订的《文物保护法》的颁布是文物工作的一件大事，全省各级文物部门和单位迅速掀起学习和贯彻的热潮。省文化厅和各地文物部门及时购买、印制《文物保护法》数万册,分送各级领导、文管会成员单位。省直文物单位做到人手一册,按照文化部、国家文物局的要求，省直和各级文物单位都组织了丰富多彩的学习交流活动，省文化厅及时编发了青岛等市组织学法的经验。为了做好与新增设的文物审批和执法职权的衔接工作，结合省政府在清理整顿行政审批事项中保留的省级文物审批职权，及时进行了审批事项的调整，提出了具体明确的要求，修订公布了《山东省文物考古勘探发掘管理办法》。

【学习贯彻全国文物工作会议精神】 12月20日全国文物工作会议期间，山东在济南设立了分会场，副省长蔡秋芳、20个文管会成员单位负责人及教育、科技、环保等相关门负责人，省直文博单位中层以上干部80余人出席了会议。各市、县都设立了分会场，政府分管领导和文管会成员单位的负责人参加了收听收看活动，是全国收看人数最多的省份之一。会议之后，蔡秋芳副省长及各地领导都作了重要讲话，在21日召开的全国文物局长会上，省考古研究所被人事部、国家文物局授予先进集体称号，青岛、泰安有两个人被国家局授予全国文物系统先进个人称号。

【突出重点、加强基层文物保护工作】 市场经济和大规模经济建设的展开，使基层文物保护工作面临着巨大的压力和困难，探索和总结有效的管理方法是本年的工作重点之一。主要抓了6个方面的工作，(1)召开了全省的重点文物保护单位管理工作会议，交流了近年来的基层文物保护管理工作的经验，对当前面临的突出问题进行了深入的研究，提出了今后一个时期的工作方向。(2)对全省文物保护工作“五纳入”落实情况进行了全面检查。山东省的工作报告多次被刊载于国家文物局《文物工作》上。(3)国家级、省级文物保护单位、省级历史优秀建筑的保护范围划定工作基本完成。共涉及文物保护单位894处。向全省推广了济宁、泰安自筹资金展开展新一轮文物普查工作的经验。开展了田野石刻文物的保护工作。(4)圆满完成全省文物博物馆基本单位的普查。本次普查是全省建国以来规模最大的一次文物博物馆基础性工作，共涉及系统内外文物博物馆单位456个，普查人员超过3000人。(5)组织了国家重点文物保护专项补助费用使用情况检查。对1996年以来国家拨款的64个项目、2976万专项资金进行了全面自查。(6)积极探索市场经济下的文物保护问题，积极领导各地党委和政府，克服巨大困难，采取有力措施，制止了多起违法改变重点文物保护单位管理体制的做法，为全省有效处理此类问题积累了经验。

【大型遗址保护规划】 根据世界遗产组织的规范，对曲阜“三孔”、泰山两个世界遗产进行了监测，编制了监测报告，审定了烟台和临淄两个历史文化名城的总体规划，组织编订了长青灵岩寺、泰安灵应宫、曲阜尼山、少昊陵、历城九顶塔、烟台山等重点文物保护单位的保护规划。

【古建筑保护与修缮】 认真贯彻执行财政部、国家文物局新颁《国家重点文物保护专项补助经费使用管理办法》、调整和加强规范化管理工作。按照新制度，共组织制定2002年、2003年工程设计、科技保护、重要文物征集方案61项，申报经费预算方案25项。省文物科技保护中心在古建筑勘测、设计、维修方面，发挥着越来越重要的作用，直接参与的维修勘测设计项目30项，承接的维修施工项目13项，另外参与了三峡库区文物保护13项勘探测设计工作。

【考古发掘】 继续坚持以配合国家重点建

设工程的考古发掘为主，考古调查里程超过600公里，发现文物点60余处；考古勘探文物点50处，勘探面积200万平方米；发掘古遗址4000余平方米，古墓葬2000余座，出土文物近万件。省博物馆赴三峡考古工作队继2001年取得重大发现后，再度以优异的成绩受到国家文物局和三峡办的表彰。省考古所与中国社会科学院考古所合作对茌平教场铺龙山文化遗址的发掘、与北京大学合作对临淄田旺遗址的勘探和发掘等数项工程，已列入国家正式启动的古代文明探源工程。另外，由山东大学考古系与美国耶鲁大学人类学系合作进行的日照两城遗址的发掘，有省考古人员参加的国家水下考古队对山东胶南琅琊台海域的水下考古调查，都取得了丰硕的成果。

日照海曲汉代墓地。这是山东本年收获最为丰富的考古发掘。该墓地处于同三高速公路规划线上，本次共发掘中小型墓90座，其中84座分别集中在3个较大的封土之中。这种封土在山东是首次发现。墓地时代从东汉末年至魏晋时期，延续约400余年。出土陶、铜、漆、木、玉、铁、角等各类文物1200件。其中500件漆木器和丝织品是发掘的重要收获之一，不仅数量多，且是山东目前保护最好的。发掘基本搞清了封土墓的堆积形式和形成过程。对研究汉代墓葬的封填方式、埋葬特点、棺椁结构、随葬品组合与特征等葬制葬俗提供了重要资料。

费县西毕城墓葬。在配合日照至东明高速公路建设工程所进行的费县西毕城的考古发掘则是近年规模较大的一次考古发掘。共发掘墓葬1600余座，全部墓葬无一被盗，出土各类文物近5000件。墓葬绝大部分属于汉代，极少数年代早到战国时期。

济南章丘汉代兵马俑坑。这在山东为首次发现，是当地农民在危山景区挖树坑时发现的。该俑坑长9.7米，宽1.9米，距地表0.7米。俑队的最前面为一排5骑的骑兵队列；随后为6匹马，两侧为护卫的骑兵，中间的4匹没有骑俑，为车辆的驾马；中部为马车队列，其中两辆为四驾马车，一辆为双辕单驾马车；马车后面有一建鼓和击俑，随后有4排女佣；最后为100余名步卒组成的俑阵。马俑稍大，步俑稍小，高0.4～0.6米。部分俑涂彩。危山山顶一座传为汉代济南王刘辟光的封土大墓，俑坑在其东北600米处，有专家分析可能系其陪葬坑。

【社会文物管理】 按照全国的统一部署，省文化厅会同公安、工商、经贸、海关等有关部门，对文物市场开展了一次较大规模的专项治理整顿工作，集中打击倒卖和走私文物活动，整顿文物监管物品交易市场，取缔非法经营文物的场所和活动。健全了社会文物的鉴定、监管机构。成立了省文物鉴定委员会，首批聘任专家32名。充实和调整了国家文物出境鉴定山东站，制定了有关的章程和工作细则。两个机构全年共为司法机关、文博单位、社会个人、文物出境等鉴定所做咨询700余次，受鉴文物1.4万余件。省文物总店在社会征集非常困难的情况下，积极扩展领域，除积极介入全国性的竞拍卖活动以外，又主动出击香港和台湾，全年征集文物286件，销售文物2500余件，并向省博物馆转让一级文物2件。

【文物安全工作】 全省文物安全继续保持稳定形势，没有发生大案要案。安全工作上仍然坚持打防并举，对野外不可移动的文物坚持巩固和发展县、乡、村、人四级文物保护网络，及时推广有关经验，很多地方的政府已经将文物安全工作作为“官职官责”纳入政府领导议事日程。对博物馆和由事业单位管理的文物保护单位，以落实国家文物单位风险等级标准为主要内容，狠抓安防和消防设施的建设和健全组织、完善制度。全省共有5家单位通过了国家一级风险单位的达标，6家单位完成申报工作。与省公安厅共同对8家市进行了文物安全大检查，山东的文物安全工作情况被刊载于国家文物局的《文物工作》上。

【四门塔佛头顺利回归故里】 四门塔位于济南南约20公里处，是第一批全国重点文物保护单位，建于隋大业七年，其塔心柱四周各有佛像一躯，均雕凿于东魏。1997年3月7日夜，面东的“香积阿”佛失窃。济南将此列为一号大案，全力侦破，相继抓获犯罪分子3名。2002年初，几位台湾佛教信仰者在海外重金购得该佛像，并捐赠给台湾法鼓山文教基金会所属的艺术博物馆。该基金会创始人圣严法师经多方求证，确认该佛像为四门塔失窃文物后，决意归还。对此国家各有关部门和省政府十分重视，积极研究，提供便利，2002年12月17日终使失窃5年之久的国宝“香积阿”佛身首合一。

【展览丰富多彩】 全省各级博物馆以改陈为突破口，狠抓窗口和形象工作，推出了一批新的基本陈列，观众和经济收益均有明显增加。省博物馆对重点陈列调整后，已有9个文物和自然专题常年对外开放。围绕十六大胜利召开、重大节庆和节假日、黄金周等，全省共推出丰富多彩的展览350余个。省博物馆举办的“圆明圆国宝回归展”、“反邪教展”、“山东教育成果展”等，观众空前，很多省领导亲往参观，影响很大。省博物馆引进的日本“浮世绘展”是山东首次引进的国外展览，实现了历史性突破。在欧洲举办的“青州佛教艺术展”、在台湾举办的“孔子文物大展”都获得了圆满成功。

【博物馆设施建设取得新成就】 青岛市、东营市、邹城市、兖州市新馆落成开放，其中邹城市、兖州市博物馆在全国县级博物馆中堪称一流。烟台张裕葡萄酒博物馆、青岛啤酒博物馆、烟台黄海艺术博物馆等一批行业和私立博物馆的对外开放，为全省博物馆的发展开拓了新的领域。

【科学研究稳步开展】 一批重要科研项目获得不同级次奖励，其中由省文物考古研究所主持完成的《中国临淄文物考古遥感影像研究》、《中国最早的开颅手术实例鉴定与研究》两项分获省科技进步二等奖和三等奖。

*举办多项大型学术会议。*省文物考古研究所与中国第四纪研究委员会环境考古专业委员会合作举办了第三届中国环境考古学大会。省石刻艺术博物馆主办了“中国·山东北朝摩崖刻经考察与国际学术交流活动”，日本、韩国、美国及国内90余位专家出席会议。

*出版和发表了一批有影响的著作和文章。*由省文化厅组织编写的12卷本《山东文物丛书》正式出版，中共中央政治局常委吴官正为丛书写了序言。《中国文物地图集·山东分册》已全部编撰完毕。《山东首届文物科学报告月论文集》、《二十世纪山东的考古发现与研究》、《明鲁荒王墓》、《省博物馆馆藏文物图录》及等一批专著有的已出版，有的已基本完成编著工作。

（山东省文物局）

河 南 省

【加强文物保护的法制建设】 2002年，省文物局继续加强文物保护的立法和执法工作。完成了《河南省历史文化名城保护管理条例》的立法调研和草案拟定工作，现已提交省人大常委会审议。完成了《河南省文物经营管理办法》的草案拟定工作，并提交省政府常务会议审议。组织有关专家认真负责地对《中华人民共和国文物保护法实施细则（征求意见稿草案）》进行了研讨，并将修改意见及时上报国家文物局。

省文物局还要求全省各市文物部门协助当地政府法制部门继续做好本辖区大遗址的保护立法工作。各地积极开展这方面的工作，如：新乡市政府颁布了《新乡市国家级重点文物保护单位管理办法》，三门峡市政府以政府令的形式连续颁布了虢国墓地、李家窑遗址、庙底沟遗址等3处大遗址的保护管理办法等。

以《中华人民共和国文物保护法》颁布20周年及《中华人民共和国文物保护法》修订通过为契机，加强文物法制宣传工作，部署开展了全省性的文物保护法宣传活动。省文物局与省直及郑州市市直文博单位联合举办了大型广场宣传活动，贾连朝副省长亲临现场指导工作；同时在《河南日报》组织发表了主题为《与时俱进：文物保护谱新篇》的宣传专版，在河南电视台"法制时段"栏目制作播出了宣传新《文物保护法》的专题节目。全省各市文物部门均组织了颇具声势的宣传活动，为向全社会普及文物保护法律知识，为保证新《文物保护法》在河南的贯彻实施起到了积极推动的作用。

【文物保护管理体制进一步完善】 按照国务院关于建立"国家保护为主，同时动员全社会参与的文物保护新体制"和落实文物保护工作"五纳入"的要求，全省各地进一步加强了文物机构建设和对文物事业的资金投入。在市级机构改革中，全省文物机构普遍得到加强，在省辖市级设立和保留文物局的由原有的3个增加到13个。领导干部的文物保护意识有了进一步增强，郑州、南阳、安阳、洛阳、商丘、三门峡等市主要领导重视支持文物工作，有力地促进了当地文物事业的发展。

【配合基建的考古发掘取得丰硕成果】 考古发掘工作继续坚持以配合基本建设为主。全年共参加近20项国家或省大型建设项目的设计论证与审查工作，并进行了部分项目的沿线文物调查、勘探和发掘工作，取得了一系列重要考古成果。

配合西气东输工程发掘。发现了一批古文化遗址以及东周、汉代、唐宋、明清时期的墓群10余处。揭露面积2万平方米，发掘墓葬60余座，出土了大量重要的文物遗迹和遗物。

三门峡庙底沟遗址发掘。发掘面积近3万平方米，发现仰韶文化时期的灰坑和窑穴500余座、陶窑20座、房基6座、墓葬1座、壕沟2条，取得了新的收获。

配合郑州市回民中学建设发掘。发现郑州商代大型夯土基址，基址保存完好，夯基有成排柱洞，洞内有加工考究的柱础，基址下叠压有灰坑等遗迹，对研究郑州商城宫殿区的布局及其建造年代具有重要意义。

配合新郑郑韩故城的基建发掘。揭露面积1.1万平方米，发掘中字型大墓1座、中小型墓葬455座、车马坑6座。特别是在新郑市能人大道制陶作坊遗址的发掘中，发现3处作坊基址，基本上再现了东周时期韩国制陶工艺中入窑烧制以前的工艺流程，具有极重要的学术研究意义。

信阳长台关楚墓的抢救发掘。这是2002年楚文化考古的重要收获。该墓出土的多达500余件色泽艳丽的漆木器以及造

型和组装方式独特的铜器，在不少方面填补了考古学上的空白。

巩义黄冶唐三彩窑址的发掘。出土唐三彩等文物1000余件，发现了保存完好的作坊、釉料坑、灶、排水设施和道路等，特别是首次发现了数件唐代青花瓷器，具有突破性的重大学术价值。

三峡库区考古发掘。2002年，省文物局还继续派出省文物考古所、洛阳市、郑州市、开封市考古队赴重庆三峡库区进行考古发掘工作，在石柱土家族自治县、丰都县的考古发掘中，揭露唐宋时期冶炼坩埚遗迹多处，为研究三峡地区古代冶炼技术的全面发展提供了不可多得的实物资料。

香港西贡沙下考古发掘。受香港康乐文化署邀请，省文物考古研究所对香港特别行政区西贡沙下遗址进行了考古发掘，圆满完成了港方交派的任务。这是河南省首次到香港进行考古工作。

在2001年度全国十大考古新发现评选中，河南禹州神垕镇钧窑遗址考古新发现荣列其中。

【依法加强田野考古管理】 为了进一步加强田野考古管理工作，省文物局2002年采取了一些新的有效措施。一是根据国家文物局通知精神，对发掘项目均编制出详实规范的《文物调查报告》、《经费预算报告》和《文物环境评价报告》。二是重点检查了许平南高速公路工地、西气东输工地、郑大新校区等考古工地，促进了考古工地的管理工作。三是召开了全省文物考古队（所）长现场座谈会，并以此为契机，狠抓田野考古发掘的规范化管理。特别是以省文物考古研究所、洛阳、郑州为主，加强了对田野考古资料的整理、移交以及数字化与信息化系统的开发，在田野考古发掘工作中引入考古监理制等。这些工作均取得了明显的成效，其中一些管理举措还在《中国文物报》上刊发宣传。

【加强文物保护单位的保护管理】 加强了对文物保护单位保护范围内的建设项目的依法审批，坚决制止拆除违章建筑，如浚县文庙保护范围内建住宅区一事，经与有关部门协调，最后由地方政府将其全部拆除，确保了文物免遭破坏。进一步修改和补充了《河南省文物保护单位开放管理办法》，为全面开展治理整顿文物保护单位的开放管理打下了坚实的基础。组织制定和评审了一批文物保护单位的保护规划，积极参加了计委、旅游、城建等部门制定的涉及文物保护单位和历史文化名城规划的评审和论证工作，提出了有利于文物保护的意见和建议。

【加强对古建筑维修工程管理】 组织完成了2002～2003年度的文物建筑维修方案的制定及评审工作。南阳府衙二期、武陟嘉应观、登封会善寺等7处国保单位维修方案，经报请国家文物局评审，均获通过。全省各市共制定省级文物保护单位维修方案80多项，经组织专家评审、初步通过方案及确定抢修项目30余项。加强对古建维修工程的管理、监督、检查。进一步加强完善工程开工审批制度，对重要工程实行监理制度。组织有关专家对维修工程进行检查和竣工验收，严格审查竣工报告，使各项维修工程高质量完成。

【加强文物保护对口支援工作】 继续加强对兄弟省市的文物保护对口支援工作。组织省古代建筑保护研究所赴西藏完成了国家三大工程之一的罗布林卡的详细设计工作，并得到国家文物局和国家计委及西藏政府的好评。同时加强对三峡文物建筑搬迁工作的支援，特别是省古代建筑保护研究所承担的重庆段江渎庙、张飞庙搬迁工作，得到了国务院三建委的认可，并因此又获湖北—重庆段的30多项设计、施工和监理工程。在保证西藏和三峡工程的同时，还积极支援西部开发建设，组织有关单位承担了甘肃省嘉峪关魏晋古墓群的保护规划、贵州省福泉市明代城墙的保护设计、四川阆阁县觉苑寺的保护设计等任务。赴经济发达地区的广东省承担了潮州桥的保护设计和广州市北京路宋—明代街面遗迹的加固工程等任务。

在加强国内对口支援的同时，省古代建筑保护研究所还走出了国门，承担了马来西亚观音古寺的保护设计工程，目前该项设计工作已基本完成，并得到了当地的好评和认可。

【继续加强文物保护的基础工作】 2002年，已全部完成新增加的国家级文物保护单位45处和省级文物保护单位203处保护范围的划定和调整工作。至此，全省全国重点文物保护单位96处(99项)，省级文物保护单位666处保护范围已全部划定并报省政府审批。

【大力支持和引导博物馆建设】 2002年，全省新建成国有博物馆4座，即南阳府衙博物馆、叶县县衙博物馆、嵖岈山卫星人民公社旧址陈列馆、峡县“广阔天地大有作为”人民公社陈列馆。2002年5月18日，我国首家股份制博物馆——鹤壁煤业集团公司古典艺术博物馆建成并对外开放，进一步健全了全省以国有博物馆为主导、多种行业、多种所有制博物馆共同发展的博物馆网络体系。

【向社会奉献精美文化产品】 2002年，全省各级各类博物馆充分发挥在社会主义先进文化建设中的主力军作用，利用自身优势全年其举办各类展览200个，接待观众500万人次，创造了良好的经济效益和社会效益。为引导、促进全省博物馆推出更多好的陈列展览，省文物局还开展了全省优秀陈列展览的评选工作，经专家评审，河南博物院的“中原丰碑”、三门峡虢国博物馆的“虢国考古出土文物展”被评为2001年度“河南省优秀陈列展览”。

【提升博物馆整体水平】 2002年，为了加强藏品管理工作，省文物局在全省开展了文物藏品总登记的评选活动，并组织专家组对全省18个市和2个省直文物收藏单位进行了检查验收，促进了全省文物藏品的科学管理。完成三级文物藏品档案5000余份，新征集文物1万余件。在“5.18”国际博物馆日期间，结合“博物馆与全球化”这一宣传主题，推出了展示河南省与世界各国文物交流与合作的“走向世界，传承文明”展览，并组织全省各博物馆进行了形式多样的宣传纪念活动。

【完成了近现代文物保护单位维修和维修方案的制定工作】 2002年，对确山县中共中央中原局旧址整体维修保护方案、嵖岈山卫星人民公社旧址保护方案、罗山县红二十五军长征出发地保护方案进行了完善补充；召开了罗山县红二十五军长征出发地住户搬迁工作协调会，为下一步的维修保护奠定基础。对急需抢救的省级重点文物保护单位刘家宅院、八路军驻洛阳办事处旧址、冀鲁豫军区司令部旧址、徐世昌家祠、河朔图书馆、确山县临时治安委员会旧址、许世友将军故居等7处省级文物保护单位进行了维修，对旧址进行了有效的保护。并对日军驻郑领事馆、范县颜村铺革命文物旧址、吴佩孚司令部旧址、桐柏区委机关办公旧址等维修方案进行了评审论证。

【文物安全保卫工作稳步发展】

继续签订“文物安全经济奖惩责任书”。2002年初,对全省2001年在文物安全保卫工作中作出突出贡献的市和单位进行了表彰奖励,同时与18个市和省直文博单位签订了“2002年度文物安全经济奖惩责任书”,全省各市文物主管部门又与各县(市)文博单位签订目标责任书,极大地调动和强化了全省各级文物主管部门和文博单位做好文物安全保卫工作的积极性和责任感。

狠抓文博单位技防达标工作。认真落实《文物系统博物馆风险等级和安全防护级别的规定》,组织专家对南阳市汉画馆、鹤壁市博物馆、新乡市博物馆等27个文博单位进行了实地考察,并召开了多个技防方案审核会。全年完成10个文博单位的技防达标工作。

坚持经常性的文物安全检查。为了贯彻落实“全国文物博物馆消防安全座谈会”精神,部署全省的文物消防安全工作,省文物局及时召开了“全省文物安全保卫工作会议”,要求各地切实重视文物安全保卫工作,将文物安全工作做细做扎实。会同省、市公安、消防等部门对部分市和省直文博单位进行文物安全大检查。

【加强计划财务管理工作】

多方位、多渠道争取资金支持。2002年,共争取国家补助文物保护经费2712万元,省级文物保护专项经费877万元。此外,还争取省财政安排了1000万元国债资金用于安阳殷墟遗址展示和基础设施建设。完成了2001年度省直文物单位经费及全省文物保护专项经费的决算工作,审核、编制了2002年度全省文物抢救保护项目计划、全省文物保护设施建设计划及重点文物库房建设补助项目计划等。河南博物院的基建资金缺口2187万元于2002年5月到位,目前,整个工程已全部完工,将使河南博物院的功能得到进一步的发挥和体现。

完成全省文物、博物馆单位基本情况普查工作。2002年,按照国家文物局的统一部署,圆满完成了全省文物、博物馆单位基本情况普查工作,为进一步做好文博信息化建设工作打下良好基础。

进一步加强对文物保护专项经费的管理。加强了对文物保护项目方案预算的审核工作,全年共核减预算2000多万元。同时,加强对维修资金的管理和检查、监督工作。先后对罗山红二十五军长征出发地、登封嵩阳书院、洛阳博物馆等十几处维修保护工程进行了检查。会同省财政厅,对《河南省文物保护专项经费使用管理办法》进行了修订,强化了事前监督、预算审核等关键环节,使其更适应新时期管理工作的需要。

【外事外展成绩喜人】 省文物局把文物对外交流工作摆上重要位置,努力为扩大全省的对外开放服务。

文物外展工作成绩显著。在香港回归5周年之际,由河南省独自组织的“华夏文明之源——河南文物精华展”在港成功举办,并两次派河南博物院、省文物考古研究所专家赴港进行学术演讲。展出期间共接待观众13万多人次,创下了全省对外文物展览人数的新记录,引起香港社会各界的广泛关注,由原定9月8日结束延展到11月3日,取得了良好的效果。该展览还在广东省博物馆展出半年。2002年,还积极筹备了拟赴日本的“唐三彩展”、“佛教艺术展”，拟赴美国的“汉唐文物展”，拟赴奥地利的“老子与中华文明展”，拟赴韩国的“三国文物展”等赴外展览。

积极开展文物对外交流。省文物局组织省文物考古研究所业务人员赴韩国参加第七届韩国垂阳介遗址国际学术讨论会，赴台湾参加东亚文化圈的形成与发展国际学术研讨会，赴澳大利亚拉楚布大学进行学术交流，赴日本进行考察和交流。全年共接待来自美国、日本、德国等国家和台湾、香港等地区的文物界专家学者10余批、50余人次，促进了彼此间的友谊，为进一步合作打下了良好的基础。

【社会文物管理工作】 2002年，组织有关单位和人员鉴定文物近2万件，并组织有关人员先后对郑州古玩城、洛阳豫深文博城、洛阳潞泽文物古玩市场内经营的文物监管物品1300余件进行了鉴定。组织为社会各界提供文物鉴定咨询服务百余次，鉴定文物200余件。2002年，省文物局组织国家文物出境鉴定河南站向省高级法院和省司法厅进行了司法鉴定许可证申请，目前正在审批过程中。承办了国家文物局“全国出境责任鉴定员考核”，协助国家文物局完成了有偿征调文物工作。为了探索新时期文物市场经营管理方式，扩大对外宣传工作，省文物局于4月28日成功举办了“第三届全国文物艺术品交流会”。

【人才培训与文物宣传工作成效显著】

人才培训。全年举办了“全省文物建筑专业技术培训班”和“全省文物市场管理干部培训班”，与郑州大学合办了专升本文博班，招收在职学员35名。与北京语言文化大学合办的英语大专班正在顺利进行。组织了财务人员“会计电算化培训班”、“预、决算软件培训班”，成功承办了由国家文物局主办的“国家文物出境（铜器）责任鉴定员考核班”。

文物宣传工作。紧密配合全局工作，及时全面地反映了全省文物工作的成绩，举办了“西坡遗址考古新发现新闻发布会”、“洛阳汉魏故城北魏阊阖门考古新发现新闻发布会”。组织新闻单位对新郑郑韩故城发现东周大型手工业作坊遗址、“5.18”国际博物馆日和“11.19”《文物保护法》宣传日的宣传活动、“河南省第三届全国文物艺术品交流会”等业务活动及时给予充分报道。围绕“5.18”国际博物馆日和“11.19”文物保护宣传日组织了大型系列宣传活动。

文物专刊出版。全年共编辑出版了6期《河南文物工作》。出版了《河南历代名人史迹》。《河南博物馆概览》即将出版（已交付印刷）。《河南文物志（续编）》工作进展顺利。

（河南省文物局）

湖 北 省

【概况】 湖北省是楚文化的发祥地，也是中国近现代革命的重要策源地之一，文物资源十分丰富，有文物大省之誉。新中国成立以来，特别是改革开放以来，通过全省文物工作者的努力，文物事业得到全面发展，已初步形成了反映湖北历史文化特色的文物保护和宣传网络。文物事业已成为社会主义文化教育事业的一个重要组成部分，日益发挥着重要作用。截至2002年底，全省有各类不可移动的文物点1.5万处，其中全国重点文物保护单位52处，省级文物保护单位456处，县级以上文物保护单位3000余处。10座省级历史文化名城中，荆州、武汉、襄樊、随州、钟祥5座为国家历史文化名城。有武当山古建筑群、明代显陵两处世界文化遗产。各类文博单位168个,其中,博物馆112个,文管所41个,考古所(队)4个,文物商店2个。全省现有文博职工2960人,其中高级职称174人,中级500余人。

【文物内涵丰富,具有较高价值】 旧石器时代距今100万年左右的郧县人头骨化石、距今10万年左右的长阳人骨化石,以及我国迄今发现的第一个在平原上活动的旧石器人类遗址——江陵鸡公山遗址;新石器时代高度发达的屈家岭文化、石家河文化,以及走马岭、阴湘城城址;迄今发现最早的前朝后寝宫殿建筑典范——商代盘龙城城址;春秋战国时期的楚郢都纪南城和黄石铜绿山古矿冶遗址;荆州、荆门、当阳等地蕴藏丰富文物的楚墓,以及出土珍贵编钟的随州曾侯乙墓;出土记载秦代编年史竹简的云梦秦墓;出土西汉简牍与古尸的江陵西汉墓;三国六朝时期的武昌、鄂州墓葬;隋唐时期的武汉地区墓群,等等,都在全国有着重要影响。文物藏品丰富,品位极高。全省文物藏品61.5万余件,位居全国第六,其中一级藏品2876件(套),国宝级文物19件(套)。最大的商代玉戈、被称为"世界第八大奇迹"的曾侯乙编钟、享誉中外的越王勾践剑、有"丝绸宝库"之称的楚墓出土的丝绸、"改写中国思想史"的荆门郭店楚墓出土的目前中国最早的老子简、写入中学教材的云梦秦简等等,无不享誉国内外。

【文物古建筑丰富,风格独特】 以两处世界文化遗产武当山古建筑群、钟祥明代显陵为龙头,形成了五大系列:鄂州吴王城、荆州古城墙、当阳关陵、襄樊城墙、古隆中等三国文物建筑及三国古战场赤壁石刻,利川大水井、鱼木寨、咸丰土司王城、来凤仙佛寺等少数民族建筑,武当山、长春观等道教建筑和黄梅四祖五祖寺、襄樊广德寺、武汉宝通寺、归元寺等佛教建筑为代表的宗教建筑,钟祥明显陵、江夏龙泉明代楚藩王墓群、李自成墓为代表的明代王陵建筑,秭归屈原故里、昭君故里、襄樊米公祠、黄州东坡赤壁等历史名人纪念建筑。

【博物馆数量超百,形成五大体系】 建成了综合性、专门性博物馆、纪念馆112个,数量位居全国第二,形成了五大体系:以省博物馆、荆州市、荆门市为代表的楚文化特色博物馆,以辛亥革命武昌起义纪念馆、武昌起义门管理所为代表的辛亥革命史纪念馆,以红安七里坪革命旧址纪念馆、湘鄂西革命根据地旧址纪念馆等为代表的革命斗争史纪念馆,以李时珍纪念馆、闻一多纪念馆等为代表的历史文化名人纪念馆,以恩施州博物馆为代表的民族博物馆。举世瞩目的中山舰整体打捞成功并完成全面维修。1998~2002年,全省各级文博单位共举办展览1000余个,接待观众近1800万人次。省博物馆、辛亥革命武昌起义纪念馆、武昌农讲所纪念馆、李时珍纪念馆等8个单位被中宣部评为全国百个爱国主义教育示范基地。

【文物对外交流影响不断扩大】 以曾侯乙编钟、越王勾践剑、丝绸、漆器等楚文物精品为龙头,先后在美国、日本、欧洲、新加坡和中国台湾、香港等地主办或联办了"湖北出土文物展"、"湖北出土战国秦汉漆器展"、"曾侯乙墓特别展"、"孔子时代的音乐文物展"、"中国钟铃艺术展"、"中山舰出水文物展"等10余个文物展览,扩大了湖北文物在海外的影响。

【文物保护技术的科技含量较高】 古代漆木器、竹简脱水,编钟复制及编磬复原,青铜镜的研究及仿制,黄石铜绿山古矿冶遗址的原地保护等文物保护项目获得了重大科研成果。黄石铜绿山古矿冶遗址的原地保护获省科学技术进步一等奖，编钟复制、漆木器定型加固技术获文化部科技成果一等奖，编磬复原获国家发明三等奖。国家文物局的漆木器文物脱水保护基地设在荆州博物馆。鄂州青铜透光镜仿制技术，在国内外有较为重要的影响。

【"四有"工作逐步深入】 开展全省文物普查，查清了全省文物分布情况，出版了反映全省文物普查成果的《中国文物地图集·湖北分册》。审定公布了4批省文物保护单位。文物保护单位的"四有"工作逐步深入，已完成了国家级和省级以上文物保护单位的保护范围和建设控制地带的划定。2000年省政府办公厅公布了全部国保单位和部分省级文物保护单位的保护范围和建设控制地带。文物藏品的征集收购与保管等基础工作亦得到进一步加强。

【配合基建搞好文物保护】 全省在文物保护工作中，注意协调文物保护与生产建设、旅游发展的关系。20世纪80年代末，在国务院的直接关心下，较为成功地协调了黄石铜绿山古矿冶遗址与采矿生产的关系，确定了铜绿山古矿冶遗址原地保护的原则。1997年建成通车的襄樊市长虹江汉大桥，最初选址在江面较窄、施工难度较小的襄阳古城墙夫人城附近，通过文物部门的反复宣传和做工作，襄樊市认识到文物在襄樊这一全国历史文化名城中的重要性，修改了原方案，将桥址西移500米，建在江面较宽、施工难度较大的地段，多建了1000多米长的引桥，增加4000多万元的投资，但是却保护了夫人城古城墙周边环境风貌不受破坏。全省还特别注重抓好配合建设工程的文物保护工作。配合三峡工程、京九铁路等国家大型重点建设，用这些项目列支的专项经费做好文物保护。黄黄公路、宜黄公路、长荆铁路等省级建设项目的文物保护也圆满完成。省重点工程襄荆高速公路，列支的文物保护经费达400余万元。在配合建设工程的一系列文物保护工作中，已取得了应城门板湾、包山大冢、九连墩墓、荆门左冢等重大考古发现。

【文物抢救保护工作取得成效】 对全省重点文物建筑进行抢救性维修，使一批濒于垮塌的文物建筑得以妥善保护，并对外开放。2002年安排省级文物保护专项资金仍为400余万元，其中武当山专款100万元、荆州古城墙专款75万元。为支持显陵申报世界文化遗产，省政府及当地政府共投入数百万元资金，对钟祥明显陵进行了维修及环境整治。

【加强对古墓葬安全防范工作】 近几年，加大了对犯罪分子的打击力度。针对盗掘古墓葬的歪风，1995年，省委在荆州召开了严厉打击盗掘古墓葬犯罪活动的专题会议。会后，加大了打击力度，尤其对6名罪大恶极的盗墓、盗窃文物的犯罪分子依法处以极刑，极大地震慑了犯罪分子，使不断蔓延的盗掘古墓葬恶风被迅速刹住。2000年针对出现的死灰复燃的盗墓情况，省公安厅组织荆州、荆门、宜昌三地公安部门进行专项打击斗争，取得了明显成绩。在打击的同时，加强了对古墓葬尤其是荆州、荆门、当阳、枝江等14个重点市县古墓葬的安全防范，实行警民联防，建立和完善了县、乡、村、组四级文物保护网络，责任到户、到人。

【加强文保单位的开放工作】 为充分发挥文物的教育功能，以利用促保护，从而达到保护、利用双赢的目的，目前的主要途径有：

*开放为参观场所。*如宜昌市的聂家河古

兵寨遗址，是三峡地区一处重要的军事设施遗址，石块垒砌的兵寨连绵30公里长，兵室、战壕、箭垛、瞭望口、峰火台等仍有保留，现将其开辟为参观场所。

设立专门的纪念馆。如全国重点文物保护单位洪湖瞿家湾革命旧址辟为瞿家湾革命纪念馆，七里坪革命旧址辟为七里坪革命纪念馆，等等。

以文物旧址为依托，建设综合性博物馆。如国民政府第五战区司令李宗仁长官部旧址，是抗战时期李宗仁的指挥部，现依托这一文物建筑建立了老河口市博物馆；德安府儒学大成殿是一处明代的学府，保存完好，现依托原有建筑设立了安陆市博物馆。

这样，既保护了原有文物建筑，又发挥了文物建筑的作用，是文物保护与利用相结合的好例子。全省省级以上文物保护单位，除古遗址、古墓葬外，大都通过以上方式得到不同程度的利用。

【加强博物馆和爱国主义教育基地建设】

着重抓好建设重点博物馆、举办精品陈列等工作，使文物在对广大人民群众进行爱国主义和革命传统教育上的作用得到充分发挥。近几年来，省委、省政府十分重视省博物馆的建设。根据省博物馆建设已确定的一主两翼的总体布局，全面建设完成的省博物馆将成为全省乃至全国精神文明建设的一个亮点。武汉是辛亥革命武昌起义、打响中华第一枪的地方。为了开发利用好辛亥首义历史文化资源，省委、省政府十分重视辛亥革命史迹的维修、环境整治和陈列展示。辛亥革命博物馆的主楼维修、环境整治和陈列展览已于2001完成并对外开放，取得了良好的社会效益。地方政府也十分重视博物馆的建设，以发挥当地文物资源的优势。武汉市政府投资6600万元建成的武汉市博物馆已对外开放。荆州在发挥原有馆舍功能的基础上，续建的珍宝馆已对外开放。在抓好重点博物馆建设的同时，注重举办精品陈列。先后举办的“曾侯乙出土文物展”、“辛亥首义史迹陈列展”、“江汉平原先秦文明展”、“武汉古代历史陈列”等一系列精品展览，吸引了一大批观众，使文物博物馆单位的爱国主义教育基地作用得到充分发挥。“江汉平原先秦文明展”、“武汉古代历史陈列”还分别被评为国家文物局全国十大陈列精品展。

【文保城建相得益彰】 随着社会的进步和发展，文物的作用日益凸现，尤其是将其作为一种资源，在扩大社会影响，提高知名度上发挥越来越重要的作用。文物部门利用文物的这个优势，积极参与，使文物在城市改造中发挥积极作用，从而也使文物得到有效保护。在大规模的城市改造，尤其是旧城改造的过程中，常常会涉及文物保护单位。文物部门的主动参与，是文物能得到有效保护和发挥作用的重要前提。在武汉市城区的改造过程中，在文物部门积极参与规划下，政府及城建部门斥资数千万元拆除了文物保护单位、历史优秀建筑周边的违章建筑，对文物保护单位、历史优秀建筑进行了维修，并依托这些文物保护单位、优秀历史建筑，建立了街头博物馆和步行街。这样，一方面使文物得到有效保护；另一方面，这些文物保护单位、优秀历史建筑在树立武汉城市形象、提高武汉城市品位中发挥了积极作用。可以说，文物保护与城市改造获得了双赢。文物保护与城市改造在武汉已经步入良性循环的轨道。在利用辛亥首义历史资源上更是如此，武汉市政府建设了首义历史文化广场，使全国重点文物保护单位——红楼(辛亥革命武昌起义纪念馆)等辛亥首义史迹的周边环境得到了极大改善；省文物部门整治及陈列布展的红楼也成为首义文化广场上最亮的景点。不仅如此，武昌区政府依托首义历史文化广场周边丰富的辛亥革命史迹，建设首义历史文化区的规划已经形成，依托众多文物保护单位建设的武昌首义文化街区，必将成为武汉城市的一个亮点，同时，武汉这座国家历史文化名城的内涵也得到充分诠释。

【文保旅游相互促进】 在实施三峡文物保护工程中，将淹没区内的文物建筑实行集中复建的保护办法，如将秭归县淹没区的江渎庙、屈原祠等14处文物集中复建在新县城的凤凰山上，既保护了文物，又兼顾了旅游作用的发挥。加大了神农架林区文物保护的力度，发掘了距今10万年的犀牛洞化石点，计划维修三闾书院等文物建筑，以增加神农架旅游资源的人文含量。在工作实践中我们体会到，充分发挥文物在扩大宣传、提高当地文化内涵、发展旅游上的作用，调动当地政府的积极性，是协调文物保护与生产建设关系的重要途径。

（湖北省文物局）

湖 南 省

【概况】 2002年，湖南省文物保护“五纳入”工作取得新的突破。各级政府将文物保护与经济建设和精神文明建设相结合，努力实现文物资源的可持续利用和文物事业的可持续发展。省政府发出《湖南省人民政府关于公布省级文物保护单位的通知》，公布全省第七批省级文物保护单位116处，并划定了保护范围和建设控制地带。湘西龙山里耶古城遗址考古发掘工作取得重大突破，省政府补充公布该遗址为省级文物保护单位。全省完成全国重点和省、市、县级文物保护单位维修项目48处，文物保护状况有了较大的改善。任弼时纪念馆、长沙简牍博物馆建设工程全部完成，岳麓书院数字化博物馆建设进展顺利，郴州市博物馆实现部分对外开放，益阳市博物馆新馆建设也已批准立项。

【文物保护“五纳入”工作取得突破性进展】 2002年，全省的文物保护“五纳入”工作取得了新的突破，成为全省文物工作持续稳步发展的保证。在省委、省政府的统一部署和高度重视下，各级政府认真履行职责，逐步形成了一套抓配合、抓试点、抓落实、抓培训、抓宣传、抓表彰的有序推进“五纳入”工作的具体措施。全省文物保护“五纳入”工作得到中央五部委“五纳入”工作检查组和国家文物局的充分肯定，他们认为湖南文物保护“五纳入”工作认识水平高，标准高，具体措施实，其经验可操作性强，“五纳入”工作在全国居于先进水平。为进一步推动文物保护“五纳入”工作，完善工作经验，2002年4月，省政府在浏阳市召开了全省文物保护“五纳入”工作现场会，公布第一批26个文物保护“五纳入”工作示范县，并举行了隆重的授牌仪式。长沙市、浏阳市、南岳区、双峰县、绥宁县、隆回县、通道县、宁远县政府在会上介绍了统一思想、提高认识，拓展思路、强化措施，全面推广文物保护“五纳入”工作的经验。12月，省政府发出《湖南省人民政府关于表彰第二批文物保护“五纳入”工作先进县(市)的通知》，对文物保护“五纳入”工作突出的浏阳市、炎陵县、安仁县、双峰县和通道县予以通报表彰。12月20日，唐之享副省长在全国文物工作电视电话会议上，就全省文物保护“五纳入”工作做了经验介绍。随着文物保护“五纳入”工作的日渐深入，各级政府普遍增强了文物保护的意识和责任感，把文物保护纳入了目标管理责任制，将文物保护作为考核领导干部政绩的依据之一。各级领导亲自抓好对经济和社会发展影响较大的文物保护和开发项目，严肃查处法人违法、破坏文物等案件，协调落实文物保护经费，组织制定并实施文物事业发展规划。2002 年全省文物工作各方面成绩的取得，与文物保护“五纳入”工作的发展互相促进，相辅相成。

【文物保护】 2002 年，全省新增省级文物保护单位 116 处，其中近现代纪念建筑及重要史迹 41 处，古建筑、纪念建筑物 61 处，石刻及其他 4 处，古遗址、古墓葬 10 处。这是省政府公布的第七批省级文物保护单位。至此，全省已有省级文物保护单位 327 处。2002 年，全省完成了全国重点文物保护单位任弼时故居、邵阳北塔、沅陵龙兴寺旃檀阁的维修和省级文物保护单位罗荣桓故居、黄克诚故居、谭震林故居、益阳三台塔、浏阳欧阳予倩故居等一批文物保护单位的维修任务，省级文物保护单位平江杜甫墓、祁阳文昌塔的维修工程也即将竣工。韶山冲毛泽东同志故居历史环境恢复工作、征地拆迁和南岸的维修任务已经完成，谢家屋场已按 1959 年的原貌重建土砖房子，征收的三口池塘已有两口完成清淤，所有架空线路全部拆除改为地埋，故居以及南岸的消防管道重新铺设。由著名专家组成的专家组对澧县城头山遗址博物馆“土遗址窄槽注浆防渗技术”科研项目技术成果进行了评审鉴定，获得通过。对浏阳市和炎陵县部分建筑物上红军标语的揭取也获得成功。

【考古发掘】

里耶古城出土简牍 3.6 万枚。2002 年 4 月，为配合碗米坡水电站建设，省文物考古研究所会同湘西自治州有关部门，对龙山县里耶战国—秦古城进行了抢救性考古发掘，获得特别重大的考古新发现。出土战国至秦代简牍 3.6 万枚，多为官署档案文书，文字内容涉及当时社会各个层面，有当时的历史大事、民族关系、军事战争，还有通邮、军备、算术运算、日常记事等等，所提供的史料信息，将从根本上改变几千年来战国秦汉学术史的面貌，弥补史料的缺佚，在中国学术史、文化史上有着特别重要的地位和意义，被国家文物局专家组称为“进入 21 世纪以来中国考古学上最为重要的发现”。2002 年 9 月，省政府发出《湖南省人民政府关于补充公布湘西龙山里耶古城遗址为省级文物保护单位的通知》，将里耶古城列为省级文物保护单位。11 月，国务院发出《国务院关于增补里耶古城遗址为第五批全国重点文物保护单位的通知》，公布里耶古城遗址为全国重点文物保护单位。省委、省政府对里耶考古发现非常重视，省委、省政府领导多次和国家文物局领导及国家文物局专家组交换意见，研究里耶古城遗址保护问题。省委书记杨正午，省委副书记文选德，省委副书记、常务副省长周伯华，省委常委、省委宣传部部长黄建国亲临里耶考察。8 月 3 日，杨正午、文选德、周伯华、谢康生、黄建国等 5 位省委常委在省文物考古研究所召开常委会议，研究并决定了里耶古城文物考古发掘保护经费、里耶古镇建设和文物保护规划等方案。

古舜遗址初露端倪。省文物考古研究所对宁远县九疑山乡九疑洞村古舜陵庙遗址进行了勘探试掘，取得初步成果，秦汉至宋元时期古舜陵庙遗址在九疑山初露端倪。初步探明秦汉至宋元时期古舜陵庙遗址南北长 200 米，东西宽 160 余米，占地 3.2 万平方米，进一步认证了史料所记载的舜帝陵在九疑山，秦汉时期立庙于玉蟾岩的史实，为我国即将开展的“五帝时期断代史工程”提供了物证。

发现千年理学名村——江永上甘棠村。

这座建于唐天宝年间的古村落,至今保存有宋、明、清、民国各个时期的摩崖石刻31方,其他碑刻200多方及大量的石刻构件。该村保存了唐宋时期的里坊制度,是研究我国古代村落史、湘南民俗史、民族史以及宋明理学的珍贵实物资料。

【文物鉴定】 全省国有文物收藏单位馆藏文物的鉴定工作正式启动。12月,省文物局组织省文物鉴定委员会完成了对常德市9个文物收藏单位14598件文物的鉴定工作。特别是汉寿县出土的57件东汉时期金银器和2件西周时期青铜编钟,鉴定为珍贵文物的56件,其中一级文物6件,二、三级文物50件。

【爱国主义教育基地和博物馆建设】 2002年,全省各有关市县抓住周年纪念活动机遇,进一步加强革命纪念地、爱国主义教育基地保护管理和宣传利用工作,在保护管理工作中继续坚持把近现代革命旧址的维修保护和纪念馆、陈列室的建设发展科学合理地结合,在建设的同时,加强环境风貌的保护,逐步实现旧址、陈列和环境三位一体的有效保护和合理利用。重点进行了毛泽东故居、任弼时故居和纪念馆、罗荣桓故居和陈列室、秋收起义旧址和纪念馆、黄克诚故居和陈列室以及谭震林故居和陈列室以及湘西剿匪胜利纪念堂的维修保护、环境整治和陈列展览。多年来影响毛泽东故居环境的毛家饭店被拆除,罗荣桓故居周围的古街、古井、古戏台得到较好的整治,罗荣桓生平业绩陈列、黄克诚生平业绩陈列、谭震林生平业绩陈列、秋收起义文家市会师纪念馆陈列等相继开放。任弼时生平业绩陈列、“中国出了个毛泽东”等陈列的布展工作也在进行之中。衡阳市博物馆、娄底市博物馆、郴州市博物馆、罗荣桓生平业绩陈列室、谭震林生平业绩陈列室相继建成并对外开放。省博物馆“湖南商周青铜器展”、“湖南名窑陶瓷陈列”、“湖南考古十大新发现陈列”、“马王堆汉墓陈列展”、“湖南明清绘画陈列”等五大基本陈列完成布展并对外开放。在韩国汉城国立艺术中心举办的“马王堆汉墓特展”、在台湾举办的“楚文化特展”,都获得好评。长沙市博物馆抓住旅游黄金周的契机,成功举办“国防教育展览”,取得良好的经济效益和社会效益。2002年,全省共举办各类陈列展览215个,观众达420万人次。省博物馆观众43万人次,门票收入717万元;岳麓书院观众50万人次,门票收入600万元;刘少奇同志纪念馆观众68万人次,门票收入591万元。

(湖南省文物局)

广 东 省

【文物资源】 广东省现有国家历史文化名城6座,省级历史文化名城16座;全国重点文物保护单位48处,省级文物保护单位268处,市、县级文物保护单位近2000处;古文化遗址2000多处,古墓葬约1600多处,古建筑4000多处,近现代重要史迹和代表性建筑1200多处。

【文物抢修与维护】 1995年以来,在全省各级政府和社会各界的大力支持下,开展了新中国成立以来规模最大的文物抢救维修工作,全省投入的文物保护经费已达数亿元,远远超过了前40年的总和,对黄埔军校旧址、广州农民运动讲习所、海丰红宫红场、林则徐销烟池与虎门炮台遗址、洪秀全故居、潮州开元寺、韩文公祠、云龙寺塔、肇庆古城墙等近百处文物保护单位进行了维修。2002年,对全国重点文物保护单位开平碉楼、孙中山大元帅府、许驸马府、德庆学宫、广州国民党“一大”旧址，以及省级文物保护单位清晖园、广济门城楼、国恩寺、通真岩、澌溪寺塔、双峰寨、双清楼等进行了修缮。3月19日，省考古所与香港合作修缮的香港“敬罗家塾”获联合国教科文组织亚太区2001年文物古迹保护杰出项目奖。7月17日，省政府核定公布了第四批省级文物保护单位122处。省文化厅与省建设厅联合对全省历史文化名城进行检查。依法审核或审批在文物保护单位和建设控制地带内的建设工程以及保护规划21项。

【申报世界文化遗产工作取得进展】 申报世界文化遗产是广东省前所未有的一项填补空白的工作。2001年11月27日，省政府成立了申报世界文化遗产领导小组，开平碉楼完成了中、英文申报文本和保护规划的编审、报送工作，《广东省开平碉楼保护管理规定》已于2002年7月16日经省政府第九届96次常务会议通过。另外，广州市也在进行南越国遗址专项保护规划的编制和立法工作。

【名城保护】 编制专项保护规划是做好名城保护工作的重要前提。经过努力，已经完成并经省政府批准的名城专项保护规划有广州、潮州、肇庆、佛山、罗定、梅州、雷州、英德、韶关、南雄等。近年来，广州市对名城保护加大了工作力度，制定了《广州历史文化名城保护条例》，并在实施过程中不断完善和深化名城保护规划；东莞、梅州等地也正抓紧制定大型古建筑群的保护规划。

【考古取得显著成绩】 2000年和2001年发掘的博罗县横岭山先秦墓地和深圳屋背岭遗址，分别被评为当年全国十大考古新发现。2002年，“南海一号”水下考古取得了丰硕成果，发现宋代瓷器4000件，摸清了船体位置，国家文物局已同意将亚洲第一个水下考古基地建在广东省阳江市。

【博物馆事业快速发展】 1993年～2002年，全省新建了南越王墓博物馆、深圳市博物馆、省华侨博物馆、番禺博物馆、虎门海战博物馆、孙中山故居纪念馆和广州艺术博物院等30座博物馆，扩建了19座博物馆，极大地提高了全省博物馆的质量和档次。南越王墓博物馆于1999年被国际建筑协会列入20世纪建筑精品，深圳市博物馆举办的“近代深圳”、广州市文化局主办的“羊城文物珍藏”和孙中山故居纪念馆举办的“孙中山先生生平事迹展览”分别被国家文物局评为1997和1999年全国十大陈列展览精品。广州艺术博物院的“藏品陈列”和东莞海战博物馆的“鸦片战争海战陈列”分别获得2000年度全国博物馆陈列最佳制作奖和最佳形式设计奖。2001年，孙中山故居纪念馆陈列楼的装饰工程获得全国建筑工程装饰金奖。至2002年底，全省有博物馆、纪念馆160多座，馆藏文物54万多件。举办陈列展览2000多个，观众800多万人次。博物馆队伍2700多人，其中高级职称53人，中级职称219人。根据国家文物局和公安部2000年下发的《文物系统博物馆风险等级和安全防护级别的规定》通知要求，省文化厅与省公安厅开展了全省性的文物安全消防检查工作，对17个地级市50个文博单位进行了检查。省政府同意投资数亿元的省博物馆新馆落户广州珠江新城。全省文博单位开展的“5.18”国际博物馆馆日宣传活动，参观博物馆的人数超过50万，提高了公民的文物意识。基本完成了全省馆藏文物的定级鉴定工作，走在了全国前列。

【严厉打击文物犯罪活动】 长期以来，省文化、公安、海关、工商等部门之间密切合作，严厉打击了文物犯罪活动。2001年，省文化厅、省公安厅、省工商局和海关总署广东分署组成了打击文物犯罪协调小组，建立了联席会议制度和联络员制度。省文化厅还和广州海关、深圳海关签署了共同打击文物走私犯罪的合作备忘录。1999年以来，广州、深圳、拱北海关将历年查获的走私文物约6万件移交给省文化厅，广东成为全国海关系统向文物部门移交文物数量最多的省。2000年，广东是全国第一个给拍卖企业核发"文物经营许可证"的省。2002年，省文化厅核定文物购销单位18家，文物代销点10个、文物拍卖企业10家，审核文物拍卖活动60多场。与公安、工商、海关和经贸部门开展全省整顿和规范文物市场秩序工作，取缔非法文物市场1个，撤销逾期年审的文物市场1个，取缔超范围经营者100多户，查扣文物85件。

【积极开展文物干部培训】 自1996以来，省文化厅先后举办14期文物培训班，其中4期在境外举办，参加人员达500多人次。南海市文化局、东莞市文化局、梅州市文化局等也先后举办了文物培训班。此外，还选派人员参加国家文物局举办的各类培训班。2002年4月10~16日，曹淳亮厅长率领省博物馆赴香港举办"广东传统工艺展"。7月20~30日省文化厅和香港康乐及文化事务署组织粤港两地100多名青少年，在有500年历史的全国重点文物保护单位佛山市南风古灶，举办"首届粤港青少年陶艺夏令营"。7月25日~8月26日，广东省文物保护与博物馆管理培训班一行20人赴德国培训。通过培训，极大地提高了全省文博队伍的整体水平，培养了一批作风正、专业水平较高的文博人才，为全省文博事业的发展奠定了良好基础。

（广东省文化厅文物处）

广西壮族自治区

【概况】 近年来，广西壮族自治区文博事业在各级党委、政府的重视和国家文物局大力支持下，始终贯彻"保护为主，抢救第一，合理利用，加强管理"的文物工作方针，在文物保护、博物馆建设等方面取得了突出的成绩。到2002年底，全区共有各级文物保护管理机构、博物馆106，其中博物馆、纪念馆50个、文物管理所（站）49个、文物工作队2个、文物商店5个。市、县都有文物保护管理机构，已经形成全区覆盖面100%的三级文物保护网络。全区登记在册的不可移动文物点有1万余处。已公布各级文物保护单位1937处，其中全国重点文物保护单位22处（62个点）、自治区文物保护单位276处，市、县级文物保护单位1300余处。另有桂林、柳州两座国家级历史文化名城。全区各级博物馆、纪念馆、文物收藏单位共收藏各类文物24万件（套），其中一级文物289件（套），二级文物4000多件（套）。全区文博工作人员900余人，其中获得高级专业技术职称人员53人。

全区的文物保护、博物馆事业的发展处于快速发展的新时期。2001年10月，自治区政府启动广西民族博物馆建设项目，2002年，自治区财政安排建设资金1.5亿元，列为自治区2003年重点建设项目投资，建设投资第一期经费5005万元已经到位。2002年，自治区政府组织检查组对柳州、合浦等市、县的文物项目实施情况进行了检查。自治区政府多次召开主席办公会议，对广西师范大学王城校区的搬迁及靖江王府的保护作明确部署，并决定2004年底前将王城校区的教学、科研等基本设施全部搬迁到育才校区。2002年，自治区主席李兆焯、自治区党委副书记刘奇葆等主要领导分别到各地检查文物工作，指示拨出680万元专款支持龙州起义纪念馆、东兰革命纪念馆的建设、改造，及西林岑氏土司衙署的保护维修。自治区财政预算中用于文物保护、维修、编制保护规划、博物馆建设、消防、技防、文物征集、重点文物藏品保护、修复等方面的投入逐年大幅增加。2001年为271.5万元，2002年1140万元，2003年5835万元。其间，国家、自治区两级财政已投入8658.5万元。

各级地方政府对文博工作的重视程度也在逐年加深，资金投入稳定增长。南宁市委、市政府将文物保护工作列为为民办事的20件大事之一，并投资建设南宁孔庙博物馆；柳州市、桂林市、梧州市拨出资金对文物保护单位进行维修。

【文博工作成绩喜人】 近年来，全区广大文博工作者辛勤工作，推动全区文物博物馆各项工作迈上新台阶，取得新成绩。2000年，百色旧石器成果以“人类起源研究再添新证；百色旧石器挑战‘莫氏线’理论”，被科技部评为“2000年中国基础科学研究十大新闻”。百色起义纪念馆“百色风雷”获2000年度“全国十大陈列展览精品”。2001年6月，龙州中国工农红军第八军军部旧址（红八军纪念馆）、八路军桂林办事处旧址和百色起义纪念馆被中宣部列入爱国主义教育示范基地。至此，全区已有6个全国百个爱国主义教育示范基地。2001年，广西获“延安杯”讲解比赛团体三等奖。百色市革新桥遗址发掘成果获“2002年全国十大考古新发现”之一。2001年10月，百色起义纪念馆、田东县右江革命纪念馆韦爱桃、贺州市博物馆胡庆生分别获得国家文物局2001年度“郑振铎—王冶秋文物保护奖”集体奖、个人奖。2002年12月桂林市桂海碑林博物馆被人事部、国家文物局授予“全国文物系统先进单位”称号，广西自然博物馆王顾、百色右江民族博物馆黄芬被国家文物局授予“全国文物系统先进个人”称号。这些国家级重大奖项显示了广西文物、博物馆工作长期努力终出成果。

【文物保护抢救成效显著】 近年来，广西各级文化行政管理部门认真贯彻落实文物保护的方针，积极开展文物的保护抢救工作。全区已经完成及正在进行的文物保护工程项目45个，包括兴安灵渠小天平、桂林靖江王陵庄简王陵、李宗仁故居（包括官邸）、忻城莫土司衙署、贺州临贺故城等10个全国重点文物保护单位以及富川瑶族自治县百柱庙、横县伏波庙、龙州县陈勇烈祠、柳州市乐群社等35个自治区、市文物保护单位的抢救、修缮。完成了合浦汉墓群、桂林靖江王陵、桂平金田起义地址、兴安灵渠、桂林甑皮岩遗址等5个全国重点文物保护单位的保护规划，正在编制的还有忻城莫土司衙署、贺州临贺故城、凭祥、龙州连城要塞等保护规划。桂林桂海碑林建设、甑皮岩遗址保护、西林岑氏土司衙署修缮和合浦汉墓保护等大型文物保护工程也将在年内启动和推进。2002年，自治区政府公布划定了全国重点文物保护单位、自治区文物保护单位保护范围和建设控制地带20处。

【考古发掘取得可喜成果】 近年来，广西开展了极其有效的地方文物调查、发掘抢救工作，共完成考古调查发掘、抢救项目36项，取得了较好的效果。

田野考古发掘。全区田野考古发掘工作继续贯彻国家“重点保护、重点发掘，既有利于经济建设又有利于文物保护”的“两重两利”原则，配合经济建设对田东—德保二级公路、横县六景－兴业高速公路、

百色罗村口高速公路、洛（阳）湛（江）铁路、龙滩水电站（广西境内）建设等19个项目的工程建设用地范围的古墓葬、古遗址进行了抢救发掘，抢救了一批文物，支持了国家的经济建设。2001～2002年连续两年派出专业人员支持三峡库区中线新生三队墓群和洋渡新街墓群、万州县黄陵嘴遗址等项目的抢救发掘工作。

课题性考古发掘。近年来，进行了百色盆地上宋旧石器时代遗址、百色市革新桥新石器时代遗址、资源县晓锦遗址、桂林市甑皮岩遗址、合浦县大浪汉城城址等项目的课题性发掘12项。这些遗址的调查及考古发掘取得了丰硕成果。其中，百色市革新桥遗址发掘成果获得2002年"全国十大考古新发现"之一。

古生物、古脊椎动物化石、动物资源及自然科学项目的调查、发掘。共5项，其中扶绥县那派盆地茏草岭恐龙化石发掘、宁明盆地中新生代鱼类化石的调查等项目在国内学术界有较大的影响。

【博物馆建设成绩斐然】 近年来，全区的博物馆建设有了一个良好的开端，百色起义纪念馆、东兰革命纪念馆和一批中心文物库房陆续完工并投入使用。龙州起义纪念馆、柳州市博物馆、南宁市孔庙博物馆、广西民族博物馆、桂林桂海碑林博物院等中心城市博物馆的建设和南丹里湖乡白裤瑶族、靖西旧州壮族和三江侗族自治县侗族等少数民族生态博物馆建设将是广西博物馆发展局面的主要特征。仅这一项事业建设，"十五"期间全区的投入将达3亿多元。

【注重文物的开发利用】 发挥广西优势，以爱国主义、革命传统和乡土风情为主题，选择一些具有广泛影响和重大纪念意义的博物馆、纪念馆、遗址进行重点建设，充分发挥其爱国主义教育作用。

百色市的田阳县、田东县、右江区开展了"右江百里文明河谷"的文物与旅游相结合的宣传活动。组织旅游团参观右江工农民主政府旧址、中国工农红军第七军军部旧址、高岭坡遗址、百谷遗址、清风楼等全国、自治区文物保护单位及田东右江革命纪念馆、百色起义纪念馆、右江民族博物馆等。

为了提高广西的知名度，将青花梅瓶展览推向全国，乃至世界。2001年5月16日～6月16日桂林博物馆在北京中国历史博物馆举办"靖江藩王遗粹——桂林明代梅瓶展"，展出明代青花梅瓶99件，其中一级文物8件，二级文物80件，三级文物11件。展出期间举办了系列学术活动。

2001年8月28日～10月10日广西、云南、贵州三省区"声震神州——滇、桂、黔铜鼓大观"在中国历史博物馆举行。广西参展文物48件，其中一级文物30件。参观观众达1万人次，观众反响强烈。

2002年9月20日～2003年3月20日自治区博物馆和陕西历史博物馆联合在陕西历史博物馆举办"美丽的广西——广西民族文化展览"。参展文物130件（套），展出文物有出土文物、民族民俗文物等。

2002年10月18日～2003年4月18日在桂林博物馆举办"奥地利萨尔茨堡民俗文化展览"。展出奥地利萨尔茨堡州方面提供文物展品21件及其他展品，共计203件（套）。这些展品中有相当部分是当地的民族民俗文物。

【开展内外学术交流活动】 全区的文博单位和日本、美国、法国、越南和香港、台湾等国家和地区的专家、学者建立联系，开展学术研究交流。与日本合作开展中国古代铜鼓研究，与美国等学者合作对百色旧石器进行研究等。还与越南考古研究院、历史博物馆，香港文物古迹研究所等单位进行互访，并举行各种学术研讨会，对广西文物的精华进行研究和宣传。

【文物安全保护进一步加强】 长期以来，广西博物馆的安全消防设施建设比较滞后，严重缺乏。2001 年开始，文物保护单位、博物馆的安全消防设施建设工作列入自治区文化厅文物工作的重点。近年来，国家安排资金 210 万元，自治区财政共安排资金 129 万元，完善了全州燕窝楼、桂林博物馆、柳州地区中心文物库房（象州县）、百色右江民族博物馆、三江侗族自治县博物馆、昭平县文物管理所等 13 个文物保护单位、文博馆（所）的安全消防设施。与此同时，还与自治区公安厅开展全区文物系统博物馆、文物保护单位二、三级风险单位评定工作，为今后完成文物安全防护级别达标工作奠定了基础。至此，广西现有一级风险单位 23 个，二级风险单位 29 个，三级风险单位 19 个。

【提高群众文物保护意识】 1993 年自治区颁布《广西壮族自治区文物保护管理条例》，这对于广西贯彻实施《文物保护法》，依法做好文物工作起着重要的作用。2002 年 5 月，广西各地文博单位开展声势浩大的“5.18”国际博物馆日宣传活动，扩大了影响，取得较好的效果；活动结束后还评选出组织一、二、三等奖和优秀奖名单，并颁发奖金予以鼓励。为了宣传、贯彻新修订的《文物保护法》及全国文物工作会议精神，正确引导和采取积极措施了解全区民间文物收藏状况，2002 年 12 月 25～30 日召开了全区文博馆（所）长文物理论研讨班暨文物工作座谈会。同时，召开了“主题：全球化与博物馆，推进改革、迎接机遇与挑战——2002 年广西文博论坛研讨会”，参加研讨班学习和研讨会人员近 190 人，收到论文 96 篇。

（广西壮族自治区文化厅文物处）

海 南 省

【概况】 2002年，海南省文物保护管理办公室对部分市、县申报的第二批省级文物保护单位进行了审核和复查，处理了陵水县省级文物保护单位军屯坡珊瑚石棺古墓群被破坏事件，监督完成了由使用单位海南琼台师范学校组织实施的对省级文物保护单位琼台书院奎星楼及中楼进行的修缮工程，完成了全国重点文物保护单位东坡书院和省级文物保护单位陵水县苏维埃政府旧址的白蚁防治工作，组织文物鉴定专家对海口市公安局新华分局、海口海关等部门提供的涉案物品进行了文物鉴定工作，组织完成了第二批一级风险单位的申报工作，完成了全省国有文物收藏单位馆藏文物的清库建档工作，开展全省国有文物收藏单位馆藏文物的鉴定定级工作。海口市博物馆制定的全国重点文物保护单位五公祠整体安防工程设计方案、丘浚墓保护建设规划设计方案、中共琼崖第一次代表大会旧址保护修缮工程设计方案通过国家文物局的审批，完成全国重点烈士纪念建筑物李硕勋烈士纪念亭的修缮改造工程。全省文博系统全年接待观众约 55 万人次，门票收入约 280 万元。年内，海口市博物馆张昆荣获得由人事部、国家文物局授予的“全国文物系统先进工作者”称号，琼海市博物馆陈贻爱获得由国家文物局授予的“全国文物系统先进个人”称号。2001 年，省文物保护管理办公室还完成了全国重点文物保护单位澄迈美郎双塔主体维修工程；开展了全省文物安全检查工作；成立了省文物鉴定专家组，解决了全省长期未决的合法鉴定的问题。落笔洞遗址、五公祠、中共琼崖第一次代表大会旧址等 3 处文物被国务院公布为第五批全国重点文物保护单位，海口市博物馆张昆荣获得由郑振铎－王冶秋文物保护奖组织委员会颁发的 1999～2000 年度“郑振铎－王冶秋文物保护奖”个人奖。

【全省文博单位基本情况普查】 为了确保能及时、准确地完成这项工作，省文化广电出版体育厅于 7 月成立了由副厅长周忠良为组长的全省文物、博物馆单位基本情况普查工作领导小组，将全省划分为东（琼海）、南（三亚）、西（儋州）、北（海口）4 个片区，采取区块管理、统一汇总、集中上报的方法开展此项工作。9 月 17 日，省文物保护管理办公室和省文体厅计财处在海口举办全省文博单位普查登记培训班，讲解有关报表填制和普查软件的录入方法。经过 3 个多月的紧张工作，至年底，全省文物、博物馆单位基本情况普查工作圆满完成。

【澄迈福安窑址发掘】 5 月 30 日～7 月 6 日，省文物保护管理办公室、省博物馆（省文物考古研究所）组织对澄迈县山口乡福安村福安窑址进行了发掘清理工作。该窑址是海南省明清之际一处重要的、具有代表性的民窑遗址，以烧造青花、青釉、酱釉瓷器为主，另有少量青白釉和黄釉瓷器，多为日用器皿。经过科学的发掘和整理，共出土罐、碗、碟、杯、盘、钵、盏、壶、香炉、烟斗、匣钵、博弈器和垫具等 2000 多件，取得阶段性成果。

【全省文物鉴定培训班】 为了加强全省文物业务干部的文物鉴定水平，适应今后文博工作的需要，促进文物博物馆事业的发展，11 月 10～15 日，省文物保护管理办公室在海口举办全省文物鉴定培训班，邀请广东、广西及省内部分文物鉴定专家讲授书画、玉器、家具和陶瓷鉴定知识。省文博系统 33 名学员参加培训并获得了岗位培训证书。

【南方地区少数民族文物业务干部培训班】 为落实 1998 年全国少数民族文物工作会议精神，促进少数民族文物干部队伍建设，提高少数民族文物工作水平，2000 年 3 月 1～15 日，省文物保护管理办公室协办，国家文物局在通什市举办了南方地区少数民族文物业务干部培训班，来自南方 7 省和中央民族博物馆的 30 名学员参加了学习。培训班共设置“少数民族文物的抢救和依法保护”、“民族文物概论”、“南方少数民族文物略述”、“岭南民族文物”、“黎族的族源和五大方言区”5 门课程。学习效果良好，受到了国家文物局的好评。

【“5.18”国际博物馆日宣传活动】 5 月 18 日，省文物保护管理办公室在全省范围内组织开展纪念“5.18”国际博物馆日 25 周年暨《中华人民共和国文物保护法》宣传活动。围绕“博物馆与全球化”这一主题，省文管办牵头组织了形式多样的活动：（1）各级博物馆于 5 月 18 日全天免费对观众开放。（2）在主要新闻媒体上进行宣传报道。（3）海口市文物部门组织文物宣传小分队进入社区。（4）省博物馆用宣传车在海府地区的主要街道进行巡回广播宣传。同时，各市县文物行政部门、博物馆及各个行业博物馆利用宣传车、流动展览及设点咨询、免费鉴定文物等形式宣传《文物保护法》和博物馆的有关知识。这是省文物保护管理办公室继去年在海府地区统一组织大规模宣传纪念活动后，又一次在全省范围内组织开展的纪念“5.18”国际博物馆日宣传活动。这次活动着重宣传在全球一体化背景下博物馆的重要作用，宣传了国家和省里的文物政策法规，大大提高了博物馆的知名度，缩短了博物馆与社区、公众之间的距离，同时也让更多的人了解了文物法和文物的作用，增强和提高了全民族保护文物的法律意识，为今后更好地保护文物，形成全民自觉保护文物的良好社会风气打下了基础。

【全省博物馆馆长会议】 2001 年 10 月 11～12 日，全省博物馆馆长会议在海口召开。会议的主要任务是落实江总书记“三个代表”重要思想对文化工作的要求，研究新时期博物馆工作面临的问题，探讨在社会主义市场经济条件下本省博物馆事业的改革与发展、生存与创新的新思路，布置近期博物馆工作的任务。省文化广电出版体育厅厅长徐庄强调：全省的博物馆事业要以省级综合博物馆为龙头，以市县特色博物馆为骨干，以民间各类博物馆为补充；博物馆事业在当前的困境中应有所发展，对于文物藏品和流散文物，要保住，要拿到，要管好，要摸清。同时要采取措施，加强清库建档工作、安防工作和队伍建设。尽快完成各级博物馆的清库建档、安全防范工作。

【海南解放 50 周年文物展】 为了展示海南解放 50 年来文物考古工作所取得的成果，2000 年 4 月 29 日，省文物保护管理办公室、省文物考古研究所和海口市博物馆在五公祠陈列馆联合举办“海南解放 50 周年文物展”，该展览荟萃了全省各级国有文物收藏单位和海南建省以来考古发现的珍贵文物 300 余件，浓缩地再现了海南古代文明的发展轨迹，展示了海南同祖国大陆源远流长的密切联系和丰富的文化内涵，为庆祝海南解放 50 周年献上了一份厚礼。

【重点博物馆】

海南省博物馆（省文物考古研究所）。对《中国文物地图集·海南分册》进行修改和补充。清理陵水县岭门农场包春岭明代石棺墓。主持发掘澄迈县福安窑址，出土文物 2000 余件，取得阶段性成果。对琼海市潭门镇西沙水下石雕文物进行绘图、照相和资料整理工作。组织完成国家级刊物《考古》杂志 3 篇约稿《海南考古的回顾与展望》、《海南东方市荣村遗址试掘简报》及《海南琼山市珠崖岭古城址 1999 年发掘简报》的撰写任务。参加由省文物保护管理办公室组织的全省国有文物收藏单馆藏文物清库建档和鉴定定级工作。

海南省民族博物馆。征集黎族珍贵文物龙被一套 3 件。围绕“博物馆与全球化”这一主题，在五指山市开展纪念“5.18”国际博物馆日 25 周年暨《中华人民共和国文物保护法》宣传活动。完成改陈布展的文字方案和陈列形式设计。为了弘扬海南黎族优秀的传统文化，应南京太平天国历史博物馆的邀请，省民族博物馆于 9 月 28 日～10 月 12 日在南京市举办海南黎族服装服饰文物展暨黎族民俗歌舞表演，共接待观众 5 万多人次，此活动成为南京市第二届文化艺术节的一大亮点。南京市电视台、《江苏日报》、《南京日报》 等新闻媒体对这次活动做了报道并给予很高评价。

海口市博物馆。全年接待观众约 38.5 万人次，门票收入约 240 万元。组织实施了五公祠海南第一楼的抢救维修工程。举办五公祠珍藏文物展、五公祠拓片展、五公祠铜佛展、苏东坡书迹展、五公祠建祠百年名人书迹展。更新、充实了李硕勋烈士生平业

绩陈列展览，充实、完善了中共琼崖地方组织的光辉历程展览。征集沸石标本2件、石刻1方，征集与李硕勋烈士、海瑞有关的文物、史料一批，收藏澄迈福安窑址出土文物标本约500件。配合市委、市政府完成李硕勋烈士诞辰100周年系列纪念活动，修缮改造了李硕勋烈士纪念亭，完成李硕勋烈士纪念光盘的撰稿、摄制工作。参与《不朽的丰碑》文集和《浩气长存》画册的编辑、审稿工作等。

海南生物多样性博物馆。该馆位于海南师范学院内，宗旨是收藏、展示、研究能充分体现海南特色的动植物标本，普及生态学和生物多样性科普知识，提高公众保护意识，为科学研究和社会公众服务。该馆2000年9月筹建，2000年12月主展厅“海南生物多样性展厅”落成，2001年1月开始面向社会试运营开放，截止到2001年12月底，已免费接待观众10万人次。2002年5月20日，省文化广电出版体育厅发文同意海南师范学院建立“海南生物多样性博物馆”，该馆正式对外开放。该馆由生物多样性展厅，人、社会、自然展厅，海兽多样性展厅、演播厅和动植物标本贮藏室等组成。展厅面积1400平方米，库房面积600平方米。收藏标本2万余件。是海南第一个以生物多样性为主题的博物馆。

（海南省文管办）

重 庆 市

【加强文博建设】 2002年，在重庆市文物局党组的领导下，全市各文博单位自觉以“三个代表”重要思想为指导，履行《文物保护法》，坚持“保护为主，抢救第一，合理利用，加强管理”的文物工作方针，自觉把党的十六大报告“发展要有新思路，改革要有新突破，开放要有新局面，工作要有新举措”的要求，贯彻到年初拟定的工作规划中。根据自身的特点和优势，解放思想，勇于创新，创造性地开展工作，使全市文博单位在党的组织建设、制度建设、作风建设以及干部队伍和专业队伍建设等方面呈现出蓬勃发展的新气象，有力地保障了各项业务工作的开展和事业发展。

领导班子党风廉政建设和思想作风建设加强。全市各文博单位领导班子的党风廉政建设和思想作风建设得到加强，党政班子的核心作用和党组织的战斗堡垒作用得到强化，领导干部以身作则，真抓实干，廉洁自律，起到了带动和表率作用。同时，各领导班子创新意识和开拓新局面的能力明显提高，如歌乐山革命纪念馆、红岩纪念馆、大足石刻博物馆在干部人事制度、分配制度等方面锐意改革，勇于探索，新规章、新举措不断出台或完善，这些都为调动广大职工的工作积极性，顺利推进各项工作提供了有力的组织和制度保障，也为今后文博单位的进一步改革积累了经验。

培养高素质的职工队伍。各单位把培养高素质职工队伍作为自身建设的重要一环，采取各种渠道和形式对职工进行再教育。由市文物局与北京大学合办的“文博研究生班”完成授课阶段，即将结业，这是培养高层次文博专业人才的一次成功实践。全市文博单位派遣专业人员出国考察和进修的人数明显提高，考察学习的范围有所扩大，通过这一形式，使专业人员开阔眼界，为提高文博专业人员的整体素质以及青年骨干的业务深造创造必要条件。

文博专业职称评定工作顺利进行。一批年轻有为的专业人员通过职称评定，调动了工作积极性。同时，文博专业职称评定工作进一步规范化、制度化，使职称评定成为考察专业人员业务技能的重要手段，成为检验文博队伍加强自身建设成果的重要

途径。

【塑造文化精品，弘扬先进文化】

“不朽的红岩——红岩革命历史文物文献展”赴京举办。为深入宣传中共中央南方局的历史功绩和红岩精神，红岩革命纪念馆、歌乐山革命纪念馆于2002年9月联合推出了这一大型文物展，共展出南方局的有关历史文物136件，历史照片500余幅，历史文献、文件220余份。这是第一次在重庆之外较全面地展示和宣传南方局历史的综合性展览。赴京首展得到了中央有关领导、南方局老同志、社会各界的好评和新闻传媒的广泛关注，取得了良好的社会效益和一定的经济效益。

《红岩魂——形象报告剧》继续全国巡演。该剧在获得中宣部“2001年度中国十大演出盛事戏剧类大奖”之后，2002年又先后在数十个城市巡回展演，所到之处受到热烈欢迎，展演生动形象地宣传了革命先烈的崇高精神，发挥了很好的革命传统教育作用。同时，“红岩魂——白公馆、渣滓洞革命先烈斗争事迹展”又在8个城市举办了巡展，10余万人次接受了革命传统教育。迄今巡展已走过了15个年头，创造了一个巡展的全国之最。

发挥文博单位独特的宣传优势。配合党的中心工作任务，在市委宣传部的领导下，红岩革命纪念馆等有关文博单位先后参与举办了“时代先锋——共产党员学习实践‘三个代表’纪实报告剧”和“重庆市干部作风建设暨反腐倡廉成果展”；结合重庆直辖5周年纪念，举办了“重庆直辖五周年成果展”。这些都较好地发挥了文博单位独特的宣传优势。

“远古生命奇观——古生物进化暨恐龙知识科普展”举办成功。重庆自然博物馆与中国祥宇文化发展中心联合举办的此次展览，为广大观众提供了一次难得的学习科普知识的机会，也开辟了该馆发挥科普作用的新途径。2002年，“中国大恐龙展”又先后赴台湾、日本等地举办，接待观众近90万人次，继续为加强中外文化交流，扩大重庆在海外的知名度作出贡献。

“三峡——长江文明的华彩乐章”三峡文物保护成果展览。2002年，在市领导的关怀下，这个展览在重庆、香港、广州等地举办，宣传了三峡文物保护成就，也为三峡博物馆的相关展览积累了经验。

据不完全统计，截止到2002年年底，全市文博单位共计接待观众达381万人次，同比增长7%。其中，国内观众291万人次（含外展参观人数），国外观众90万人次。文博部门创收6000余万元，成为全市文化产业创收的主要支柱。

【顺利实施三峡库区文物抢救保护任务】

截止到2002年底，国家共安排重庆库区文物保护资金计划2.48亿元，三峡工程二期移民阶段保护各项任务已进入扫尾阶段。

地下文物方面。重庆库区地下文物发掘总量为130万平方米，已完成近59万平方米。据统计，已出土珍贵文物4000余件，一般文物3万余件。库区考古发掘及研究工作取得了一批重要的学术成果，在很多方面添补了重庆地区历史文化研究的空白，初步建立了重庆库区史前文化发展序列。

地面文物方面。共完成留取资料项目67项，原地保护41项，完成搬迁保护4项，实施落架拆除切割搬迁的42项，多数区县已完成有关搬迁保护新址的征地工作，新址的基础工程正在陆续开展。其中，二期阶段任务116项中，已完成落架拆除或复建42项，正在进行施工的1项；完成原地保护

11项，在建 4 项，另有 11 项古桥梁在履行保护方案调整手续后即可销号；留取资料完成 47 项。通过开展二期阶段地面文物保护工作，较为完整地记录了库区地面文物的现状和历史信息，对文物实施了有效保护，为库区社会经济的可持续发展创造了条件。

积极探索文物保护的新模式。在实施三峡文物保护的实践中，实行地面文物保护项目的法人制和工程招标制，开创推行了考古项目监理制，开展了效能监察，完善各项规章制度。同时，注重三峡文物保护工作的宣传报道，配合中央电视台、新华社等传媒，对奉节瞿塘峡题壁石刻保护工程、白帝城遗址考古发掘工程进行现场直播，与凤凰卫视、重庆电视台等共同策划推出了三峡文物保护大型系列专题片，广泛地宣传了三峡文物保护的最新成果和国家文物保护工作方针、政策。

【地下文物考古发掘工作有所突破】

2002 年，市文物考古所工作者全力投入，在三峡地下文物保护管理工作方面、在配合市内大型基本建设及其他科研工作方面，做了大量的工作。争取三峡移民资金近 280 万元。独立完成了三峡考古项目 12 项，计划完成发掘面积 2.42 万平方米，实际完成 2.92 万平方米；与国内 11 所大学、省市科研单位合作完成三峡考古项目 22 项，完成发掘面积 2.18 万平方米。其独立承担的三峡考古项目及配合全市基础建设项目为：(1) 巫山大溪遗址发掘 3000 平方米；(2) 奉节紫阳城遗址发掘 500 平方米；(3) 奉节二溪沟墓群发掘 500 平方米；(4) 奉节白帝山遗址发掘 5000 平方米；(5) 忠县王家堡遗址发掘 2000 平方米；(6) 忠县沿江四队墓群发掘 500 平方米；(7) 忠县乌阳汉阙发掘 4000 平方米；(8) 丰都袁家岩遗址发掘 1500 平方米；(9) 丰都玉溪遗址发掘 2000 平方米；(10) 丰都石地坝遗址发掘 2000 平方米；(11) 丰都秦家院子墓群发掘 2000 平方米；(12) 涪陵小田溪墓群发掘 2000 平方米；(13) 渝怀铁路（重庆段）文物保护工作；(14) 渝邻高速公路（重庆段）文物保护工作；(15) 渝黔高速公路二期（重庆段）文物保护工作。

【加大文物保护力度，搞好文物维修】

公布市级历史文化名镇和传统街区。2002 年，市文物局组织有关专家对各地申报的历史文化名镇和传统街区材料认真评审，并会同市建委、市规划局审定后联合上报市政府。4 月，市政府公布了第一批市历史文化名镇和历史文化传统街区，其中市级历史文化传统街区有湖广会馆及东水门街区和磁器口街区两处，市级名镇有龚滩、龙潭等 20 处，三峡库区迁建保护的传统风貌镇有大昌镇等 6 处，亟待抢救的传统风貌镇有东溪镇等 10 处。为了加强名镇和传统街区的保护管理工作，通过对市内外名镇保护工作调查，市文物局起草并与市建委、市规划局发布了《重庆市历史文化名镇（历史文化传统街区）保护管理暂行规定》。完成并评审批准了龚滩、龙潭、涞滩、双江镇、湖广会馆及东水门传统街区、磁器口街区等 11 个历史文化名镇（传统街区）保护规划。

划定文物保护单位范围，安排规划和维修设计。2002 年，市文物局组织重新划定国家及市级文物保护单位的文物保护范围 45 处，基本完成了全市 148 处文物保护单位的现状基础资料的调查工作。现场办理和查处了涉及文物保护的城市开发建设项目如原重庆盐务局搬迁、红岩革命纪念馆建设控制区的周边建设等 32 个项目。安排了

17处市级文物保护单位的修缮设计和5处市级文物保护单位的规划设计。

完成的文物维修工程。截止到2002年底，国家文物局安排文物维修专项资金240万元，市建委在城维费中安排文物维修经费75万元。全市文博单位共完成：(1)大足宝顶广大寺复原维修工程；(2)大足“观经变”危岩抢险加固工程；(3)大足宝顶山多宝塔防风化加固和干革命身保护亭落架维修工程；(4)大足南北山抢险、宝顶大佛湾卧佛二期治水工程；(5) 杨家山杨虎城秘密囚室落架大修、环境整治及参观道路的修复；(6) 红炉厂蒋家院子落架大修及围墙坍塌维修工程；(7)松林坡罗、车展室落架大修；(8)白公馆堡坎排危整治工程；(9)梅园主楼屋檐维修、木楼板更换、厕所修建工程；(10)自然博物馆北碚陈列馆园区绿化、道路环卫设施整治及电网改造工程。此外，还完成了潼南县双江历史文化名镇基础设施建设和保护性修复、罗汉寺大雄殿和潼南大佛寺落架大修、史迪威旧居、杨氏民居、万涛旧居、宋庆龄旧居、国民党左派省党部暨重庆高中旧址等13处文物抢险加固修缮工程。2002年底，国家文物局对全市的全国重点文物保护单位1996～2001年维修工程进行检查，这些维修工程基本合格。

湖广会馆核心区保护性开发。利用世界银行提供对湖广会馆传统街区核心区保护项目的资助，市文物局、渝中区政府与意大利A.R.S国际咨询机构的国际专家共同开展技术咨询，完成了《湖广会馆核心区保护性开发》项目的最终设计及国际标书的编制工作，并已搬迁湖广会馆内的70多户居民和单位。市文物局还接待考察参观湖广会馆的英国国务大臣、英国驻渝总领事馆、各国在华机构、中央有关部委、市领导并讲解、座谈共18次。

【争取政府支持，推进基础设施建设】

重庆中国三峡博物馆建设土建工程推进顺利。以市博物馆30多名业务骨干为主要成员组成的“重庆中国三峡博物馆陈列展览工作室”正式成立，开始陈列展览的内容设计文本的编写等工作。重庆中国三峡博物馆将由4个基本陈列厅、6个专题陈列厅、1个360度全周电影厅、1个半景画陈列厅、1个观众实验中心和2个临时展厅构成。

“红岩二期”(八路军办事处旧居草坪沿线的改造)工程。严格按照工程建设基本程序，完成相关工作。

【加强基础工作，扎实推进科研】 在国家文物局的指导下，完成了“全国文物、博物馆单位基本情况普查”和文物、博物馆单位风险等级调查工作，摸清了全市文物收藏单位、博物馆单位的基本情况，并上报国家文物局，为规划事业发展奠定了基础。馆藏文物鉴定、涉案文物鉴定工作有序推进。

各单位充分重视科研工作，2002年全市文博工作者在全国各类刊物上发表论文及出版专著共计110多篇(部)。其中，大型图册《千年重庆图典》，以其博大的内容，精湛的装帧，成为典藏精品和对外交往的礼品。《大足石刻研究文集》(三、四集)、《大足石刻考察与研究》、《土家族与古代巴人》、《集中营历史档案》、《杨氏马门溪龙》等专著的出版发行，展示了重庆悠久历史文化的深厚积淀和重庆市文博工作者的业务研究水平。

(重庆市文物局)

四　川　省

【概况】 至2002年底，四川省的世界遗产总数 4 处，全国重点文物保护单位 62 处，省级文物保护单位 357 处，县以上文物保护单位 3000 余处。文物点 26572 处。有国家级历史文化名城 7 座，省级历史文化名城 26 座，文物系统国家级和省级爱国主义教育基地 39 处。各类博物馆、纪念馆 64 座，馆藏文物 134 万多件，其中一级文物 7653 件，二级文物 8935 件，三级文物 119546 件。全省文物、博物馆单位 479 个，从业人员 4479 人，其中具有专业技术职称人员 1830 人。在专业技术人员中具有中级以上职称人员 922 人，占总人数的 33%。

2002 年，省文物管理局加大对文博系统的管理力度，努力健全文物法规管理体系，理顺内外关系，积极充实管理机构和管理人员，抓住有利时机，加快文博事业自身的发展。10 月 30 日，省长张中伟主持召开了省政府第 54 次省长办公会议。听取了省文化厅副厅长、省文物管理局局长徐荣旋关于发展四川文博事业有关问题的汇报。会议认为：文物资源是人类宝贵的历史文化遗产，是加快旅游发展的重要内容；四川是文物资源大省，加快文物、博物馆事业的发展，是建设西部文化强省的需要和要求。会议决定：(1) 认真做好《中华人民共和国文物保护法》的学习、宣传和贯彻工作，做好文物的保护利用工作；(2) 全省各级政府必须认真落实“五纳入”工作，从 2003 年起将文物保护专项资金纳入当地财政预算；(3) 省级财政从 2003 年起适当增加省级文物保护专项资金预算，集中精力建好四川博物馆；(4) 根据四川文博事业发展的需要，可适当增加省文物管理局事业编制并明确执法主体地位。

【抢救维修】 加强对文物保护专项补助经费和重点文物维修工程项目的管理，提高文物保护专项补助经费的使用效益，在经费少，需维护文物点多的情况下，对进行中的重点文物维修工程项目，严格管理，重点监督，全面监督，全面审计；对上报的重点文物维修工程项目，采取事前调研，符合申报条件的，要求所在地“五纳入”工作必须得到落实，必须有项目配套资金才能立项上报；对已批准的重点文物维修工程项目，在下拨经费时预留 10%～20%的质量保证金，确保工程质量。全年共投入省级文物保护专项补助经费 400 万元，市、州财政专项补助经费约 280 万元，安排省级文物保护单位文物保护工程项目 64 处，当年完成 5 处。国家文物局拨出经费 1699 万元，对省内 34 个全国重点文物保护单位进行了维修保护，当年完成 9 处。

【考古发掘】 认真贯彻“保护为主，抢救第一，合理利用，加强管理”的方针，积极配合基本建设工程，进行考古勘探、发掘、清理各期墓葬 250 多座，出土数以千计的精美、珍贵文物。其中，金沙遗址、峨眉山宋代钱币窖藏、中江塔梁子崖墓群、泸县宋代石室墓、三台郪江崖墓的清理、发掘成果最为显著。配合《中国文物地图集·四川分册》进行的考古调查 11 项、考古发掘 2 项。为配合科学研究而进行的考古调查、发掘 1 次。中日合作“南方丝绸之路”的调查工作，行程 2000 多公里，在阿坝藏族羌族自治州的 7 个县，共发现古遗址 11 处、城址 8 处。

金沙遗址。位于中国历史文化名城成都市区西北部。是古蜀国在公元前 12 世纪至前 9 世纪的都城遗址，面积达 500 公顷，是研究古蜀国青铜文明最重要的资料。2002 年 4 月被国家文物局评为 2001 年度全国十大考古新发现之一。2002 年在金沙遗址发现的汉代古桥，填补了桥梁史上的空白。

峨眉山宋代钱币窖藏。位于峨眉山市罗目镇。窖藏出土文物有宋代铁线 160 余万枚，重量达16.32吨，体积为203米×6米×2米。从散落的钱币看有“崇宁通宝”、“淳熙元宝”、“绍熙通宝”、“庆元通宝”、“嘉泰元宝”和“开禧通宝”等。其他还有部分瓷器、铜器、陶罐和玻璃器皿等。

中江塔梁子崖墓群。位于德阳市中江县民主乡青龙嘴塔梁子。该墓群长达20余米，墓葬结构复杂，多为石室墓，除仿木结构外，石刻、彩绘（石刻饰彩）内容丰富，有雀鸟交配图、鹤含鱼、兵器架和许多反映生活宴乐题材的石刻内容等；壁画（石壁上施泥后的彩绘）有红、黑、白、绿等色彩，内容有蛇捕鼠、胡人舞、仓储、舂米、门人、墓主宴饮图等。其中，以彩绘壁画、墨书题榜等最为重要。

泸县宋代石室墓。分布于泸县青龙、奇峰、喻寺、石桥、中滩、福集等19个乡镇，约100座。2002年9月对暴露在外的宋墓进行了清理发掘。墓均为石构筑，分别由墓道、排水沟、封门口、墓门、甬道、墓室、壁龛、肋柱、棺台和后龛组成。出土的文物有墓志铭（明确纪年为南宋淳熙13年和南宋淳熙3年）和石刻共计164幅，有高浮雕、浅浮雕、阴刻3种形式，内容有青龙、白虎、朱雀、玄武、侍女、侍男、伎乐、飞天、戏婴、“妇人启门”等各种动物、人物、花卉以及建筑斗拱、门窗、座椅等造型。玉峰乡出土一方张天师后人张悦墓志铭和其后人家族族谱。

【省级以上文保单位的管理】 工作全国重点文物保护单位和省级文物保护单位的管理工作，是文物保护的常规性工作，工作量大，牵扯面广。2002年省文物管理局在这方面主要抓了第六批省文物保护单位的评选公布工作。经过省政府批准，第六批省级文物保护单位91处，于2002年12月27日公布。其中古遗址11处，古墓葬8处，古建筑49处，石窟寺及石刻6处，近现代重要史迹及代表性建筑14处，其他3处，与现有省级文物保护单位合并项目13处。在纠正擅自改变文物保护单位管理体制问题的工作中，省文物局充分发挥各职能部门的作用，严格按照国家文物局的通知精神办事，通过深入调研，听取汇报，现场执法，遏制了这种不良势头，使擅自改变文物保护单位管理体制的问题得到及时纠正。

【世界文化遗产的申报与管理】 1月18日，省人大常委会通过了《四川省世界遗产保护条例》使全省的世界遗产保护工作朝着法制化、规范化的轨道发展。

成都平原古蜀文化遗址申报世界文化遗产正式启动。4月5日，省文物管理局主持召开了成都平原古蜀文化遗址申报世界遗产启动会，会上局长徐荣旋布置了三星堆遗址、金沙遗址、成都古蜀船棺合葬墓合并申报世界文化遗产的工作，宣布成立了世界文化遗产申报领导小组。会后对成都、德阳两市申报世界遗产工作人员进行了培训。4月，三星堆遗址申报世界文化遗产文本开始编写。7月，三星堆遗址第一期环境整治工作开始。11月初，金沙遗址申报世界文化遗产文本开始编写。16日，“金沙遗址论证会”在成都召开，张忠培、谢辰生、黄景略等数十位专家出席。11月底，划定金沙遗址保护范围400余亩，周边环境整治工作全面展开。

丹巴古碉群申报世界文化遗产工作。丹巴古碉群位于甘孜州丹巴县。丹巴县有“千碉之国”之称，丹巴古碉群被誉为“东方的金字塔”，是嘉绒藏族文化的代表。1月22日，申报世界文化遗产文本通过省文物管理局组织的评审。

安岳石刻申报世界文化遗产工作。安岳石刻兴于唐，盛于宋，延续到明、清，造像

规模达10万余躯，圆觉洞、毗卢洞、华严洞、卧佛院摩崖造像保存完好。6月24日，其申报世界文化遗产工作正式启动。

【博物馆建设】 博物馆建设的水平和管理工作的现代化、规范化程度是一个地区两个文明建设的标尺。四川地处西部地区，经济发展不平衡，博物馆建设在各地区之间也有先有后。年内正在建设中的博物馆有遂宁市博物馆、绵阳市博物馆，扩建改造的博物馆有自贡恐龙博物馆、凉山彝族奴隶社会博物馆。

【文博安全与保卫】 文物安全、保卫工作是文物保护和管理工作中比较重要的部分，其目的都是保护文物，确保文物安全。全省各文博单位在这方面普遍采用技防、物防、人防相结合的手段，但技术含量较低；部分市州建立了义务文物保护员制度，但田野文物被盗仍时有发生。目前根据国家公共安全行业标准GA27-2002，在落实一级风险单位的达标过程中，制定出《四川省文博单位二级风险防范标准》，但由于经费紧张，需要逐步落实。

【陈列展览】 充分发挥博物馆的宣传教育职能，通过举办陈列展览向人民群众传播历史和科学文化知识，进行爱国主义教育和革命传统教育，提高全民族的科学文化水平。全年共举办展览249个，参观人数530.5万人次。5月“金沙淘珍——成都金沙遗址出土文物精品展”在北京大学举办，“往来成古今——张大千早期风华与大风堂用印”在台湾地区展出。“千古遗珍——四川古代文物精品展”第三站6月在美国纽约落幕，8月在加拿大举办。

【文物鉴定】 完成全年的出境文物鉴定32起，23103件新工艺品；司法涉案文物鉴定21起，301件文物；拍卖文物鉴定4起，395件（其中现代字画250件）。

【法制建设】 加强法制建设，是文博事业健康顺利发展的保证，2002年共出台了各项法规、规章4项，它们是《四川省世界遗产保护条例》、《四川省文物拍摄收费标准》、《四川省文博单位二级风险防范标准》（试行）、《四川省省级文物保护单位专项补助经费使用管理办法》。

【人才培训】 采取举办省内大型培训班和小型讲座相结合，选送年轻业务人员和管理干部参加各类专项培训班的形式，培训管理和业务技术人才。2002年初举办了第一期“考古勘探领队培训班”，经过5个月的培训，10名学员经专家组考核，按时结业。5月举办了“全省文物系统讲解员培训班”，共有32名讲解员参加了培训。

【全国文博单位基本情况普查】 在国家文物局的统一部署下，全省文物、博物馆单位基本情况普查工作于2001年12月31日正式开始，2002年6月底以前为准备阶段，12月底，普查的登记、汇总、数据处理和调试工作全部完成。普查工作按要求和计划完成。

（四川省文物局）

贵州省

【文物资源】 前后经过3年的努力，从贵州省申报的100多处文物保护单位中，通过专家深入的调研和论证遴选，省政府1999年12月公布了第三批省级文物保护单位45处，使省级文物保护单位总数达到288处。2000年到2001年组织申报全国重点文物保护单位，从全省文物保护单位中遴选了70余处，然后经过组织专家深入研究和精心论证，科学严谨地制定了31处文物保护单位的申报材料上报，2001年6月，其中10处被国务院公布为第五批全国重点文物保护单位，使贵州全国重点文物保护单位总数上升到19处。近年来全省市、州和县级政府也公布了一批市、州、县级文物保护单位，使全省市、州、县级文物保护单位达到2300余处。经过几年来的文物调查核对工作，基本搞清了地面不可移动文物点的分布情况，全省现有经过认真调研并记录在册的文物点7000余处。

【文物基础工作有较大发展】

完成了全国重点文物保护单位和省级文物保护单位保护范围和建设控制地带的划定工作。1999年，省政府发出黔府发[1999]2号文件，批准省文化厅、省建设厅、省国土厅《关于加快我省划定文物保护单位保护范围及其周围建设控制地带的意见》。嗣后，省文化厅、省建设厅、省国土厅发布了《贵州划定文物保护单位保护范围实施办法》，省政府分管秘书长与各地主管市长、州长、专员签订责任书，迅速推进了保护范围的划定工作。经过各级文化、建设、国土部门的共同努力，到2002年，完成了全省全国重点文物保护单位、省级文物保护单位保护范围及建设地带的划定工作，各地还完成了部分市、州、县级文物保护单位范围及建设控制地带的划定工作。

认真组织进行了全国重点文物保护单位、省级文物保护单位记录档案的制定和规范整理工作。文物档案工作经过贵阳市花溪区试点、召开现场会和省、地分别办培训班，再经过签订责任书落实责任人，从2001～2002年用两年时间，完成了19处全国重点文物保护单位、253处省级文物保护单位记录档案的制定和规范整理工作。

文物保护的组织机构有所加强。总体上看，在机构改革中，大部分地方的文物机构都有加强，有的地区成立了文物局，有的原来没有文物科的成立了文物科。现在，全省已有文物保护管理所79个，专业人员350多人。在第五批全国重点文物保护单位公布之后，已经落实了保护组织，有的专门成立了文物管理所，如赫章可乐遗址，县里专门给了编制成立了可乐遗址文物管理所，并制定了可乐遗址保护的专项管理办法。

【学习、贯彻《文物保护法》】

按照文化部和国家文物局专门发出的《关于做好〈中华人民共和国文物保护法〉宣传贯彻工作的通知》，省厅和各地都制订了学习贯彻《文物保护法》的计划。各地文化、文物行政管理部门及各地文博单位，积极组织新《文物保护法》的大力宣传贯彻工作。各级文化、文物行政管理部门的领导重视《文物保护法》的宣传、学习，把组织宣传、学习、贯彻新的《文物保护法》作为日常工作的重点，把对《文物保护法》的宣传教育列入工作计划。各级文化、文物行政管理部门首先带头学好、用好《文物保护法》。各地都举办了培训班，有的举办了《文物保护法》知识电视大奖赛。有的以“5.18”国际博物馆日为契机，组织开展了《文物保护法》宣传月；组织进行执法检查，对照新的《文物保护法》。对违规者进行清理、纠正。根据新的《文物保护法》所确立的原则和规定，拟尽快修改完善《贵州省文物保护管理办法》，尽快制定配套的行政性规章，以形成符合贵州实际、具有贵州特点的文物保护法规体系，省文物局进行了组织安排，并向法制部门提出了有关工作计划。

【认真开展文博单位基本情况普查】按照国

家文物局的要求，认真开展并完成了全省文物、博物馆单位基本情况的普查工作。为了搞好这项工作，组织举办了培训班，落实了普查经费，下发了国家文物局配给各地、州、市文物部门的电脑，并进行了电脑操作培训。

【完成了一批文保单位的修缮】 全省各级安排的文物保护单位维修项目20余个，总投入资金近2000万元。在这些保护维修项目中，有1/4的单位维修比较全面，保护情况得到了较好的改善。其中，贵阳市投入保护维修经费较多，包括古镇的保护修缮在内，投入经费超过1000万元，文物保护单位获得较全面维修，整体保护条件获得较大改善。遵义市也投入了数百万元，对遵义会议期间李德、博古住处和苏维埃国家银行旧址进行了保护修缮，并全面整治了毛泽东、张闻天、王稼祥住处的保护环境。保护修缮工程的质量有很大提高，建立健全设计、施工、监理等各项管理制度，逐步实现了严格按照国家文物保护工程的规范要求进行设计、施工，较好地坚持了文物保护修缮的原则，完成了一批文物保护单位的保护维修工作，并达到了较好的保护效果。首次实现使用电脑向国家财政申报保护项目补助经费。组织制定了石阡万寿宫、安顺云山屯、遵义海龙屯、兴义何应钦故居、印江严氏宗祠等保护修缮方案，进行了安顺文庙、黄平飞云崖、台江文昌宫等部分古建筑维修方案的修订。完成了兴仁寿福寺、安顺武庙观音楼、湄潭文庙、贵阳青岩文昌阁、石阡文庙等文物保护单位的维修工程。木黄红二六军团会师纪念碑和旧址、台江文昌宫、黄平飞云崖、威宁玉皇阁、贵阳文昌宫、印江严氏宗祠等正在进行维修。

【博物馆建设进一步发展】 全省新增了一批小型的、多样化的、具有显著地域特点的博物馆、陈列馆和陈列室。仁怀市率先建设了全省第一座综合性县级博物馆，贵阳市新建了息烽集中营旧址陈列馆、阳明文化博览园和奇石馆，镇远建了历史名城博物馆，台江、兴义、关岭建了古生物化石陈列室，德江、印江、松桃、兴仁等县建了文物陈列室。到2002年底，全省已有博物馆、纪念馆30个，陈列室29个。在国家专项资金的支持下，毕节地区博物馆、铜仁傩文化博物馆、乌江博物馆分别新建了文物库房。

【展出工作取得较好成绩】 博物馆建设始终坚持以社会效益为首位，开展精品战略，积极推出各种内容和形式的陈列展出。全省博物馆、纪念馆和陈列室展览的观众达到200多万人次，收到良好的社会效益。其中，省博物馆引进“世界第八大奇迹——秦始皇兵马俑展”、“人体奥秘”等展览和在安徽的展览，铜仁傩文化博物馆在日本的展演等，都获得了观众的好评。4月，在遵义举办全省讲解员培训班，培训了59名博物馆、纪念馆、陈列室讲解员。“5.18“国际博物馆日，全省博物馆、纪念馆、陈列室开展了多种形式的博物馆宣传活动。

【贵州生态博物馆群建设继续推进】 与挪威王国的文化合作项目——中国贵州生态博物馆群建设，得到继续推进。完成梭戛生态博物馆10户典型民居的维修和资料信息中心的改陈工作；镇山生态博物馆资料信息中心已建成并开馆；隆里生态博物馆进行了两座城门的维修，资料信息中心的设计工作已经完成；堂安生态博物馆修建了接待室和两座寨门，征集了一批侗族文物藏品。挪威国家文物局副局长达格先生和中国博物馆学会专家来黔对生态博物馆建设进行了考察。

【消防、技防工作取得进展】 完成省博物馆安全技防方案、遵义会议会址消防安全工程设计方案制定，这两个方案已获国家文物局审定批准。还完成天台山伍龙寺、毕节地区博物馆消防安全方案，息烽集中营旧址消防和技防安全方案的制定。

【考古工作成绩显著】

得到国家文物局批准的夜郎考古项目。开展了黔西南州和毕节地区部分县的考古调查，发现了一批重要遗址。其中，在兴仁交乐、赫章可乐、普安铜鼓山等地的考古发掘，均有重要发现。完成了普安铜鼓山的考古发掘，实施了威宁中水的考古钻探调查工作，并发现一批夜郎时期重要遗址。

配合基本建设的考古。完成了渝怀铁路贵州段、贵毕公路、遵重公路贵州段、贵阳金阳新区等较大范围的考古调查，并发现一大批重要遗址和文物。

【文物合理利用获得了积极成果】 一批文物保护单位和文物景点被开放为旅游参观点。包括典型民族村寨在内，有 300 余处历史文化遗产保护点，被省旅游总体规划列入旅游资源名录，作为全省旅游开发的重要景点。据不完全统计，到 2002 年底，全省各级文物保护单位，已有 200 余处被开放为旅游参观点，有 25 处被全省列为爱国主义教育基地。一大批重要文物保护单位，如遵义会议会址、息烽集中营旧址、海龙屯、青龙洞、上郎德、云山屯、天台山、青岩石镇、镇山等等，已成为重要的旅游参观点。各地在合理利用文物方面初步探索了一些很好的经验，既取得了良好的社会效益，也获得了一定的经济效益。

（贵州省文物局）

云　南　省

【全省文物工作会议】 2002 年 11 月 11～14日，安徽省文物工作会议在蒙县召开。来自 16 个地、州、市文化局、文管所、博物馆及 14 个历史文化名城文化局的领导 80 余人参加了会议。省文化厅副厅长徐发苍主持并作了题为《以十六大精神为指导，努力开创文物工作新局面》的重要讲话。讲话总结了全省文物工作基本情况及主要经验，就目前需抓紧完成的工作提出了 8 项任务。昆明市等 10 个市、县文化局、博物馆代表作了经验介绍。会议安排布署了第六批省级文物保护单位的申报评审工作。此次会议对新颁布的《文物保护法》学习、宣传、贯彻起到积极推动作用。

【文博单位基本情况普查】 2002 年，省文化厅根据国家文物局对开展全国文物、博物馆单位基本情况普查工作的总体部署，及时成立了普查工作领导小组，组建了普查工作办公室，召开了全省文物、博物馆单位基本情况普查工作会议，举办了普查数据录入计算机操作人员培训班。在全省文博系统、各有关部门的共同努力下，按时按质完成了这次普查任务。通过普查，摸清了全省各类文物、博物馆单位的底数，掌握了全省文物、博物馆单位的地区分布、行业分布、资源构成、人员结构以及收支情况，为云南文博事业的发展实施科学决策和加强宏观管理提供依据，为实现云南文博管理工作的现代化奠定了基础。

【文物维修保护】 2002 年，向国家文物局申报文物维修补助经费 350 万元，完成云南陆军讲武堂、腾冲国殇墓园、剑川石钟山石窟、香格里拉中心镇公堂、官渡金刚塔等国家级文物保护单位的维修。省级财政安排文物维修补助经费 350 万元，用于 46 项省级文物保护单位的修缮。全年竣工的省级文物保护单位维修项目 16 个：真庆观、升庵祠、孟孝琚碑、大觉寺塔、云庙、大兴寺、鲁都克教堂、墨江文庙、祝圣寺、云鹤楼、和顺图书馆、云南贡院、霍承嗣壁画墓、石羊文庙、孟连宣抚司署、水园寺及塔林。

【官渡金刚塔抬升维修工程竣工】 该塔始建于元至正年间（1341～1367 年），明天顺二年（1458 年）重建，属于金刚宝座式塔。由于地基下沉，地坪升高，金刚塔基础低于地坪 1.8 米，长年浸泡在水中，使金刚塔表面风化、脱落严重。经国家文物局批准并安排经费，河北省古代建筑研究所设计，河北省建筑研究院施工，将金刚塔整体抬升 2.6 米，并进行了防风化保护处理，使金刚塔得到有效保护，恢复了原状，这一施工工艺在全国尚属首例。

【考古发掘】 2002 年，全省进行的比较重要的考古发掘有：(1) 蒙自瓦碴地墓地发掘。清理明代墓葬 93 座，出土瓷、铅、锡、铜器等 130 余件。(2) 建水苏家坡墓地鸡街——百屏公路建设发掘。清理明清墓葬 24 座，出土瓷、铜、玉器等 72 件。(3) 会泽水城墓地发掘。清理东汉墓葬 18 座，明清墓葬 20 余座，出土铜、陶器等 400 余件。(4)鲁甸野石山青铜时代早期遗址发掘。发掘面积 425 平方米，清理文化层 3 层，陶窑 1 座，灰坑 2 座，出土陶片 300 余袋，相对完整陶器 300 余件，石器 100 件，铜器 13 件。(5) 富源癞石洞旧石器时代遗址发掘。发现旧石器时代中晚期石铺地面，出土人类牙齿化石 3 颗，石器 2000 余件。(6) 香格里拉居日河遗址发掘。清理元明时期房屋遗址 2 座，火塘 8 个，出土陶片 10 余袋，陶、石、骨、铜器等 10 余件，部分猪、牛、羊等动物骨骼及炭化谷物颗粒。

【文物鉴定】 2002 年，国家文物出境鉴定云南站累计办理私人文物出境 41 起，鉴定出境文物 7209 件，除 32 件按有关规定不允许出境外，其余均办理了文物出境手续。为文物销售单位鉴定出境文物 590 件，并钤盖了火漆印。为司法部门鉴定涉案文物 19 起 747 件，其间多次组织人员赴大理、剑川、楚雄、晋宁等地进行鉴定。为海关鉴定查扣文物 14 起 132 件。此外，为省文化艺术品拍卖中心鉴定拍卖标的 565 件，依法对 3 件禁拍文物通知拍卖公司撤拍；为私人鉴定收藏文物 324 件，为今后依法管理文物市场的调研工作打好了基础。在馆藏文物鉴定方面，为玉溪市博物馆、晋宁县文管所、云南民族博物馆和昆明市博物馆等鉴定馆藏文物 6 次 726 件，其中二级文物 4 件、三级文物 136 件，并为省博物馆征集陶瓷器 2 件、书画 1 件。同时，完成了全省馆藏珍贵文物登记建档的数据库基本框架，并已录入部分地区的珍贵文物档案。

【博物馆之友系列活动】 该系列活动由云南省博物馆主办，共举办 21 次活动，内容涉及摄影艺术、展示与展示艺术、影视人类学、项目管理、保护野生动物的意义、考古学等。其中，以台湾地区中央研究院民族研究所研究员胡台丽的《爱恋排湾笛》、昆明电视台编导周岳军的《阿鲁兄弟》、云南电视台编导刘晓津的《传习馆春秋》、省博物馆馆长郭净的《卡瓦格博》、秘鲁影视人类学家玛雅的《关于傈僳、藏、纳西、彝族》等为代表的影视人类学家，以纪录片的形式真实地反映了当地少数民族与生态环境的保护以及保护民族传统文化所产生的问题，并对此进行了深入的讨论。以美国大自然保护协会环保摄影、探险家木保山的《寻找洛克的影像》、环保摄影家祁云的《西藏的野生动物》、环保摄影家吴志农的《追寻滇金丝猴》为代表的作品，以大量的珍贵照片和资料向人们说明了保护野生动物和保护环境的重要意义。参加博物馆之友系列活动的人数超过2000多人,该活动受到各方面的专家、学者和大众的关注。

【云之南人类学影像展】 由省博物馆主办的首届云之南人类学影像展于2003年3月21~27日在昆明举办。本届影展共收到参赛纪录片93部，全国各地以及英国、美国等地的80余名作者和嘉宾参加。影展的开幕式被记者称为最简洁的开幕式，在省博物馆馆长郭净简短的致词之后，就在博物馆的露天广场上放映了两部竞赛影片《背篓电影院》和《雪落伊犁》。在历时7天的影展期间,每天分3个场地放映影片,每天约有近千人次观片，主要为摄影爱好者、在校大学生、外地来的参与者等。此次影展的目的“试图通过学术的探讨和视觉作品的展示,提供一个活泼、开放的空间,以宽容的态度鼓励影像作者多视觉、多维度的文化思考和艺术表达，从而促进不同人群之间的对话和相互理解，促进人们对本土文化价值的思考”。许多作者十分感谢主办者提供了这样一个交流和展示的平台,使他们能够向观众展示自己的作品。此次影展,评出了青铜奖(大奖)《在一起的时光》(北京作者沙青),幻面奖(评委会特别奖)《学生村》(云南电视台魏星),黑陶奖(新人奖)《厚街》(广州作者周浩、吉江虹);为拍摄少数民族志电影的杨光海先生颁发了“云之南”特别荣誉奖。在闭幕式上,还由现场观众投票选出了“最受欢迎作品奖”《学生村》。

【文化艺术品拍卖】 在2002年度，云南艺拍于9月8日在昆明佳华酒店举行了2002年艺术品拍卖会。共推出中国陶瓷、金石杂项等文物艺术品565件,时代涵盖唐、宋、元、明、清,中国大陆、香港、台湾等海内外的文物艺术品收藏家和爱好者300多人参加了这次拍卖会。经过激烈的竞拍,云南艺拍创下了成交总额2100万元人民币,成交率近60%的拍卖业绩。

(云南省文化厅文物处)

西藏自治区

【文物资源】 至2002年底,西藏自治区各类文物点2000余处，有各级文物保护单位178处，其中国家级重点文物保护单位27处,自治区级文物保护单位55处,市(县)级文物保护单位96处。拉萨市、日喀则市和江孜县城三座城市被列为全国历史文化名城。布达拉宫于1994年被列入世界文化遗产名录,大昭寺、罗布林卡先后于2000年和2001年列入世界文化遗产——布达拉宫的扩展项目。

【党和政府关心西藏文物事业】 西藏自治区是中国文物大省之一,有着丰富的文物资源。西藏和平解放以来,党中央、国务院十分重视和关心西藏的文物保护事业,国家和自治区为推动西藏文物事业的发展,改变落后状况,缩短与全国发展水平的差距,竭力从政策倾斜、人才培养、资金投入、设施建设等方面给予了大力的扶持,使西藏的文物保护事业,从无到有,从小到大,得到了长足的发展,取得了举世公认的成绩。近年来,自治区各级人民政府基本能按照文物工作“五纳入”的要求,积极落实文物保护的各项工作要求和职责，在城乡建设中对文物的保护、文物机构及队伍的建设、文物保护经费的投入等方面越来越重视，支持力度也越来越大。特别在文物经费投入上,近几年来自治区加大了投入力度,各地、市虽未设有专项文物保护资金,但或多或少地解决了事业补助经费。

【文物管理机构及工作人员】 文物管理机构得到不断加强，1995 年经自治区党委、政府批准成立了副厅级的自治区文物管理局（归自治区文化厅管理），直属有布达拉宫管理处、罗布林卡管理处、西藏博物馆、西藏文物总店 4 个事业单位。拉萨市设有副县级文物局，日喀则和山南设有区级文物局，昌都、那曲、阿里、林芝在地区文化局内设有文化文物科；在县级政府机构中，日喀则地区的江孜县和阿里地区的礼达县有文物管理机构。全区大部分重点寺庙都建有文物保护组织，即寺庙民主管理委员会。

全区从事文物保护工作的干部职工有 270 人，其中藏族占 90%，汉族和其他民族约占 10%；专业技术人员 80 余人，约占总人数的 35%。 在人员分布上，约 90%的人员分布在自治区直属文博单位，近 8%的人员分布在各地区直属文化（文物）单位，约 2 %的人员分布在县区。

【博物馆建设】 中央第三次西藏工作座谈会之后，在中央关心西藏、全国支援西藏的历史机遇下，国家投资近 1 亿元修建了现代化的西藏博物馆（于 1999 年 10 月正式开馆），改变了西藏无省级博物馆的历史，其展出的“西藏历史文化基本陈列”被评为 1999 年全国博物馆十大精品陈列。山南地区历史博物馆在 1994 年建成开馆之后，于 1999 年经调整陈列内容又重新向社会开放。昌都、日喀则地区在内地援藏省（市）的大力帮助下正积极筹备建设地区博物馆。

【文物行政的管理职能进一步增强】 针对全区文物工作存在的突出问题，根据自治区主要领导的批示精神，自治区文物局派出调研组，对山南、日喀则和拉萨三个地区的 14 个县、区 35 个文物点进行了为期 17 天的考察调研工作，提出了加强和改善全区文物管理工作的建议。根据国家文物局等 6 部委《关于印发〈整顿规范文物市场方案〉的通知》精神，会同自治区经贸委等部门印发了《整顿规范西藏自治区文物市场方案》，组织文物鉴定组人员联合日喀则地区有关部门对该地区的古旧文物市场进行了整顿和清理，取得了阶段性成果，为下一步在全区开展文物市场整顿规范工作奠定了基础。为在基本建设中加强对文物的保护，处理好基本建设与保护文物之间的关系，会同有关部门依据有关法律法规提出了《关于在基本建设中加强文物保护管理工作的意见》，《意见》经自治区政府审核同意转发全区施行。起草了《西藏自治区文物保护单位保护范围及建设控制地带管理规定》（征求意见稿），这个《规定》经向有关方面征求意见和进一步修改，已上报自治区政府审批。自治区文物局对各地、市申报的自治区级文物保护单位材料进行了整理、分析、核实、筛选后，提出了第四批自治区级文物保护单位的候选名单，这个名单待进一步审核研究后上报自治区人民政府批准公布。

【馆藏文物的登记、建档工作抓出了成效】

2002 年，各级文物部门对已公布的自治区级以上文物保护单位都树立了保护标志。区直文博单位和各地市文物单位共完成了 9700 余件文物的登记、整理和建档工作。其中，布达拉宫管理处完成了 3300 件文物的建档，整理了 1000 多卷经书，同时根据维修工程的需要，指定专人从自治区档案馆收集了 6 万余字的布达拉宫历代维修等内容的历史资料。罗布林卡管理处和西藏博物馆在移交文物过程中，共同对 3 个库房的 2700 余件文物进行了登记。自治区文物商店积极筹措资金，征集流散在民间的文物，及时对珍贵文物进行了登记建档。山南地区对700余件文物进行了登记建档，昌都地区完成了1000余件文物的登记建档，日喀则地区重点对扎什伦布寺的殿堂文物开展了登记建档工作，已完成1000余件文物的建档。

【积极开展文物的科学保护与修复】 经国家和自治区政府批准，自治区文物局与瑞士巴齐文化基金会合作开展了阿里壁画保护项目的前期考察工作，并形成了具体的合作意向。2002年，布达拉宫管理处共投入33万元资金对馆藏的9幅大型唐卡进行了修复，订制了40余个文物保管专柜，较好地改善了文物的保存环境。西藏博物馆利用现代科技手段对部分残损或锈化的封堆、佛像等文物，进行了修复和技术处理。

【文物保护基础工作】 依据文物点多、保护任务重的实际状况，全区文物单位积极采取措施，认真贯彻“保护为主，抢救第一，合理利用，加强管理”新时期文物工作方针，突出工作重点，加强基础建设，为在全区全面推进文物保护新体制的建设和事业的快速发展，做出了不懈努力，取得了新的成绩。部署和开展全国重点文物保护单位的建筑实测建档工作，从1999年开始，会同有关部门划定了文物单位的保护范围和建设控制地带，自治区人民政府先后审核公布了布达拉宫、罗布林卡、扎什伦布寺、萨迦寺的保护范围和建设控制地带。始终坚持把文物的安全工作摆到各项工作之首，采取各项措施认真加强管理，加大了对文物保护单位的安全经费的投入力度，使全区部分全国重点文物保护单位的消防、安全条件得到了较大的改善。

加强文物单位安全防护设施的建设。布达拉宫、西藏博物馆安装了现代化的安防监控及防火自动报警系统，罗布林卡、山南地区历史博物馆安装了电视监控和报警系统，完成了大昭寺、色拉寺、哲蚌寺、扎什伦布寺、昌珠寺、白居寺、桑耶寺等重点文物单位的电线改造工程和桑耶寺的消防水源工程。正在落实的项目有大昭寺、色拉寺、哲蚌寺的消防设施及水源工程，桑耶寺、昌珠寺的安防消防工程。

加强了文物单位的安全管理制度建设。重点文物单位和博物馆基本上制定有相关的《安全保卫制度》，均实行24小时的值班及巡查制度，坚持开展定期或不定期的安全检查活动，及时消除各种安全隐患。

依照《文物保护法》规定和属地管理原则落实文物安全责任制。从2003年开始在全区范围内推行了年度文物安全责任书制度，把文物安全的责任、措施落实到了各地区文化行政单位和区直文物单位。

根据国家文物局和公安部的统一部署认真落实和完成了扎什伦布寺、大昭寺、罗布林卡、色拉寺、哲蚌寺共6处国保单位列入第三批一级风险单位的申报工作。年内，自治区文物局对日喀则、山南两地的9处重点文物保护单位进行了文物安全、消防专项检查，针对存在的问题协调当地政府和有关部门落实整改工作。

【文物古建筑维修保护】 在20世纪后20年内国家和自治区政府先后共投资3亿多元，对布达拉宫、古格王国遗址、托林寺、大昭寺、甘丹寺、扎什伦布寺、强巴林寺、桑耶寺等重要文物保护单位存在的突出险情，进行了重点抢救性保护维修，使这些重要的文物古建筑得到了及时有效的保护。特别是布达拉宫一期重点维修工程、阿里地区3处文物保护抢救工程的圆满完成，在国内外引起了广泛关注，得到了普遍好评。2002年，国家文物局和自治区邀请故宫博物院、浙江省古建院、陕西省古建所、北京市古建所等单位的专家，重点对明塞林庄园、江孜宗山抗英遗址、大昭寺、扎什伦布寺、桑耶寺、昌珠寺共6处文物单位开展了建筑实地勘察，制定保护维修工程方案和前期准备工作。又组织区内外专业人员对朗塞林庄园、昌珠寺、拉加里王宫、吉隆卓玛拉康、大唐天竺出使铭、曲德寺进行了建筑清理、抢险加固和临时支顶等项工作，使这些重要文物保单位的建筑险情得到了一定的缓解。

布达拉宫、罗布林卡、萨迦寺三大重点文物保护维修工程，是中央第四次西藏工作座谈会确定的重点文化项目，于2002年6月26日在拉萨举行了隆重的工程开工典礼。

1998年以来，国家和自治区政府为加强西藏历史文化名城的保护，先后投资1100余万元对拉萨市老城区的古建筑、民房进行了维修和改造。从2002年开始，又计划用数年的时间投资4亿元，对拉萨市老城区的危房及基础设施进行全面的维修、改造，以提升城市的整体功能，改善文物古迹的保护环境。

【考古发掘】 西藏现代意义上的科学考古工作，起始于1977年的昌都卡若新石器时代遗址的发掘，它填补了西藏地区史前考古的空白。此后，拉萨曲贡、山南昌果沟等新石器遗址的科学发掘，又使西藏的史前考古工作提高到了新的阶段，取得了重大成果。这些重大科学考古发现和发掘，勾画出了青藏高原史前文化的基本脉络，清晰地揭示中华文明的渊源。

2002年，自治区文物局组织的重要考古发掘有：(1)为配合江孜宗山遗址保护维修工作的实施，邀请陕西省考古研究所的专家，组织区内考古人员对该遗址开展了考古调查和发掘清理工作。共发掘遗址面积300平方米，收集资料近10万字，出土物品29件（组），为下一步开展遗址的保护维修工作奠定了基础。(2)根据国家文物局的安排，为完成《昌都卡若遗址保护规划》的制定工作，与四川大学历史文化学院合作，对昌都卡若遗址进行了为期一个多月的考古调查、发掘工作，共揭露面积230平方米，发掘出土物品1000余件，并获得了大量的基础资料。这项工作为科学制定卡若遗址的保护规划，收集了较为全面的资料档案，提供了科学依据。(3)组织西藏博物馆、山南地区文物局的业务人员对加查县达拉岗布寺的部分建筑遗址进行了抢救性发掘清理，并及时组织文物鉴定专业人员对出土的300余件物品进行了鉴定，督促山南地区有关方面尽快开展文物的登记建档工作。(4)根据自治区领导的批示精神，自治区文物局与拉萨市文物局、西藏博物馆、西藏社会科学院组成联合调查组，对拉萨市堆龙德庆县丘桑乡发现的古人类手印脚印化石遗址进行了考察，并邀请中国科学院古脊椎动物与古人类研究所的专家，对该遗址进行了科学的考察和调查，获得了较为丰富的遗址及环境资料。有关专家正对资料进行科学分析和研究。(5)为配合青藏铁路工程的建设，依照《文物保护法》的有关规定，自治区文物局向自治区支援铁路建设办公室上报了《青藏铁路二期工程格拉段西藏境内考古调查预算编制说明书》、《青藏铁路二期工程格拉段西藏境内考古调查预算书》。

文物普查、考古发掘和文物研究工作，有力地促进了全区的科学考古、学术研究和文物展示水平的提高。《拉萨曲贡遗址发掘报告》、一些县（市）的《文物志》、《布达拉宫画册》、《布达拉宫壁画源流》、《唐卡·坛城画册》、《雪域珍藏——西藏文物精华展画册》、《西藏博物馆画册》等一批有一定学术价值的书籍和画册相继出版。国家和自治区的重点出版工程——《中国文物地图集·西藏分册》、《西藏自治区志·文物志》的初稿已基本编撰完毕,待审核通过后近两年内可以陆续出版。

【文物展览】 20世纪80年代以来,全区的文物展览和交流工作有了较快的发展,影响也越来越大。先后在北京、广州、云南、上海、南京、香港等地举办过不同类型不同规模的展览,取得了很好的社会效益。同时,积极地开展了出国文物展览,自1987年在巴黎举办的"中国西藏珍宝展"取得成功之后,又陆续到日本、阿根廷、意大利、韩国、加拿大、比利时等国家举办了文物展览。这些展览引起了很大的反响,有力地配合了国家的对外文化交流工作,并在正确宣传西藏,肃清达赖分裂主义集团在国际上散布的"西藏文化毁灭论"方面起到了积极的作用。2002年为配合国家的对外宣传工作,进一步扩大西藏文物在国内外的影响,自治区文物局组织了20幅唐卡参加了在比利时、加拿大举办的"中国西藏文化周"宣传、展览活动,并取得了很好的宣传效果。经文化部和自治区政府批准,自治区文物局与美国宝尔博物馆积极开展"中国西藏文物展——雪域藏珍"赴美前的各项筹备工作,这将是西藏文物出国展览史上的又一部力作。

自治区文物局与香港星际文化公司、南京博物院合作分别在广州、南京举办了"拥抱吉祥——西藏文物精华展"、"雪域藏珍——西藏文物展",使合作展览的领域得到进一步拓宽,取得了新的成果。

自治区文物局组织布达拉宫管理处、罗布林卡管理处、大昭寺和西藏博物馆参加2002年底在北京举办的"世界遗产地在中国"大型展览。

西藏博物馆充分发掘潜力积极与区内外单位合作,推出了"情系高原——四人美术展"、"万水千山总是情——徐培恩国画猿猴展"、"格萨尔千年活动专题展"等共7个专题展览,这既为西藏博物馆的展览增添了新内容,又为全区广大群众提供了丰富精神文化食粮,取得了很好的社会效益。昌都地区文化局为配合"第三届康巴文化艺术节"活动,组织121件珍贵文物推出了首次文物展,受到了社会各界的好评。

区直文博单位接待朝拜群众和旅游参观人数稳中有升,文物经营渠道得到新的拓展。截止到2002年11月底,布达拉宫、罗布林卡和西藏博物馆共接待了72万人次,比上年增长15%, 取得了较好的社会效益和经济效益。自治区文物商店改变经营思路,拓宽经营渠道,在故宫博物院内增设了新的营业点,取得了可观的经济收入。

【文物宣传】 2002年,自治区文物局与新闻单位合作开展了对9处新公布的第五批全国重点文物保护单位的宣传报道工作,制作了藏汉两个语种的"文物保护单位与文物保护法律法规"的广播节目,进行了为期半年的宣传。这些活动在宣传普及文物保护常识、政策规定和法律知识方面,起到了积极的作用。

在"5.18"国际博物馆日之际,为使宣传活动取得很好的效果,自治区文物局联合西藏博物馆、拉萨市文物局、山南地区文物局、日喀则地区文物局,在3个地区(市)设立宣传点,开展了声势浩大的宣传活动,收到了很好的效果。

【文物法制建设】 依据《中华人民共和国民族区域自治法》和《中华人民共和国文物保护法》,西藏自治区人民代表大会于1990年5月颁布了《西藏自治区文物保护管理条例》,1996年7月进行了修订。1997年10月,西藏自治区人民政府公布了《西藏自治区布达拉宫保护管理办法》。1998年又根据文物保护工作的实际需要，下发了《关于加强我区文物工作的通知》，同年区党委办公厅、政府办公厅联合印发了《关于加强我区革命文物工作的意见》。这些法规、政策的颁布实施，为加强和改善全区的文物工作提供了有力的保障。

为加强文物保护法律法规的宣传、普及工作，自治区文物部门积极与各新闻媒体、艺术表演团体合作举办了“文物的呼声”活动，取得了良好的宣传效果，在广大群众中引起了较大的反响；在每年的“国际博物馆日”等宣传活动中，按照相关主题组织有关单位开展了丰富多彩的文物法制宣传活动。通过开展学习、宣传活动，在增强广大群众特别是各级政府部门的文物保护意识、法规意识等方面，起到了积极的作用。

为配合自治区寺庙爱国主义教育办公室的工作，派专人对参加全区寺庙民管会主任培训班的全体学员，讲授了西藏文物保护单位基本情况及文物保护法律法规的课程，为提高寺庙僧人的文物保护及法规意识起到了积极的作用。

【文物人才队伍建设】 西藏各级文物管理部门、文博单位，通过采取合作办学、举办培训班、派人到内地有关科研院校学习等措施，拓宽人才培养渠道，加强了人才队伍的建设。20世纪90年代以来，先后共有100余名从事文物考古专业、行政管理的人员在区内外有关院校、单位得到了培训和深造，培训面达到了在职总人数的近50%。1998年自治区文物局与四川大学成功举办文博专业大专班（30人）之后，2001年又与西藏民族学院合作举办了文博专业本科班（35人），共有65名学生受到了系统的专业训练。通过各种渠道和形式的人才培养，使全区文博系统的干部职工的理论素质和专业水平有了较大幅度的提高，队伍的结构及状况得到较好改善。

2000年，在自治区文化厅党组的统一部署和精心领导下，按照《干部选拔任用条例》的原则、程序，开展了自治区文物局系统的干部交流与选拔工作。通过进行深入细致的干部考察、评议、公示等工作，经文化厅党组任命，共有区直文博单位的5名干部提拔到县级领导岗位，6名同志提任区级职务，使文物局系统的中层以上领导干部的年龄、知识结构得到了较好的改善，队伍建设得到了一定的加强。

基层文物战线上涌现出了一批全国先进集体和先进个人。经人事部和国家文物局的评审，2002年授予拉萨市文物局“全国文物系统先进集体”称号，更堆嘉措（山南地区文物局）、曲珍（西藏博物馆）两位同志被国家文物局授予“全国文物系统先进个人”。

（西藏自治区文物局）

陕西省

【文物考古】

周原考古。由陕西省考古研究所、北京大学考古系和中国社会科学院考古研究所联合组成周原考古队先后发掘了云塘建筑基址、礼村先周文化遗存和齐家玉石器作坊遗址，出土大量玉石器的成品、半成品、毛料以及制玉工具，这为了解和研究我国古代特别是周代玉石质装饰品的加工工艺及制作过程等提供了重要资料。

秦陵考古。秦陵考古队继续在秦始皇陵区范围内进行调查、钻探工作，在秦始皇陵封土以北勘探出8万平方米的陪葬坑1座，并在晏寨、下焦等地发现一处较大范围的墓地。秦陵K0007陪葬坑发掘100平方米，除搞清了该陪葬坑的结构外，又发现了

16件原大的彩绘陶俑和27件原大彩绘青铜水禽等珍贵文物，对认识秦始皇陵的外葬系统和全面认识K0007陪葬坑的性质提供了重要资料。

阳陵帝陵东侧从葬坑第二阶段的发掘。这项工作明确了对各个从葬坑结构及性质的认识，对研究汉代的帝陵制度、宫廷机构设置及经济、科技发展水平等具有极其重要的意义。

唐昭陵北门阙遗址考古。发掘面积达4100平方米，揭露出较为完整的唐代昭陵北阙门建筑和明清昭陵祭坛建筑群遗迹，并出土“昭陵六骏”石雕残块、“十四国君长”雕像残躯、明清两代祭祀碑等。是唐陵考古的又一次重要发现。

【对破坏严重的遗址墓葬的抢救性发掘】 省考古所和各地方文物部门对一些受破坏较严重的遗址和墓葬进行了抢救性发掘，保护和抢救了一大批珍贵文物。

澄城县良辅墓地的墓葬。历年遭盗掘较为严重，省考古所对其进行了勘探与抢救发掘。在钻探的1.1万平方米的范围内，发现古墓76座，发掘魏晋时期墓葬57座，出土各类文物132件。

东龙山汉墓的发掘。纠正了人们长期对该墓的误解，证实这是一座汉墓而并非人们传说的尧女墓。并排双墓道墓葬在国内更属罕见，增加了一种新型的汉墓形制。墓中出土的具有楚文化的风格灰陶印纹罐和铜鼎，为研究楚与中原的关系以及商洛地区的文化特点提供了重要资料。

临潼新丰镇唐奉天皇帝墓和汉中勉县宋墓的抢救发掘。出土了一批珍贵文物和墓葬资料，这些文物资料具有较高的学术研究价值。

【加强在基本建设中的文物保护】 全年共签订考古勘探协议130余项，实施钻探面积135万平方米。完成配合宝鸡—兰州复线铁路、府谷—店塔二级公路、西气东输（靖边—延川段）、西安至禹门口（阎良—禹门口段）、西安北郊经济开发区、长安开发区以及向阳公司16号墓地等大中型项目的考古勘探工作。组织省考古所和各市文物部门对西（安）汉（中）高速公路、黄（陵）延（安）高速公路、黄河古贤水库、喜河水电站、旬阳水电站等重点项目进行了前期考古调查工作，为今后工程建设中的文物保护工作提供了依据。对52个项目进行了发掘清理，发掘各时代墓葬1683余座，遗址3万余平方米，出土各类文物19544件（组）。不仅有效地保护了大量珍贵文物，解决了许多学术问题，而且保证了这些建设工程如期进行。

为配合香港的建设工程，省考古所会同香港古迹古物办事处等5个单位共同对香港西贡沙下遗址进行了考古发掘。沙下遗址的发掘是香港迄今为止投入力量最多、发掘面积最大的一处古文化遗址，对于研究香港新石器时代、青铜时代的文化面积提供了丰富的资料。受西藏文物局之邀，对西藏江孜宗山抗英遗址进行了调查和发掘，全面调查了宗山现存的10组建筑群，发掘建筑基址440平方米，出土各类文物353件，有力地支援了西藏地区的文物保护工作。此外负责三峡库区的抢救发掘任务进展顺利，继续对重庆万州包汉墓地和安全遗址进行发掘，发掘面积3425平方米，发现墓葬、陶窑、灰坑、建筑基址等遗迹，出土大量青铜器、陶器、建筑材料以及部分与佛教有关的文物。

【整理出版考古资料】 2002年，已出版《慈善寺与麟溪桥》、《重庆万州区塘房坪遗址发掘报告》、《考古发掘出土的中国东汉壁画墓》、《周原甲骨文》、《一粟集——王辉学术文存》、《商周文化》6部学术专著。《陇县原子头》、《唐节愍太子墓》、《唐惠陵发掘报告》、《白鹿原汉墓发掘报告》、《秦始皇陵园考古报告2000》、《北周安伽墓》、《陕西省文物古迹大观续编》等9篇（部）报告、专著已交付出版社陆续出版。同时，历年积压的发掘资料整理工作进展顺利，咸阳杨家湾汉墓、唐永泰公主墓、唐章怀太子墓、汉阳陵南区从葬坑等考古资料都在紧张有序地整理之中。

【田野文物保护】 筹备召开各市文化（文物）局长和文物科长参加的全省田野文物保护工作会议，检查2001年度“田野文物保护责任书”的完成情况，对完成好的市局进行了表彰奖励。签订2002年度“田野文物保护责任书”，督促各市、县、乡、文保员层层签订文物保护责任书，切实落实田野文物保护责任，充分发挥文保员的作用。根据人员编制、配套资金的落实情况及实际需要，在全国重点文物保护单位、省级文物保护单位及文物密集区建立文管所11个，并对一些文管所的设施进行了改善。2002年对三原、甘泉、富平等16处散存在田野的石刻进行了加固、搬迁保护，并对咸阳、长安等地出现的古墓葬盗洞及时地进行了回填，有效地防止了田野文物被盗案件的发生。积极探索田野文物安全技术防范方法，改变田野文物安全单纯依靠人防的局面，组织技防公司进行了田野文物技术防范试验，召开了征求意见会，现场观看了试验，并在彬塔进行了试点，安装了技防设施，待试点成功后将在其他重要的田野文物继续进行技防设施建设。2002年6月，陕南和陕北发生洪水灾害后，及时给受灾的子长钟山石窟、瓦窑堡革命旧址、宁陕城隍庙等9处文保单位下拨维修专款，并组织当地文物部门及时清淤排险，将洪水造成的损失减少到最低程度。经省政府2002年第24次常务会通过，审定公布了全省第四批省级文物保护单位156处及其保护范围。

【古建维修】 完成省级文物保护单位维修项目咸阳周陵木牌楼、三原城隍庙、合阳文庙西厢房、富县石泓寺窟檐等14项。经专家论证完成全国文物保护单位维修项目规划方案，延安桥儿沟旧址、唐十八陵保护规划、米脂杨家沟革命旧址保护规划、蒲城桥陵文物保护规划、白水仓颉庙、唐大明宫及汉长安城霸城门遗址等18个项目已上报国家文物局。由于严格按照国家文物局制定的微机报审方案制度，在完成了大量基础工作前提下，严格把好方案初审关，提高了维修规划方案质量。到2002年底，已有17项维修规划方案通过了国家文物局专家审定。根据年初省级和国保单位维修方案审批及资金落实情况，2002年共安排开工24项，其中省保单位17项，有合阳文庙西厢房、周陵木牌楼、洋县智果寺藏经楼、韩城城隍庙山门等；国保单位7项，有乾陵朱雀门门阙保护工程、靖边统万城南台墩加固工程、户县公输堂保护搬迁、周至仙游寺塔复建工程、韩城三清殿建筑群搬迁维修等。截至2002年底已基本完工的项目12项；已组织验收的完工项目6项，包括户县公输堂保护用房、眉县张载祠学圣殿、蓝田公王岭猿人遗址保护工程等。

【文物科技保护】 2002年，共申报“全国文博事业人文社会科学研究课题”22项、“科技保护项目”6项，推荐“全国文物保护与修复科技成果”参展项目17项。“宝鸡益门出土文物分析研究”及“砖石类文物保护材料研究”2003年验收；文物地图集多媒体版已经完成，待国家文物局批准后进行鉴定。组织协调中德合作“水陆庵彩绘泥塑保护”、“兆伦遗址磁测考古”等项目的开展，建成的“古代丝织品保护实验室”对法门寺地宫出土的丝绸文物进行实验性揭展，已揭展出5件衣、裤、裙等，取得了可喜的成果。与德国专家合作完成了旬邑百子村东汉墓壁画、长安大学园区陕西师范大学工地唐墓壁画的修复与保护工作，修复壁画面积约30平方米，揭取约2平方米。在德国慕尼黑举行了中德科技合作指导委员会第八次会议，确定了下一阶段双方合作项目，决定中德第九次指导委员会会议于2003年在西安召开。与联合国教科文组织合作、日本政府出资进行的大明宫含元殿保护工程项目二期工程已经完工。与日本外务省基本设计调查团就“含元殿遗址窑址保护及环境整治项目”的具体合作事宜进行了协商并签订了会谈纪要，中日两国政府正式签署换文，确定由日本国政府提供无偿文化援助贷款2.8亿日元，用于含元殿遗址保护及环境整治项目。同时，由西安市政府承担的含元殿御道环境整治项目正式启动，项目建议书、科研性报告及设计方案正在进行中。组织秦俑博物馆向陕西省科技厅申报了《秦俑彩绘保护》为“陕西省科技成果奖”候选项目，现已通过初选；秦始皇陵园K9801陪葬坑出土的石质铠甲现已修复出甲衣和甲胄各2件；K0006陪葬坑出土的部分马骨进行了加固保护；K0007陪葬坑新出土的陶俑修复出5件，陶俑的彩绘也进行了必要的保护。组织直属单位派员参加了联合国教科文组织亚太地区文化中心和国际文化保护与修复中心等举办的“木构建筑保护、石质文物保护、整体区域和城镇保护”等培训班6批，国家文物局举办的“古代纺织品保护、漆木器保护、古玉器鉴定”培训班3批。完成内蒙古乌海岩画复制保护工程和青海瞿昙寺、桑周寺壁画保护方案调查研究；完成了配合三峡工程的瞿塘峡石刻搬迁和忠县石阙保护工程以及大宁河栈道和张飞庙搬迁考古调查。

【世界文化遗产保护管理】 按照《保护世界文化和自然遗产公约》和联合国教科文组织的安排，对亚太地区1994年以前批准的世界遗产地进行阶段性监测工作，组织编写了《秦始皇陵及兵马俑监测报告》，已上报国家文物局提交2003年的联合国教科文组织会议。根据联合国教科文组织第26届世界遗产委员会主席团会议报告和国家文物局来函，对秦始皇陵及兵马俑的保护状况做了详细的调查，并向省政府提交了《关于世界文化遗产——秦始皇陵及其兵马俑保护工作情况的报告》。组织秦俑博物馆参加联合国教科文组织和国家文物局举办的世界遗产地知识竞赛及展览。接待联合国教科文组织世界遗产委员会和联合国教科文组织中国全委会及国家文物局的领导、专家3次对世界文化遗产——秦始皇陵及兵马俑工作的检查指导。与省对外友好协会共同承办了在西安召开的“联合国教科文组织2002年丝绸之路国际学术研讨会”，组织文物系统50名专家参加会议，安排会议代表、专家进行参观考察。

【博物馆工作】 对市、县博物馆陈列方案及建设方案进行论证。对咸阳博物馆西汉兵马俑西展厅陈列方案进行3次论证，该陈列正在加紧布展。对韩城市博物馆陈列改造方案、蒲城县博物馆陈列改造方案、清代考院陈列方案、富县博物馆陈列方案等进行了论证，对澄城拴马桩博物馆规划及建设方案进行了论证。完成了长安区博物馆神州首邑陈列、汉中博物馆褒斜古栈道陈列、汉中革命史陈列、西安书法艺术博物馆书法陈列、韩城市博物馆基本陈列。凤翔县博物馆、蒲城县博物馆、丹凤县博物馆陈列改造正在布展中。多次组织专家及有关人员对陈列进行改进，对法门寺陈列改造进行最后验收。推荐参加全国十大精品陈列评选。审批、协调秦兵马俑全国巡回展赴成都、贵阳、杭州、苏州、哈尔滨、长春等地举办，对展出文物、合作单位、场地及安全展出条件等进行严格审查，发现问题及时督促改进，确保文物安全。该巡展取得良好的社会效益和经济效益。5 月份组织部分专家及西岳庙管理处就西岳庙的陈列外出赴南岳、中岳、东岳考察、调研，目前已完成陈列内容方案的设计初稿。积极筹集文物库房建设经费 100 万元，用于 10 个市、县文物库房建设补助；推进文物库房规范化管理，完成长武县博物馆、武功县文管会、镇安县文管所的文物库房设施配备，凤翔县博物馆、旬阳县博物馆正在实施中；分别举办了陕北片延安、榆林，关中西安、渭南、铜川和咸阳、宝鸡、商洛的库房保管员培训，组织得力的师资队伍，安排丰富的学习内容，保证教学质量，并利用办班机会专门召集全省各市文物局博物馆科长、文物科长专题会议，结合新《文物保护法》研究、讨论、修改库房规划化管理办法。

【爱国主义教育基地建设】 为搞好爱国主义教育基地建设，拨款 62.9 万元用于市、县博物馆人员的培训和图书、资料的印刷出版及音像制作、购置。博物馆、纪念馆进一步增加免费开放群体，根据《公民道德实施纲要》要求，确定省以上爱国主义教育基地对青少年实行免费开放，现役军人参观全省博物馆、纪念馆实行免票。协调召开博物馆学会宣教专业委员会工作会议，举办两期讲解员培训班，100 名来自陕西及全国 10 个省市的学员参加了培训。以“博物馆与全球化”为主题，组织开展“5.18”国际博物馆日活动。配合形势教育举办各种临时（专题）展览 50 多个，组织博物馆深入部队、学校现场讲解，送展到农村。抓好文物景区的绿化、净化、路化建设，确定全省文物系统净化工程 30 个，资金额 700 万元。配合全国特奥会在西安召开，对秦俑博物馆、陕西历史博物馆、西安半坡博物馆、西安碑林博物馆、法门寺博物馆、乾陵博物馆无障碍设施进行改造、新建。2002 年，省文物局被省委、省政府授予“创佳评差”最佳厅局，受到表彰奖励；省文物局和秦兵马俑博物馆同获全国特奥会“突出贡献奖”；秦兵马俑博物馆获全国“五一劳动奖状”。

【文物法制建设】 为认真贯彻落实全省依法治省工作会议精神，制定了《陕西省文物局依法治理五年规划》；完成了《秦始皇陵保护管理条例》申报立项工作；加强全省文物拍卖公司治理整顿和文物拍卖标的管理审定工作；落实《陕西省重大文物安全事故行政责任追究规定》的制定工作，2002 年 9 月 18 日省政府以省长令形式下发全省各地贯彻执行。为做好全省文物工作入世前的准备工作，抽调专人用 3 个月时间查阅清理 1979 年以来的各类文物规章性文件，清理废除 42 个无效文件，新《文物保护法》颁布后再次进行了清理甄别工作。新《文物保护法》颁布后，安排部署了省直文博单位和西安市文物局及直属单位、全省各市文物系统开展有声有色，扎扎实实的宣传活动，受到省人大、省政府有关领导的认可和社会普遍好评。对全省各地文物行政执法人员进行换证培训工作，安排部署了全省市、县（区）文物行政执法人员公共法的培训工作，全省约 1000 余名文物行政执法上岗人员受到了严格培训，为今后的文物行政管理工作打下良好基础；对全省文物系统有关人员进行了法律、法规知识培训，约1600名人员受到较深层次的法律知识培训。督促落实《延安革命遗址保护条例》颁布后的宣传贯彻工作，延安市人大、市政府牵头组织了600名工作人员的宣传活动，推动了该条例的贯彻落实。完成5年立法规划拟定工作，落实执法检查和文字起草汇报工作，先后赴咸阳、宝鸡、渭南、安康、汉中、商洛等地进行行政执法和法律法规知识培训班的检查工作。对全省文物复制品生产和销售单位进行整顿治理、资格审定和换发新证工作，全省现有经审查合格的文物复制品生产单位59家，销售单位102家，依法取缔了50余家非法生产单位和10余家非法销售单位。

【文物安全保护】 2002年，全省文博单位火灾事故和文物被盗、被破坏的文物案件数量明显下降，馆藏文物发案率降低，田野文物安全形势好转。

*继续在全省文物系统推行安全责任制。*年初与省直单位签订安全责任书，各市也分别与所属单位层层签订了安全责任书。为加强全省文物系统消防安全工作，制订了《陕西省文物系统消防安全责任书》及检查《细则》，在全省文博单位全面实行消防安全责任制。通过检查等方式抓安全责任制的落实，对省直和市、县40多个文博单位进行了检查，下发了检查通报及隐患整改意见。

*举办安全管理培训班和召开安全工作会议。*请武警消防指挥学校消防和技防方面的专家讲课，组织学习安全方面的法规以及技防、消防基础知识，来自基层文博单位40多名负责安全的馆（所）长和保卫组织的负责人参加了培训。为拓展保卫人员的视野，组织局直属单位的保卫人员到外地考察学习。召开了全省文物安全工作会议，总结了全省几年来的文物安全工作，对今后的工作提出了要求，对工作在基层第一线表现突出的单位和个人进行了表彰奖励。这次会议对鼓舞战斗在文物安全工作第一线同志的士气，做好今后的文物安全工作将起到极大的作用。

*分批实施技防达标工作。*针对文博单位技防设施建设器材型号不统一、施工不规范、技防设施质量得不到保证，既浪费了有限的资金，安全防范条件还得不到改善的现象，按计划在各市分批实施技防达标工作。组织建设并验收了咸阳市、宝鸡市所辖的共20个文博单位的技防工程以及玉华宫博物馆、周至县文物库房、安康历史博物馆的技防工程；组织了渭南市、汉中市、延安市、铜川市所辖39个文博单位技防工程方案的设计审核及施工，现这些单位的工程已全部完成。组织了茂陵博物馆技防工程的设计、论证及施工，目前工程已完成；组织了药王山技防工程方案的论证及施工。组织了三原县博物馆、蓝田县水陆庵技防工程方案的设计、西岳庙消防工程方案的设计，并且已将方案报送国家文物局审核。

*协助公安部门处理文物案件。*协助省公安厅和西安市公安局阻止美国索斯比拍卖汉俑的行为，翻译相关资料，出据照片、证明文件和鉴定结论；处理了富县阁子头石窟和洋县智果寺文物盗抢案；协助省公安厅对泾河开发区破坏汉阳陵遗址案进行了侦破；及时处理群众反映的文物犯罪线索。

【对外交流和展览】 完成赴台湾地区“唐代文物精华展”、赴香港地区“秦汉文物精华展”、赴澳大利亚、新西兰“秦兵马俑展览”和赴美国关岛“黄河文明展”，以及组织筹备了赴巴西“中华文明源流展”、赴韩国、日本“秦兵马俑展览”、赴美国“中华文明展”等展览项目。这些文物展览活动受到当地群众的热烈欢迎，产生了广泛影响，为让海外了解陕西，让陕西走向世界发挥了重要作用，实现了社会效益和经济效益的双丰收。特别是在台湾地区举办的“唐代文物精华展”得到了学术界的高度评价，对增强民族凝聚力、促进两岸文化交流、实现祖国和平统一产生了重要意义。初步确定了赴西班牙“秦汉文物精华展”、赴法国“秦兵马俑展”、赴日本“汉文化展”和德国“秦代文物精华展”。在有计划地组织赴香港地区的文物展览的同时，注意与香港和澳门地区进行了学术交流、文物复仿制品开发、文物旅游考察团的组织，以及涉及文物展览的保险、运输、保安等方面的合作与交流；与澳门特别行政区还初步确定了今后几年的合作发展计划。与省台办合作加强对台的宣传工作，先后参与编写和举办了对台宣传资料汇编和对台交流图片展。同时与台湾地区的台北历史博物馆、故宫博物院、鸿禧美术馆以及中华文物交流协会等团体就今后的合作广泛交换了意见，初步达成了两个意向性文物展览项目，并就文物复仿制品的开发提出了初步计划。这些交流与合作，对台湾民众重新认识中华民族优秀文化，溯本求源，归宗认祖，增进两岸同胞血脉相连的亲情，很好地配合反台独、反分裂的斗争，取得了积极的政治成果，为祖国统一大业作出了贡献。

【文物保护重点项目】

整修黄帝陵二期工程。2002 年完成投资 1919 万元，筹措落实了国家计委专项补助资金 6000 万元。古柏消防工程全面展开。祭祀大院（殿）工程的居民搬迁、地质文物勘探、设计工作已全部完成。功德坛工程方案设计已经完成。

秦始皇陵遗址公园项目。前期工作开始启动，2002 年完成投资 126 万元。完成了项目建议书编制并得到国务院、国家计委和国家文物局的批准，完成了地形图测绘和考古勘探等大量的基础工作。完成了《秦始皇陵保护规划大纲》和《秦始皇陵遗址公园可行性研究报告》的编制和论证。配合科技部的陵区遥感探测工作顺利进行。省委、省政府决定理顺陵区管理体制，成立了领导小组和工程指挥部，并补助专项资金 1.5 亿元。李岚清同志再次视察项目进展情况，国家计委明确补助专项资金 1 亿元。

秦俑馆馆前区环境建设工程项目。年内完成投资 7093 万元，完成了项目建议书、可行性研究报告编制，得到省计委的批准。完成了规划设计招标，方案修改工作即将完成。征地拆迁工作全面启动。

汉阳陵博物苑项目。完成投资约 800 万元，完成了保护规划的修改、论证，得到国家文物局的原则同意并报省政府审批。完成了帝陵南门阙保护建筑建安工程和帝陵外藏坑遗址展厅的地质勘探、地形测绘等基础工作。展厅方案设计工作正在进行中，环境设计招标准备工作已经完成。

陕西历史博物馆。基本陈列改造陈列方案编制工作基本完成，正在论证过程中。陕西历史博物馆唐墓壁画馆项目与意大利专家一起完成了陈列方案的设计、论证，完成了项目可行性研究报告的编制和报批工作。利用意大利政府软贷款和赠款的谈判、审批工作基本完成，筹措资金 568.1 万欧元。

西安碑林博物馆新石刻艺术馆。完成了可行性研究报告的编制和报批工作。城建审批、保护规划编制等工作正在着手进行。

西安半坡博物馆遗址大厅改造工程。完成了建筑方案设计并已通过国家文物局审批。可行性研究报告编制完成并得到省计委批准。财政部、国家计委补助300万元资金已落实。遗址保护方案完成并通过论证。

整修西岳庙二期工程。完成投资106万元,完成室外消防工程方案设计、论证工作,上报国家文物局审批。完成了绿化规划方案的招标、论证和修改工作并报省政府申请资金。完成了庙前广场的方案设计和论证。完成了部分彩绘工程招标。清运杂土,整治了庙内环境。完成了重城五道城门主体施工。完成了三座石碑楼保护维修测绘方案并上报国家文物局。

法门寺佛教文化旅游景区。完成了景区文化策划方案。

【赵德全副省长在全国文物工作会议上作重要发言】 2002年11月19日,全国文物工作会议召开,省政府和有国保文物单位的市、县政府设分会场,赵德全副省长在会上作了《贯彻落实新〈文物保护法〉,努力开创陕西大遗址保护工作新局面》的发言。赵德全副省长指出,陕西大遗址分布广,数量多,面积大,等级高,大遗址保护历来是我省文物保护工作中的重中之重。省人大常委会将按照新《文物保护法》的规定及时修订《陕西省文物保护管理条例》等地方文物保护法规,适应全面建设小康社会新时期大遗址保护的需要。省文物部门专门委托具有专业资质的大专院校和科研院所,先后编制了秦始皇陵园遗址、汉阳陵陵园遗址、唐乾陵陵园遗址、秦阿房宫遗址、汉长安城遗址、唐大明宫遗址、秦咸阳城遗址、大夏统万城遗址等文物保护总体规划。省政府与市、县区、乡镇各级政府每年都层层签订文物保护责任书,实行政府主要领导首长负责制;省文物局也与各级文物管理部门签订田野文物保护责任书,将大遗址保护的责任具体落实到人。积极探索全社会参与大遗址保护的新路子,动员全社会力量参与大遗址保护。

(陕西省文物局)

甘　肃　省

【概况】 甘肃省共有各类不可移动文物近2万处,其中入选《中国文物地图集》的有13284处,在石窟寺、古遗址、彩陶、简牍、长城及古城址等方面具有明显优势。其中全国重点文物保护单位43处,省级文物保护单位526处,县(市、区)级文物保护单位3061处。敦煌莫高窟为世界文化遗产,嘉峪关与省外其他明长城著名关隘共同被列为世界文化遗产。共有各类文物收藏单位113家,其中博物馆63个,纪念馆3个。馆藏文物42万多件,其中一级文物3300件(含国宝30件),二级文物11386件,三级文物96299件。馆藏珍贵文物共计110985件;全省文博系统共有干部职工2311人,其中高级职称75人,中级职称近200人。

【文物安全保护】 2002年,全省发生文物案件16起(含未遂5起),其中野外文物失盗案件15起,馆藏文物失盗案件1起。省文物局进一步贯彻落实省政府办公厅《关于进一步加强文物保护,及时上报盗掘文物案情的通知》,坚持文物安全的报告和检查制度,在全省范围内组织开展了文物安全大检查,对发现的问题和隐患及时予以纠正和整改。同时,加大了野外文物特别是管护条件差、管护难度大的中小石窟管护工作和防盗设施建设力度,督促各地完善和落实文物安全三级责任制,健全三级保护网络。

进一步加强了文博工作人员的安全意识教育,不断提高博物馆安全防范的科技含量。一批文物收藏单位的安防和消防工程相继竣工或完成了方案设计,全省文物消防安全规划也着手制定。继续为6个文物收藏单位安装了报警系统,有效增强了文物收藏单位安全防范能力。

进一步加大了打击文物犯罪的力度,配合公安部门破获了肃南金塔寺石窟“2.08”文物被盗案、盗掘全国重点文物保护单位汪家坟元墓群未遂案等一批大案要案。

【文物保护维修】 全年共投入经费1384万元,组织开展了31项文物保护维修工程。重点项目有:莫高窟文物保护防洪工程,榆林窟文物保护防洪工程,莫高窟上、中寺及三层楼保护维修工程,玉门关小方盘城加固工程,骆驼城遗址文物保护防洪工程,麦积山石窟瑞应寺修缮工程,白塔寺萨班塔重建工程,锁阳城角墩抢险加固工程,北石窟寺165窟抢险支顶加固工程,炳灵寺石窟木栈道维修工程,马蹄寺石窟群金塔寺石窟被盗塑像、壁画修复工程等。另外投入资金120余万元,对庄浪云崖寺等8个中小石窟进行安防设施建设和抢险保护。

【基础工作】

在保护规划制定方面。大地湾遗址保护规划通过省级和国家级专家论证,并经国家文物局批复同意。麦积山石窟保护规划通过了省级论证。礼县大堡子山遗址及墓群保护规划基本完成。开展了安西锁阳城遗址和高台骆驼城遗址、天水伏羲庙、武威白塔寺遗址和张掖大佛寺保护规划制定的前期准备工作。

在“四有”工作方面。完成了全省43处国保单位的标志碑树立工作,报请省政府重新划定公布了莫高窟和大地湾遗址的保护范围,漳县汪氏家族墓地、武山木梯寺、张掖黑水国遗址、华亭石拱寺等文物单位成立了专门的管护机构。同时,还对前五批公布的省级文物保护单位进行了勘误调整,完成了第六批省级文物保护单位申报材料的汇总审核工作,并补充完善了部分省级文物保护单位的记录档案。完成了天水胡氏民居、张掖大佛寺、武威下双大庙、泾川隍庙大殿、武山官寺、迭部俄界会议遗址、两当文庙大殿等文物保护单位的调查测绘工作,并完善了记录档案。对全省业余文物保护员进行了普查登记,并对全省“四有”工作现状进行了调研。

在基础资料整理编写方面。《中国文物地图集·甘肃分册》完成了终审后的修改任务,已交付出版。《大地湾遗址发掘报告》全部完成并交付出版。完成并发表了大堡子山秦公墓发掘简报。完成了《骆驼城遗址发掘简报》;在《考古》杂志上组织了一期“甘肃特刊”。

【文博单位基本情况普查】 从2002年3~11月,投入经费近70万元,分动员部署、普查登记、数据处理、审核验收、汇总上报等阶段在全省范围内全面开展了文物、博物馆单位基本情况普查工作。共普查登记文物、博物馆机构256个,从业人员2311人,馆藏文物426553件。

【考古发掘】 紧密围绕配合基本建设开展考古发掘工作这一中心任务。本着提前介入、主动配合的原则,主要开展了配合“西气东输”工程、312国道改线工程、疏勒河灌区建设工程等西部大开发中的重点基建项目的考古调查与发掘项目,具体包括:对“西气东输”甘肃段施工范围内的文物点进行了调查,确认文物点52处,制定了保护方案,并就抢救发掘工作与建设单位进行了前期协调;配合疏勒河灌区建设工程,对玉门花海毕家滩墓地进行了抢救性清理发掘,清理古墓葬53座,出土了一批具有较高文物考古价值的文物；配合312国道改建工程和九甸峡水利工程开展了文物调查及相关协调工作。对以礼县大堡子山为中心的先秦早期都城遗址及墓群进行了调查发掘，新发现了20余处秦汉时期的墓葬及新石器时代的遗址。配合安西锁阳城西北角墩抢险加固工程开展了考古发掘。

【博物馆基础设施建设】 进一步加强了博物馆基础设施建设。扩大了对省博物馆展览大楼维修改造的工程规模，费用由原4500万元增至10482万元。对一批已竣工或在建博物馆的工程质量进行了抽查，对徽县、礼县博物馆的设计方案进行了审查论证，对天水、定西、甘南等地州市博物馆的建设设计提出了原则性的指导意见。

【文物收藏单位的藏品管理】 组织省鉴定委员会专家对全省馆藏二、三级文物进行了统一鉴定确认，完成了全省14个地州市108家文物收藏单位的42万余件藏品的鉴定工作。

【文物征集工作】 共投入专款300多万元，征集各类文物5041件（套），是历年来全省征集文物最多的一年。鉴定涉案文物26起，计579件（套）。经积极协调，其中390余件已移交文物部门并入藏省文物局指定的文物收藏单位。

【召开首次博物馆工作会议】 会议全面回顾和总结了多年来全省博物馆事业发展的历程与经验，对博物馆藏品保存环境的标准化建设、藏品信息化管理和文物安全管理等重要工作做了详细部署。会议还邀请国内知名文博专家就国际博物馆的发展趋势等课题做了专题讲座，这次讲座更新了全省博物馆馆长的观念和知识。

【文物科研】

完成了已立项科研项目的年度研究任务。通过鉴定验收的科研项目有："九五"期间国家重点社科课题"敦煌莫高窟北区考古研究"、"中国北方干燥地区出土糟朽漆器保护研究"、"潮湿环境下壁画地仗加固保护材料与技术研究"、"西藏萨迦寺、布达拉宫、罗布林卡壁画修复研究课题中期试验"和"中美合作保护莫高窟第85窟项目中期评估意见"等。与日本合作进行的莫高窟第265窟和与美国盖蒂文物保护所合作开展的莫高窟第85窟的科研保护工作进展顺利。

进一步加大了馆藏文物的科技保护力度。开展了省博物馆馆藏天梯山泥质文物的修复工作。完成了北方出土漆器和潮湿环境下的壁画地仗加固等两个课题的修复工艺、材料、方法的前期实验，通过国家级专家论证后开始实施。战国漆器保护、全省馆藏画像砖保护、秦安县博物馆的铜器保护、全省馆藏木器文物的修复保护等方案获国家文物局批准，陆续付诸实施。

【学习宣传《文物保护法》】 省文物局制定下发了学习宣传《文物保护法》的实施意见，召开了《文物保护法》学习座谈会，在《丝绸之路》杂志上开辟了学习交流专栏，安排部署了2003年元月全省《文物保护法》宣传月活动，利用"12.4"法制宣传日向群众进行了文物法制宣传。

【文物法制建设取得新进展】 《甘肃敦煌莫高窟保护条例》正式颁布。根据修订后的《文物保护法》，完成了《甘肃省实施〈文物保护法〉办法》的前期修改工作。省文物局还配合省人大和省政府有关部门赴外省市进行了文物地方法规立法调研。拟定了《甘肃省考古发掘管理办法(征求意见稿)》。

【进一步整顿文物市场】 省文物局与省经贸委、省工商管理局、省公安厅、省文化厅、兰州海关等单位召开联席会议,制定了全省文物市场整顿规范方案,联合下发了《关于整顿我省文物市场的通知》。组织省文物市场管理协调小组各成员单位会同省经贸委、省文化厅对兰州和临夏两个文物监管物品市场清理整顿情况进行了联合检查,对临夏市场的管理和鉴定机构进行了调整。依据修订后的《文物保护法》对全省文物拍卖机构重新进行了资格审查认定,进一步规范了文物拍卖市场管理。

【文博信息化建设】 甘肃省被国家文物局和财政部确定为全国文物调查及数据库建设4个试点省份之一,开展全省三级以上珍贵馆藏文物调查并建立藏品数据库。省文物局与省财政厅沟通协调,成立了试点工作领导小组,制定了文物调查及数据库建设实施方案,组织制定了一系列文物调查工作规范,选择了试点单位,对参与调查的业务人员进行了工作规范和采集软件的培训,购置了首批省内试点所需的调查工作设备,组建了工作队伍,文物调查工作正式开始。

【文物宣传与交流】 认真处理各类工作信息,继续办好《文物工作动态》、《文博要情》,同时配合重点工作项目创办了《全省文物博物馆单位基本情况普查简报》和《文物调查及数据库建设工作简报》。围绕“博物馆与全球化”的主题,在全省范围内组织开展了形式多样的国际博物馆日宣传活动。“僧侣·商旅与丝绸之路——4~7世纪中国甘肃、宁夏文物精华展”在美国成功展出并完成撤展工作,完成了赴美国的“丝绸之路文物展”的筹备和申报工作。协调、确定了2003年赴美国代顿博物馆举办文物展览的有关事宜并完成了文物调拨工作。举办了“麦积山石窟艺术与丝绸之路佛教文化国际学术研讨会”和“北石窟寺石刻艺术与佛教文化国际学术研讨会”。制定了《赴日研修生派遣管理暂行规定》,加强了赴日研修生派遣管理工作。

(甘肃省文物局)

青海省

【省文物工作座谈会在西宁召开】 2002年1月15~16日,全省文物工作座谈会在西宁举行。这是继1996年11月全省文物工作会议之后,召开的一次交流和探讨新世纪文博事业发展大计的重要会议。各州、地及部分市县主管领导、省直文博单位及部分地方博物馆、文物管理所的负责同志出席了会议。省文化厅厅长陈秉智、省委宣传部副部长周贤安分别在会上发表了谈话。与会代表进行了认真热烈的讨论。会议全面回顾了新中国成立以来,特别是改革开放20多年来全省文物工作的基本情况和重要成就,认为全省文物考古工作成绩斐然,文物保护工作更上新台阶,文物法制建设得以加强,专业队伍不断发展壮大。会议认真查找出了全省文物保护工作存在的主要问题和困难。着重研究探讨了今后全省文博工作的思路和工作重点,提出了解放思想、适应西部大开发的形势、加强文物保护和开发的力度,加强文物立法工作、规范文物保护工作秩序,加大文物保护工作资金投入、使其与飞速发展的经济建设相适应,整顿文物市场、规范文物流通领域等方面的具体要求。会议强调,根据全省实际目前加强文物管理工作,最根本的还是人才问题,要下功夫注重培养和造就文物管理、发掘、研究、修复、科技、执法、市场营销等7

类专业人才。会议代表还就如何进一步解放思想，把握机遇，迎接挑战，适应形势，不断改革，加快发展等，提出了许多具体的、有价值且操作性强的建议和意见。

【省文博单位基本情况普查全面展开】 根据《国家文物局关于开展全国文物、博物馆单位基本情况普查的通知》精神，省文化厅在认真准备的基础上成立了领导小组，制定了工作计划，并于6月初召开了全省文物、博物馆单位基本情况普查工作会议，对普查工作进行了全面安排。省文化厅及相关部门领导同志参加了会议并提出了具体要求。会后，全省各地相继成立了组织领导机构，按统一部署开展了此项工作。在经过一定时间的准备、统计登记之后，于9月份举办了计算机录入人员培训班，随后着手进行资料汇总和数据处理，到年底，基本完成了普查登记工作。

【隆务寺大经堂、印经院修缮工程完工】 位于黄南藏族自治州同仁县的全国重点文物保护单位——隆务寺及其附寺全面修缮工程，经国家文物局批准，于2001年5月开始施工，当年完成了一期工程第一阶段的施工任务。2002年3～10月，进行了一期工程第二阶段的修缮。本年完工的有隆务寺大经堂和印经院维修工程。大经堂是整个隆务大寺中面积最大的建筑，建筑面积达2187平方米，为二层平顶、中间起重檐歇山天井大顶的藏汉结合式大殿，是寺院僧人讲经、学法和进行重大佛事活动的场所，也是维修难度和工作室最大的建筑物。印经院共计35间房屋，藏式二层平顶阁楼式样。工程完工后，省文化厅进行了初步验收，认为工程质量优良。至此，隆务大寺及其附寺全面修缮一期工程结束。

【藏娘佛塔及桑周寺修缮工程立项】 藏娘佛塔及桑周寺是全国重点文物保护单位，位于玉树藏族自治州玉树县仲达乡。藏娘佛塔建于北宋天圣七年（公元1030年），被后世众多藏传佛教各派高僧大师誉为世界三大古塔之一。桑周寺是明宣德四年（公元1430年）由藏娘地区三座苯教寺院合而为一建成的。古塔建筑及寺藏丰富的宗教文物使整个寺院有着十分重要的文物价值。经省文化厅委托天津大学建筑学院勘察设计，2001年上报全面修缮方案。2002年7月，国家文物局批准了对藏娘佛塔及桑周寺立项维修。

【塔尔寺大金瓦殿修缮工程竣工】 位于湟中县的塔尔寺是我国著名的藏传佛教格鲁派六大寺之一，第一批全国重点文物保护单位。大金瓦殿是寺中地位最显赫的中心大殿，由于年久失修，该殿出现较严重的残损问题。1999年由塔尔寺寺管会委托中国文物研究所进行勘察设计，2000年底，国家文物局批准了由省文化厅呈报的维修方案，国家计委下拨了1400万元维修资金，省里成立了以省政府副秘书长张辉为组长的领导小组。2001年3月正式开工，2002年8月竣工。工程主要维修项目为屋面鎏金铜瓦更换，共耗用黄金140.82公斤。此外，还进行了大殿整体打牮拨正，墙面、木构件等修缮等。2002年9月13日经国家文物局专家验收组验收合格。

【文博信息化建设从无到有】 为适应文博事业信息化建设发展的需要，根据国家文物局的统一安排，在省文化厅的组织领导下，成立了青海省文博信息化建设领导小组，全面负责全省文博系统信息化工作的领导、管理、协调。领导小组办公室设在青海省文物管理处。在信息化领导小组的统一指导下，各有关文博单位切实把信息化工作落到了实处，使全省文博信息化工作从无到有，取得了进展。

【喇家遗址紧急保护设施方案获得通过】 位于民和县官亭镇的喇家遗址是全国重点文物保护单位，其发掘成果，完整地保留了距今14000年左右的房屋结构，人类日常生活场景，凝固了洪水和地震灾难突然降临时间的历史瞬间，提供了当时人类生活环境和自然环境的丰富信息，具有十分重要的文物价值。遗址地处黄河边黄土台地上，必须进行抢救性保护。2002年3月，省发展计划委员会和省文化厅联合向国家计委、国家文物局呈报紧急保护设施方案，年底，国家计委、国家文物局同意立项。

【三处省级文保单位古建筑修缮工作顺利展开】 2002年，重要省级文物保护单位的湟源县城隍庙、西宁市城隍庙鉴心殿、贵德县尕让寺大经堂3处古建筑，由当地政府投资或寺院自筹资金进行修缮。修缮立项方案均过省文化厅审批，修缮过程遵循了古建筑修缮原则和规范，自觉接受文物行政管理部门的监督和管理，工程质量良好。

【中国青海柳湾小岛彩陶博物馆落成】

经过一年的建设，位于乐都县高庙镇柳湾村的“中国青海柳湾小岛彩陶博物馆”顺利落成，这是我国第一个以展示彩陶文物为主的专业博物馆。博物馆占地面积5845平方米，建筑面积2222平方米，展览面积约1500平方米；外观造型突出了典型彩陶盆罐及纹饰特点；主体为二层，两侧配以扇形裙楼。2001年5月29日举行奠基仪式，国家文物局副局长董保华、省政府副省长白玛、日本友人小岛镣次朗等参加。2002年5月28日举行落成仪式，省委副书记宗秀兴岩参加并剪彩。

【青藏铁路建设沿线用地范围考古调查工作获重要成果】 青藏铁路二期工程建设是实施中共中央、国务院西部大开发的标志性工程，为做好青藏铁路建设用地范围内的文物保护工作，省文化厅组成青藏铁路二期工程青海境内铁路沿线文物普查领导小组，2002年5～7月组织省文物考古研究所有关专业人员对铁路建设涉及范围进行了全面的考古调查，取得了丰硕的成果。调查中共发现古文化遗址3处，古墓葬群8处。这些发现填补了青藏高原青海省高海拔地区全面系统文物考古调查工作的空白，对系统研究青藏高原远古人类的生产、生活、社会活动等提供了大批的实物资料。

【陶家寨汉墓群抢救性考古发掘获重大成果】 为配合青海生物产业园区的建设，在省文物管理处的积极协调和生物产业园区办公室的鼎力支持下，省文物考古研究所组织有关专业人员对生物产业园区建设设计的省级文物保护单位陶家寨汉墓群进行了抢救性考古发掘。共发掘西汉晚期至魏晋时期墓葬70余座。这批墓葬以砖室墓为主，还有大量的土坑墓，尤为重要的是发现了在青海极为少见的仿木结构彩绘门券。陶家寨墓群是全省十分重要的一处汉魏时期古墓葬群，随葬品十分丰富，发掘出土了铜马、铜盘等大批珍贵文物。这些文物为研究汉魏时期青海的墓葬形制、风俗习惯、社会生活等提供了大批的实物资料，同时也为全面研究西宁市的历史变迁提供了考古学佐证。

【文物安全常抓不懈】 2002年，根据全国文物、博物馆消防安全工作座谈会精神，向国家文物局申报了两处一级风险单位，并结合青海实际，及时下发文件，明确要把文物发生始终放在第一位。为确保文物安全，5月份省文化厅会同公安职能部门对全省范围内的文物点、文物保护单位进行了一次全面、彻底的安全工作检查。检查中发现，各单位均提高了文物安全意识，对本地区有可能发生的文物安全隐患都采取了相应的保护措施，树立了安全第一的思想和文物保护的责任感、紧迫感，使每一项安全保障措施基本落到了实处。在做好日常文物安全监察工作之外，还突击抽查了古建筑、古遗迹及博物馆等7处单位的安全防护、保卫制度的建立和落实情况，以及用电用火用油等易燃、易爆物品的严格管理和安全使用情况。从检查的总体情况来看，全省的文物安全、保卫工作有了普遍的提高，总体情况良好。

【喇家遗址发掘再次获重大成果】 喇家遗址位于民和县喇家村，是全国惟一一处史前洪水灾难遗址。2002年9～11月，省文物考古研究所与中国社会科学院考古研究所联合对该遗址进行了考古发掘，再次揭示了洪水来临时的灾难场面。此外还出土了大量的齐家文化时期的陶器以及玉、石器等珍贵文物。为全面研究齐家文化的社会生活等方面补充了大批珍贵的实物资料。

【德令哈、都兰县吐蕃墓葬抢救性考古发掘出土一批具有民族特征的棺板画】 2002年，在对德令哈市、都兰县香日德唐代吐蕃古墓葬的抢救性考古发掘中，出土了一批珍贵的棺板画。画面面积约30平方米，画面内容有帐居、射猎、宴客、舞蹈、四神、神佛等。板画绘制精致，线条流畅，色彩艳丽，场面壮观，是不可多得的唐代绘画珍品，对了解唐代居住在柴达木盆地的吐蕃、吐谷浑等民族的生活习俗、宗教信仰等提供了宝贵的实物资料。尤其是棺板画中的一些人物具有鲜明的鲜卑文化特征，对研究青海古代民族的融合、交流、变迁具有非常重要的价值。

（青海省文化厅文物处）

宁夏回族自治区

【概况】 宁夏回族自治区的文物考古事业，是经过艰难的历程逐步发展起来的。1958年成立文物管理委员会，设立自治区地志博物馆筹备处，组织10余名专业人员开展文物古迹的初步调查、考古发掘，推荐公布了一批文物保护单位。20世纪80年代以后，宁夏地区文物考古与博物馆事业在各级党政组织的重视和国家文物局关心支持下，逐步建立健全了各级文物保护管理机构，到2002年共有博物馆6个(其中省级2个、市级1个、县级3个，分别为宁夏博物馆、固原博物馆、西夏博物馆、盐池博物馆、中卫博物馆和西古钱币博物馆)，省级考古研究所1个，文物商店1个。市、县级文物管理所18个，全国重点文物保护单位管理机构3个（西夏陵管理处、贺兰口岩画管理处和须弥山石窟管理所）。从事文博工作的人员365人。全区共有文物藏品43138件（组），其中一级历史文物304件；经各级政府核定公布文物保护单位214处，其中全国重点文物保护单位10处，自治区文物保护单位38处，市、县级文物保护单位166处。另有调查登记的各类文物遗存和革命史迹点近2000处。

【学习、宣传新《文物保护法》】 新修订的《文物保护法》颁布后，12月在文物局组织领导下，全区文博单位认真地组织学习，领会其精神，在思想上正确看待法律赋予的权力和责任，行动上进一步明确自己的岗位职责。并在全区范围内积极开展宣传活动，利用电视、报纸等新闻媒体进行报道，走上街头，制作流动展览，悬挂横幅，散发印有文物保护法知识的传单等。对文物保护法进行多方位宣传，使社会各界了解文物法，提高文物保护意识，逐步增强热爱文物、保护文物的观念，对文物保护起到积极作用。

【抢救性加固西夏三号陵园遗址】 敦煌研究院文物保护研究所受自治区文物局和管理处西夏陵的委托，2000 年 7 月～2002 年 10 月承担了西夏三号陵园地上遗存实施加固保护工程，根据要求完成了陵区 1∶500 地形图测绘，重点遗存近景摄影，陵城神墙的立面图测绘、重点部位断面测绘、工程地质纵横剖面图绘制、陵区遗址图样的物理化特征的分析；完成了《银川西夏陵三号陵现状调查报告》。对三号陵园东西阙台、东西碑亭遗址进行支护加固和表面防风化处理实验；对陵园内濒临倒塌的各单位建筑遗址进行安全加固保护，砌筑土坯面积达 300 余平方米；对各角阙和门阙须弥座、门址、碑亭、献殿等遗址，根据清理发掘的形制，在尊重历史的前提下，利用原砖进行包砌，做到修旧如旧，保持原貌；对神墙剥离体和空鼓土体运用 PS 材料渗透加固；运用铆杆、铆钉加固剥离土体、墙体、陵塔基础部分进行实验，加固效果明显，墙体表面强度均有提高，抗风化能力增强。对陵园采用新技术进行保护，提高了文物保护科技含量，为陵区的文物保护提供了技术保障，为其他陵园加固保护提供了有力的佐证。

【配合基本建设调查和文物保护工作】

配合“西气东输”工程的调查勘探。6 月，自治区考古研究所配合西气东输工程，调查行程 278 公里，涉及自治区中卫、中宁、盐池等县，历时 1 个月，共发现文物点 30 处。完成了西气东输宁夏境内考古勘探工作。

配合银武高速公路建设的调查。7 月，在公路涉及的固原段进行调查，调查行程 100 多公里，历时半月，写出了调查报告。

继续配合“三峡”工程建设的发掘。申请到考古发掘面积 1000 平方米，勘探面积 4 万平方米，于 11 月组织工作人员开始工作，并全面圆满完成了分配任务。

【抢救清理古墓葬及城址】 在配合基本建设工程中，自治区考古研究所 4～11 月在固原县抢救性发掘汉墓 8 座、明墓 1 座，清理出土文物 20 余件。9 月在中宁县舟塔乡共清理汉代石室墓 24 座，出土文物 130 件，并整理修复文物 90 余件；在盐池县以城址发掘为主，先后共发掘惠安堡陈家梁遗址和西破城遗址，试掘面积 900 平方米，共做记录 300 个，绘制出城址平面图；普探了惠安堡北破城城址，同时对城址周边的史前文化遗存进行了初步调查。在银川市抢救性发掘南门广场建筑工地，发掘面积 3000 平方米；抢救性发掘双城门建筑工地，布方面积 2000 平方米，灰坑 2 处，明清时期墓葬 14 座。

【在美国举办甘肃、宁夏文物精品展】

2001 年 10 月至 2002 年 4 月 21 日，宁夏、甘肃与美国亚洲协会在美国亚洲协会总部博物馆和佛罗里达诺顿艺术博物馆联合举办“僧侣、商旅与丝绸之路——4～7 世纪中国甘肃、宁夏文物精品展”。展品共 154 件（组），其中一级品 45 件（组）。展览受到美国传媒和观众的一致好评。

【举办西夏陵三号陵出土文物精品展】

为了更好地、科学地展示西夏陵三号陵保护性清理发掘成果,西夏陵区管理处、宁夏文物考古所于9月30日举办了“西夏陵三号陵出土文物精品展”,精选了迦陵频伽、摩羯、仰覆莲瓣型器座、套兽等84件文物精品和100余件瓦当、滴水等建筑构件,配以文字、图版、照片、图纸等必要的辅助展品,详尽介绍了三号陵发掘情况、保护措施和研究成果,集中反映汉族文化、佛教文化和党项族文化三者结合形成的独特的西夏陵寝制度。各种出土实物以其丰富的西夏历史文化沉淀,极高的文物价值和独特的艺术造型,集中反映了西夏历史文化特点,向人们展示了西夏文化的魅力和特点,引起了区市有关领导和国内外旅客的极大兴趣。

【西夏珍贵文献文物展在北京举办】 8月1日~9月30日西夏博物馆与国家图书馆、中国社会科学院西夏文化研究中心在北京共同主办“西夏珍贵文献文物展览”。该展览得到西夏学、少数民族古文学、民族学界的专家和参观群众的高度评价,都认为展出的文物具有很高的学术和研究价值,堪称西夏文物精髓。布展形式设计典雅,手法独特,是一次高品味、高档次的文化展览。展览对促进西夏学的研究,弘扬祖国优秀传统文化具有重要意义。

【西夏文物精品展在广州举办】 10月12日,自治区博物馆与广州市南越王博物馆合作举办了“西夏文物精品展”。展出期间,受到了社会各界的广泛关注,中央电视台、广州电视台、广州日报等多家新闻媒体进行报道,参观群众络绎不绝。通过举办展览,扩大了宁夏文物在东南沿海一带的知名度,加强了文化交流,增加了收入。

【博物馆藏品管理进一步规范】 2002年,固原博物馆结合库房条件较好的情况,依据藏品的特点,按质地进行藏品分类整理,分为陶瓷器、石器、青铜器、壁画、书画、钱币,并将一级文物专类收藏,各类设有专库,使工作人员按岗就位,各司其职。健全了文物账目、卡片、实物相符的规范化制度,对文物财产总账,国家一级文物档案及文物库房总钥匙设专人保管,并规定记录总账人员不再兼管文物库房。对原来库房中按质地归类不明确的文物进行了重新整理归类,编目登记,建立健全了文物分类账目。

【广开渠道,丰富馆藏】 随着博物馆知名度在社会中日渐提高,社会各界人士的捐赠活动日益增多。2002年自治区博物馆接受个人捐赠的历史文物5件,革命文物21件;接受宁夏社会科学院捐赠的《宁夏百年》金箔纪念册1套,现代型香炉1件。征集古生物化石120余块,岩画60多块,新石器时代玉、石、陶器228件,春秋战国和西汉时期青铜器6件,西夏文物17件。固原博物馆发挥专业人员特长,把专业人员分为历史文物、民族民俗文物、近现代革命文物3个征集小组,方便了社会上流散文物进入博物馆的渠道,征集到各类质地的文物283件(组),大大丰富了自治区馆藏文物。

【西夏三号陵出土文物的发掘整理工作已大体完成】 西夏三号陵保护性清理发掘始于2000年10月,2001年10月全面结束。继2001年下半年开始的室内整理工作后,2002年3~8月继续对出土的各类数以万计文物进行清理,挑选标本,分型定式、统计、修复制作卡片,绘图和拍照,共登记文物2000件,修复文物100余件,绘制文物图600余幅，拍摄文物照片500余幅。并对两年来田野发掘绘制的遗迹图进行复查、核对、清绘，共编制、清绘150幅左右。编写3号陵发掘报告，共完成文字22万字，各类表格70余张。

【编写《中国文物地图集·宁夏卷》】 由国家文物局主持编纂的《中国文物地图集》是全国文物保护和研究的一项重要基础工作。2002年自治区考古所及部分市县组织人员对辖境文物进行重点调查。已完成或基本完成了固原市原州区、西吉县、彭阳县、中卫县、中宁县、吴忠市利通区、盐池县、灵武市、青铜峡市文物条目编写。这些市县编写的文物条目，基本符合《中国文物地图集》编写细则的要求，条目数量也有较多的增加。其中西吉县、彭阳县、原州区三县（区），条目数量比以前分别新增加181条、149条和126条。

（宁夏回族自治文物局）

新疆维吾尔自治区

【概况】 新疆维吾尔自治区位于古代“丝绸之路”的重要地段，各民族历史悠久，文化底蕴丰厚，是我国西部重要的文物大区，地上地下的文物遗存非常丰富。中央实施西部大开发战略，不仅推动了新疆大规模的经济建设，给自治区各项事业的发展提供了历史性的机遇，同时也给文物保护工作提出了新的更高的要求。在中共中央、国务院和国家文物局等有关部门的大力关怀和支持下，在自治区党委、人民政府的高度重视和领导下，自治区文物局认真贯彻落实国务院办公厅《关于西部大开发中加强文物保护和管理工作的通知》精神，坚持文物工作“保护为主，抢救第一，合理利用，加强管理”的方针，依法加强文物保护管理，各项工作有了新的进展并且取得了良好的成绩，推动了自治区文物事业的繁荣发展。

近年来，自治区文物、博物馆事业健康发展，取得了丰硕成果。截止到2002年底，全区有各类文博机构103个，比5年前增加了30个，增长达29.4%；已设立的县级及县级以上文博行政单位75个，覆盖率由5年前的65%提高到86%；从业人员872人，增加了100人，增长达11%。历史文化名城一座（喀什市）；全国文物保护单位41处，其中2002年国务院公布的第五批全国文物保护单位27处；自治区级文物保护单位239处；市、县级文物保护单位976处。全区已初步查明的文物点达4000余处。博物馆（纪念馆）23座，其中自治区级1座，市、地级14座，县级8座；共收藏文物108490件，其中一级品671件。1998～2002年，共计组织各种文物陈列展览96个，接待观众近500万人次。

【党和国家高度重视新疆文物事业】 1998年7月，江泽民总书记在新疆考察工作期间指出：“新疆自古以来就是我国的一部分，历来是一个多民族聚居和多种信仰并存的地区。要通过加强对新疆历史文化的研究，摆事实、讲道理，用正确的历史文化观教育全区各族干部群众，特别要加强对青少年一代的教育。”江总书记还特别指出：“要将对于研究东西文化交流、丝绸之路历史、中亚文明史以及中国古代城市建筑、宗教、艺术等重要价值的这一文物保护好。”朱镕基、李铁映、李岚清等中央领导同志和中央有关部门的负责同志也多次对新疆文物工作做了重要的指示。国家文物局的领导同志多次来疆进行工作调研指导，2000年9月，在乌鲁木齐召开了西部文物工作会议，对全区文物工作是极大的鼓舞和推动，同时也充分体现了中共中央、国务院以及国家文物局对新疆文物工作的高度重视和关怀。

【开展文物保护“四有”工作】 文物保护“四有”工作自开展以来，全区各级文物行政管理部门做了大量的工作。自治区政府于1999年8月6日发布了第四批共85处自治区级文物保护单位，自治区级文物保护单位总数达到了239处，这对于促进各地、州、市文物事业的发展有着极其重要的意义。2000年，全区有43处自治区级文物保护单位参加申报第五批全国重点文物保护单位，其中27处由国务院审批公布，这是有史以来公布最多的一次。目前，全疆95%以上的文物点已办理了土地证，适于设立文物保护标志牌的文物点均有文物保护标志、文物档案，县、乡、村三级文物保护网已基本得到落实。

【加强文物法制建设】 文物法制建设是文物事业发展的基本保障措施。近年来，自治区配合国家西部大开发、大中型基本建设、资源开发利用、生态环境保护，抓紧制定相应的文物保护法规和规章制度，进一步加大文物保护法制建设的力度，健全了全区文物保护法规体系。1999年，《新疆维吾尔自治区交河故城历史文化遗址保护管理办法》、《新疆维吾尔自治区克孜尔千佛洞历史文化遗址保护管理办法》两项行政规章由自治区人民政府发布实施，标志着全区文物保护法制建设又向前迈进了一大步。《楼兰故城遗址保护管理办法》、《尼雅遗址保护管理办法》等专项保护法规也已纳入政府立法计划之中。多次配合自治区人大、政协及相关部门对全区贯彻执行《中华人民共和国文物保护法》、《自治区文物保护管理若干规定》的情况进行监督检查。每年定期对各地的文物执法证审核登记，采取多种形式对文物执法人员进行执法培训。定期对各级文物风险单位进行检查，防火防盗的警钟长鸣，并配合公安、海关、工商等部门对文物盗掘、盗窃、走私、贩卖等各种文物违法犯罪活动进行严厉打击。近年来，共协助有关部门破获文物犯罪案件30余起，收缴各类文物数百件，使数十名文物犯罪分子受到了法律的严惩。2002年，由自治区文物、工商、公安等几个部门联合发布了《整顿规范文物市场通告》，并对重点文物集中经营场所进行了检查整顿，初步治理了文物流通领域的混乱局面。

【加大文物抢救考古发掘保护工作的力度】 2000年以来，全区积极配合国家水利、公路、铁路、石油勘探等大中型基本建设，展开抢救性考古调查、勘探发掘工作，在国家文物局的指导下，在建设设计、施工单位和地方有关部门的支持配合下，先后完成了一批配合区内大中型基本建设的考古发掘工作。

*配合公路建设的考古发掘。*通县油路工程中的额敏—铁厂沟、八盘水磨—阿合奇、木垒—巴里坤、乌拉斯台—乔尔玛的文物调查和考古勘探发掘工作顺利完成。奎屯—塞里木湖高速公路的考古勘探发掘工作完成。通过上述文物保护抢救的实施，取得了一批重要的考古收获，同时保证了公路建设的正常进行。

*配合水电工程的考古发掘。*配合伊犁哈萨克自治州境内伊犁河流域尼勒克县吉林台水电站和特克斯县恰甫其海水库两座大型水电重点工程，进行了考古发掘工作。上述地区是新中国成立以来自治区规模较大的考古发掘项目。吉林台水库已探明有668座墓葬，恰甫其海水库区有221座墓葬，此次共发掘墓葬69座，遗址425平方米，出土了一批公元前2500年至西汉时期的文物，这为研究新疆地区史前遗址的文化提供了重要的考古发现。

配合“西气东输”工程的考古发掘。在自治区人民政府和自治区计委重视下，自治区文物局与中国石油总公司“西气东输”管道分公司密切配合，已完成了新疆段近1000公里的文物调查工作。文物与建设双方签订了“文物保护合同书”，现已完成“西气东输”管道沿线古墓葬的考古勘探发掘工作。

【积极编制文物保护利用规划】 在国家文物局主持下，由建设部建筑历史研究所、中国文物研究所联合编制的《吐鲁番地区文物保护与利用规划》于2001年10月完成编制工作，并通过了国务院8个部委的审核，2002年由自治区政府会同国家文物局联合上报国务院审批。此《规划》是我国面积最大的地区性文物保护利用规划，它的实施将对新疆文物保护产生巨大影响。此外，《乌拉泊古城保护及利用规划方案》、《伊犁将军府保护与利用规划》、《北庭故城保护与利用规划》等一批重点文物保护单位的保护规划也已编制完成或正在编制过程中。

【文物保护和抢救维修成果喜人】 跨入新千年新世纪，全区文物抢救保护工作得到了国家文物局的高度重视，一批国家重点文物保护单位的抢救维修工程相继列入中央投资补助计划。

克孜尔千佛洞的抢救维修。2000年8月~2002年，国家文物局投资1000多万元，对我国乃至中亚地区影响很大的大型石窟群——克孜尔千佛洞进行抢救维修，使一批濒临毁灭的藏有珍贵佛教壁画的洞窟岩体得到了保护加固，同时为考古学研究和参观旅游环境的改善提供了条件。

伊犁将军府的抢救维修。2001年8月，由国家文物局投资350万元的伊犁将军府抢救维修工程正式开工。为保证工程维修质量和工程进度，自治区文物局成立了工程领导小组协调地方与部队的关系，在设计和施工中，严格按照“不改变文物原有面貌”的文物修缮原则和国家文物局批准的维修方案进行，严把质量关，保证了工程顺利进行。

库木吐拉千佛洞的抢救维修。由联合国教科文组织援助125万美元维修库木吐拉千佛洞的维修工程，从2001年9月正式启动后，进展十分顺利，现已基本完成了前期工作的近景摄影、地形测绘、水文地质调查和洞窟纪录等项工作。

喀什老城区的改造。由国家计委、建设部牵头实施的喀什历史文化名城老城区改造项目也已开始实施，在自治区文物部门的积极参与下，喀什城内的各级文物保护单位将得到有效的抢救保护，并为今后城市建设中的文物遗址保护积累一定的经验。

【凸现文物、博物馆的社会教育功能】 新疆地处祖国西北边陲，稳定工作是新疆的政治大局。在维护祖国统一、维护新疆稳定的斗争中，文物工作具有独特的优势和作用。近年来，自治区文物局以加强博物馆和文物景点建设为着力点，发挥爱国主义教育基地的功能作用，以历史文物、民族民俗文物、革命文物等展示新疆自古以来就是伟大祖国不可分割的一部分这一历史事实，反映多民族、多宗教历史文化相互交流融合和发展的历史，从而为自治区民族团结、社会稳定和经济发展营造了一个良好的社会氛围。

博物馆建设取得了新的发展。自治区博物馆新馆建设工程是“十五”期间自治区大型重点建设工程，也是新疆首府城市乌鲁木齐一座具有民族风格特色的标志性文化建筑。该工程在自治区主要领导和国家文物局的关怀下，于2000年10月动工，设计总建筑面积达1.73万平方米，具有现代化的内部设施和管理系统，目前土建部分已经完工，正在进入设备安装和内外装修阶段。2002年6月自治区博物馆《安全技术防范工程方案》顺利地通过了国家文物安全技术防范工程审核组的审核；日本政府无偿援助自治区博物馆价值3120万日元的文物保护设备已安装调试，可在新馆建成之前全部投入使用。新疆文物考古研究所文物保护技术楼于2001年8月正式竣工并交付使用，极大地改善了研究所考古资料整理、文物收藏、文物标本陈列的条件。自1998年起，自治区文物局就开始对全疆文博单位风险等级进行登记、审核，在此基础上，自治区文物局与区公安厅联合批准了15家二级、3家三级文物博物馆风险单位，目前正在全疆开展文物风险达标工作，规范和提高文物安全防范机制。哈密地区博物馆（南粤文化中心）于2002年6月建成投入使用。塔城、和田等一批地市级博物馆也已竣工。一些县市，如尉犁县也已建立了具有民俗特色的博物馆。

*举办多种形式陈列展览。*自治区博物馆、自治区文物考古研究所、昌吉回族自治州博物馆、哈密地区博物馆、和田地区博物馆、阿勒泰地区博物馆、石河子军垦博物馆、尉犁县博物馆等地、县级文博单位都充分利用自己的馆藏条件举办了形式多样、主题突出的文物陈列展览。各地文物参观景点也发挥优势，大力宣传新疆的历史，向广大群众进行爱国主义、革命传统的启迪教育，收到了良好的效果。

【考古、科研取得丰硕成果】 新疆作为古代丝绸之路的重要地段，是东西方文化交流融合的重要地区。遍布地上地下文物所反映出来的丰厚文化内涵和底蕴，构成了丰富多彩的历史画卷，具有极高的研究和利用价值。近年来，自治区考古研究工作也取得了可喜的成绩，中法克里雅河联合调查，喀什地区莎车县、叶城县进行的考古发掘清理，“西域都护府”课题的考古调查与勘探、丹丹乌里克遗址调查、小河墓地调查等项目均取得较大成果。先后完成了《中国新疆山普拉——古代于阗文明的揭示与研究》、《察吾乎沟古墓考古发掘报告》、《交河沟西——1994～1996年度考古发掘报告》、《新疆文物古迹大观》、《中日尼雅遗址学术调查报告书》、《纪念鸠摩罗什诞辰1650周年国际学术讨论会论文集》等一批高水平的学术研究论著成果和近百篇学术论文。

为推动西部地区的历史研究和重要领域的考古重点课题研究，国家文物局从2001年起，每年拨出100万元作为边疆考古研究课题经费。2002年国家文物局批准下达自治区的国家重点边疆考古课题就达9项，其中包括旧石器时代遗址考古调查、发掘与研究，西域都护府遗址考古调查，汉唐烽燧遗址的调查与研究，丝绸之路佛教遗址的调查等一批重大考古项目，不仅体现了国家文物局对新疆文物考古研究工作的重视和支持，同时也是对自治区文物考古课题研究实力的一次检验。《新疆文物地图集》《新疆文物志》的编撰工作也正在加紧进行之中。

【扩大文物对外交流工作】 近年来，随着我国对外开放和对外文化交流的不断扩大，自治区文物对外交流展览也呈现出更加活跃频繁的趋势。在国家文物局、国家外事部门的大力支持下，自治区组织赴日本、法国、韩国、马来西亚，中国香港、澳门、台湾等国家和地区成功地举办了多种形式的展览，精美的新疆文物对宣传新疆、展示中国古代丝绸之路文明历史产生了巨大的影响。中日尼雅项目、中法克里雅项目、中美旧石器调查项目、中瑞亚通古斯项目、联合国援助库木吐拉千佛洞维修保护项目、吐鲁番学国际学术讨论会以及其他各类小型合作项目取得了成功。2002年，经国家文物局批准，自治区文物局与自治区外办一道配合日本放送协会（NHK）共同完成了特别节目《探索神秘的王国》的拍摄工作。4月，在自治区博物馆隆重举行了“日本政府无偿援助新疆博物馆文物保护设备”交接仪式，日本政府驻华公使宫家邦彦出席了交接仪式。自治区文博单位还接待了十几批国外同行，双方就学术交流合作、文物保护援助、文物对外展览等一系列项目表达合作的愿望。2002年8～12月自治区文物局与日本东京国立博物馆、日中友协、NHK在日本东京、大阪举办了“中国新疆丝绸之路文物特展”，此次展览被列为纪念日中邦交正常化30周年重点项目之一，无论从文物的数量、级别还是从举办方的重视程度上都超过以往，展览取得了圆满成功。

（新疆维吾尔自治区文物局）

纪事篇

1 月

1日 丝绸之路奇珍——甘肃省文物精品展在广州艺术博物院开幕。展览将于2003年3月29日结束。本次展览共展出文物200余件,由黄河文明的曙光,早期丝绸之路开创和汉代丝绸之路的畅通,丝绸之路的繁荣,佛教艺术的兴盛等4部分但成。展览以文物珍品为主,辅以历史资料。

同日 西安临潼唐庆山寺舍利塔如来佛真身骨髓舍利子、金棺、银椁等一批珍贵佛教艺术文物和部分文物复制品以及柳州市博物馆的一批文物藏品,在柳州市博物馆二楼展厅展出。

2日 国家文物局局长张文彬在《中国文物报》发表新年贺辞。贺词中说,2002年国家文物局要抓好两件大事:一是系统总结1995年第二次全国文物工作会议以来文物工作的成绩和经验,分析目前的形势和任务,提出建立社会主义市场经济条件下文物保护新体制的办法和措施,规划“十五”期间的文物工作任务,报请国务院筹备召开第三次全国文物工作会议;二是要开展好一个活动,即大力宣传普及修订后的《中华人民共和国文物保护法》。贺词说,我们要努力做好以下重点工作:(1)要继续开展文物保护“五纳入”落实工作的检查。(2)要进一步扎扎实实地做好文物保护的基础工作,着重抓好诸如布达拉宫、罗布林卡和萨迦寺西藏三大文物保护维修工程;做好应县木塔维修方案的论证;开始实施故宫古建群的保护工程,继续做好三峡库区文物保护工作和国家重点建设项目的文物保护和田野考古发掘工作以及重点大遗址的规划、保护工作。(3)要大力发展博物馆文化,把更多的展览精品奉献给人民群众和全社会。(4)要认真做好全国文博单位基本情况的普查工作,为文博事业的发展奠定坚实基础。(5)依靠科技进步,提高文博工作科技含量。(6)进一步扩大文物工作的国际合作,重点加强政府间文博工作的交流。(7)转变政府职能,改进工作作风。(8)要加强筹建国家博物馆有关工作。(9)推进依法行政,加强法规建设,促进文博工作的理论研究。(10)继续积极稳妥地推进文博事业单位的改革,总结中国历史博物馆等改革试点单位经验,正确处理好改革、发展与稳定的关系,为文博管理体制创新摸索新经验,探索新途径。(11)要进一步加强队伍建设,按照中宣部和人事部关于干部“四化”标准,选拔优秀年轻人才充实到各级领导岗位,完善干部的交流轮岗制度。(12)加深文博系统党的思想作风、学风、工作作风建设。

同日 湖北武汉江夏警方与龙泉大盛湾近40余名群众,将盗掘龙泉山明楚愍王墓的4名犯罪嫌疑人抓获。经过突审,这4名犯罪嫌疑人供认了盗掘古墓的事实。

《中国文物报》同日报道:

河南济源大明寺围墙维修复原工程开

工，标志着国家文物局、河南省文物局“十五”重点维修项目——大明寺古建群整体保护利用工程启动。大明寺为西汉初轵王焚修番院，元至元十四年（1277年）重建为寺院。现存元、明、清各代建筑15座40余间。其中，中佛殿为元代单体木构建筑。2001年7月，被国务院公布为第五批全国重点文物保护单位。

为期3年、占地186亩的陕西西岳庙一期修复工程完工。维修和修复了灵宫殿、回廊、重城、万寿阁、北角楼、寝宫、御书楼、金水桥等中轴线上主要古建筑群，共完成维修建筑面积1550平方米，修复建筑面积8290平方米，并对外开放。

山东省考古研究所在五莲县博物馆的配合下，对胶新铁路沿线五莲县中至镇董家营遗址进行抢救性发掘，发掘面积1800平方米，清理墓葬31座，出土文物300余件，有陶器、玉器、骨器等。该墓群系大汶口文化晚期遗存，距今5000年左右。

又一明代重要考古发现：钟祥梁庄王墓出土大量精美文物。据初步统计，墓内随葬器物共计5100余件，其中金、银、玉器和珠饰宝石有4800余件，它们保存完好，灿灿生辉。梁庄王名朱瞻，明仁宗第九子，生于永乐九年（1411年），正统六年（1441年）以疾薨，享年30岁。

《中国文物报》4日报道：

河北省文物研究所、张家口市文物处和蔚县文物管理所组成的联合考古队从2001年9月起对蔚县三关村遗址进行了考古发掘。考古专家们发现了大量的陶器、骨器、角器、蚌器、石器以及动物骨骼等。大部分蚌刀的刃部有锯齿，是刀锯合用的还是装饰之用仍有待进一步研究，据推测，这些蚌刀应为商周时期文物。

在浙江宁波市镇海区城关拆除一座老房子时发现了被医学界、文博界公认为已失传的世界最早的鼠疫专著《鼠疫汇编》。该书成书于1890年，由清代广东石城名医罗芝园根据友人吴子存的手稿《治鼠疫法》并结合自己临床经验著成。清人郑肖岩于1901年将《鼠疫汇编》删节大半，辑成《鼠疫特编》8篇。该书的发现，使罗氏原著中9篇文献得以重见天日。

7日 国家文物局向各省、自治区、直辖市文化厅（局）、文物局、文管会和国家文物局直属博物馆等单位发出《关于推荐第二期赴美参加梅隆基金会文物博物馆管理人员培训人选的通知》。要求各单位推荐1～2名适当人选参加从2002年8月开始的美国梅隆基金会拟为我国进行第二期、为期10个月的文物博物馆管理人员培训。

8日 湖北博物馆推出“馆藏珍品展”。展品共34件，囊括馆藏清铜器、漆木器、金玉器和竹简等文物精华。其中有越王勾践剑、吴王夫差矛、崇阳铜鼓、斗山座屏、包山楚简和云梦秦简等极品。

《中国文物报》9日报道：

江西省石城县在修公路时，在离地面约1米深处挖到一件陶器，为“四系盘口纯纹陶壶”。专家鉴定为南朝出土陶器。它为研究南朝时的赣南陶瓷业提供了宝贵的文物资料。

一座比较完整的北宋墓在老成渝路改造工程E段被发现。32件较为罕见的铜器、陶器、银器等文物出土。主要有陶俑、银簪、银壶、青铜发簪、八卦铜镜等。此墓的发现，对研究北宋时期的政治、经济、文化提供了实物依据。

山东沂南县在国家重点工程胶（州）新（沂）铁路沂南段发掘出三处西汉家族古墓群，清理31座墓葬，出土文物50余件，其具有较高的实物资料价值。其中宋家哨墓地3号墓发掘的玉壶在全省较为罕见。

成都杜甫草堂博物馆在地管网施工时，

于杜甫草堂旧址正门内西测发掘出唐代陶、瓷生活用品及砖、瓦等建筑构件。这些发现对进一步研究发掘成都杜甫草堂丰厚的历史文化内涵具有深远意义。

河南省周口市文物考古管理所在项城莲花味精企业集团安居工程和饲料厂主车间建设工地发现 3 座墓葬，其中唐墓 2 座、宋墓 1 座。出土器物共 10 件，包括三彩瓷枕、菱花镜、黄釉双系瓷壶、瓷钵、开元通宝铜钱和黑釉双系瓷罐、成平元宝铜钱等。这 3 座墓葬，墓室结构完整，出土器物精美，是研究唐三彩分布和周口唐宋时期历史不可多得的珍贵资料。

郴州市文物事业管理处配合市城区国庆南路延伸工程建设，抢救性地发掘了一座东汉砖室墓，出土银器、铜器、陶器等器物 20 余件。其中的一对三足青瓷壶尤其引人关注，在郴州属首次发现，在湖南省也十分罕见。据分析，这可能与当时湖南地区少数民族的生活习俗有关。

山东微山县微山岛乡修路时，在山坡上发现两座汉代石室墓，一座单室，一座双室。两墓相距 6 米，东西并列，南北向，墓室长度均为 2.5 米。石板素面，室内存在零星碎骨、残破铜镜和少量五铢钱。陶器置于墓室之外的南部足箱内。两墓共出陶器 50 余件，有陶钫、壶、鼎、灶、井、仓、圈、磨、灯、熏、勺、柘、盘、盒、碗盂、板球场瓦以及铁耒耜、铁铲等。最为精致的是粮仓和猪圈。专家分析文物时代为西汉中期。

南昌明宁靖王夫人吴氏墓出土文物有金、银、玉器、凤冠及丝织锦锻等 70 余件（套）。金器有金凤钗、金簪、金耳掏、金耳环、金戒指及金冥钱等。银器仅为 23 枚银冥币。玉器有玉壶及玉佩饰。出土衣物均完整。

《中国文物报》11 日报道：

河北临漳县邺北城发现城墙下潜伏城门及附属设施，规模宏大。在中国古代都城中尚属孤例。

陕西咸阳市计划用三五年时间对所代管的 300 平方米唐代和五代时期的墓葬壁画分期分批修复。

湖北省鄂州市博物馆考古队抢救性发掘一座被雨水冲刷暴露出来的宋代石椁墓。这座砖圹石椁墓由前室和棺室两部分组成，棺室顶为券顶，券顶石皆有子母榫咬合，或以边搭榫相连。由于早年被盗，仅在下水道窨井里出土一石质砚形器和 50 余枚北宋铜钱。棺室后部还放置一红砂石质方形墓志，可惜严重风化漫漶，仅存“湖北”、“丙午”等几字可辨认。推测墓葬年代为南宋初期。宋代石椁墓葬在鄂州尚属首次发现。

河北省满城县文物勘探队在对满城汉墓附近 2 公里处的一处工地进行勘探发掘时，发现 5 座汉墓。共出土陶、铜、铁、铅制品文物 60 余件。这对进一步研究满城汉墓具有重要价值。

12日 一件由 800 多片铁甲片穿缀而成且重 18.5 公斤的全国首件西汉札甲在徐州市狮子山楚王陵恢复原貌。这是我国第一件成功修复的西汉玄甲。徐州狮子山楚王陵发掘被列为 1995 年中国考古十大发现之一，当年出土的 53 种上万件铁甲残片曾轰动一时。特别是一件 800 余片相连的鱼鳞甲残片国内罕见，引起国内甲胄学界极大的关注。1997年国家文物局将楚王陵铁甲复原列为国家重点课题。

15 日 当年曾为周恩来总理服务的刘建华老人将一把他精心保存了 26 年的剃刀作为珍贵文物捐献给周恩来邓颖超纪念馆。

《中国文物报》16 日报道：

太原北齐墓葬壁画精彩纷呈，1500 年前仪仗队彩绘画卷完整展现为中古时期疏体绘画杰作。

国家文物局发出通知，鉴于中国收藏家协 会领导班子已超过规定届期，为认真贯彻落实国务院颁发的《社会团体登记管理条例》和中共中央办公厅、国务院办公厅关于进一步加强民间组织管理工作的有关精神，确保中国收藏家协会健康发展，经国家文物局党组研究决定并报民政部民间组织管理局同意，成立中国收藏家协会换届领导小组。组长：闫振堂（国家文物局原副局长、直属机关党委书记）。副组长：史树青（中国收藏家协会原会长）、赵国顺（国家文物局人事劳动司副司长）。5名组员。办公室主任：林谷良（中国革命博物馆研究馆员）。

一部历经200余年仍保藏完好的清内府武英殿版《康熙字典》初印本在湖北阳新县城关被发现。这部典籍共有线装本40册，其纸张为御用开化纸，采用内府雕版印刷，字体横轻直重，撇长而精，捺拙而肥，右折横笔亦肥而粗，秀丽美观；版式为四周单栏，字行列美观整齐，版芯中缝为单黑鱼尾。据收藏者汪先生介绍，该字典是他2001年从一老农手中重金购得。

江西安福县博物馆收藏了大批出土革命文物，包括129支长枪、1支短枪。它是1934年9月湘赣省军区主力部队在撤退前埋藏的。上述文物是2001年10月发现的，原埋藏在该县边沿的陈山村上石岭。

河南济源市豫光集团扩建工程取土时推出一座古墓，经考，属西汉早期墓葬。该墓为单室男葬墓。墓内随葬有陶壶2件、陶盘2件、陶盒2件、陶鼎1件等明器。陶器表面施有红、白、赭、黑、黄色的龙纹、菱形纹、弦纹、几何纹等纹饰。这些图案清晰、色泽分明、形象逼真的彩陶出土在济源尚属首次，为研究豫北地区西汉早期葬俗提供了实物佐证。

江西安福县公安局干警在一文物走私嫌疑人家中收缴到一件珍贵青铜器文物。该器物底座为鼎形构造，下承三只兽面足，体呈圆筒状，四周刻有清晰规整的兽面纹和云雷纹。罩身下部以齿纹隔成的部分，分别刻有交体龙纹。罩身中部以单凸线条与下部相隔，按“品”字型打圆孔。罩身上部为圆肩鼓腹小口。罩顶为空心葫芦造型，中部鼓腹，两头为直管，插入罩身口中。据该县文物部门初步研究，该器应为春秋战国时期青铜燎炉。十分罕见，应是国家珍贵的出土文物。

甘肃华池县在对双塔寺二号塔进行搬迁保护时，在塔身内发现一批珍贵文物。拆到4～6层塔身时，在空心柱中发现：丝绸袈裟，服饰包裹，西夏文、藏文、汉文佛经，经变故事画，内装有17粒佛珠的丝绸绣包1件，各种银、铜饰器25件，宋瓷碗2件，宋瓷灯座1件，各种玉石散佛珠60粒，小石佛头像1件，丝绸袋囊1件，法器包裹1件，小石鱼1件，唐宋时期古钱币约5千克。这些文物大部分已残缺或腐烂变质。

山东邹城市文物部门在某一工地抢救性清理了两座北宋墓葬。一号墓出土随葬器物有“亚”字型铜镜、双系白瓷罐、天青釉粉盒、串珠（残）及铜钱42枚。2号墓出土随葬器物有天青釉莲花口水盂、抄手澄泥砚、黑釉盖罐、黑釉瓷碗、铜挖耳勺，铜带钩、鎏金云龙纹铜装饰片（残）、铜镜（残）及铜钱币70余枚。这些文物对研究邹城北宋时期的墓制及瓷器发展提供了宝贵的实物资料。

内蒙古自治区文物工作者对和林格尔县境内的战国、秦、汉、唐时期的150多座古墓葬进行了发掘，出土了大批珍贵文物。有石、铜、铁、陶、玉器制品和壁画、瓦当等共900多件。

宁夏岩画工作管理人员在贺兰山麓南侧山坡发现了一幅长约1米的“巨鹿”岩画，这是迄今为止贺兰山口岩画风景区内发现的动物岩画中单体面积最大的一幅。这幅鹿形岩画位于拐沟中，被镌刻在一块高约3米的巨石上。画面上的鹿站立着，昂首远眺，浑身上下刻满了梅花。

17日 由考古杂志社主办的“中国考古新发现学术报告会2001” 在北京中国社会科学院考古研究所学术报告厅举行。报告会共有6场。青海民和喇家遗址发现了可能属于山洪和地震等自然灾害留下的遗迹。尤其是史前人类灾难现场的发现，揭示了距今4000前后黄河上游的重大灾变事件。河南偃师商城宫城遗址内发现了商代早期商王进行祭祀活动的专门场所以及发现大量牺牲。金沙遗址是四川省继三星堆之后最为重要的考古新发现，极有可能是古蜀国在商代晚期至西周时期的都邑所在。秦始皇陵园内新发现了各类陪葬坑17座，并相关建筑遗址和出土文官俑、青铜禽类等一批珍贵文物。贵州赫章可乐夜郎时期墓葬中发现的“套头葬”墓，是夜郎民族上层人物采用的一种特殊葬式，在国内其他地区从未发现过。杭州雷锋塔地宫的发掘，出土了五代吴越国末期珍贵文物77件，填补了五代十国时期佛塔地宫考古的空白。

同日 江苏省委常委、南京市委书记李源潮察看了武定门明长城修复施工现场，责令有关部门认真调查处理此事。2001年，为迎接第六届世界华商大会在南京召开，南京市投入巨资对全国重点文物保护单位明长城部分地段进行了环境整治和抢救性维修，被维修的有明城墙东水关段、狮子山段、集庆段、神策门段和武定门段。在武定门段维修中，出现施工单位用一大批新烧制的劣质仿古城砖铺设城墙现象。现场发现，刚铺设不久的城砖已有许多出现起壳、破碎、裂纹等现象。这种文物修复的“豆腐渣”工程现象引起南京各界广泛关注。

18日 国家文物局发布《首批禁止出国（境）展览文物目录》，其中64件（组）一级文物自即日起禁止出国境展出。其中有彩绘鹳鱼石斧图陶缸、司母戊铜鼎、大盂鼎、河姆渡出土朱漆碗、涅槃变相碑、曾侯乙编钟、三星堆出土玉边璋、马王堆一号墓T型帛画、竹林七贤砖印模画等。

同日 河北唐山滦南县霍泡村9名村民对该地区古墓进行盗掘。倴城镇派出所接到报案后，当即赶到事发地，制止了盗掘行为，依法对犯罪嫌疑人进行处理。经县文物管理所鉴定，该墓为东汉家族墓地。

《中国文物报》同日报道：

国家文物局向各省、自治区、直辖市文化厅（局）、文物局、文管会，各计划单列市文化（文物）局，国家文物局机关各司（室）、处（室），局各直属单位发出《关于印发〈文物事业“十五”发展规划和2015年远景目标纲要〉的通知》。《纲要》分为序言、“九五” 期间文物事业发展现状和存在的问题。基本指导方针和原则、总体发展战略、事业发展的重点项目及指标、重点加强的基础工作、保障规划实施的法律和政策措施共8个部分。

甘肃庄浪发现仰韶文化遗址。遗址位于庄浪县水洛乡川口村东南，面积约5万平方米，文化层厚1～5米，暴露灶坑5处、灰坑3处、陶窑1处及大量陶器碎片。有关专家认为，该遗址包含仰韶文化半坡、庙底沟两种类型。

重庆忠县发现石阙。石阙出土于长江右岸的河坡地上，共发现3块枋子层，2块子阙阙身，1块阙顶以及一些相关文物残片。从出土构件分析，为子母双阙，形制与四川渠县的冯焕阙极为相似。据有关文献推断，该阙可能是一处与严氏（严颜，三国时被刘备封为将军）家族有关的墓阙。

甘肃省考古所对骆驼城汉唐遗址展开考古发掘，发掘面积1300多平方米，清理土墩墓1座，揭示遗址大部分为唐代遗存。由于该墓早期已两次被盗，出土文物甚少。

黑龙江东宁县道河镇西村发现一处早期村落遗址。经发掘，出土近百件骨器、石器、陶器、青铜器、铁器，分属距今3500年至4000年的新石器时代晚期、两汉时期、靺鞨时代和渤海国时期。

湖南永州文物部门为配合衡枣高速公路建设，对156座西汉墓进行了发掘，出土随葬品2600余件，以陶器为主，仅陶罐就有1800余件。据分析，此墓群为西汉时期家族墓地或屯垦的军队墓地。

湖南常德市文物处为配合207国道常德境内的改道工程，对公路取土场黄土山的大型楚墓群进行了抢救性发掘。共发掘战国时期楚墓65座，出土各类器物260余件。65座楚墓均为竖穴土坑墓。其中3座有二层台和头龛，1座有斜坡墓道。不见葬具，极少数墓葬残留有板椁痕迹。这批墓葬除5座空墓，2座只出土铜器外，其余58座均出土有完整的器物组合。以罐、盂、豆为基本组合的墓10瘞，以鼎、敦、壶为基本组合的墓48座，后者组合多伴有豆、盘、勺、匜等不固定器物出上。铜器出土较多，剑、矛、戈、箭簇、铃、砝码等共计25件。其中一种扁茎铜剑独具特色，此外还有料珠、石器等出土。

在江苏仪征市新集镇华丰村郭山发现商周古文化遗址。郭山为一圆形平台，占地3万多平方米，北边沿高度约4米，以南部分比较平缓，高度约2米，地表遍布商周时代生活用具陶器的各种残片，质地有夹砂灰陶、夹砂红陶、黑皮陶，外施红、灰黄、白色化妆土，灰胎陶片上饰有几何纹图形。现场还采集到一块石磬残片，发现许多红烧土块，应有建筑遗迹。这一古遗址的发现对于确定古邗沟的地理位置、扬州地区的商周文化发展序列、城市的起源及演变发展的情况具有十分重要的意义。

山东邹城市第六中学综合楼工地在施工过程中，发现两座南北朝时期墓葬，文物部门闻讯对墓葬进行抢救性发掘。两墓葬均为南北走向平面呈“甲”字型的券顶单室墓。一号墓道内壁券顶上发现刻有“容口之”、“诈不口”等文字铭文砖十余块。两墓早年被盗，只出土了四系陶罐、黑陶碗、灰陶碗等完整的器物及少量铜币、瓷片。铜币除五铢外还发现两枚“孝建四铢”，其中一枚正面只铸“孝建”未见背面铸文。此墓葬形状为南北朝时期较为普遍的中型砖室墓，在邹城地区还是首次发现。

21日 中国挪威贵州生态博物馆群项目第三阶段合作协议签字仪式在京举行。这标志着中挪双方历经5年多的成功合作后，又将从2002年开始正式启动这一合作项目第三阶段工作。国家文物局长张文彬和挪威环境部部长博耶·布伦德在签字仪式上致辞。贵州生态博物馆群项目开始于1997年，是在国家文物局和贵州省政府直接指导和支持下，由中国博物馆学会与挪威开发合作署合作开发、由贵州省文物部门组织实施的中挪两国在文化遗产领域的一个重要合作项目。该项目第一阶段贵州省六盘水市六枝特区建立了保护苗族一个独特支系——箐笛文化的梭戛生态博物馆。它是中国也是亚洲的第一座生态博物馆。2001年底刚刚完成的第二阶段工作，主要是在贵阳市花溪镇山村建成了镇山布依族生态博物馆，其目标是全方位反映这座布依族山寨的文化与环境以及在此背景下布依、汉民族文化融合、和睦相处的历史。此次正式启动的第三阶段工作，目标是在黔东南州的隆里和堂安建立两座分别代表明清时期古老汉族文化和典型侗族文化与环境的生态博物馆。项目领导小组组长、中国博物馆学会常务理事苏东海和挪威开发署署长托弗斯特兰德女士分别代表双方在合作协议书上签字。

《中国文物报》23日报道：

由山东省淄博市淄川区文管所会同省考古研究所、省博物馆联合对滨莱高速路淄川段商家镇大邢村北一清代康熙年间灰土发券壁画墓进行了发掘。墓室内壁画清晰，保存完好，绘画具有典型的明代风格。墓门两边画有门神，墓北墙中部画有墓主画像，两边画有仕女像，7幅壁画均为古代二十四孝中的故事。该画具有重要的艺术价值，被整体搬迁到博物馆收藏。

邢台市文物管理处工作人员在邢钢9号楼建设工地，抢救性清理发掘了25座高规格的战国早中期墓葬和4座唐代墓葬，出土青铜剑、带钩、玛瑙环（珠）、托碗、执壶、绿釉水盂、铜镜、铁锅等珍贵文物200余件。这些出土文物对研究邢台战国早中期和唐代的礼制、葬俗、手工业、青铜冶铸业、邢瓷的烧造技术及工艺美术史都具有十分重要的价值。

邢台市文物管理处在配合建设工程，进行文物勘探工作中，发现4座洞室墓。经清理发掘，出土4套具有唐代遗风的陶塔形罐和邢窑白瓷碗1件、青釉敛口碗1件（碗心有一贴塑莲花）以及开元通宝、天汉元宝、至道元宝铜钱等精美文物。4套塔形罐形态各异，但都运用贴塑的手法分多层讲述了佛经故事。陶塔屡有出土，但是佛道同塑一器这类精美的塔形罐，在邢台为首次出土，在河北省也为仅见，其完美程度全国也不多见。

在江苏新沂城市建设施工过程中，于北沟镇神山村发现一小型汉墓群。新沂市博物馆进行抢救性发掘。发掘5座墓葬，随葬器物以陶器为主，器形有鼎、盒、壶、盘、罐、甑、印章坯，部分陶器表施釉。铜器类有铜镜3面、铜带钩、铜洗、五铢钱。铁器仅发现一件戈的横枝部分。为东汉早期墓葬。对研究新沂的两汉文化具有重要意义。

安徽省东至县洋湖镇兴修水利取土时，于土音村民组河岸边发掘出一座古墓葬。该墓由鹅卵石和青砖垒成，墓内填满淤土。掘开淤土，挖出9件随葬品，除一面铜镜出土时不慎挖破外，其余8件均基本完好，其中，有瓷器7件，陶器1件。青瓷瓜棱执壶1件，青瓷双系壶1件，青瓷玉璧大碗2件，青瓷玉璧底小碗2件，青瓷褐彩水丞1件。上述7件青瓷器从造型、胎釉、工艺诸方面看，时代和地方特征明显，当属唐代中后期南方瓷窑产品。

江西省浮梁县王港坑口村民在东河淘沙时发现古代石器5件：石锛、石钺 、石铲、石斧、石刀各1件。据分析，这批石器应属为新石器时代。

24日 北京市文物局、崇文区政府、公安等部门对长期占用天坛神乐署的居民、单位进行强制外迁。天坛神乐署建于明永乐年间，是天坛古建筑群重要组成部分，也是至今惟一一组未对外开放的建筑群。

同日 国家文物局在京召开全国文博单位基本情况普查工作会议。普查的内容包括各类文物、博物馆单位的基本标识、主要属性、基本状况、人员情况及收支情况等。普查的标准时间为2001年12月31日。国家文物局要求按照4个阶段完成此次工作：即普查准备阶段（2001年3月底以前），普查登记阶段（2002年4～6月），数据处理阶段（2002年7～12月），文博单位信息库建立、运行及资料开发应用阶段（2003年）。普查工作领导小组张文彬任组长，郑欣淼、张柏、董保华任副组长。领导小组办公室设在中国文物信息咨询中心。

25日 即日起中国历史博物馆向全社会推出免票参观办法。

《中国文物报》同日报道：

陕西咸阳市文物考古研究所为配合211省道泾淳路的建设，在宝丰寺段发掘了24座战国秦墓，出土了一批战国晚期较为典型的秦国器物。墓中出有篆楷结合的记得划文字“利常氏史女”等。这次发掘中所出现的文字，为我国文字发展的研究提供了实物资料，对战国秦的里市制度也有了实物资料补充。

河北蔚县白草乡五岔村西北“四正山”玄真观遗址（现称老山寺）中发现13尊道教石造像。遗址距县城50公里。遗址保存历代碑刻六七通。此次发现的石造像，高1.1～1.4米，为大理石质，有半坐像、立像、盘坐像3种。这批石造像比例匀称、神态安祥、眉目清秀、彩绘华丽、雕刻精细。从人物形态、衣着和重修碑记载内容分析，应为明代玄真观内供奉的道教神像。

三门峡虢都上阳城发现大型宫殿性建筑基础，出土3个门阶，并有奠基遗存及“水准仪”性质的遗址。

28日 西安金泉钱币博物馆在西安成立。该馆为非国有的专题钱币博物馆，为全国连锁金泉钱币博物馆总馆。该馆免费向社会开放。

30日 邹衡先生75寿辰暨从事考古工作50年学术座谈会在京召开。与会专家学者22名，通过学术讨论与交流，充分肯定邹衡先生首倡“二里头文化是夏文化”、“郑州商城为汤都亳”，首提“先商文化”、“先周文化”的命名，以及确认晋国、燕国始封地望等开创性的学术成果，这些成果对于夏商周时期考古学研究取得突破性进展起了重要的推动作用。

《中国文物报》同日报道：

河北省有关部门筹资50万元，占地9.8亩的固安县屈家营古音乐馆已完成仿古式围墙建设和华乐湖整理工程，主体建筑也已封顶。屈家营古音乐会创始于明朝中叶，现存《玉芙蓉》、《纣君堂》、《骂玉郎》、《四季风韵》等13套大曲和《五圣佛》、《金字经》等40套小曲及1套打击乐。据专家考证，该音乐会所奏音乐是目前我国历史最悠久、保存最完整的稀有古乐，与西安仿唐乐舞、湖北编钟乐、北京智化寺古乐并称为“中国四大古乐”，被誉为“音乐活化石”。

在维修国家级文物保护单位定州开元寺塔塔刹时发现弘治六年（1493年）铜佛像1尊，后河北省文物局对塔刹进行了发掘清理，共清理出铜佛像2尊，铜菩萨像1尊，铜镜1面，金刚经函1个（内装金刚经1部），古钱币360余枚。这些文物分别放置于塔刹葫芦形宝瓶的不同部位，除有纪年的之外，经专家签定均为清代遗物。

江西省瑞金市象湖镇收购个体户钟某在下乡时意外收得一枚苏区时期宁都起义部队改编的红五军团所属第14师政治部的印章，它的发现，对于研究宁都起义的建制和历史有着重要的文物价值。宁都起义部队印章目前在国内外也是首次被发现。

湖北省丹江口市一名77岁退休教师邓仙，展示出了其精心收藏的一幅古均州武当山全景图。这幅彩色手绘的画卷描绘了明清时期古均州至武当山金殿全长60公里内的建筑景物全貌，其中包括如今已无法见到的净乐宫和均州古城的内外景物。邓介绍，此画成于清乾隆九年（1744年），系清代当地文化名人黎朝盈所作，距今已250多年，是由老人的祖父偶然买下并传到他手中的。原画无名称，前年夏，邓将画作精心装裱，并定名为《古均州武当山全景图》。

山西省绛县古绛镇尧寓村发现一通青石古碑，碑身刻有“唐尧寓处”4个隶体字。此碑碑头已佚，碑版高92、宽47、字径16厘米，上款竖刻大晋永和二年春创立（注：永和二年即346年，距今1650多年）。下款补刻：大清康熙五十四年（1715年）重刊。刻碑的发现为研究尧文化提供了珍贵文物资料，有重要历史价值。

一批珍贵的中国早期油画作品在湮没了40年之后，首次在杭州亮相。这批200件作品的作者多达50多位，并且多为中国早期油画家和画坛精英。有李铁夫、周湘、林风眠、徐悲鸿、颜文樑、赵无极、潘玉良、常玉、李叔同、吴冠中、吴大羽、吴作人、沙耆、莫朴等。这批油画均由80多岁的绍兴老人洪强个人收藏。知情人士透露，早年这位书画爱好者是以用自己的书画作品与人交换和"文革"动乱年代抢救搜集方式，获得这批作品的。这是中国油画界的重大发现，其中有不少是珍品、精品。

30日～2月3日 中国台北故宫博物院珍藏书画复制品展览在北京燕莎友谊商城举行。此次展出的400多件作品为中国晋、唐、宋和元明清时期历代名家名作，时间跨度千余年，几乎囊括台北故宫博物院珍藏的历代书画的全部复制品。其中包括了范宽《溪山行旅图》、郭熙《早春图》和李唐《万壑松风图》的复制品。

2 月

1日 《中国文物报》刊出国家文物局关于2001年度文物科学技术研究项目拟立项课题的公告。2001年12月17日由国家文物局组织的2001年度文物科研项目开题评审会在京召开。16名专家组成的评委会对申报的项目进行了综合评议。经评委会讨论、评议提出15个项目建议列入国家文物局2001年度文物科研开题项目。国家文物局从2002年开始，对文物科研项目立项课题的管理进行了较大改革，其中一个重要内容是，已承担国家文物局科研项目的课题负责人，未按合同规定时间完成课题的，其课题负责人，2002年起无资格申报课题，直至完成有关课题为止。

《中国文物报》同日报道：

浙江发现早于河姆渡的新石器时代遗址。距今8000年的"中药罐"令人称奇。

由中国文物研究所与赤峰市巴林左旗博物馆共同编制的《全国重点文物保护单位辽上京遗址保护规划》通过专家评审。专家原则上同意此方案并建议上报国家文物局审批实施。

清代第一儒商旧居——山西榆次常家庄园，经修复后对外开放。常家庄园院门多达143个，式样繁多，堪称门楼艺术的珍品。庄园各建筑物上数以万计的砖雕、石雕、木雕、彩绘精美异常，具有很高的文物价值和艺术价值。常氏庄园还收藏有大量文物精品，保存有44位帝王的墨迹，可观赏到不同朝代帝王书法风采。

由湖北荆门市投资，国家文物局资助的文物精品馆——荆门市博物馆"珍宝馆"开馆。"珍宝馆"内设有战国女尸展厅和郭店楚简展厅。

2日 山西新绛县公安局刑警大队破获一起盗掘龙兴古塔，破坏文物古迹的特大犯罪案件。龙兴古塔始建于初唐，坐落在绛县城北端龙兴寺内，曾因李世民在此居住而闻名于世。日前该团伙6名涉案人员已被依法刑事拘留，另3名团伙成员正在抓捕之中。

4日 国家文物局召开文博专家及党外人士迎春茶话会。张文彬在会上说，目前全国重点文物保护单位总数达1268处；龙门石窟成功申报，使我国的世界遗产达到28处，列世界第三位。他说，2002年文物工作将面临更加繁重的任务，我们要积极贯彻中共中央政治局常委、国务院副总理李岚清同志关于文博工作的重要指示，重点抓好全国文物工作会议和《文物保护法》修订后的宣传普及工作两件大事，提高全社会对文物工作重要性的认识，做好西藏三大工程的监督和管理工作，举办全国文物保护科技成果展览。

同日 河北省省长钮茂生考察小长梁遗址，并召开现场办公会。泥河湾遗址位于河北省张家口市阳原县桑干河畔，它以特有的标准地层和载有的古生物、古人类信息，几十年来吸引了大批国内外考古学者前往研究发掘。早在20世纪20年代,巴尔博、德日进、桑志华等外国学者来到这里调查发掘,搜集了大量哺乳动物化石标本,对泥河湾层中发现的脊椎动物化石作了报道。1972年以来中外古生物学者在小长梁、侯家窑、虎头梁和马圈沟等遗址,发现了大量古生物化石、古人类化石及石制品。1991年泥河湾遗址被国务院批准为第一个中外合作考古项目,先后接待了美国、日本、韩国、俄罗斯等20多个国家和地区的500多名专家学者。泥河湾于家沟遗址的考古发掘被评为1998年度"全国十大考古新发现"。2000年泥河湾旧石器遗址群的考古发掘被列为中国20世纪100项重大考古发现之一。2001年6月,泥河湾遗址群被国务院公布为全国重点文物保护单位。9月,中科院研究员朱日祥领导的科研小组用古地磁的方法,确定泥河湾小长梁遗址的年代为136万年前,在国内外产生了较大影响。10月,在泥河湾盆地马圈沟遗址中,发现了原始人类制作石器、敲骨吸髓、刮肉进食的生动场景遗址,将泥河湾年代推进到距今200万年以前,用可靠的事实向人类起源非洲之说提出了挑战。2002年1月28日,河北省政协八届五次会议将张家口市政协提出的《关于保护开发泥河湾遗址群的建议》确定为大会提案,200多名政协委员一致通过,交由河北省人民政府办理。对此,省政府非常重视,省长钮茂生指示有关部门尽快采取有力措施。2月3日省政协副主席郭洪岐带队,考察马圈沟、小长梁遗址后,研究提出12条建议。现场会上钮茂生认为郭洪岐提出的12条建议指导思想正确,全面、具体,可操作性强。钮茂生强调指出:第一,明确泥河湾遗址群的定位。在确保做好保护工作的前提下,应该积极地进入申报世界文化遗产程序。第二,抓紧制定规划。当务之急是制定一个高水平的规划,这个规划可以一次完成,分步实施。将原来的规划作为参考,邀请层次比较高的规划单位和专家来着手制定,争取上半年完成。第三,泥河湾保护是第一位的,如果没有保护,其他就无从谈起,要抓紧确定保护范围,采取必要措施加以保护。第四,建立一个有权威的、能够协调各方的领导组织机构和办事机构。由副省长何少存牵头,担任领导小组组长,省直有关部门参加,省市县三级领导也参加。第五,抓紧把泥河湾博物馆建立起来。现在泥河湾已经出土了上万件文物,散存在各个单位,容易发生丢失和损坏,要尽快把这些文物收集起来,展示出来,让它们发挥作用。第六,抓紧建防洪措施。第七,抓紧环境的绿化美化。第八,抓紧修建通往景点的公路。第九,对泥河湾要继续发掘、研究。第十,抓紧宣传和推广。第十一,各有关部门要高度重视,做好工作。第十二,要多方面筹措资金。首先是政府投入,可以动员全省人民,包括社会集资,还可以争取港澳同胞、国际友人的捐助和支持,在国家政策和法规允许的范围内,可以拿出一些项目来招商引资,坚持谁投资,谁受益。

4～20日 江油李白故里馆藏精品展在中华世纪坛展出。李白在四川江油市生活了25年。1982年修建了李白纪念馆。已收藏数千件文物。

5日 经国家民委联系,日本政府对云南博物馆的文化无偿援助(4490万日元折合人民币约300万元)项目在京举行签字仪式。这笔援助是用来增添更新云南民族博物馆保护少数民族文物研究设备的,设备由日方提供。

同日 珠海拱北海关向广东省文化厅正式移交13年来查获的15573件走私文物,其中国家禁止出境的文物6128件,一般文物3053件,新工艺品6392件。还有古代钱币78.29千克。这些文物以汉、隋、唐、清等各代的陶器为主，其余为化石、书画、古籍善本、金银铜铁制品、竹木牙骨玉石玛瑙雕件等。

同日 湖南省政府召开湖南省文物管理委员会会议。大会中心议题是："落实中央五部委检查组对湖南省工作的建议，继续做好文物保护'五纳入'工作，实现由文物大省到文物强省的转变"。唐之享副省长主持会议并讲话。他说，我省是一个文物大省，要抓住国家文物保护"五纳入"工作检查"首选"这一契机，继续坚持"保护为主、抢救第一"，"有效保护、合理利用、加强管理"的文物工作方针原则，继续做好"五纳入"工作，为由文物大省建成文物强省而努力。他结合中央检查组对湖南省文物工作的建议，就2002年的文物工作向到会的各省直有关部门作了具体部署：(1) 拟定《湖南省文物事业"十五"规划及2015年远景目标纲要》。(2) 进一步加大文物保护经费的投入，切实纳入财政预算，特别要落实到市(州)、县各级财政部门。(3) 年内在浏阳市召开全省文物保护"五纳入"现场会。(4) 加强文物法律法规、政策建设，广泛宣传即将修改出台的《中华人民共和国文物保护法》，并提请省人大常委会修改《湖南省文物保护条例》。同时严厉打击各种文物盗掘走私犯罪活动。(5) 加强"社建文物"和民族文物的征集保护，加强博物馆建设，特别是加快"中国烟花博物馆"、湖南中国书院博物馆等突出我省特色和优势的各类专题博物馆的建设。(6) 做好文物"合理利用"这篇大文章，做到位，做出成绩。(7) 开展文物保护工作与经济建设、旅游开发相互关系等课题的理论研讨，编印出版图文并茂、普及性及趣味性强的《湖南省文物概览》。(8) 加强领导，形成合力，建立和完善"国家保护为主，并动员全社会参与的文物保护新体制"。

《中国文物报》6日报道：

故宫将修建一个现代化地下展厅，让封存地库的百万余件文物与游客见面。展厅面积3万平方米左右，展览采取卢浮宫式仓储陈列。目前，新展厅具体规划正在论证中。

大足石刻艺术博物馆投资50万元对距县城西10公里的中敖镇重庆市重点文物保护单位舒成岩修葺一新，并对游客正式开放。舒成岩是大足县纯道教造像所在地，建于南宋。现在大石包中的五龛窟有玉皇大帝等100多个人物造像。

一批周恩来早年佚文70年后重新发现。这次发现的文稿共有7篇，是安徽省淮南市委党史研究史原主任张凤高根据周恩来的一位远亲范延禧提供的线索，最终在上海图书馆所藏的旧报纸中找到的。这些文稿的发现具有重要的文献价值。

洛川县文物考察人员在菩堤乡董之河村发现了红巾军的摩崖题记，从而进一步充实了红巾军在陕西活动的事实。此题记可能刻于至正二十年(1360年)，记载了红巾军在洛筹集粮草的情况，为研究元末红巾军行军路线提供了有力证据。

6枚罕见的古代金币亮相京城。它们是金五铢、开元通宝、太平通宝、宣和通宝、招纳信宝、乾道元宝各1枚。这一发现，弥补了我国许多珍贵的古币只有文字记载缺少实物照片资料的缺憾。据有关资料记载，我国目前已发现的西汉至南宋期间铸造的金币只有8种，嘉德拍卖公司一次就征集到了其中的6种，实在难得。

吉林省文物考古研究所考古队在重庆云阳旧县坪遗址发现20余枚汉代简牍。已发现4枚木简(牍)上面有总计50余字的隶书，其中一枚方形简上有"东阳"、"年"、"月"等字。这些发现，为研究峡江地区的历史文化提供了更直接的历史信息。

8日 由四川省文物局、成都市文化局、陕西省文物局联合主办，成都博物馆、西安兵马俑博物馆承办的“世界奇观——秦兵马俑出土文物精品展”在成都博物馆开展。

同日 由陕西历史博物馆、陕西省文物保护工作协会、秦始皇兵马俑博物馆、陕西省考古研究所、西安市文物考古研究所等单位联合发起并组织的“陕西文博学术沙龙”在陕西历史博物馆举行。共有11位主讲，会场气氛十分热烈，焦点有 4 个：(1)文物保护技术的运用问题。(2)博物馆际之向的交流与合作。(3)陕西文博的现代信息网络建设。(4)文物保护新材料的研究与应用状况。与考古探钻有关的一些技术性工作也是这次学术沙龙的热点问题。

《中国文物报》同日报道：

国家文物局发出《关于开展“5.18 国际博物馆日” 宣传活动的通知》。《通知》说，国际博协 (ICOM) 已确定 2002 年“5·18 国际博物馆日” 的主题为 “博物馆与全球化”。经研究，国家文物局和中国博物馆学会计划开展大规模的宣传活动，活动内容：(1) 关注在保护文化多样性中保护本地遗产的重要性；反映本地文物、博物馆在区域间、国际间文化交流中的作用和成绩。(2) 关注其他国家和地区的民族文化，以增进对文化多样性和差异性的了解。(3) 培育和加强博物馆的国际联系和交流；考察和介绍外国博物馆，了解其管理、问题和发展方向；进一步了解博物馆工作的全球性，把握博物馆国际网络存在的事实及其全球化规模对于博物馆的重要性。(4) 介绍国际博协与中国国家委员会的宗旨、功能和活动概况。(5) 宣传有关遗产保护法规和捍卫文化的多样性和独特性原则。(6) 推介世界力量新均衡下的博物馆及博物馆对世界文化的意义。(7) 阐释全球化机制——关贸总协定、多回合贸易谈判、世界大会、国际金融组织、世界贸易组织、自由贸易等。

甘肃礼县未经报批擅自允许拍摄文物，甘肃省文物局要求严肃查处。1 月 9～12 日，中央电视台科教中心《复活的军团》摄制组在未向国家文物局和甘肃省文物局报批的情况下，前往甘肃礼县进行文物拍摄活动。礼县有关部门和文物管理单位擅自接待并允许其系统拍摄了全国重点文物保护单位大堡山子遗址及墓群外景全貌和县博物馆馆藏青铜器 10 余种（均系一级文物），严重违反了国家和甘肃省有关文物拍摄管理的决定。目前，甘肃省文物局已致函礼县县委、县政府，要求尽快严肃查处此事，立即追回央视所拍文物资料，并追究有关单位和人员的责任。

黄河流域史前最大城址进一步探明。山西襄汾陶寺城址考古又有新进展，发掘确认南墙、东墙，推测城址平面为圆角长方形。

经过多年调查研究，宁夏贺兰口岩画区先后发现约 5000 余个岩画个体形象，并在岩画区内发现了远古居住遗址和墓葬。最近，在贺兰口岩画区内首次发现石器 8 件，为石磨棒和石球。这批石器的时代为新石器时代，距今约 10000～5000 年。它的发现，为研究贺兰山地区古代自然环境和古人类活动有重要的科学价值，也证实了早期岩画是用石器工具制作的。

为配合赣粤公路高速昌泰段的基本建设，由江西省文物考古研究所、吉水县博物馆和九江市博物馆等单位组成的考古队对位于吉水段沿线的古墓葬和古遗址进行考古发掘，清理了 45 座墓葬和一座明清时期古村落遗址。其中北宋墓 1 座、明末期 12 座、清代 32 座。宋墓出土有青白瓷碟、盒、铜镜、铜簪、银钗等。明清墓出土器物主要是陶、釉陶或黑釉瓷质的罐、壶、盏等，绝大多数墓只有一件随葬品。

四川广元市、市中区河西办事处八一村二组的姜家坡村民在建房取土中发现一座古墓。广元市文管所立即派员对该墓葬进行抢救性清理工作。从东墓室腰坑内出土的买地券看，为南宋绍熙五年（1194年）。广元地区的宋代墓葬类型很多。墓门上方门楣雕刻仿木结构建筑，在过去已有所发现，但没有这次精美。尤其是屋顶、屋脊、屋檐的作法，在已往发现或清理过的南宋墓葬中没有见过，尚属首次发现。

10日 坐落于杭州吴山东南麓的全国重点文物保护单位——宝成寺，经过一年的修葺，即日起重新对外开放。宝成寺原名释迦院，系吴越国王妃仰氏建。北宋大中祥符年间改额宝成院，南宋宝祐五年（1257年）赐额“宝成寺”。

《中国文物报》20日报道：

天津市历史博物馆考古队在配合津蓟高速公路工程中，对蓟县东赵乡西庄户遗址进行了抢救性发掘，揭露面积近1000平方米。清理房址近25座，灰坑或窖穴29座，灰沟10条，出土了一批陶、瓷、铁、铜、木等不同质料的文物。西庄户遗址发现的房址、火炕和灶台遗址，也曾见于内蒙古元代集宁路遗址中。由此推断该遗址的年代确系元代。

邢台市文物管理处工作人员配合南方小商品批发市场建设工程，抢救性发掘了战国至元代墓葬50余座，出土一批珍贵文物。古墓葬以战国墓居多，随葬品多在棺内或棺椁之间，主要有青铜佩剑、袖珍组钟、玛瑙环以及陶盖鼎、盖壶、鸭形尊等。汉墓多被盗掘，但仍出土了釉陶壶、灶、博山炉、灰陶壶等。出土的唐至元代遗物以白釉褐彩玉璧底碗、铜镜、玉佩饰、白釉浅腹碗、酱釉碗、铜钱最为重要。玉佩饰为白玉质地，菱形框，内镂雕荷莲，造形秀巧，此为邢台首次发现。

周原遗址发掘又有新收获。填补了周原遗址晚商时期居址考古学文化认识上的空白，使先周文化研究取得突破性进展。

《中国文物报》同日报道：

湖南澧县城头山考古发现史前城墙与壕沟。

上海松江广富林遗址考古发掘获新成果：发现5座良渚文化墓葬，发现良渚文化墓地使用期间的多种祭祀遗迹，发现2座良渚和战国时期的水井，出土了多件文物。

26日 重庆市建委召集市级有关部门、单位对中国建筑西南设计研究院提出的《重庆中国三峡博物馆初步设计》进行了评审。与会者听取了设计单位介绍，经过讨论，原则上批准了初步设计。根据初步设计内容，重庆中国三峡博物馆的总用地面积为29316平方米，总建筑面积42497平方米，库房面积5464平方米。该馆选址于重庆市渝中区人民广场，总投资5亿元人民币，2003年完成全部建设并对外展出。

《中国文物报》27日报道：

日本古龙大学教授田中宏和旅日华侨、中日交流促进会秘书长林伯耀先生，在南京向侵华日军南京大屠杀遇难同胞纪念馆捐赠了一批反映中国在日劳工情况的珍贵资料。其中有2147名中国在日劳工及其遗属的控诉信，日本政府1946年整理的披露中国在日劳工状况的《外务省报告书》以及日本友人经调查所著的《强征劳工以及殉难状况》等专著。

考古学家在广西贺州发现一批120多年前的清朝诰命书。这是贺州市首次发现由皇帝颁发的任命书。这批诰命书分别用满文、汉文书写，共有4幅，是清同治皇帝封萧肇富及其曾祖母、祖母三代为二品将军的诰命书。诰命书是在今贺州市黄田村一萧姓村民家发现的。

辽宁文物考古工作者经过4年的考察证实，战国、西汉、秦朝、明朝4个历史时期均在抚顺修筑过长城。

成都杜甫草堂博物馆唐代遗址的田野工作结束。考古人员除发掘出土了大量唐宋器物外，还发现了中唐以后晚唐至宋代的居住遗址以及唐代碑文。

云南省考古工作者完成了蒙自县瓦渣地明代古墓群的发掘。除出土了一批具有重要价值的明代青花瓷等器物外，还首次发现葬墓和火葬墓共存的情况。

3 月

《中国文物报》1 日报道：

西夏陵三号陵园考古再现昔日皇家陵园平面布局：月城内发现 4 排石像生基址，摸清了陵城各个门址构筑格局；陵区建筑中首次发现八角形献殿台基，对陵塔基础形制有了重新认识；出土大量珍贵建筑装饰物件。

浙江省玉环县三合潭遗址发现罕见商周木构建筑遗迹，其继承了河姆渡、马家浜、良渚文化的建筑传统，属于商周时期江南重要的古村落遗址。

由国家文物局组织、上海市文管委主持的“吴越青铜技术研究”成果鉴定会召开。会议透露，令考古界和科技界惊叹不已的吴越青铜器上的多项精湛技艺和重大发明，已由上海博物馆、南京博物院和上海材料研究所等单位组成的课题组研究揭谜并复员成功。菱形纹饰、剑首同心圆和青铜复合剑（又称双色剑）堪称吴越铜兵技术三绝，且均属古代科技之谜。研究发现，菱形纹饰制作采用了合金热扩散原理，即用锡基合金粉末涂覆于青铜剑表面，经加热使合金成分扩散到青铜剑基体之中，使涂敷部分成白色，未涂部分仍为铜黄色，形成黄白相间极富装饰性的非机械镶嵌菱形花纹。课题组参照我国新石器时期轮制法制蛋壳陶的原理，沿袭古法配成特殊的范料，反复试制成剑首同心圆陶范，终于铸成与文物标准相似的同心圆结构。春秋时期成书的《考工记》已总结出铜锡合金的 6 种配比，用以制造不同使用要求的青铜器物。作为刺杀的青铜剑应锋利，需用质硬的高锡青铜，但格斗时易折断。为克服此矛盾，吴越铸剑师用不同成分青铜的两次铸造工艺，先用低锡青铜铸造剑脊，再用高锡青铜铸造锋刃部分并包住剑脊，使之刚柔相济。由于高锡部分色泽黄白，低锡部分色泽偏红，所以又称双色剑。

报请国家文物局、云南省文物主管部门批准，云南省文物考古研究所和曲靖市麒麟区文物管理所对该区境内遭到破坏的潇湘乡平坡村墓地进行了抢救性发掘。共发掘清理墓葬 209 座，包括元明时期火葬墓 5 座。明清土圹竖穴墓 6 座，汉代土圹竖穴墓 198 座及灰坑 6 个。出土各类器物近 300 件。按质地又分为陶器、铜器、铁器、铜铁合制器、玉石器、木漆、漆器等种类。其中铜器有釜、带钩等生活用具，戈、矛、箭镞等兵器以及斧、削、扣饰、五铢钱币等。铁器主要为釜、斧、凿、矛、戈、环首铁刀、铜柄铁剑等兵器及生活用具。出土的青铜器应属于滇池地区青铜文化范畴。有的墓可能早到战国时期。

河南省内黄县梁庄乡小柴村开挖硝河工程时，发现 3 座南北朝时期北齐墓。内黄县文物部门会同安阳市考古工作队联合进行抢救性清理发掘。从形制及出土文物看，应是同一时期的家族墓。虽都遭到不同程度破坏，仍出土 60 余件有价值的文物。其中一正方形墓志记载墓主人王谟曾任过“东黎”、“顿丘”二县的县令，死后葬于老家顿丘县，这为研究三皇五帝时期二帝瑞顼、帝喾的都城“顿丘城”提供了有价值的旁证材料。

2日 重庆市委书记贺国强、市长包叙定在重庆市文物局领导陪同下，专程到涪陵区考察正在进行紧张施工抢救的三峡工程受淹文物点，全国重点文物保护单位——白鹤梁水文题刻。贺国强、包叙定指出，白鹤梁题刻绵延1200多年而未中断，具有重要水文、文学、书法等价值，充分体现了我国古代人民的聪明才智，将永载史册。

2～3日 2日凌晨，甘肃三章县文教体育局、公安局、博物馆等部门联合行动，现场抓获2名盗掘全国重点文物保护单位汪氏家族墓地的犯罪嫌疑人。经突击审理，2名犯罪嫌疑人承认了犯罪事实，且交待出同案犯6人。3日上午7时又抓获一名乘车外逃的盗墓同伙。

4日 四川省三星堆出土文物即日起在纽约大都会博物馆展出。这次名为“千古遗珍”的中华文物展共有展品170多件，其中一半是三星堆出土文物。

4～6日 由中国工程院傅熹年院士担任顾问，中国设计研究院建筑历史研究所陈同滨研究员主持编制的《甘肃秦安县大地湾遗址保护规划》在天水通过了甘肃省文物局组织的专家论证。

5日 清末指画大师刘锡铃遗作在四川省博物馆展出。这是以“聋道人”之称享誉海内外的刘锡铃先生遗作首次大规模展出。刘锡铃（1848～1923），祖籍浙江，世居四川。其成功作《邛崃叱双图》是他驾马1200公里的写生巨作。《桂湖春燕图》在1915年巴拿马博览会上荣获金奖。

6日 咸阳市杜家堡农民将一件完整的彩绘陶俑送到咸阳博物馆。此俑全身虽被黄泥包裹，但红色彩绘仍依稀可见。该农民家中共有完整陶俑10余件，均系盖房时在距地表1米余处挖出。10余件陶俑造形各异，小的仅高10多厘米，大的有60厘米。初步断定这是一批汉代彩绘陶俑。

《中国文物报》同日报道：

杜甫草堂出土唐代瓷器、明确纪年的唐代碑文、唐代居住遗址及大量唐代生活用具，充分展现了杜甫时期的唐代风貌和时代背景，填补了杜甫草堂没有唐代遗址和唐代生活遗物的空白。

一件世界最早的炒钢盔甲在江苏省徐州市汉兵马俑博物馆复制成功。复制盔甲头盔通高45厘米，筒径22厘米，重4.7千克，由7种不同形式的120片铁片组成。铁甲长74厘米，由800多片不同铁片穿缀而成，重18.5千克。穿着后上半身只露出眼、鼻和口部。1995年考古工作者从江苏徐州狮子山汉楚王陵墓中一共出土4领盔甲的上万件铁甲残片（被列为当年考古十大发现之一）。

一座倾斜数百年的唐代净光寺塔纠偏扶正工程近日取得阶段性成果。塔顶中心已向塔底中心横移了0.9米，完全扶正尚需横移0.76米，塔体目前虽仍倾斜但已处于安全状态。该塔坐落于陕西省眉县政府院内，为7层楼阁式砖塔。

经过一年多的紧张施工，重庆市大足小宝顶全面修复，再现清代原貌。小宝顶又名广大寺，位于宝顶镇山王村，大足宝顶石刻附近。过去称“上朝峨眉，下朝宝顶”的宝顶，便是指小宝顶。

8日 南京博物院举行隆重接受捐赠仪式。中国工程院院士、南京林业科学院博导宋湛谦教授受其父辈宋鸿锵先生等人的委托，向南京博物院捐赠了由宋氏家族珍藏了200多年的《康熙南巡图》手卷粉本。南京博物院院长徐湖平代表南京博物院接受了捐赠，并向宋湛谦教授颁发捐赠收藏证书和《康熙南巡图》手卷粉本的影印件。手卷全国共12卷，系清朝康熙皇帝第二次南巡回京后，诏集天下名工绘制的巨幅手卷，正本为绢本，现藏北京故宫博物院。其手卷粉本为康熙御览审定前奉旨画成的纸本草图。

《中国文物报》同日报道：

河南灵宝西坡遗址发现仰韶文化特大型房址，其保存完好，四周设回廊，建筑面积516平方米，室内面积204平方米。

为配合豫路07线尉氏—扶沟段拓宽改造工程，河南开封市文物工作队与尉氏县文管所联合对位于尉氏永兴镇三柳村附近的一座古墓葬进行了清理。尽管该墓破坏严重，但在该墓主室和主右耳室中还是出土了一批精美的器物。出土陶器中，陶奁和漆案上都施有朱彩，色泽非常鲜艳，陶耳杯造形精巧，胎质细腻且较薄，胎厚仅2毫米。一些青铜饰件部分鎏金，制作非常精美。出土了一枚王莽时期货泉币和数十枚五铢钱，部分钱币字迹清晰，保存较好。其中王莽时期货泉币在开封地区出土较为少见。该墓应为东汉时期的墓葬。

贵州省文物考古研究所在普安县青山考古调查时，发现2处旧石器时代遗址。其一为大洞遗址，另一为扁洞遗址。2处洞穴遗址相隔约400米。从出土的石制品看，分别与水域硝灰洞、兴义猫猫洞的石制品相似，很可能是旧石器时代中期或晚期的古人类遗址。

10日 经国家文物局批准，新版"中国文博" 网站经过紧张的设计筹备今日试开通。网站域名为www.sach.gov.cn。

同日 为了迎接2008年奥运会在北京的召开，切实做好明十三陵申报世界文化遗产工作，整治文物环境，加大文化遗产保护力度，北京市昌平区十三陵特区办事处在明德陵祾恩殿遗址前举行明十三陵德陵抢修工程开工仪式，拉开了有计划地抢修明十三陵古建筑文物新的一幕。

11日 由文化部邀请的希腊文化代表团文问中国历史博物馆。两位希腊文物专家作了有关希腊文物研究、文物保护的报告。

同日 江西樟树市博物馆根据群众反映，在樟树环城公路建设中发现几座古墓。随即有关部门及专业人员赶到现场，追缴失散的文物，同时组织考古发掘，清理南朝砖室墓4座，追缴及出土文物40多种。其中3座墓砖侧面皆印有"元嘉十七年七月"或5个铜钱纹与3个铜钱纹。可能是一座家族墓地。

12日 山东省文物鉴定委员会和国家文物出境鉴定山东站在山东省博物馆举行揭牌仪式。

13日 国家文物局、内蒙古自治区文化厅邀请来自文物、考古、建筑规划等方面的知名专家学者，在北京召开专家论证会，对辽上京遗址保护规划进行了论证。辽上京遗址位于赤峰市巴林左旗林东镇，现为全国第一批重点文物保护单位，总面积5平方公里，共分南北两城，南为汉城，北为皇城。大家认为：《辽上京遗址保护规划》 十分重视对遗址的整体保护，体现了"保护为主，抢救第一"的文物工作方针，具有科学性和可操作性。做出适当修改后，可以上报国家文物局审批。

《中国文物报》同日报道：

经过80天的发掘，深圳南头古城发现了魏晋时期的护壕遗迹和相关陶器文物。在护壕里出土了大量的瓷片，其中3件元末明初仿龙泉窑的青瓷高脚杯弥足珍贵，在深圳地区属首次出土。文物部门推断，这段护壕可能是三国吴的 "司盐督尉垒" 或东晋的"东官郡治"时期的遗迹。

散失近一个世纪，目前在我国惟一一部首尾保存齐全的被专家誉为 "中国古老戏剧化石"的《目莲宝卷》不久前在青海省民和回族土族自治县东沟乡麻地沟能仁寺被发现。据郑振铎先生考证，《目莲宝卷》是在唐朝说唱文学《目莲救母变文》的基础上由民间戏剧家集体改编、创作而成的大型剧本。肇始于元末，兴盛于明清，是对变文的继承发展和创新，在我国文学史上具有很高的价值，被视为瑰宝。在此发现之前，《目莲宝卷》 只在我国国家图书馆中藏有失去了前半部分的一个残本，令戏剧界和文学界难见其真实面目。《目莲宝卷》共 10 卷。

14 日～5 月 7 日 内蒙古博物馆的“一代天骄，成吉司汗——中国古代北方草原马鞍文化展”在深圳博物馆举办。共展出 820 件（套）文物，29 件辅助展品，分为 7 大部分。

15日 河南省文物局在郑州召开全省文物工作年会。河南省文化厅党组书记厅长孙泉砀在讲话中提出，河南省已基本具备了由文物大省迈向文物强省的条件。河南省文物局局长常俭传在工作报告中指出，今年，河南省将在文物保护基础工作方面继续加大力度。在发展博物馆方面，唱响爱国主义主旋律，坚持社会效益第一的原则，积极探索博物馆发展的新思路，鼓励行业博物馆建设，努力建设国有博物馆为主导，民办博物馆为补充，多行业、多类型、多种所有制博物馆共同繁荣发展，以河南博物院为龙头的、具有河南特色的博物馆体系。在田野文物保护方面，一是落实业余文物保护员的报酬，进一步调动他们的积极性；二是将文物保护工作的“五纳入”落实到乡镇一级。同时，对文物犯罪进行集中惩治，对保护文物有功单位和个人大力表彰。

《中国文物报》同日报道：

民和喇家遗址发现地震和洪灾新证据。新发现地震和洪灾的证据，辨明灾难现场堆积的地层关系。新发现小型广场的迹象，清理出奠基坑和杀祭坑及埋藏坑，出土奠基人骨杀祭人骨和玉器骨等重要文物。新发现保存颇为完整的窑洞式结构房址和分布格局以及烤制食物的壁炉，提出聚落形态的新认识。

抚顺发掘施家高句丽墓群。共发掘墓葬 43 座，获得了丰富的考古资料。出土有金耳环、包金铜耳环、银环、铁镜、铁刀、陶罐等。与吉林、黑龙江的渤海墓葬较为相似。

陕西省文物局召开文物工作会议。会议确定 2002 年全省文物工作的重点是：在认真做好文物保护工作的同时，进一步加强文物科技保护、文物安全、文物法规宣传和文物对外交流工作。之后陕西省文物局成立了重点项目管理办公室，并与各处室、各基层单位层层签定目标任务书和安全责任书，按照分工负责、任务到人、整体推进的思路全面落实责任，确保全年工作任务全面胜利完成。

国家文物局三峡文物保护工作检查组检查重庆库区 2001 年度考古发掘项目。检查组重点抽查了北京大学主持的忠县哨棚嘴、瓦渣地、崖脚遗址，四川省文物考古研究所主持的忠县中坝遗址，重庆市文物考古所、南京师范大学联合发掘的万州胡家坝遗址，吉林省文物考古研究所主持的云阳旧县坪遗址，郑州市文物考古研究所主持的云阳马粪沱墓群，重庆市文物考古所主持的巫山大溪遗址等 8 个发掘点的工地管理、安全措施、发掘工作及记录、图纸等资料的质量。

19～20 日 甘肃省文物局在兰州召开全省文物、博物馆单位基本情况普查工作会议。这标志着该省文物、博物馆单位基本情况普查工作全面铺开。另外，甘肃省文物局决定利用 6 个月时间由省文物鉴定委员会对全省馆藏二、三级文物进行统一鉴定确认，以使馆藏文物的普查登记做到准确全面。

《中国文物报》20 日报道：

山东省淄博市淄川区文物管理所发现一件宋代巨型瓷罐。此罐高和直径均为 73 厘米，罐口直径 35 厘米，底面直径 29 厘米，卷沿、平底。罐体着青绿釉，表面较粗糙，饰有花纹。属国家珍贵文物。

南京明孝陵遗址寝宫西侧出土了一组大型建筑遗存。经专家论证为史书记载并早已湮没的明孝陵西配殿、具服殿和西井亭。

福建省安溪县仙苑村发现 3 道康熙圣

旨。其中 2 道属表彰圣旨,表彰仙苑村梁氏十一世祖梁国宝及其妻、母的圣旨。

20日～4 月 20 日 清代皇室书画展在广东省博物馆举行。展出包括康熙、雍正、乾隆、嘉庆、道光、咸丰、光绪、宣统等清代帝王及永瑢、荣慧、慈禧、溥儒等亲王、嫔妃和皇室后裔的书画原作约 80 件。

20 日～5 月 4 日 贵州省普安县青山镇铜鼓山战国秦汉时期遗址出土戈内端饰 3 个牵手上举人物图形的陶戈模。这在该省甚至西南地区为首次发现。另有 2 件分别带有“”“”符号的铜钺及 1 件尖叶形铜镬,也是该省首次出土。

20 日～5 月 15 日 “人间四月天——中国近代名人书法大展” 在中国历史博物馆举行。展会是由海峡两岸历史博物馆与何创时书法艺术基金会共同举办的。展品共 179 件组,均为何创时书法艺术基金会多年收藏的近代名人书法精粹。有康有为、梁启超、蔡元培、吴昌硕、鲁迅、郭沫若、徐悲鸿、齐白石、梅兰芳等近 200 位中国近代名人书法作品。

21日 重庆市委宣传部、重庆市文物局联合召开新闻发布会,公布“三峡工程重庆库区 2001 年 10 项重要考古发现” 评选结果：(1) 巫山大溪遗址；(2) 丰都玉溪坪遗址；(3) 忠县哨棚嘴遗址；(4) 开县余家坝遗址；(5) 云阳旧县坪遗址；(6) 云阳马粪沱墓群；(7) 丰都槽房沟墓群；(8) 忠县乌杨遗址；(9) 万州老棺丘墓群；(10) 云阳明月坝遗址。

同日 中国文物学会、中国考古学会和中国博物馆学会部分在京专家就《文物保护法》的宣传和修订问题进行了座谈。专家们就国有博物馆与非国有博物馆以及其他文物收藏单位之间的有偿转让、民间收藏文物的流通等引起广泛关注的问题充分发表了各自的意见。

《中国文物报》22 日报道：

贵州赫章可乐夜郎考古发现形式不同的“套头葬”(即用铜釜套于死者头顶的埋葬方式)。有的用鼓形铜釜套于头顶;有的是用一件大铜釜套头, 另用一件大铜釜套脚,脸上盖一件铜洗,双臂上也放置铜洗;有的是用一件大铜釜套头,用一件大铜洗垫在脚下,右臂垫一件铜洗,左臂旁侧立一件铜洗。还有的用铜洗盖于死者面部,有的则将铜洗垫于死者头下,有的在死者头侧墓底斜插一件铜戈。

湖北省副省长王少阶在武汉透露,湖北将投资 2.5 亿元人民币兴建楚文化博物馆,以展示楚国灿烂的历史文化及珍贵文物。据王少阶介绍,楚文化博物馆建设项目作为湖北“十五”计划期间的重点建议项目,2002 年年内将动工兴建。

江苏省文物工作会议在南京召开。张桃林副省长在讲话中指出,由于江苏省去年召开的全省文化工作会议上出台了一系列文化经济政策,使全省文物保护经费由原来的每年 500 万元增加到 1800 万元, 同时在去年机构改革中增加了省文物管理机构的编制,因此江苏省文物工作面临新的机遇和挑战。他要求文物工作要尽快适应加入 WTO 以后形势的需要,用好现行《文物保护法》和《江苏省历史文化名城名镇保护条例》等法律, 抓好配套法规的完善和修订工作,尤其是要重点加强文物流通领域、博物馆管理等方面的法规建设。

由香港特区政府古迹办事处统筹的大埔头村敬罗家塾修复工程,获得“联合国教科文组织亚太地区 2001 年文物古迹保护杰出项目奖”。这是香港继 2000 年的洪圣古庙及罗便臣道犹太教堂修复工程后,再次赢得联合国教科文组织此项奖。

参加三峡库区文物抢救发掘的宝鸡市考古工作队圆满完成工作任务, 返回宝鸡。

在渝期间，考古队对重庆市丰都县镇江镇槽房沟墓地、高家镇大湾墓地、农花庙遗址进行了大规模考古勘探发掘，勘探面积54000平方米，发掘面积2720平方米，清理墓葬23座，出土文300余件（组），其中9号墓的发掘获重要成果。9号墓出土文物51件（组），其中陶马、摇钱树底座、铜佛像等最为重要。泥制红陶马右后腿刻有“巴郡平都蔡　骑马”8字。摇钱树底座一斜侧面刻有“延光四年五月十日作”。铜佛像为摇钱树的一部分。目前，长江中游地区发现最早有确切纪年的早期佛像是出自武汉莲溪寺东吴永安五年（262年）墓的鎏金铜片镂刻佛像。而槽房9号墓出土的佛像比永安五年佛像早137年。此次文物抢救发掘历时3个月。

三峡库区湖北省秭归县考古队在秭归县西南部的磨坪乡发现一悬棺群。该悬棺群位于磨坪乡杨林桥村二组的升坪河岸边，分布在长20、高100米的峭壁上，木质棺材全部置于人工开凿的洞穴或山崖石缝中。经初步统计，共有悬棺131副。据有关部门介绍，该悬棺群是国内迄今为止发现的最大的悬棺群。

山东诸城市建安公司在明诚园居民小区修建排水沟时，发现古墓一座。经发掘清理，墓内出土瓷执壶2件、瓷灯1件、陶罐2件，“开元通宝”铜钱2枚。该墓建造于北宋早期。

重庆市三峡库区云阳县旧县坪遗址发掘工作中出土了汉代简牍。简牍20余片，已发现4块木简上面有字，字为隶书，总计50余字，其中一块方形方牍上有“东阳”、“年”、“月”、“日”等字；另一块木简上有“五石”等字。此外，还有一件细木条上有等距刻度，初步推断为尺。

22～23日　由中国社会科学院环境与发展研究中心主办、福特基金会资助的“文化遗产保护与经营”研讨会在北京举行。国家文物局局长张文彬感谢来自国内外不同方面、不同学科的专家齐集一堂，来关心和研讨中国文物、博物馆事业的相关问题，他希望会议对中国文化遗产的保护起到积极作用。中国社科院江蓝生副院长指出，对待文化遗产的态度反映了一个国家的文明程度，越是现代化的社会，越是重视文化遗产的保护与经营。中国社科院环境与发展研究中心主任郑玉歆指出，我国正处于经济快速发展和体制转型与完善时期，目前和未来一二十年将是我国文化和自然遗产的相对危险时期，在这样一个时期，如何避免大规模的建设对我国珍贵的自然与文化遗产的破坏，使其在有效保护的前提下能够得到合理的可持续的利用是一个重大的课题。上百位国内外专家和管理人员参加了研讨会，其中20位专家围绕“文化遗产科学”、“文化遗产保护”、“博物馆学”和“文化遗产经营”4大专题进行了大会发言并接受听众提问。

25～27日　国家文物局召开的全国文物、博物馆消防安全工作座谈会在武汉举行。国家文物局副局长张柏在会上作了题为《坚持安全第一的原则，切实加强文物、博物馆消防安全工作》的主题报告。

26日　由文物部门批准的天津市第一家私人博物馆挂牌成立。它由天津粤唯鲜集团的“华蕴”、“隽祯”、“古雅”3个风格各异的博物馆组成。3个博物馆的所有藏品都是粤唯鲜集团总裁张连志多年的珍藏。张连志20多年来已收藏各种质地古物数千件，达到定级文物标准的就有上百件。华蕴主要的展品有战国时期的青铜宝鼎、酒樽、刀币，近百件各种木雕人物坐像等。隽祯博物馆收藏各朝代家具。古雅博物馆以展示西式老枪为主，共216支。

《中国文物报》27日报道：

有近300个图案组成的庞大的古岩画群在贵州龙里县巫山山体的绝壁上被发现。成画年代推测在两汉时期。考古专家将其定名为龙里巫山岩画群。这些个体图案为牵牛图、骑马图、舞蹈图、腰佩刀剑人形图、太阳及抽象图案、符号等。全部为红色颜料绘制。

内蒙古自治区林西县文物管理工作人员在一次文物普查中，发现2件距今5000多年的精美石雕像。据介绍这2件文物是在一个名为大半拉山的新石器时代遗址上发现的。其中一件为石雕人面像；另一件为蛇形佩件，身残，仅留头部，考古专家认为，此雕像似蛇非蛇，显然不是古人对某一动物的摹拟，而是将几种动物特征进行抽象糅合、神化为一体的原始崇拜物。一些专家还推测说，这个蛇形像很可能与中华民族“龙”的形成发展变化有关，如若确证，这一发现可谓十分重大。

河北衡水市文物管理处在该市安平县城关镇征集到一通“大观圣作之碑”。据《康熙二十六年安平县志舆地志、营建志》载：此处在北宋时期是一座规模宏大的文庙，石碑于大观二年（1108年）立于庙内大成殿前。碑首“大观圣作之碑”由当朝太师蔡京题写，长达千余字的碑文由宋徽宗御书，笔致清劲瘦硬，坚挺秀美，是宋徽宗“瘦金书”的再现，宰相李时雍奉诏摹写。

国内著名票证收藏家林斯人老人将自己珍藏的包括清朝田赋票证在内的100枚票证无私捐赠给中国农业博物馆。林是解放军总装备部北京干休所的离休干部。捐赠的票据中包括2张载入2000年“大世界吉尼斯”记录的最小面值票证：江苏淮阴2钱糖票和镇平县5分5厘油票。

《中国文物报》29日报道：

杭州南宋恭圣仁烈皇后宅遗址重现于世。它是杭州乃至全国首次发现的保存完好的南宋时期古代园林。遗址保存之好，为历年宋代园林考古所未见，为研究南宋时期的园林布局和营造法式提供了重要实物资料。

30日 世界文化遗产、全国重点文物保护单位大足石刻宝顶山摩崖造像的组成部分——广大寺经过一年的修复当日对外开放。

4　月

1日 由深圳市文管会办公室主办的深圳文物博物馆网站（www. szcrm.com）试开通。

2～3日 受甘肃省文物局委托，敦煌研究院邀请国内知名文物保护专家在敦煌莫高窟对中美合作保护的第85窟项目进行了中期评估。进展情况是令人满意的。

3日 由辽宁抚顺雷锋纪念馆与福建省革命历史博物馆等单位联合举办的“雷锋精神永恒”大型主题展览在福建省革命历史纪念馆开展。

4日 国家有关部委领导、有关省市领导、捐资单位代表、海外华人华侨、港澳台同胞及黄帝陵基金会全体理事和新闻界代表500余人参加在西安举行的整修黄帝陵捐资仪式。此次捐献活动，黄帝陵基金会共收到860余万元人民币，10.5万美元，4.5万元港元。黄帝陵基金会已累计接受海内外捐款7000多万元。

5日 经过一年的精心准备，雪域瑰宝——西藏文物精品展开幕式在南京博物院历史馆举行。展出120多件（套）西藏文物精品。这些文物大致可分为三大块：第一块是表现历史上西藏与中央政府的政治关系的文物，包括封册文物和赏赐文物；第二块是宗教文物，可分为唐卡艺术、佛教造像与法器等内容；第三块是生活用品，包括藏族服饰和日用品2个部分。此展览历时4个月。

《中国文物报》同日报道：

济南洛庄汉墓又发现3座陪葬坑。动物陪葬坑经鉴定主要是家畜类，包括羊、兔、狗、猪、未成年小猪等。至此，洛庄汉墓已在主墓室周围发现陪葬抗和祭祀坑36座。

由四川大学考古学系、中国社科院考古所科研处共同主办的“明月坝、李家坝遗址学术汇报交流会”在中国社科院考古所学术演讲厅举行。专家认为明月坝遗址唐代建筑很有特色，比如双阶、石板包边等都是中原地区所不见的。在目前对遗址单体建筑已经比较清楚的情况下，下一步工作重点应放在寻找有无寺庙、院墙、店铺、码头等建筑并弄清其关系。

6日 河南南阳知府衙门博物馆建成开放。该博物馆是依托全国重点文物保护单位南阳知府衙门而建成的。南阳知府衙门始建于元至元八年（1271年），其后一直为南阳历代官府所在地。现占地36000平方米，保存古建筑30多座，共140余间。

8日 江西省永修县燕坊乡四联村的砖瓦窑场村民取土时，发现两件青铜镜。两镜分别为六边形腔和合瓦形腔。经研究，此二镜与1989年新干商代大墓所出特征基本一致。

同日 河南沁阳市文物局接到群众举报，有人在市区罗庄西口正将一批旧家具装车准备外运。接报后该局立即派人并通过公安、工商部门将其查扣。经河南省文物鉴定委员会现场鉴定，有98件旧家具属文物范畴。这批旧家具系一伙河北人在沁阳境内收购，他们既无营业执照，又无任何机关证明。

河南登封市公安局将在市区嵩阳路南段破获的文物窝藏、走私案件中查收的100多件文物移交给登封市文物管理局。其中一件清代石质压金字笏板长31厘米、上宽7厘米、下宽85厘米，正面7字篆书，背面20字篆书，为研究清代朝政的珍贵文物。

《中国文物报》10日报道：

山西莒南大店村村民庄建福将八路军115师战士使用过的锄头、镢头、柳筐及钉鞋工具共8件物品捐赠给八路军太行博物馆。

年逾7旬的澳门文物收藏家邓禹先生向中山大学人类学系博物馆无偿捐赠了108件文物。到目前为止，他向国家捐献的文物总数量已达近千件。这次捐献的文物以陶瓷器为大宗，如西周的陶鬲、汉代的盖鼎、南朝的六耳罐、唐代的执壶、宋代的兔毫盏，以及明清时期的青花瓷、五彩瓷等。

11日 第五批全国重点文物保护单位——潞泽会馆标志牌揭牌仪式在河南省洛阳民俗博物馆举行。全国政协副主席张思卿、国家文物局局长张文彬、河南省委常委洛阳市委书记孙善武等出席。潞泽会馆始建于清乾隆九年（1744年），系山西潞安府（今长治市）、泽州府（今晋城市）两地商人所建，占地15750平方米。现存舞楼、大殿、钟楼、鼓楼等清代建筑100余间，是河南省现存规模宏伟、保存完整的古建筑之一，是研究行业会馆建筑和晋、豫商贸的实物资料。

12日 2001年度“全国十大考古新发现评选活动”终评会在中国文物报社举行。全国考古十大新发现是：山西吉县柿子滩旧石器时代遗址，浙江萧山跨湖桥新石器时代遗址，青海民和喇家齐家文化遗址，深圳屋背岭商代遗址，四川成都金沙商周遗址，贵州赫章可乐遗址墓葬，浙江杭州雷峰塔遗址，河南禹州神垕镇钧窑遗址，浙江杭州老虎洞南宋窑址，浙江杭州南宋恭圣仁烈皇后宅遗址。

同日 《中国文物报》刊登文物科技工作“十五”规划重点：（1）文物科技工作要继续坚持党中央、国务院提出的“保护为主，抢救第一”的方针和“有效保护，合理利用，加强管理”的原则，贯彻“科教兴国”和“可持续发展”战略，确定文物科技工作在文物、博物馆事业中的基础地位，发挥其在事业发展中的先导性、全局性作用。加大文物保护的科技含量和创新力度，坚持中央、地方相结合，努力建设一支高素质的文博科研队伍。(2) 加强文物科技基础研究和管理。(3) 建立区域性的文物科研保护中心和科技人才培训基地。(4) 加强文物、博物馆信息化建设。(5) 加大西部文物科技力度。

《中国文物报》同日报道：

山西吉县柿子滩旧石器遗址群考古取得新进展。新发现距今 2～1 万年的中心遗址区，3 个原地埋藏的古人类生活层面，5 处旷野用火遗迹，3000 余件遗物和精美的穿孔装饰品。

三峡地区又发现一大规模巴人墓地，这对了解巴人社会结构、社会组织和重建三峡地区巴族历史有重要意义。

广西壮族自治区文化厅召开“布置全国文物、博物馆单位基本情况普查广西工作专题会”。会议提出“强化抢救保护意识，科学合理利用文物资源，加强管理工作，加快文博事业发展”作为 2002 年广西文物工作的主题定位。会议部署的 2002 年 8 项重点工作是：(1) 组织开展全区文物、博物馆单位基本情况普查工作，同时启动广西壮族自治区文博系统信息网络建设。(2) 组织开展全区第一次古民居群、少数民族建筑群保护工作专项检查，为公布第六批自治区文物保护单位和申报第六批全国重点文物保护单位奠定工作基础和资料准备。(3) 筹备召开全国文物工作座谈会，进一步研究和探讨广西文物保护与开发利用的具体实践问题。(4) 组织对《广西壮族自治区文物保护管理条例》修改工作的调研活动。(5) 组织全国重点文物保护单位靖江王陵、合浦汉墓群保护与展示总体规划的专家评审工作，并上报国家文物局。组织《太平天国金田起义地址保护与展示总体规划》的修改工作，并局部抢救实施单体保护展示项目。(6) 组织专家论证、评审 2003 年国家重点文物保护专项补助经费申报方案；并组织专家对 2000～2001 年已批准立项的国家、自治区文物保护项目实施方案进行论证和实施已批准的文物保护修缮和博物馆建设项目。(7) 加强文物市场的治理整顿工作。(8) 继续指导广西壮族自治区博物馆改造维修工程和恢复、修改陈列展工作。

同日 国家文物局局长张文彬考察新郑市郑韩故城春秋郑国贵族墓地 1 号车马坑博物馆和 3 号、4 号车马坑工地，还考察了河南省级文物保护单位黄帝故里景区的开发建设和郑韩故城东城墙的保护维修工作。他对河南省文物考古研究所新郑工作站的车马坑发掘工作给予了高度评价，要求 3 号、4 号车马坑在今后发掘中一定要注意文物安全和文物保护工作。

14日 陕西收藏家协会古籍碑帖专业委员会成立，陕西省第一届古籍碑帖展同时举行。

14～17 日 国务院组成的由国家文物局张柏副局长带队，国家文物局、财政部、中编办、文化部、国家计委共同参加的工作组对河南省文物保护工作“五纳入”情况进行检查。工作组到郑州、洛阳、三门峡、南阳 4 市就文物保护“五纳入”工作召开座谈会并选择部分重点文物保护单位和博物馆进行了考察。工作组在肯定河南省文物保护“五纳入”工作取得成绩的同时，也指出了存在的问题，如在纳入财政预算方面，与国家文物工作的要求、与文物保护工作需求，以及与部分省相比，还存在一些差距。全省落实不平衡，“五纳入”工作的 5 个方面发展不平衡。

17 日 由中国国家图书馆主办的《永乐

大典》编纂600周年国际研讨会暨《永乐大典》仿真影印出版首发式在京举行。海内外50余个研究机构和收藏单位的90余位专家学者参加了会议。《永乐大典》是国图的四大珍藏之一。

《中国文物报》同日报道：

被誉为"国之瑰宝"的汉魏十三品及其摩崖石刻之一的"玉盆"原石，在石门水库重现。"玉盆"位于陕西省汉中市，是国务院公布的第一批全国重点文物保护单位十三品的一品。其色泽如玉，形状似盆，上有汉隶"玉盆"2字。相传是西汉"三杰"之一张良所书。历代名家在玉盆处多有题咏。1970年因修石门水库，经国务院批准，将"十三品"凿石取字移置汉中市博物馆，"玉盆" 原石随众多古迹被淹没水中。

清明时节，专程从德国赶来的伊迪丝·京特夫人，向侵华日军南京大屠杀遇难同胞纪念馆捐赠41幅见证南京大屠杀史实的图片拷贝，为深刻揭露侵华日军暴行，全面研究南京难民区的历史提供了真实史料。伊迪丝·京特夫人的丈夫卡尔京特博士在侵华日军南京大屠杀期间，与其他国际友人在南京江南水泥厂设立难民营，救助了几万南京难民。卡尔先生冒着风险拍摄、保存了1937年冬至1938年春南京栖霞寺难民营、江南水泥厂难民营的照片以及日军武力强拆江南水泥厂进口设备事件的照片。

一批散佚民间的鲁迅书信得到专家认定，并即将增补入新版的《鲁迅全集》中。这批文章和书信是1981年后20年间新发现的。共22篇佚文和17封信。

18日 上海举行保护优秀历史建筑立法听证会。目前，上海已经有398处建筑被列为保护名单。2月28日上海市第11届人大常委会第36次会议决定将共计48条的《上海市历史文化风貌区和优秀历史建筑保护条例（草案）》公之于众，向广大市民征意见。此次听证会有3方面内容：在优秀历史建筑中，如何协调公共利益与所有人、使用人权利的关系；在决定优秀历史建筑改造时，是否可以运用少数服从多数的原则；为保护优秀历史建筑而需要变更租赁关系时，条例草案对承租人的权利的保护是否适当。听证会争论异常激烈。

同日 由人民日报海外版和华夏（中国）名城网联合举办的纪念国务院公布历史文化名城20周年座谈会在人民日报社举行。同时，华夏（中国）名城网 www.chinamcw.com 正式开通。迄今为止国务院共公布了5批101座国家级历史文化名城。

《中国文物报》19日报道：

深圳屋背岭发现广东迄今所见最大商代墓地，共清理商时期墓葬94座。这是继广东博罗横岭山先秦墓地后的又一重大考古发现。

正在济南市视察工作的全国人大常委会副委员长彭佩云由山东省人大副主任董凤基、济南市人大主任段义和及有关部门负责同志陪同，专程到济南市博物馆兴致勃勃地参观了济南洛庄汉王陵首期出土文物精品展和"古城辉煌——济南历史暨馆藏文物展览"。

河南孟津汉光武帝陵环境整治工程竣工并对外开放。汉光武帝陵园内现存古柏1000多棵，为国内少见的陵墓园林，是国务院公布的第五批全国重点文物保护单位。

河北省文物局下发通知，部署全国重点文物保护单位总体规划编制工作。

四川自贡市荣县大佛寺已交由县文物管理所管理。荣县大佛刻于唐代，具有很高的文物价值。

20日 宁波市鄞州区文物普查时在该区象峰山发现一石双角吻兽。象峰山原为古墓葬区。石兽与刚刚批下的第五批国宝东钱湖石刻群——南宋石刻的形制吻合，为此断定该石兽属南宋时期，又根据其成熟的艺术特点来看为中期。

同日 青海省委书记苏荣参观了青海省博物馆的“青海史前文明展”和“青海藏传佛教艺术展”。苏荣指出：中国西部是中华文明的重要发祥地。西部开发是重振西部雄风的良好机遇，作为青海人一定要把握机遇，为促进青海乃至全国社会经济文化的全面进步与繁荣作出贡献。文物是历史的足迹，历史是引子，历史是镜子，历史是人类文明进步的阶梯。了解历史，才能更好地了解今天，建设今天。博物馆是一个地区文明进步的标志，是社会主义精神文明建设重要基地，因此应重视博物馆建设。

22日 授予王巍德国考古研究院通讯院士仪式在中国社科院考古所举行。王曾4次赴日本留学，先后获日本文学博士和我国史学博士，现任中国社科院考古所副所长、中国社科院古文明研究中心副主任兼秘书长、中国殷商史学会副会长。他主持的河南偃师商代早期都城宫殿区的发掘研究，成为夏商周断代工程最重要的考古成果之一，被评为1997年全国十大考古发现之一。他著有《从中国看邪马台国和倭政权》、《东亚地区古代铁器和冶炼技术的传播与交流》等专著和40余篇学术论文。王巍是继夏鼐、安志敏、王仲殊、张长寿、乌恩、刘庆柱、安家瑶、严文明、陈铁梅之后，第十位接受德国考古研究院授予通讯院士的中国考古学者。

24日 湖南省政府在浏阳市召开全省文物保护“五纳入”工作示范县现场会，公布浏阳市等26个县（市、区）为全省第一批文物保护“五纳入”工作示范县，并举行隆重的授牌仪式。湖南省副省长唐之享到会并讲话。

同日 由清华大学、浙江大学、绍兴市城市规划设计院、浙江华汇建筑设计院等5家单位各自编制的鲁迅历史街区规划图纸及模型即日起在绍兴博物馆展出。绍兴是国务院首批的24座历史名城之一，鲁迅历史街区是绍兴历史名城的重要组成部分。该区历史悠久，古迹众多。

同日 在九届全国人大常委会第二十七次会议上，全国人大法律委员会主任委员周克玉就《文物保护法》修订草案修改情况作了汇报。

《中国文物报》同日报道：

经过宁夏岩画工作者一年多的普查发现，宁夏贺兰山贺兰口岩画已增至1200多幅，单体图4800多个，数量较10年前增加了10倍。截至目前，贺兰山岩画总数已达2000多幅，单体图2万多个。

一本名为《万恶滔天之日兵在山东即墨县等县惨杀伤中立期内民人杀伤总表》的案卷在京城一旧货市场被发现。此卷案是迄今发现最早期的日军登陆山东的侵华铁证，其内容鲜为人知，极具历史和文物价值。

25日 九届全国人大常委会第二十七会议分组审议《文物保护法》修订草案。

同日 文化部、国家文物局、国家计委、财政部、教育部、建设部、国土资源部、环保总局、国家林业局等9部门联合发布《关于加强和改善世界遗产保护管理工作的意见》。《意见》指出：一切开发、利用和管理工作，首先必须把遗产的保护和保存放在第一位，都应以遗产的保护和保存为前提，都要以有利于遗产的保护和保存为根本。为进一步改善和加强我国世界遗产的保护管理工作，《意见》提出：(1) 各级行政主管部门要进一步端正和提高对保护世界遗产重要性的认识。(2) 进一步加强对世界遗产的保护管理工作，做好规划，完善制度。(3) 正确处理世界遗产保护与利用的关系。(4) 树立“公约意识”，遵守规则。(5) 各部门、各单位要明确责任，各司其职，密切配合，多层次、全方位地做好世界遗产的保护和管理工作。

同日 为迎接一年一度的“国际博物馆日”。北京博物馆界召开了“北京博物馆论坛——首届博物馆高层研讨会”。与会者就博物馆作为收藏展示本民族历史文化遗存的机构、作为独特文明的载体，在全球化进程中的作用与地位，博物馆在世界经济日益全球化的今天，应当以怎样的姿态和措施去应付，才能保有本民族特性文化的同时，敞开博物馆的大门，加速博物馆与世界的交流等问题，进行了专题演讲和研讨。著名学者张岱年为“北京5.18国际博物馆日活动组委会”题词：“发展博物馆事业，增强民族自豪感”。张岱年、张文彬为论坛发来贺信。

26日 由中宣部教育局、北京市委宣传部、中国革命博物馆联合举办的“我爱你，中国——共和国国旗、国徽、国歌展”在中国革命博物馆开幕。

《中国文物报》同日报道：

广州虎门发现第一次鸦片战争最大墓冢。

洛阳龙门西山一座唐代贵族墓葬出土百余件彩绘陶俑，10余件陶畜禽，陶制器皿、素面铜镜等150余件。

江苏省无锡市新街巷30号钱钟书故居修缮竣工，将于8月试开放。

西安文物保护修复中心和西安理工大学研制的《中国文物地图集·陕西分册》多媒体管理系统在陕西问世。该分册汇集了全省各类文物点2万余处。

清明节前，由私人投资的国内首家纸文化博物馆——蔡伦纸文化博物馆在陕西洋县正式开馆。洋县龙亭镇是蔡伦的封地和葬地，现仍有保存完好、规模宏大的蔡伦祠和蔡伦墓。

26～28日 全国文物艺术品交流展在河南省文物交流中心举行。有来自全国各地50多家文物公司、文物商店携各类具有地域特色的文物精品参展。

26～30日 第二届海峡两岸甲骨文书法联展在南京举行。展出200余幅书法、篆刻作品，以及来自甲骨文出土地河南安阳的50余片甲骨片实物。台湾甲骨学者、书法家安图钧先生将其50余幅精品力作捐赠给江苏省甲骨文学会。

28日 洛阳市文物、公安、工商等有关部门出动60余人，联合对市区文物市场进行了执法检查。查出违法经营文物269件，取缔了一个文物非法经营场所。

同日 北京新文化运动纪念馆正式对外开放。全国政协副主席杨汝岱和国家文物局局长张文彬为纪念馆揭牌。李大钊之子李葆华、鲁迅之子周海婴、蔡元培之女蔡睟盎等出席开馆仪式。

同日 居庸关长城二期工程告竣，居庸关长城古客栈同时开业。

28～29日 中国博物馆学会第四届会员代表大会在北京举行。国家文物局局长张文彬、副局长郑欣淼等领导出席大会，郑欣淼代表国家文物局党组对大会表示祝贺并讲话。大会听取并审议通过了吕济民代表第三届理事会所作的工作报告。大会讨论并原则通过了新的《中国博物馆学会章程（草案）》，提出不少具体修改意见。大会选举产生了学会第四届理事会和常务理事会。本届当选理事112名、常务理事29名、理事长1名、常务副理事长1名、副理事长8名、秘书长1名。张文彬被选为理事长，朱诚如当选为常务副理事长。张文彬就学会今后5年的工作提出了以下思路：第一，学会要始终坚持“讲学习、讲政治、讲正气”，要积极组织广大博物馆工作人员认真学习贯彻和实践江泽民“三个代表”的重要思想，大力发展博物馆文化，把博物馆办成宣传科学文化知识、传播现代文明、体现具有中国特色的社会主义文化特点的阵地。第二，牢牢把握学会章程所规定的中国博物馆学会是一个具有广泛影响的群众性的学术团体的性质和特点，坚持“保护为主，抢救第一，合理利用，加强管理”的文物工作方针。第三，适应时代发展要求，进一步加强学会自身建设。第四，制定学会学术活动规划，进一步推动学科建设。第五，拓展对外领域，继续推进国际学术交流。第六，发挥学会名誉理事和博物馆老专家的作用。

28日～5月7日 全国第四届大型收藏品展在辽宁锦州市辽西文化古玩商城举行。展品共30余个种类。

29日 由青海省委宣传部、省文化厅、省教育厅、共青团青海省委主办，中国国际友谊博物馆、青海省博物馆、北京锡华文化交流有限公司承办的“党和国家领导人外交礼品特展”在青海省博物馆开幕。这次共展出150余件精品，是从中国国际友谊博物馆收藏的来自世界五大洲，160多个国家和地区的1600余件国家馈赠中甄选出来的。

30日 由中国国际友谊博物馆、南京市文化（文物）局主办，梅园新村纪念馆承办的“周恩来国际礼品展”在梅园新村纪念馆开展。该展是“花开金陵”系列活动之一。共展出礼品30余件。

同日 董作宾先生手稿墨迹著作捐赠仪式暨董作宾先生商文化学术研究展开幕式在秦俑博物馆举行。董1949年去台，是我国近代考古学先驱、著名古文学研究学家，对殷墟考古发掘和甲骨文研究作出了巨大贡献。他与罗学堂、王观堂、郭鼎堂共称作“甲骨四堂”。董玉京、董敏两位先生自愿将其父亲董作宾手稿墨迹和著作捐赠给秦俑博物馆。为促进两岸学术交流，秦俑博物馆将这些珍贵文献资料进行为期2个月的公开展出。

4月 北京市文物研究所在北京市石景山区五环路八角村抢救发掘了一座金代壁画墓。根据墓葬出土墓志记载，该墓为夫妇合葬墓。墓壁画共分6幅，内容均为描述墓主人的生活场景。

5 月

同日 陕西咸阳白庙村农民自发成立安陵文物保护协会。白庙村是西汉著名史学家班超故乡，距全国重点文物保护单位——汉惠帝刘盈陵墓安陵约350米。

同日 《中国文物报》报道：

1986年，天水放马滩古墓葬群出土的460枚竹简，在何双全研究员归类整理和深入研究后，按内容分别定名为《日记》和《墓主记》。李学勤经考证认为《墓主记》所记故事颇与《搜神记》等书的一些内容相似，情节虽不如《搜神记》曲折，但仍可视为同类故事的滥觞而且时代早了500多年，具有十分重要的研究价值。

应美国亚洲协会的邀清，甘肃省文物局和宁夏回族自治区文物局组织的“僧侣、商旅与丝绸之路——4～7世纪中国甘肃、宁夏文物精华展”在美国纽约和佛罗里达州诺顿艺术博物馆展出。此次展出153件文物，包括国家一级文物45件。

“屈原的故乡——楚文化特展”在台中县举行，所展器物大多是湘鄂地区博物馆中的重要文物。湖南省、常德、荆州、宜昌、岳阳五家博物馆共同提供了200余件珍贵文物。

1日～7月31日 为庆祝上海博物馆建馆50周年，上海博物馆与山西省文物局、北京大学考古文博院、山西省考古研究所合作举办的“晋国奇珍——山西晋侯墓群出土文物精品展”在上海博物馆隆重开幕。展品共142件。

1日～10月31日 故宫博物院在神武门推出一个特别的展览——故宫藏日本文物展。展出147件（套）文物精品，其中有日本光明皇后藤原氏用小隶书写的“出曜经卷”,江户时期日本画家丰源国周的《人物图》卷等。故宫共藏日本文物2000余件。

《中国文物报》3日报道:

国务委员、国务院秘书长王忠禹考察了井冈山革命纪念地。他指出,井冈山是革命的摇篮,有众多的遗址,一定要保护。在保护的基础上,充分发挥它的宣传作用,让广大群众来接受传统教育,弘扬井冈山精神。

2001年至2002年初,湖南省常德市文物处、博物馆配合207国道临岗段改道工程,对位于临澧县城关镇的梅溪遗址进行了抢救性发掘。发掘面积775平方米,发现大量石家河文化时期的遗址和遗物。出土遗物主要是陶器和石器,其中陶器鼎足形制丰富多样,计有9种之多;陶纺轮出土较多,共有18件。

为配合焦作市重点公路建设项目紫黄(沁阳市紫陵镇至温县黄河公路大桥)公路建设,沁阳市文物部门配合焦作市文物工作队,对崇义段钻探发现一处西汉墓碑,并进行了抢救性发掘。共清理墓葬39座,出土陶、铜、铁器等100余件,其中陶蒜头壶、陶纺和陶璧为沁阳地区首次发现。

湖北荆门市博物馆在对所存的1993年10月荆门郭店1号墓出土的“郭店楚简”进行养护时,发现了一枚遗漏简,该简上共书9字,留天头、地脚,其释文为:“从所少好,与所少乐,损”。据推测该简应属《语吾三》。

清代康熙癸卯年(1663年),由叿庵和尚支持建造,历经10年重修的嵩山少林寺唐代高僧惠能弟子千灵开山祖师入莆苦竹院圆寂后的墓塔碑刻,在福建省莆田县西天尾镇下坨村苦行寺东北侧山腰处被发现。

由甘肃省博物馆与广州艺术博物馆举办的“丝绸之路的瑰宝——甘肃省文物精品展”在广州展出3个月后,落下帷幕。展出文物共63套2000多件,主要是从马家窑文化到隋唐时期的文物。

咸阳兵马俑精品展在咸阳博物馆开幕。展品近百件,是从咸阳13个县区数十万件文物中精心挑选出来的。其中最为典型的文物有:全国首次发现的最早时期的战国骑马俑;最早的建筑壁画——秦驷马拉车壁画;北朝时期的彩绘轺车、长角的仪仗骑马俑,以及全国少见的彩釉征战铠甲马;唐“马背乐舞”、轻罗袒胸、骑马郊游的贵族妇女俑等。

阜新辽代萧和家族墓地发掘出土精美壁画及墓志。9座墓发掘8座,其中7座有壁画;共出土四合墓志,铭文达6000余字。对补辽史之阙将具有重大意义。

湖南常德发掘石家河文化遗址。出土文物主要是陶器和石器,尤其是众多的房屋建筑遗迹,殊为难得。

四川中江黄继光纪念馆维修工程竣工。

广西容县全国重点文物保护单位经略台真武阁,正由国家文物局拨出专款进行保养维修。

山东即墨投资百万修复老县衙。即墨县衙始建于隋开皇十六年(596年)。

广西博白县将修复王力故居。王力(1900~1986年)是我国著名的语言学家、教育家、文学翻译家和诗人。其故居位于博白县城厢镇新仲村岐山坡屯,大小房屋共27间,为砖瓦结构。

4日 北京大学考古专业建立50周年暨宿白先生80寿辰庆祝活动在北大赛克勒考古与艺术博物馆举行。宿白先生是我国著名考古学家,从1952年成立考古专业开始他辛勤地工作了半个世纪,1983年北大考古系成立他为第一任系主任。国家文物局局长张文彬、副局长张柏及有关专家出席。北大党委书记、常务副校长闵维方和张文彬共同为考古文博学院揭牌。随后,张文彬讲话,他说，北京大学考古文博学院的成立，标志着北京大学在创办世界一流大学方面迈出了重要一步，北京大学古考专业自成立以来，为国家培养了大批人才，涌现出许多学业有成、取得辉煌成就的专家学者。“金沙淘珍——成都市金沙村遗址出土文物展”在赛克勒考古与艺术博物馆开展，宿白先生、闵维方、张文彬共同为展览剪彩。

8日 《中国文物报》报道：

内蒙古自治区的考古人员不久前对一个古城遗址进行发掘时，出土了60多件战国至汉代时期的瓦当。种类丰富，保存完整。有些在我国北方草原地区尚属首次发现。

河南省登封市文物管理局在中岳庙村李桂丹家发现30件清代契约，其中官契10件，私契20件。她把这些无偿捐赠给登封市文物管理部门收藏。

四川广元市中区东坝办事处雪峰村一组的邓家沟出土一座南宋石室古墓。从民工手中征集出土文物10余件。其中，石雕老妇坐俑1件，好像写实；剑柄包铜其上局部鎏金的铁剑1把。在铁剑柄部所包铜皮上错鎏金的现象在宋代实属少见。

同日 北京市3.3亿元文物保护抢险修缮专项资金的又一工程——天宁寺修缮工程正式启动。天宁寺是国务院公布的全国重点文物保护单位，始建于北魏孝文帝，时称光林寺，辽代在寺后添建一舍利塔，明代改称天宁寺。其标志性建筑是高约60米的密檐式砖塔。

《中国文物报》10日报道：

2001年10～11月，青海省文物考古研究所和民和县博物馆对民和县官亭镇胡李家遗址进行抢救性发掘，共发掘出东汉末年（或稍晚）墓葬2座，出土一批文物及3具骨骼。经初步鉴定，这3具骨骼所表现的体质特征皆为明显欧洲人种，这是目前青海省首次发现欧洲人种遗迹。

河北省文物局召开全省文物、博物馆单位基本情况普查工作会议。在布置文博单位普查工作前，省文物局已将认真做好全省文博单位基本情况普查工作列入《2002年河北省文物工作要点》。省文物局成立了普查工作领导小组，局长、副局长分别担任组长和副组长。

巫山大溪遗址再次发掘发现丰富遗存。在墓葬的层位关系上，从直肢葬到跪屈葬、蹲屈葬，再到直肢葬的变化趋势十分明显。屈肢葬变化序列的建立，对于深入了解、研究大溪文化葬俗具有重要意义。

12日 北京工商大学在基建施工中出土明代大型砖结构墓葬，出土商代青铜器及墓中随葬石俑。青铜器为罍，兽面纹，高0.4、口径0.315、腹径0.465、底径0.305米，造型庄重古朴，为北京地区所见青铜器中硕大者，比1977年平谷刘家出土的三羊罍还大。墓主人为明御用太监赵芬，字兰谷，别号西漳。3座太监墓地处一处，较多密集，一定程度上反映了明代太监有丛葬习俗。

15日 中国人民抗日战争纪念馆，建馆15周年，中央和北京市有关部门负责人，参加过抗日战争的部分老同志，全国50多家纪念馆馆长近百人参加了纪念活动。国家文物局局长张文彬，原北京市政协主席白介夫、北京市文物局局长梅宁华等出席了开幕式。

17日 由首都6家名人故居博物馆（宋庆龄故居、鲁迅博物馆、郭沫若纪念馆、茅盾故居、老舍纪念馆、梅兰芳纪念馆）联合举办的“世纪名人万里行”巡回展在宋庆龄故居举行出发式。鲁迅之子周海婴、郭沫若之女郭平英、茅盾之子韦韬、老舍之女舒济、梅兰芳之子梅葆玖、国家文物局副局长郑欣淼、北京市委宣传部部长宋贵伦、北京市文物局副局长舒小峰等出席。5月18日巡回展第一站为北京“国际博物馆日”活动的主会场——王府井金街。随后，将赴社区、学校、部队等巡展，将于9月20日到达香港宋庆龄基金会。

同日 《中国文物报》以“博物馆与全球化”为题报道北京、上海、陕西、河南“5.18国际博物馆日”开展丰富多彩的活动。

同日 《中国文物报》全文刊登国家文物局局长、中国博物馆学会理事长张文彬为《全球化下的中国博物馆》一书写的序，题目是《大力发展博物馆文化》。主要内容是：具有中国特色的博物馆文化，是当代中国先进文化的重要组成部分；创造陈列展览精品，全面发挥博物馆文化的社会功能；强化服务，突出特色，进一步增强博物馆文化的吸引力和感染力；深化改革创新体制，努力探索博物馆文化繁荣发展的新途径。

《中国文物报》同日报道：

北京云居寺文物管理处，展出“房山石经”14278块，“木经板”7000余块，“明代大藏经”2万余块。

陕西秦始皇兵马俑博物馆以其辉煌的科研成果，卓有成效的管理业绩，荣获“全国五一劳动奖状”集体荣誉称号。

围绕2002年“国际博物馆日”主题，由国家文物局、中国博物馆协会、北京市委宣传部、北京市文物局、北京市博物馆协会、北京日报报业集团和中国文物报社等9家单位共同主办，首都博物馆与国风红墙文化公司联合承办，北京市开展了长达1个月、跨越“五一”黄金周的系列宣传活动。这是北京自1995年以来，连续开展的第8次“国际博物馆日”宣传活动。

为纪念中国元朝时期尼泊尔工匠阿尼哥修建北京妙应寺白塔的历史功绩，北京市白塔寺文物保护所和尼泊尔阿尼哥协会联合举办中尼文化交流活动周，并举行阿尼哥铜像的成像仪式和尼泊尔风情、北京民俗文化表演。

17日～6月16日 江西省文物考古所会同南昌县博物馆对南昌县小兰乡工业园区汇通物流公司基建工地发现的一座古砖室墓葬进行清理，出土随葬器物为青瓷、铜、金银器三大类。青瓷器主要有上系罐、盘口壶、钵、碟、唾壶。铜器主要有人面蹄形足铜炉盆、双鱼铜洗、半圆方枚神兽铜镜。金银器主要有金银手镯、金戒指、金发钗、银耳挖及响铃等。从铜质棺钉钉帽镀金来分析，也可以推断墓主人身份等级较高，时代当属西晋无疑。

18日 由呼和浩特博物馆、敦煌研究院、中国文物研究所联合开展的呼和浩特市博物馆馆藏明代、大召经堂壁画科技研究保护修复工程启动。2002年5月，国家文物局立项拨款10万元用于壁画修复的前期工作。修复工作大约需要 2 年时间。

18日～6月3日 “比利时尤伦斯夫妇藏中国书画展”在故宫博物院举办。共展出宋、元、明、清及现、当代书画55件。其中，北宋曾巩的《局事帖》页和元代王振鹏的《千里江山图》卷具有极高的艺术水平和研究价值。

20日 值纪念毛泽东《在延安文艺座谈会上的讲话》发表60周年之际，由文化部和中央文献研究室主办的大型展览“毛泽东与文艺”在北京中国革命博物馆展开。展览分为6个部分，展出图片、文物、艺术作品等800余件。

22日 国家文物局在西安召开全国9省、市文物局领导参加的纪念毛泽东同志《在延安文艺座谈会上的讲话》发表60周年座谈会。国家文物局局长张文彬作重要讲话。他说，重温《讲话》有几点深刻的体会：(1)是为谁服务和如何服务的问题。文学艺术是为人民大众的，工作重点应放到基层和农村，文博工作也是如此。我国的博物馆事业得到了不断发展，全国有2000多座博物馆，但为农村为农民服务的博物馆有多少，接待的农民观众有多少，为农业服务的博物馆有多少，重温《讲话》，为什么人服务的问题，不能不引起我们的深思和考虑。(2) 继承弘扬优秀文化遗产和创新发展问题。毛泽东同志对中国的传统文化和西方文化的态度有“两个反对”和“两个吸收”，一是反对帝国主义文化及为这种帝国主义文化服务的买办奴化思想的文化，二是反对半封建文化，主张吸收大量的外国进步文化，其中包括外国古代文化和一些资本主义的启蒙文化，吸收在中国社会发展中形成的精华的古代进步文化。1958年，毛泽东在视察安徽省博物馆时指出：“每个省都应该有这样的博物馆，让人民群众认识自己的历史，这是非常重要的事情。”在当今整个全球化和政治多极化的条件下，发展民族文化的多样性是重要的事情，作为文博工作者担负的历史责任重大，必须高举爱国主义旗帜，弘扬中华民族精神，振兴祖国，这就是我们继承发展创新和发展文博事业中要坚持的正确方向。(3) 解放思想，实事求是，与时俱进，开拓创新，是毛泽东思想理论和江泽民同志“三个代表”的重要思想灵魂。重温《讲话》，使我们更加深刻地认识到，文博工作是文化 工作的重要的组成部分，同文艺工作一样是随着时代的发展而发展创新的，是激励全国人民的重要力量，它源于中华民族5000年的文明史，又服务作用于今天的政治经济，按时代发展的要求适应和促进政治经济的发展。建设有中国特色的社会主义，必须是政治经济文化的协调发展，“两个文明” 都搞好了才是中国特色的社会主义。面对中国加入世贸组织后世界科技的惊人发展，文博工作如何才能满足群众需要，跟上时代发展的要求，中央提出要大力发展博物馆文化，不仅要有国有制博物馆，也要有企业所有制博物馆、民间所有制博物馆，只靠国有博物馆不行，提倡各行各业专题性博物馆，支持私有性博物馆，使博物馆文化蓬勃兴起，形成博物馆文化繁荣发展的景象，但切不可淡化国有博物馆的主导核心作用，要唱响主旋律，坚守阵地，保持清醒头脑，不能迷失方向。

《中国文物报》同日报道：

经过5年多的精心整理，莫高窟北区洞窟出土的一批珍贵遗物研究成果通过了专家组鉴定。西夏文《碎金》，西夏文、汉文双语双解辞典《番汉合时掌中珠》等文献均为国内首次发现。出土的西夏文刻本《种咒王阴大孔雀明王经》、《诸密咒要语》、《龙树菩萨为禅陀迦王说法要偈》、活字版《地藏菩萨本愿经》 等文献均属海内外仅存的海内外孤本。出土的安乐三年纪年汉文衣物疏，填补了藏经洞1330件有纪年汉文文献中所缺少的隋末唐初割据政权河西大凉王李轨政权安乐纪年的空白。出土的蒙文、八思达文、叙利亚文献，均为藏经洞文献中所未见，亦属首次发现。

经大规模修复整理，太原市首座古晋阳专题博物馆——原明代太原县文庙主体修复工程竣工。

22～24日 河北省省长钮茂生、副省长何少存、省政协副主席王幼辉到承德避暑山庄及周围寺庙调研并现场办公。钮茂生指出，河北拥有3处世界文化遗产，这是河北的骄傲，河北的自豪，也是河北的历史责任。我们要切实保护和利用好文化遗产，要珍惜文化遗产。文化遗产是我国劳动人民智慧的结晶，是不可再生的资源，世界文化遗产是文物精品的精品，是人类文明发展的标志，也是我们开展两个文明建设的宝贵资源。世界文化遗产不是终身制，保护不好就会被摘牌子。要保护好世界遗产，做到依法保护，科学保护，注重环境治理。要把遗产的保护放在第一位，以保护好文化遗产为前提，以有利于遗产的保护为根本。坚持预防为主，安全第一，修旧如旧。在充分发挥文保机构职能的同时，动员全社会爱护遗产、保护遗产，做到专群结合。

23日 由中共重庆市委宣传部、重庆市政府新闻办公室主办，重庆市文物局、重庆市移民局承办的“长江文明的华彩乐章——三峡文物保护成果展”在重庆鹰冠会展中心隆重开幕。5月27日重庆市长包叙定观看了展览。出自丰都县袁家岩墓地的汉代“神鸟”造型生动奇特，呈展翅飞翔状，包端详良久，建议命名为“巴渝神鸟”，认为它象征重庆的腾飞，可以作为重庆历史和文化的标志形象，他希望文学、哲学、历史考古艺术等方面专家共同研究，挖掘“巴渝神鸟”的文化内涵，激励重庆人民的创造激情。

24日 首都61名著名画家在中国人民革命军事博物馆向博爱工程捐赠了一批书画。

《中国文物报》同日报道：

全国政协副主席、中共中央统战部部长王兆国冒雨专程到济南市博物馆参观了“济南洛庄汉王陵首期出土文物精品展”。他说，济南是一座著名的历史文化名城，地上地下是文物渊薮，希望你们一定要积极保护和合理利用好这些历史文化遗产。

为切实贯彻落实朱镕基总理关于加强安全生产有关问题的批示及国务院会议和全国安全生产电视电话会议精神，国家文物局发出《关于开展安全大检查的紧急通知》。根据文化部、国家文物局的统一部署，5月13～14日，国家文物局直属单位开展了一次安全生产大检查，张文彬、张柏亲自带队。检查组特别对中国文物研究所的技防工作提出要求，要求尽快解决资料中心、试验室的防盗、防火、防爆、防有毒化学品装置等问题，并要求尽快向国家文物局提交方案，抓紧批准实施。

重庆万州苏和坪遗址考古发现独特的古代文化：出土新石器时代中晚期遗存，清理出房址、石器坑等重要遗迹。

敦煌莫高窟有编号的洞窟已由492个增加到735个，增加243个。主要是北区数百个洞窟因无壁画彩塑未引起足够重视，长期没有编号。

全国重点文物保护单位昭仁寺大殿维修工程完工。昭仁寺大殿位于陕西省长武县昭仁镇东街，是唐太宗贞观三年（629年）润十一月，为纪念西讨元帅李世民带兵在浅水塬（今长武塬）战争中阵亡将士修建的。这座建筑是陕西迄今古建筑中保存最早的一例。

位于江西抚州市文昌桥桥东的抚州会馆开始修缮。抚州会馆建于明，清光绪八年重建。

26日 中共中央总书记、国家主席、中央军委主席江泽民到中国革命博物馆观看大型展览“毛泽东与文艺”。江泽民称赞这个展览办得好，富有深刻的教育意义。他指出，60年前，毛泽东发表《在延安文艺座谈会上的讲话》，总结了新文化运动以来革命文艺发展的经验，指明了革命文艺的发展方向。在《讲话》精神指引下，我国文艺事业紧跟时代步伐，抒发人民心声，产生了一大批激奋人心的优秀作品。《讲话》发表以来的60年，是党的文艺队伍不断壮大的60年，是党的文艺理论不断发展的60年，是党的文艺事业不断繁荣的60年。

28日 地处甘肃省定西县城区西郊的教育学院工地发现一座金代仿木画像砖墓，墓内出土有铜镜、陶罐、瓷碗等5件文物。壁画有“夫妇宴图”、“侍女图”等20余幅。

《中国文物报》29日报道：

山西省长治市城隍庙古玩市场发现了

一册华北解放区出版的《毛泽东传》。该书著者埃德加·斯诺，著名翻译家汪衡翻译，32开本，64页。

收藏家宗鸣安先生将杨虎城将军的遗物——一双靴子捐赠给西安事变纪念馆。同时捐赠的还有一本反映杨虎城将军致力陕西经济教育业绩的书刊《西北农林》。

《中国文物报》31日报道：

在国内保存时间最长、最完整，还能继续使用的甘州明粮仓，经甘肃省张掖粮食部门、旅游部门的共同开发，已对外开放。粮仓位于张掖市东关粮库内，始建于明洪武二十五年（1392年），土木结构，长161.1米，宽12.3米，可储存粮食770万公斤。

湖南省澧县城头山遗址博物馆“土遗址窄槽注浆防渗技术”通过鉴定。土遗址防渗技术是困扰土遗址保护工作的国际性重大研究课题，直接关系到土遗址的保护与展示。

3名犯罪嫌疑人在洗劫了5座千余年的古墓后被群众举报。5月14日被四川省成都市新都区检察院以盗掘古墓罪依法批准逮捕。所盗墓葬均为东汉岩墓。

河南省登封市大金店镇朱家坪村一砖厂在生产过程中，发现古墓隐匿不报，并严重破坏2座汉代墓葬。该厂法人和相关人员受到处罚。

31日～6月11日 全国人大常委、教科文卫委员聂大江、傅铁山一行在皖进行《文物保护法》的修改调研。他们对安徽省近年文物事业所取得的成绩给予了充分肯定，认为在文物事业发展的同时，政府财政应适度增加文物保护方面的经费。

6 月

《中国文物报》5日报道：

为加强文物出国（境）展览管理，保护祖国历史文化遗产，国家文物局发布《文物出国（境）展览管理规定》。《规定》包括文物出国（境）展览组织者的资格、项目审批、工作人员的派出、罚则等内容。

杜书乾向河南省登封市文物局捐献一批近、现代文物共14件，主要是解放战争时期的勋章、奖章、纪会章、军毯、证书等。经鉴定，二级文物2件，三级文物8件，一般文物4件。

江西省赣州市收藏协会会员谢春光将他珍藏的革命文物《中原临时人民政府颁布的新解放区减租减息条例》无偿损赠给中国革命博物馆。

宋庆龄逝世21周年纪念日来临之际，周和康夫妇和他们的女儿周玉人女士将百余件孙中山、宋庆龄当年使用过的物品捐赠给上海孙中山故居纪念馆。有孙中山穿过的毛皮长袍、使用过的剔须刀，宋庆龄用过的毛笔、手袋等。周和康是宋庆龄生前身边的工作人员（1956～1981年）。

整修一新的福建省重点文物保护单位，清代名臣李光地故里安溪湖头贤良祠吸引不少专家、游客参观。原名榕村别墅，雍正十一年为表彰李光地，改为今名。东南亭阁，竖立雍正《谕祭文》石碑。贤良祠厅堂内外环墙嵌汉白玉大理石，镌刻康熙御书。这些御书是康熙为表彰李光地疏治“三河”、振兴经济，以及平“三藩”、收台湾、正吏治等业绩而赐赠的。

中国近代名人、著名女作家石评梅的故居，在整修后，对外开放，成为山西省又一处民居旅游景点。石评梅故居位于山西阳泉市郊区，被当代人称为小河“石家花园”。该园始建于清雍正年间，整个主宅由左右贯通的三合、四合院及偏院组成。花园内有窑洞65孔，瓦房112间。

辅佐乾隆、嘉庆两朝大学士王杰的遗物——贴金墨书折扇在王杰故乡陕西韩城被发现。

6～8日 2001年度，全国十大考古新发现颁奖暨学术研讨会在杭州召开。国家文物局副局长郑欣淼在讲话中指出，全国十大考古新发现评选活动已经连续进行了12年，总共评出120项重大的考古新发现。2002年杭州有4项考古发现同时入选。郑欣淼要求广大考古工作者更加积极主动地贯彻执行党中央和国务院"保护为主，抢救第一"的文物工作方针原则，在努力做好配合基本建设考古发掘的同时，不断强化课题意识和普及宣传文物知识与文物保护意识，努力使全国十大考古新发现的评选活动更加规范、公开、公正。

7日 陕西省九届人大常委会第30次会议批准《西安市历史文化名城保护条例》。该条例8月1日起正式施行。

同日 陕西省考古研究所赶赴汉中市勉县在砖厂取土中发现的宋墓汉墓、叠葬群进行抢救性紧急发掘清理。

《中国文物报》同日报道：

山西省省长刘振华考察了正在建设中的山西博物馆建设工地。刘振华山西博物馆建设是山西重点工程之一，省委、省政府一直十分关心，建设和施工单位必须严格遵循建筑工程的有关要求和规定，坚持质量第一，切实把好质量关，要对工程质量负终身责任，更要对人民负责，对历史负责；山西博物馆的设计理念一定要超前，但不能脱离山西的实际，设计形式和陈展内容一定要体现并涵盖晋文化的特色。他要求省文物局要与时俱进，创新观念，多研究一些办法，特别是陈展内容一定要着眼于精品陈列和展览。要引入高科技手段，充分调动社会各方面参与的主动性和积极性，尽可能地为展示晋文化和山西省的文物精华提供良好的陈列条件，切实把山西博物馆建成满足广大人民群众精神文化需求的基地。

8日 正在太原参加应县木塔修缮保护工程方案评审论证会的国家文物局局长张文彬、副局长张柏同山西省副省长薛荣哲，省文物局局长施联秀等考察了正在紧张施工的山西省博物馆建设工程。张文彬说，山西省博物馆建设工程作为山西省建国以来投资最大的社会文化工程顺利开工建设，充分说明这项工程所处地位的重要性，这项工程开工建设是山西省委、省政府贯彻落实江总书记"三个代表"重要思想的具体体现。施工单位一定要首先抓好安全生产，确保万无一失。其次，要牢固树立质量第一的思想，按照设计标准和规范要精心施工，文明施工，确保工程质量，这是博物馆的第一生命；省文物局作为建设单位一定要加强对工程的监督和管理。博物馆的内容设计一定要标准高、规格高，而且要早作考虑，内容设计、陈列布展既要注意体现博物馆的收藏展示、科研、教育等基本功能，又要解放思想，有所创新，扩大和延伸基本功能的外延；陈列要突出展示晋文化，更要把山西作为中华民族发祥地悠久的黄河文明和古代文明充分展示出来。同时要充分考虑人民群众精神文化高品位需求，既要着眼于把山西博物馆建成省城太原的标志性建筑，更要努力使其借助自身独特功能优势，成为全省的文化中心、政治活动中心和外事活动中心，从而在山西的经济可持续发展和社会进步中，发挥无可替代的作用。

甘肃省副省长李重庵就甘肃建设特色文化大省发表谈话，强调全省各部门必须统一文物保护先行的认识。他指出，甘肃是文物大省，现有文物遗存13000多处，其中全国重点文物保护单位43处，省级文物保护单位446处，县（市）级文物保护单位2950处。有国家级历史文化名城4处，省级历史文化名城7处。敦煌莫高窟被联合国教科文组织列入了《世界自然和文化遗产名录》。

甘肃的石窟寺优势、长城优势、彩陶文化优势、简牍优势、古文化遗址等文物资源优势更是文化建设优势中的优势，特色中的特色。他说，由于甘肃文物资源在全国的地位，我们每做出一个关于文物的决策，都十分谨慎，毕竟文物是不可再生的宝贵财富，在经济的发展过程中，在文物的保护和利用的关系上可以有工作方法上的不一致，甚至矛盾，但在认识上，必须是完全一致的，即对文物首先要做的工作是保护。他还强调，对文物点周围的自然景观也要保护。

为配合石家庄热电工厂扩建工程，河北省文物研究所会同石家庄市文物研究所于2002年1～2月间对该工程涉及的古遗址进行了第二期考古发掘，共清理墓葬6座，房基、灰坑、窟穴、水池、灶等各类遗迹160处，获得了大量清代至晚唐五代时期文化遗迹、遗物。

国家文物出境鉴定浙江站、浙江省文物鉴定中心揭牌仪式于在杭州举行。浙江站是全国八大口岸鉴定站之一。

罗马—日耳曼中央博物馆馆长旷拉特·魏德曼博士签发证书，授予陕西省文物局张廷皓中德合作项目突出贡献奖，以表彰他10多来在中德文物保护合作中所作出的巨大贡献。张是我国首位获此殊荣的专家，也是罗马—日耳曼中央博物馆历年颁发此奖的第10位国内外人士。

邢台市文物管理处配合邢钢宾馆建设工程进行考古发掘，抢救清理了战国和唐代古墓群。墓葬出土了一批文物，其中有玉璧、铜镜、鎏金铁带钩、铜印、缠丝玛瑙环等。在配合市电信培训中心建设工程进行的文物勘察中，发现了一批古墓群，出土了战国时期铜刀、铜环、汉代铜境等一批重要文物。

由湖北省荆州市博物馆和石首市博物馆考古人员组成的联合清理发掘小组，对于石首市东升镇凤山村4组蛇山的一座已暴露于地表的明代墓葬进行抢救发掘、清理，出土明代完整古尸一具，精美丝绸衣物17件、棉布衣服18件、麻织物1件、竹笄2件、纸质物2件。古尸为女性，保存完好，衣着丝绸服饰如新，毛发无损，面目清晰可辨。墓葬为明代典型的石灰糯米汁包裹古墓。

同日 经过2年多的准备，“皇权·南京博物院精品展” 在美国宝尔博物馆正式展出。

《中国文物报》12日报道：

宁夏博物馆考古专家经过考证发现，收藏于宁夏博物馆的一本《古兰经》是世界上现存最小的《古兰经》，也是最小的书（长19.6、宽13.2、厚6.1毫米，重1.1克）。扉页上印着埃及国徽和阿伯文，经考证阿拉伯文意为“这是尊重的《古兰经》，只有外清内净的人才可以携带，穆历1312年”。穆历1312年即892年。

陕西省商洛市东龙山半山腰有一巨大墓冢。经考古发掘证明该墓冢为东汉贵族家族墓地。考古专家推测，这座汉墓很可能就是“商洛侯”墓。

抗美援朝英雄黄继光生前战友李家潘同志向四川中江县黄继光纪念馆捐赠他参加中国人民志愿军时珍藏至今的6件物品：雨衣、挎包、水壶、茶盅、调羹、防毒眼罩。

12日～7月3日 为纪念商承祚先生百年诞辰，由故宫博物院和广东省文化厅联合主办的“商承祚先生捐献文物展”在故宫博物院保和殿西庑举行。这次共展出书画精品114件，其中多为明清时期的作品。

《中国文物报》14日报道：

巫山双偃塘遗址考古发现典型西周陶窑。

湖南省政府发出《关于公布省级文物保护单位的通知》。共116处，其中属于近、现代纪念建筑及重要史迹41处，属于古建筑、纪念建筑物的61处，古遗址、古墓葬10

处，石刻类及其他4处。至此，湖南省已公布省级文物保护单位总数达327处。

15日 即日起，故宫博物院内禁止团体使用扩音设备。

17日 山西省人大常委会教科文卫工作委员会召开会议，研究部署全省《文物保护法》执法检查工作。会议决定从6月中下旬开始分三组深入到太原、大同、忻州、长治、晋城、运城共6市进行文物保护法执法大检查。

19日 湖北省文物局在秭归县主持召开三峡工程湖北库区地面文物搬迁复建试点工程项目江渎庙、望家祠堂竣工验收评审会。以国家文物局古建筑专家组组长、中国文物学会会长罗哲文为专家评审组组长的验收专家评审组一致通过竣工验收。

《中国文物报》同日报道：

海外华人李经泽先生受其家族委托于近日向上海博物馆无偿捐赠了“明永乐戗金八宝纹律师戒行经第1卷经板”1幅。

一批由美国无偿返还中国的古生物化石入藏北京自然博物馆。这批化石共93箱，计14吨。其中，最珍贵的是一条约4.5米长的比较完整的贵州鱼龙，另外还有10条贵州龙及少数古哺乳动物的牙齿及鱼类化石，其余大部分化石为海百合。这批化石是2001年由美国圣地亚哥海关查获的。

为庆祝香港特别行政区成立5周年，香港康乐及文化事务署与河南省文物管理局，联合在香港艺术馆举办“华夏文明之源——河南省文物精华展。”

湖南省隆回县文物管理所征集一批我国近代史上杰出的爱国主义思想家、史学家、文学家魏源及其后裔的遗物20余种。这些遗物来自南京的魏源旧居——小卷阿。

参加过井冈山斗争的红四军31团一营营长陈毅安之子、北京理工学院陈晃明教授向井冈山博物馆捐赠革命文物4件，其中，有陈毅安送给妻子李志强的结婚礼物——金属手表1块以及李志强用过的提包和衣物。

21日 上海市市长陈良宇代表上海市政府向为上海博物馆捐赠书画精品的菲律宾庄氏家族代表庄长江先生、庄良友女士颁发白玉兰荣誉奖，表彰庄氏家族挚爱中国、热爱中华文化和支持中国文博事业的真诚精神。同日，菲律宾庄万里先生两涂轩珍藏书画精品展开幕。张柏副局长代表国家文物局向庄氏家族颁发褒奖状。2000年，菲华裔庄万里先生的哲嗣庄长江先生和庄良友女士，遵照父亲遗愿，代表庄氏家族将“两涂轩”珍藏的233件书画作品，慨然赠予上海博物馆。庄万里先生是菲侨界首富，他从20世纪30年代起在菲经商，建立庄万益公司。1965年因心脏病突发而逝世。此次展览共精选历代书画珍品85件。其中有明谢时臣的《溪山仙逸图》、陈洪绶《探梅图》、蓝瑛《仿黄公望山水图轴》、林良《竹禽图》，清郑燮《竹石图》等。

同日 在德清县新市镇中心广场施工中，于原善余弄15号地带发现一处古钱窖藏。古钱总重260公斤，大部分保存完好。这处“洪武窖藏”古钱币最早的是唐代“开元通宝”，最晚的有明代“洪武通宝”。

《中国文物报》同日报道：

全国人大副委员长姜春云考察井冈山革命根据地。他说，井冈山有众多的革命遗址、遗迹，现在保护得很好，还要加大保护力度，这些都是珍贵的革命文物，是宝贵的精神财富，希望你们加大宣传力度，井冈山是中国革命的摇篮，要让青少年都来接受革命传统教育，弘扬井冈山革命精神。

全国政协副主席周铁农、常委王森浩及部分政协委员对北京市贯彻《文物保护法》情况进行专题考察。委员们建议：北京在建设现代国际化大都市过程中，要认真总结以往的经验教训，处理好文物保护与城市建设的关系，要关注城市改造对地上、地下文物造成的冲击，通过规划、执法等手段尽可能保护失不可得的文物资源，力争到2008年向全世界展现北京历史文化名城的风采。委员们还建议，要加强文物的研究工作，挖掘文物的科学价值，使老百姓参观文物不仅了解它的悠久历史，还要了解它的文化品位和价值，了解它的工艺水准与世界各国工艺同时代相比较所处的位置，要利用中国古老的灿烂的文化激发群众爱国主义的热情，使群众在休闲度假中受到教育。委员们针对全国情况还提出：要加强导游、解说员的职业道德建设，提高素质，要把对文物研究的成果，用通俗易懂的方式传授给群众，使之通过参观得到知识的补充，有深层次的体会；介绍文物要体现出文物的高文化品位，不能道听途说，宣传封建迷信。

安徽省蒙城尉迟寺聚落再显宏大规模。一处1000余平方米的红烧土活动广场的发现，烘托出尉迟寺聚落遗存的等级；鸟形“神器”的出土，使尉迟寺遗址更具神秘性；排房的异常布局更显聚落内部的复杂性。

《炳灵寺石窟内容总录》完成文字记录工作。炳灵寺位于甘肃永靖县境由，是国家重点文物保护单位。有216个洞窟。

因文物保护技术、资金等原因，已发掘的汉阳陵帝陵从葬坑将回填，以恢复原来的温湿环境，确保文物不受损害。汉阳陵帝陵从葬坑对外开放不到3年，曾先后接待过江泽民、李鹏、李瑞环、李岚清等国家领导人和布什、希拉克等国际政要。

22日 潘天寿纪念馆举行的潘天寿书法特展开幕，以纪念潘天寿先生诞辰105周年。同时，潘天寿纪念馆与中国美术学院书法系共同主办“潘天寿与20世纪中国书法”学术研究会。

同日 福建霞浦县松城城区刑警中队破获一起流窜盗挖古墓案件，追缴31件文物。2犯被捕，3犯在逃。

26日 在中共中央、国务院的亲切关怀下，由国家投资3.3亿元、将历时5年的西藏布达拉宫、罗布林卡和萨迦寺三大重点文物保护修维工程正式开工。西藏自治区党政军民隆重集会，举行热烈、盛大的开工典礼。在过去的20年里，国家累计投资3亿多元维修了400多座寺庙，修缮和保护了大批文物。

27日 宁夏回族自治区召开全省文物安全工作会议。会议决议中提出：今后凡发生火灾、丢失文物或文物遭受严重破坏的单位，5年内不得评选先进单位，法人单位的法人代表和非法人单位的主要负责人及有关责任人，都要受到处罚，有隐瞒不报的要加重处罚。

《中国文物报》28日报道：

汉魏洛阳故宫城发掘获得重要发现：确定发掘城门即北魏宫城正门阊阖门，是在汉魏洛阳故城唐城范围内首次进行的有计划考古发掘；城门为殿堂式建筑夹建巨阙，其独特的平面布置与建筑形制为以往所未见，具有强烈的时代和礼仪特性；建筑时代始于魏晋，北朝修缮沿用，对确定曹魏洛阳宫位置与形制，继而寻找汉代北宫的位置打开突破口；是目前考古发掘出的时代最早的有确切文献记载的都城宫城正门和双阙，为解决汉魏洛阳城市形制演变的重大考古发现。

由联合国教科文组织发起的关于周口店北京猿人和桑吉兰爪哇猿人遗址保护研讨会，在印尼的棱罗城召开。印尼、中国、法国古人类学家，旧石器时代考古学家、第四纪地质学家、文物保护专家、政府官员和联合国教科文组织世界文化遗产中心的代表参加了研讨会。

北魏拓跋鲜卑先祖石墟考察研讨会在内蒙古鄂伦春自治旗召开。《中国文物报》

副总编辑、著名鲜卑史研究学者陈琳国参加了会议。

徽商巨子、红顶商人胡雪岩纪念馆在胡雪岩家乡皖南绩溪县建成,并于对外开放。

《太原市晋祠保护条例》颁布施行。这是太原市文物保护管理方面第一部地方性法规。

29日 山东邹城博物馆建成开放。邹城是孟子故里,国家级历史文化名城。

7 月

1日 全国政协副主席张思卿对故宫博物院的信息化建设工作进行考察。故宫博物院近年来共投入资金1200万元，完成了千兆位光纤通讯的综合布线及局域网建设,开发了文物管理数据库,目前已录入文物总共信息105万条，开通了故宫博物院网站,其日访问量达到20万人次。张思卿对故宫信息化建设取得的成果给予了肯定,并希望故宫能够克服困难,再接再厉,早日建成世界一流的、现代化的博物馆。

《中国文物报》3日报道：

江西省博物馆举办的“农民黄礼斌收藏革命文物展”,免费向市民开放。展出中央苏区红色革命文物精品300余件。

徐州首次发现楚王陵陵园遗址。在狮子山楚王陵东150米左右。

陕西米脂县东汉画像石被盗案告破。犯罪嫌疑人是这个县文管所的2名领导。

3~4日 中国文物保护技术协会第四次代表大会在西安召开。会议通过了《中国文物保护技术协会章程（修改草案)》,按章程选举产生了新的理事会及领导成员。

3~18日 为进一步推动我国文博信息化建设和文物信息产业的发展,全国政协副主席张思卿率领的由全国政协会同国家文物局组成的联合调查组在山西和内蒙古两地进行了专题调研。张思卿充分肯定了财政部与国家文物局开展文博信息化建设的具体项目——“文物调查及项库建设项目”的启动和前期进展,并要求一定要在抓好试点的基础上,积极推广。

5日 全国政协副主席、中共中央统战部部长王兆国参观三门峡市虢国博物馆。他指出：虢国墓地的考古发掘对研究西周历史、经济、政治、文化、冶金及古代战争等方面有重要价值,出土的青铜器、玉器,既展示了灿烂的古代文化,也反映出当时先进文化发展水平,每一位炎黄子孙都应感到骄傲和自豪一定要保护好这一珍贵的文化遗产。

重庆丰都槽房沟发现有明确纪年的东汉墓葬。9号墓出土的摇钱树底座上刻铭“延光四年”,延光为东汉安帝年号,延光四年为公元125年。

湖南省委省政府发出《关于加快文化产业发展若干政策措施的意见》。《意见》强调:文物资源重在保护。

徐州汉兵马俑馆成功修复西汉小鱼鳞甲。截至目前,出土于狮子山楚王陵的4件西汉铁铠甲已有3件修复成功并公开展出,最后1件小刀形鱼鳞甲也正在修复之中。

美国盖蒂保护所中国项目负责人内维尔·阿根纽、澳大利亚遗产委员会前主席莎伦·萨丽雯一行6人，到承德市考察文物保护项目。与国家和省相关部门商谈后,双方就承德市部分文物保护项目达成合作意向。

济南市空军456医院在病房综合楼施工中发现宋墓1座。出土有瓷灯1盏;青石墓志1方,上面篆书“宋公墓志”,惜志石不存。

北京自然博物馆“哭泣的骆驼——沙漠化生态告急展”开幕。展览的照片出自一名热情的环保志愿者——卢彤景。

6日 由故宫博物院提供展品的“紫禁城:乾隆皇帝珍宝展”在苏格兰国家博物馆

对公众开放。展品共78套、100余件，主要为绘画、书法、碑帖、宫廷器物。

9日 中国历史博物馆举行建馆90周年纪念座谈会。中共中央政治局常委国务院副总理李岚清题写贺词："中国历史博物馆成立90年来，在收藏文物、展示中华民族光辉灿烂历史、传播文化知识、进行科学研究和爱国主义教育等方面作出了重要贡献。希望中国历史博物馆继承优良传统，与时俱进，按照'三个代表'的要求，努力把中国历史博物馆建设成国际一流的现代化博物馆。"文化部部长孙家正到会并讲话，他指出，必须用"三个代表"的要求指导博物馆建设。博物馆工作必须坚持社会主义性质，坚持博物馆工作为人民服务、为科学研究服务的方向，坚持把社会效益放在首位。遵照江泽民同志提出的"大力发展面向现代化，面向世界，面向未来的，民族的科学的大众的社会主义文化，不断丰富人们的精神世界，不断增强人们的精神力量"的要求，把每一个博物馆都建设成宣传民族优秀文化和社会主义精神文明，进行辨证唯物主义和历史唯物主义教育，爱国主义、社会主义和革命传统教育，展示当代中国先进文化及前进方向的坚强阵地。国家文物局局长张文彬向中国历史博物馆提出了今后工作要求：首先，要认真学习领会江泽民"5·31"讲话精神，密切联系文物博物馆工作特别是本馆工作的实际，围绕如何贯彻"三个代表"的重要思想如何发挥中国历史博物馆的历史优势、地理优势、学术优势、人才优势、藏品优势，担负起建设"中国先进文化前进方向"的历史使命，系统研究当前面临的机遇和主要任务，集中梳理前进中的问题，制定具有前瞻性针对性的发展规划，提出明确的目标措施，开创各项工作的新局面。其次，要大力贯彻江泽民同志关于文化创新的重要指示精神，抓紧落实中央关于加快事业单位改革的工作部署，充分调研，制定方案，综合配套，整体推进。要高点立意，着力研究新形势下博物馆工作的特点和规律，突出体制创新、内容创新、管理创新，建立充满生机与活力的运行机制，调动全馆职工的最大积极性和创造性，追求最佳社会效益和经济效益。既要继承和发展中国历史博物馆通史陈列的特点，又要努力创造条件办好专题展览，发挥文化殿堂的社会主义教育功能，特别是开展对青少年的爱国主义教育。同时，还要进一步加强基础工作和业务建设，精心策划，精心组织，推出高质量的学术文化成果。在藏品征集、研究和展示工作中，要树立国家级博物馆舍我其谁的思想，积极争取社会各界的关注与支持，广开渠道，多方努力，构筑藏品成果高地和人才高地，把中国历史博物馆建设成集我国考古文物、资料征集收藏、学术研究、展示宣传于一体的核心和权威机构。广泛吸收馆内外专家学者，建设高水平的学术平台，集中一批优秀的专业学术人才，承担重大研究课题，创造出有时代水准的精品佳作。充分发挥博物馆的文化传播和教育功能，为国家博物馆的建设打下坚实、良好的基础，为发展和繁荣博物馆文化，促进中国特色社会主义的伟大事业作出新的更大贡献。

《中国文物报》10日报道：

陕西考古研究所人员在对西安市北郊建筑工地基址发掘清理过程中，在一汉墓中出土了7件罕见的西汉早期实用性器。其中3件为青铜铸造，3件为骨制，1件为青铜和骨制组装而成，最长的一件为18厘米。其中骨制性器为考古界首次发现。

宋代木刻版本书《名臣录》在湖北竹山县被发现。该书收录了苏轼、欧阳修、王安石、岳飞等12位名臣名将的生平建树以及重要言行。

11～24日 沈阳海关侦破特大的古生

物化石走私案。打掉了一个以李哉勋（韩国籍）、金石范为首的走私犯罪团伙，追激各种生物化石2364件。7月24日，李哉勋等6名涉嫌走私珍稀古生物化石的犯罪嫌疑人已被检查机关批准逮捕。

《中国文物报》12日报道：

中共中央政治局委员、全国人大副委员长姜春云考察河南博物院。姜春云对河南博物院基本陈列“河南古代文化之光”表现出浓厚的兴趣。他称赞河南的文物十分精美，最大特点是独特，非常具有地方特色，在其他地方很少见，充分显示了河南是华夏文明发源地这一特点。姜春云还对河南博物院发展先进文化给予厚望，他指出，江泽民同志“三个代表”重要思想的一项内容就是要发民先进文化，河南博物院要担当起弘扬优秀传统文化的重任。

新疆维吾尔自治区主席阿不来提·阿不都热西提在全疆城市规划工作座谈会上就文物保护方面工作强调指出，必须高度重视和切实保护好自然遗产和历史文化遗产。他说，目前新疆只有喀什1处国家级历史文化名城，这是很不够的。新疆有许多独特的街区、建筑需要保护，各地要积极做好历史文化保护区、优秀建筑的调查、研究和保护工作，积极申报和确定一批国家级和自治区级历史文化名城及街区，确定一批优秀历史建筑，进行重点保护，避免在旧城改造中遭到破坏。

国家文物局发出《关于开展2002年度全国文博事业人文科学研究课题申报工作的通知》。受理时间为7月1日～8月31日。

福建土楼申报世界文化遗产的配套项目——南靖土楼博物馆建成。

16日 北京市人民政府第50次常务会议审议通过《北京市明十三陵保护管理办法》。27日，市长刘淇签署第101号政府令公布。该办法9月1日起实施。

16～19日 江西省文博界“学习浙江经验，加快江西发展”座谈会在景德镇召开。国家文物局副局郑欣淼恰逢在赣考察，专程出席并就江西今后文物工作提出了几点意见：要继续抓好基础性文物工作，做好文物普查、文物地图集、“四有” 等文物基础工作；在旅游业迅速发展的态势下，文物部门要充分发挥出自己的优势，文博展览要在面向社会、面向大众方面做出新的探索与努力；要提高博物馆领导的素质，加强对专业人员、管理人员的培训。

17日 敦煌研究院美术研究所历经3年，完成敦煌10个有代表性洞窟的整窟临摹复制，再现了敦煌石窟艺术最精华的藏品。

《中国文物报》同日报道：

在陕西省考古究所中德文物科技保护合作丝绸保护研究实验室里，法门寺地宫出土的一摞摞状如褐色絮纸的唐代丝织品色块，借助科技手段，在德国专家的手里奇迹般地被揭展开来。据法门寺地宫《物账碑》记载，地宫织物有700余件。据专家考证，仅丝绸织物包括锦、绫罗、绢、缣、纱、绮、绣等8种。

天津市武清区在一次施工中出土石碑1通、铜人2尊。石碑系明万历三十五年（1607年）十一月，时为“赐进士第承德郎礼部仪制清吏司主事”4陵人郑振先撰立。出土的2尊铜人像与真人比例相同，形象与赵公明、关羽多有相象之处。

海南省考古所对位于海南省澄迈县山口乡福安村的福安窑址进行发掘清理工作，出土南宋至明代瓷器8000余件。

《中国文物报》19日报道：

中央军委副主席迟浩田参观敦煌莫高窟。

额敏河流域发掘早期5座游牧民族墓

葬,出土随葬品有铜器、骨器、石器和玻璃器等。在一座墓中死者颈部发现数十枚早期玻璃珠。时期大约公元前500年前。

青藏铁路格拉段青海境内考古调查结束。共发现 4 处古代遗址和8处古墓群。

吉林大学考古DNA实验室崔银秋撰写的《新疆地区古代居民线粒体DNA研究》一文顺利通过博士学论文答辩,使她成为首位考古DNA方向的博士。

20～23日 第三届全国文物修复技术研讨会在广州召开。中国文物学会会长罗哲文提出了3点建议。他说,文物修复是文物保护中非常重要的环节,广大文物修复工作者应在继承传统的基础上,引进新技术、新工艺,加大文物修复的科技含量。中国的文物保护有中国的传统,在借鉴外国先进经验的同时,应从其作为先进文化代表的一个重要组成部分的高度出发,加深对传统保护理论、工艺、方法的研究,建立有中国特色的文物保护理论和实践。文物工作者要与时俱进,要多想办法,采取多种方式发挥文物的作用,东莞之南文化艺术传播有限公司由瓷作载体来表现古代的书法珍藏,就是利用文物的一条新的途径。人才是事业发展之本,在抢救修复文物的同时,更应抢救技术人才,要为身怀绝技的老人作传,既宣传他们默默奉献的精神,也将他们的技术发扬光大。

24日 南京市规划局有关专家对南京北极阁重建“十竹斋”进行论证。“十竹斋”是明末胡正言的私家园林,也是著名的书画出版机构,曾因出版《十竹斋画谱》、《十竹斋笺谱》而在中国雕版印刷史上占据杰出地位。

《中国文物报》同日报道:

中国考古专家从陕西澄城县一座北魏时期的墓葬中清理出土10余件带有浓郁少数民族文化特征的陶器。这些实用器物表面绘制的双米字形图案在中国还是第一次发现。

25日 陕西铜川考古工作者在陈炉、立地坡、上店3大窑场发现陶瓷烧造区30余处,采集和出土文物标本约1.5万件(片),其中完整、近完整和可复原的器物标本达数百件;发现金、元、明、清及民国时期烧瓷窑40余座,作坊遗址20余处。抢救性征集元朝至中华人民共和国成立初期的历史文物和珍贵工艺美术品300余件。同时陈炉地区瓷窑遗址的分布状况业已初步摸清。至此陈炉古瓷窑址揭开美丽面纱。

同日 “文物出版社建社45周年成果回顾展”在京举行。李鹏、朱镕基、李岚清题词祝贺。李鹏题词:“弘扬祖国文化传统,出版优秀文物精品”。朱镕基题词:“谨表祝贺”。李岚清贺词:“文物出版社建社45年来,编辑出版了大量图书,以其鲜明的文物特色和较高的出版质量得到我国出版界的好评。希望文物出版社按照‘三个代表’的要求,为繁荣我国出版业,弘扬中华民族悠久历史文明,发展社会主义先进文化,做出新的贡献。”

26日 国家文物局和山西省政府在北京联合召开专家论证会,对中标单位建设部建设综合勘察研究设计院提出的《云冈石窟防水保护工程初步设计思路及勘察大纲》进一步论证。会议由国家文物局副局长主持。山西省副省长薛荣哲出席并讲话,他说,云冈石窟保护工程和其他工程不一样,它是多学科相结合的工程,既是对专家们提出的一个新课题,也是对中标单位的一个新考验。文物是不可能再生的,只能成功,不能失败,方案必须论证得明明白白,研究和工程要结合。各相关方面要统一思想,密切配合;尊重专家意见,充分发挥专家的作用,认真研究专家的建议,彼此协议达成共识;抓紧时间,保质保量完成任务。张柏指出,文物一旦出了问题，就没有余地，因此一定要重视再重视。

《中国文物报》同日报道：

安徽当涂发现大型古墓群。古墓群位于坨塘甘家坳一山坡上，已发掘60多座，由西晋、北宋、明、清等朝代墓穴组成。

山西洪洞广胜寺是国务院1961年首批公布的全国重点文物保护单位。2000年12月《中国文物报》对有人违法在广胜寺文物保护范围内私盖房的事件进行了批评报道。最近，发现违法建筑不但没拆除，反而建成了一座占地1500平方米的新式水泥洋房和院落——私人经营的“度假村”。据了解建房人与文物所长有特殊关系。

以“寻女真神韵，展阿城风采”为主题的2002年中国阿城“龙江龙”第二届金源文化节在黑龙江金源古都阿城市举行。“金代‘齐国王完颜晏’墓出土文物专题”作为本届文化节上的一个亮点，在当地博物馆首次展出了1998年在阿城境内出土的金代齐国王完颜晏墓内的50余件文物，其中包括草制成的鞋子和金线编成的衣服等。

28日 关中民俗艺术博物院在位于西安市南郊的著名风景区南五台山下正式奠基成立。该博物院建成后将成为国内首家规模最大的民办民俗艺术博物院。博物院陈列展示占地面积33.42万平方米。

29日 河南省文物考古所建所50周年庆祝暨“华夏文明的形成与发展”学术研讨会开幕式在郑州举行。国家文物局局长张文彬、河南省委宣传部部长孔玉芳、中国社科院考古所所长刘庆柱、北京大学古代文明研究中心主任李伯谦、河南省文物局局长常俭传、著名考古专家邹衡、安志敏以及来自美国、日本、韩国、英国的学者町田章、国泰等到会并致辞。8月9日《中国文物报》全文刊登了张文彬的讲话。

30日 北京文物局传出消息，2003～2008年北京“人文奥运”文物保护规划已经出台，北京市计划投资6亿元人民币，营造北京历史文化名城的基本格局与风貌。

《中国文物报》31日报道：

湖南长沙市展览路段发现了一座当地最大规模的战国楚墓，出土文物百余件，其中有菱形暗格纹铜矛、透雕蟠螭纹铜镜、佩剑、玉璧、铲、凿、斤、镰、针等。菱形暗格纹铜矛制作精良，质地极佳，其形制和装饰风格与吴越地区铜矛一致。

湖南茶陵发现明诗人李东阳原著《怀麓堂集》。茶陵县法院法官李曙胜在搬家时，从一堆旧书中发现，他说是他曾祖父传下来的。

31日～9月30日 马王堆汉墓文物特展在汉城艺术中心举办。

8 月

1日 中国社科院考古所设立的“中国考古”网站正式开通。网址为http：//www.archaeology.net.cn 或 http：//www.kaogu.net.cn。

同日 内蒙古自治区第一个以捐赠者命名的博物馆——杨鲁安藏珍馆正式开馆。杨鲁安，现年75岁，是著名的书法家、篆刻家、收藏家。他多次向呼和浩特市等捐赠文物8000多件、善本图书2000多册。杨鲁安藏珍馆的陈列分为陶瓷馆、铜器馆、印章馆、钱币馆(分主、附两馆)碑帖馆、古今书画馆和鲁安作品馆，陈列了2000件文物精品(不包括图书善本)。

同日 由中国国家图书馆、社科院西夏文化研究中心、西夏博物馆主办的“西夏珍贵文物展览”开幕式暨《国家图书馆学刊》西夏研究专号首发式在国家图书馆举行。全国政协副主席罗豪才、国家图书馆馆长任继愈及近百名专家学者参加了开幕式。

1～3日 晋侯墓地出土青铜器国际学术研讨会在上海博物馆学术报告厅举行。来自中国大陆及香港、台湾地区以及美国、日本、英国、俄罗斯等国的70多位专家与会。

《中国文物报》2日报道：

国家文物局副局长张柏到重庆市文物局三峡文物保护工作办公室考察文物保护工作。张柏对重庆三峡库区文物保护工作的总体情况表示满意。他强调：目前存在的一些问题应该引起我们高度重视，否则，我们已经掌握的主动又会变为被动。首先，无论如何要确保完成二期任务，因水库将要蓄水，水不等人，搬迁保护的项目，必须如期拆迁，将物件运到新址，这方面工作量还很大。第二，4大项(张飞庙、白鹤梁、石宝寨及瞿塘峡题壁石刻保护)工作要抓紧。张飞庙搬迁工程量大、影响大，应切实抓好。白鹤梁“水下原地保护方案”应体现我国科技水平，成为三峡保护的一个亮点。第三，考古工作要进一步加深，各协议单位应尽早开展工作，按时完成发掘任务。同时，要重视室内整理工作。

山西文物信息中心正式成立。

麦积山石窟艺术与丝绸之路佛教文化国际研讨会召开。来自美国、日本、韩国等国家，台湾地区以及北大、清华等10余所高校和敦煌、龙门、大足等石窟单位专家学者100多人出席会议。

山西省太原市首座古晋阳专题博物馆——原明代太原县文庙主体修复工程竣工。

3日 中共湖南省委书记杨正午，省委副书记文选德，省委副书记、常务副省长周伯华，省委常委、省委秘书长谢康生，省委常委、省委宣传部长黄建国及有关部门负责人到省文物考古研究所，了解湘西里耶重要文物发现情况，在仔细察看了出土秦简实物后，就地召开省委常委现场办公会。杨正午在会上作了总结性讲话。他说，国家文物局专家对我省里耶古城、古井、古简牍评价很高，我注意到两点，一是进入21世纪以来中国考古学最为重要的发现之一，是近百年来秦代考古最重要的发现之一；二是古城的发现填补了湘西地区乃至全国秦汉时期古城，尤其是秦代古城考古的空白。可以说这是湖南发展史上的一件大事，也是湘西发展史上的一件大事。对国家来说，对中华民族历史的研究提供了重要资料；就湖南历史而言，也提供了重要资料，尤其是对湘西地区政治、经济、军事、民族史的研究更重要。这一发现怎么评价都不过分。文化、文物以及考古部门，还有五凌公司为这次考古发现作出了贡献，如果这一考古发现载入史册的话，你们的工作也应载入史册。关于里耶文物的保护利用，他讲了三方面的意见：一是把里耶古城、古井、古简牍的保护和利用作为全省的经济社会发展计划中的一个重点项目、一件大事来抓，要作为发展我省文化产业的重点工程列入全省社会发展计划。二是对里耶文物保护要坚决贯彻“有效保护，合理利用，加强管理”的原则。三是文物考古部门要继续抓紧工作，文化、文物部门要把里耶文物保护作为当前头等大事来抓。

7日 湖北武汉江夏区人民法院在全国重点文物保护单位——龙泉山明楚王墓群现场召开公判大会，4名盗掘龙泉山明愍王墓的犯罪分子分别被一审判处5年有期徒刑，并处罚金。

《中国文物报》同日报道：

山西省榆社县大同寺遗址发现大批珍贵的石刻造像。其中石质站佛40尊、坐佛11尊、经幢4节、碑刻残1件、石佛头40个、泥塑头40个、泥塑身2件、玻璃鹿角2个，共计140件，其中最大的高1.6米，最小的只有4～5厘米。其中3件坐佛刻“大齐天保十年”题记。

在广西扶绥县渠黎镇必计村的岜来山上，发现4处面积约1000平方米的画。专家认为这些唐画的作者是壮族的先民骆越族人，作画时间在秦汉时期。

近年来，江西信丰县农民黄礼斌利用自己收藏的300多种土地革命时期文物，办起了移动的“红军革命博物馆”，迄今已在全县300多所中小学以及赣南10多个县市巡回展出。

福建漳州古陶瓷收藏家林俊先生向中国农业博物馆捐赠漳窑瓷器80件，其中，宋代10件，元代5件，明代19件，清代27件，民国19件。林还著有《漳窑瓷器鉴赏》一书。

7～8日 中共贵州省委书记钱运录考察中国第一座生态博物馆——梭戛生态博物馆。钱运录强调：我们不应当只满足于当前取得的成绩，还应该清醒地认识到，当地少数民族还相当贫困，在保护优秀传统文化的同时，要宣传先进文化，传播科学知识，要在帮扶中办实事。

《中国文物报》9日报道：

湖南省省长张云川考察凤凰古城。他指出，对凤凰古城保护工作还要加大力度，要进一步挖掘凤凰古城文化内涵，治理古城环境风貌。要按照高要求、高标准来治理保护好凤凰古城。龙山里耶出土大批秦代简牍。发掘一座战国——秦汉古城，在一座古井内出土秦代简牍2万余枚，文字计数十万。这次出土的简牍数量超过20世纪以来出土秦简数量的总和。发掘仍在进行，附近古井中仍有简牍。简牍内容丰富，将从根本上改变秦汉学史面貌。

北京市政府批准出台《北京市明十三陵保护管理办法》。

北京市文物局将就长城(北京段)文化自然景观的保护与国际长城之友协会开展系列积极而有效的合作。联合国教科文组织驻北京代表处对此次合作也给予了支持和关注。

4件最古老的化石——10亿年前中上元古界的化石，进了北京自然博物馆。

11～15日 中国秦汉史研究会第9届年会暨国际学术讨论会在西安召开。来自英、韩、日等国和港、台地区及大陆21个省市的210位代表与会。对张家山汉简的研讨，是本次会议的一个突出热点，相关文章45篇。

12日 中共安徽省委书记王太华考察东至县东流镇省级文物保护单位陶公祠。陶公祠又名陶靖节祠，为敬奉晋代田园诗人陶渊明而建。始建年代无考。嘉庆《东流县志》记载，明弘治三年(1490年)重建。王太华强调，我们应当十分珍惜前人留下的宝贵的文化遗产，努力把陶公祠的保护、利用、管理工作做好，把该祠远景规划尽快落到实处，把陶公的品牌做大做活。

12～19日 全国政协副主席周铁农率全国政协社会和法制委员会视察团一行16人考察山西省贯彻实施《中华人民共和国文物保护法》情况。考察团认为山西省在省、市行政管理机构设置方面走在全国各省、自治区、直辖市前列。存在的困难和问题主要是对内外的宣传力度不够，文物保护单位的软环境特别是周边环境建设亟待加强和改进。周铁农说，山西省有着非常好的传承中华民族优秀文化的传统和保护文物的传统，上上下下有很强的文物法制意识和文物保护意识。《文物保护法》颁布后，山西省非常重视文物法制建设，重视文物保护规划建设，重视落实文物工作“五纳入”，有些举措在全国很有独到之处，并对文物的有效保护和合理利用进行了有益的探索，山西的文物资源已经对当地的经济和社会发展发挥越来越大的社会利益和经济效益。周铁农要求，山西省要加大投入，为文物保护工作提供坚强的法律保障、人才保障、资金保障和科技保障；各级文物行政管理部门要不断提升文物保护单位的文化品位，注重文物保护单位的自身建设，加大文物保护单位周边环境的整治力度，把文物重点建设成为展出山西形象的窗口，为发展全省旅游产业促进社会全面进步提供强有力的支撑。

13～15日 由国家文物局组织，上海市文管委召开了“银器文物抗变色处理研究”、“古陶瓷修复高强度仿釉涂料研究”及“古陶瓷完整器的元素成分无损分析方法研究”等3项国家文物局文物科研项目的成果鉴定会。

《中国文物报》14日报道：

陕西发掘出土了一面距今约4000多年的巨型陶鼓。在千阳县沣头村配合当地铁路建设考古钻探时发现。口经48、高90、腹经65厘米。口沿外侧突起14个舌耳，用于固定牛皮。

广西合浦建设汉墓博物馆。北部湾畔的合浦县城为西汉时合浦郡治，周围有编号的汉墓超过1200座。

15～17日 中国第三届环境考古学大会在济南召开。中国社科院考古所编著的《胶东半岛贝丘遗址环境考古》，河南省文物考古所编著的《舞阳贾湖》，龙虬庄遗址考古队编著的《龙虬庄》，北京大学考古系、河南驻马店文管所编著的《驻马店杨庄》获第二届环境考古学优秀专著奖。

16日 来自全国的世界遗产地、中国社会科学院、北京大学、清华大学、复旦大学、同济大学、中国文物学会、中国风景园林学会、国家建设部、国家文物局的专家学者、管理者等100余人聚会北京，共同研讨中国的世界遗产管理之路。

同日 北京市政府与中国科学院就共建周口店北京猿人遗址签署了协议。北京市市长刘淇、中国科院院长路甬祥出席签字仪式。

同日 《中国文物报》报道：

重庆三峡库区首次发现木简20余件。

由中国政府出资的柬埔寨吴哥周萨神庙维修工程自2000年3月正式动工维修，两年来进展顺利。整个维修工程的维修经费已报国家文物局批准，由原计划1000万元人民币追加到1450万元。工期必须在2005年底完成。

陕西紧急下拨经费抢救修复受灾(水灾)文物。

甘肃肃南筹资1100万元修建马蹄寺。马蹄寺是国家级文物保护单位。

同日 由中国文物研究所、中国历史博物馆、河南省古代建筑研究所、敦煌研究院、甘肃省博物馆等单位的研究员组成的国家文物专家组对甘肃省博物馆承担的“潮湿环境下壁画地仗加固保护材料与技术研究”、“中国北京干燥地区出土糟朽漆器保护研究”两个文物保护科研项目进行了审查，认为两个项目皆具有“国际领先水平”。两个项目分别于1996年和1998年立项。

20日～10月6日 汇集陕西省12个博物馆文物精品的“天可汗的世界——唐代文物大展”在台湾高雄市举行。

《中国文物报》21日报道：

北京海淀出土罕见“内府”梅瓶。此瓶属国内仅存的1件。

中国首部文物鉴定工具书《中国文物定级图典》出版发行。分为一级品上下卷、二级品卷、三级品卷共4卷。

军事科学院新近发现4本日本印刷的以侵华日军在华军事行动为主要内容的照片集。出版时间是1931～1940年间。这4本名为《日支事变写真帖》、《扬子江沿岸占领要塞兵备整理写真帖》、《支那事变画帖：出征纪念》、《征战中支》的照片集，共有照片700余幅。

内蒙古自治区达拉特旗高头窑镇一农民在耕地时发现200千克左右的古代铜钱币。考古人员初步认为属于秦末汉初时期的钱币。

“苏宁纪念馆”在中国人民解放军驻哈尔滨某部苏宁烈士生前所在团队营区内举行落成开馆仪式。“苏宁纪念馆”5字由江泽民题写。

福建省“上杭客家族谱馆”成立于2000年5月,设在县图书馆内。目前收藏有110个客家姓氏的近千种版本逾万册族谱,其中60多个姓氏族谱藏有原件。上杭客家族谱馆还建立了“客家族谱”网站。

22日 中共江西省委书记孟建柱参观新干商墓遗址。他要求新干县要继续做好文物保护工作,争取更好的考古发掘成绩,为保护文物、振兴江西作出更大贡献。

同日 福建省博物馆更名为福建博物院。

22～23日 江苏省人大常委会副主任俞兴德、方之焯等一行组成的人大常委会视察组视察镇江、扬州两地文物保护工作。他们希望两市文物工作在经济建设大好形势下,开创本地特色,为江苏出经验,为全国出经验。

23日 南京博物院举办“院藏古代铭刻书法展”。展览分为5个部分:(1)新石器时代、夏、商;(2)西周、春秋、战国;(3)秦汉;(4)三国、魏、晋、南北朝;(5)隋唐。

《中国文物报》同日报道:

江西省人民政府印发了《关于进一步加强文物保护工作的意见》。

广东省人民政府公布了第四批省级文物保护单位122处。全省省级文物保护单位已达268处。

河南安阳市郊洹北商城遗址发现大型宫殿基址。1号基址平面结构呈“回”字形,东西长约170、南北宽约90米,总面积1.6万平方米,是迄今为止发现的规模最大的商代单体建筑基址。

甘肃省政府办公厅批转省文物局《关于加强和规范文物拍摄管理工作的意见》。《意见》规定:凡因制作各类出版物、音像制品及其他需要对甘肃境内所有野外文物内外景和馆藏文物的拍摄,均须履行报批手续,涉及全国重点文物保护单位内外景和馆藏一级文物的拍摄项目由国家文物局审批,获批准后,由省文物局确定具体拍摄细目;省级以下文物保护单位(含省级)、馆藏二级(含)以下文物及一般文物点的拍摄均由省文物局审批。

山西省政府法制办重新审查确认山西省文物局具有行政执法主体资格,颁发了“山西省文物局行政执法主体资格证”;为经培训考试合格的9名执法人员颁发了行政执法监督证,29名执法人员颁发了行政执法证。另外,6名同志领到了协助行政执法证。

26日 库木吐喇千佛洞保护修复工程会议在京召开。新疆维吾尔自治区副主席买买提·明扎克尔、国家文物局局长单霁翔及联合国教科文组织代表出席会议。会上单霁翔指出,目前库木吐喇千佛洞保护修复工程已进入较为关键的阶段,根据专家们建议召开此次协调会议十分及时和必要。他说,国家文物局历来十分重视对新疆的文物保护工作,对于库木吐喇千佛洞保护修复工程也将给予全力支持。他希望各方专家精诚合作,力争高水平、高质量地完成这一宝贵文化遗产的维修保护工作。

同日 建设部部长汪光焘表示,中国政府今后将采取措施,严格控制在历史文化保护区和风景名胜区内建设项目,杜绝乱开发现象。汪光焘在全国城乡规划和风景名胜区保护工作电视电话会议上说,今后国家将严禁以任何名义和方式出让或变相出让风景名胜区资源及其景区土地。为进一步加强风景名胜区的管理，国家还将禁止企业参与风景名胜区规划管理和监督，管理机构自身也不得从事开发经营活动。

27～29日 以“古建筑如何保护与利用”为主题的中国紫禁城学会第四次学术讨论会在北京召开。罗哲文、傅熹年、郑孝燮、李准、杜仙洲、杨新、朱诚如等130多位专家学者出席，来自(美国)世界文化遗产基金会、台湾大学的学者也首次参加了会议。

《中国文物报》同日报道：

山东省海阳市开发区工业园修路施工中，发现一座西汉墓，出土的文物中4件精制罕见的青瓷器引人注目。

考古专家从陕西澄县一座北魏时期的墓葬中，清理出土10余件带有浓郁少数民族文化特征的陶器。

陕西铜川市发现明代完好无损的诰命，它是明成化年间宪宗皇帝颁给当时的都察院左副部御使王恕及其两位亡妻的。

河北省兴隆县发现1.3万年前的刻纹角器。

“商承祚捐赠文物精品展”在广东省博物馆开幕。商家3代共捐给全国各地博物馆1200多件文物，其中一、二、级文物超过60%。

一位自称是西夏王李氏家族第24代后裔的李积文家几代人珍藏的《皇族李氏家谱》、《海敦李氏家谱》、《李氏家乘》、《西夏李氏世谱》、《李氏世袭图考》等9部家谱告诉世人，西夏皇族并未灭绝。

30日 中国收藏家协会声明：中国收藏家协会法定代表人由王文祥变更为阎振堂(国家文物局原副局长、中国书画收藏家协会会长、中国收藏家协会换届领导小组组长)。原由王文祥为法定代表人的中国收藏家协会登记证书正、副本作废。

同日 北京文博交流馆举行智化寺古建筑下架油饰工程竣工暨佛教艺术展览开展仪式。智化寺为1961年国务院批准的全国重点文物保护单位。

《中国文物报》同日报道：

环太湖流域史前考古新突破。宜兴骆驼墩遗址发掘：发现平底釜为主要特征的全新文化类型，平底釜类型丰富，系列完整，具有典型分期意义；长江下游首次发现史前瓮棺葬；发现丰富环境考古和农业考古资料。

陕西动员社会力量参与革命旧址保护。据不完全统计，近几年来，延安革命旧址的保护利用社会资金已达300多万元。

安徽省文物局发出通知，要求全省文博系统的单位和从业人员一定要坚持新闻宣传工作和纪律，以科学的态度对待文物宣传报道工作，确保文物考古新闻的真实性与科学性。要求加强新闻报道的管理工作，健全宣传工作机构和新闻发布渠道。

内蒙古自治局文化厅与自治区政府宗教事务局联合下发通知，要求各级文化文物部门和宗教部门，要进一步加强对全区境内古代寺庙的保护。

少林寺文物景区二期拆迁改造工程启动。涉及农户362户、武术高校11所、商户117家、单位25家，面积33万平方米。

31日～9月1日 国家文物局局长单霁翔在长沙考察湖南龙山县重大考古发现——里耶古城及古井出土秦代简牍情况。单霁翔说，党中央、国务院十分重视里耶考古发现和文物保护，国务院领导同志对这一本世纪最重要的考古成果提出了“保护好、研究好、管理好、利用好”的要求，我们要认真落实，关于下一步工作，单霁翔提出以下意见：首先建议湖南省有关部门抓紧制定里耶古城文物保护规划，包括保护、研究、管理、利用各方面内容。其次，是制定秦简的整理保护方案，对工作计划做出具体安排，包括清洗整理完成时间、成果出版以及从永远保存秦简需要采取防腐、防霉、防菌的技术措施等，并希望能加强秦简的清洗整理工作，让这些珍贵文物及时脱水进入囊匣。三是要认识里耶古城1号井在同类古井中的特别地位，对它的保护要尽快邀请专家研究制定古井专项保护方案，进行科技攻关。四是要求里耶古城的考古发掘工作要同步进行，特别是抢救性发掘工作要先行。保障基本建设工程、防洪大堤工程顺利施工。五是对里耶古城、古井、古简的保护方案要进行科学论证，取得科学技术支持，请国家文物局、中国文物研究所专家参与，对所制定的保护措施进行评判。对秦简简文的研究也要请有关专家、多学科专家参与攻关，挖掘它的新的内涵，充实到考古发掘报告中去。湖南省委副书记，常务副省长周伯华提出对里耶文物保护要“解放思想，强化措施”的要求，并向省有关部门提出了“年内完成里耶秦简的清洗整理工作，明年完成简文整理、研究成果出版”的具体要求。

31日～9月10日 由广州市副市长苏泽群率领的“中国岭南名城广州行”推介团分别在日本大同阪、东京及韩国釜山、汉城4个城市举行宣传推介酒会。全国重点文物保护单位陈家祠作为该团广州市惟一文物重点，在本次活动中取得了可喜的成果。

8月～10月中国社科院考古所内蒙古工作队对敖汉旗兴隆沟遗址第一地点进行了第二次发掘，揭地面积1500平方米，清理出兴隆洼文化房址11座、墓葬10座、灰坑12座，出土一批具有典型特征的陶、石、骨、玉、蚌器及动物骨骼。

9　月

1日 福建省第9届人民代表大会常务委员会第32次会议审议通过的《福建省武夷山世界文化和自然遗产保护条例》开始施行。武夷山是继泰山、黄山、峨眉山—乐山大佛之后，我国第四处世界文化和自然遗产地。

2日 药王山石刻珍品拓片展在西安碑林博物馆同观众见面。“药王山石刻”是国务院1961年公布的第一批全国重点文物保护单位。

2～20日 国家文物局局长单霁翔、副局长郑欣淼、张柏、董保华分别带队赴北京、河北、内蒙古、陕西、河南、重庆、四川、广东、广西等省、自治区、直辖市进行安全大检查。

3日 日本收藏家中田忠夫先生向中国人民抗日战争纪念馆捐赠2件罕见的历史物证：一双鱼皮制的日军步兵战靴和1顶日本投降前用于防御的竹制头盔。

同日 河南青年收藏家杨翔飞再次向中国人民抗日战争纪念馆捐赠有关抗战内容的珍贵史料共42件。

5～15日 为纪念鲁迅先生东渡日本留学100周年，北京鲁迅博物馆、中国文物报社等联合举办“中国民间藏书家精品展”此次展览特邀请天津古籍收藏家韦力，北京百年名人信札收藏家方继孝，上海创刊号收藏家冯建忠，香港中文大学著名学者“新文学”史料收藏家胡从经，浙江永康市民国书刊及鲁迅版本收藏家李世扬先生，共同展出宋、元古籍善本、民国珍贵期刊史料、鲁迅及同时代作家初版本、毛边本、创刊号、尺牍、信札等传世精品。

《中国文物报》6日报道：

中共中央政治局委员、国务委员罗干考察井冈山革命纪念馆。罗干说，井冈山是中国革命的摇篮，这里的红色资源丰富，有众多的革命文物和遗迹，要在保护的基础上，充分发挥革命文物的宣传教育作用。当年革命先烈抛头颅、洒热血，谱写了光辉的井冈山精神。我们要世代相传，让青少年都来接受革命传统教育。

桂林甑皮岩遗址发现目前中国最原始

的陶器。遗址地层的重新划分，有望建立桂林地区史前演化的发展文化序列。

全国重点文物保护单位广西贺州临贺故城修复水毁古建筑。因7月特大洪水，城内100余间古建筑受损。

内蒙古达茂旗境内春夏以来发生多次盗掘古墓、破坏文物案件，40多座金代和元代古墓被盗。当地政府已派出干警开展侦破工作。

云南民族博物馆网站(www.ynnationalieymuseum.org.cn/www.ynnationalieymuseum.org)开通。

9～26日 根据中国社科院考古所与俄罗斯科学院远东分院历史、考古与民族研究所签订的学术交流协议，考古所派出本所5名专业人员组成的“赴俄考古考察发掘团”前往俄罗斯滨海地区，参加由O.B.季季雅科娃教授主持的库纳列伊斯克城址的发掘工作。这是中国社科院考古所首次赴国外考古。

《中国文物报》11日报道：

在鞍山市岫岩满族自治县发现刻有我国东北地区少数民族文字的四面浮雕柱形石构件。

11～12日 国家文物局局长单霁翔赴河南考察文物保护工作。他指出，保护文物与发展旅游没有本质的矛盾，没有文物，文物旅游就无从谈起；而没有旅游部门组织游客，也不利于博物馆的运行；文物保护要与旅游协调发展、相互促进。他在考察中反复强调：“在文博工作的全局中，文物安全是第一位的。一定要树立起只要不出事，才能干好事的观念。”

12日 由中共重庆市委宣传部、重庆市文化局和中国革命博物馆联合主办，重庆红岩革命纪念馆和重庆歌乐山革命纪念馆共同承办的“不朽的红岩——红岩历史文物文献展”在中国革命博物馆开幕。原全国人大副委员长陈慕华、中央党史研究室主任孙英、国家文物局副局长郑欣淼等出席。2002年5月，江泽民在重庆考察工作时，就红岩精神的历史和作用指出：“红岩精神体现了老一辈无产阶级革命家、共产党人和革命志士的崇高思想境界、坚定理想信念、巨大力格力量和浩然革命正气。红岩精神同井冈山精神、长征精神、延安精神一样，都是中国共产党人和中华民族的宝贵精神财富。在新的历史条件下，全党全社会都要大力弘扬红岩精神，使之成为我们在新世纪继续推进建设有中国特色社会主义事业的强大精神力量。”展览分3个部分，共展出照片500余幅，革命历史文物160件。

12～14日 国家文物局局长单霁翔赴陕西检查文物安全工作。他强调，文物安全一定要领导重视、责任落实。文物工作一定要坚持3个有利于：有利于文物保护，有利于科学研究，有利于文物的永续利用。

13日 湖北博物馆“大唐壁画展”在日本九州市立美术馆开幕。

《中国文物报》同日报道：

中共中央、国务院和中央组织部分别做出决定，任命单霁翔同志为国家文物局党组书记、局长，文化部党组成员；免去张文彬同志国家文物局党组书记、局长，文化部党组成员职务。8月15日下行，国家文物局召开直属单位党政主要领导同志及局机关处以上干部大会。文化部部长孙家正到会并讲话。对新组建的国家文物局领导组子，孙家正提出4点要求：一要加强学习，统一思想。二要坚持民主集中制原则，建立起团结、坚强的领导核心。三要坚持真理，求真务实。四要像爱护眼睛一样爱护党组的团结，爱护文物队伍的团结。单霁翔同志1954年7月1日参加工作，1985年入党。1980～1984年公派日本劳动省职业训练大学校建筑系城市规划专业学习。回国后曾任北京市规划局副局长，1994年5月任北京市文物局局长、党组书记，1997年8月任房山区区委书记，2001年1月任北京市规划委员会(首都规划建设委员会办公室)主任、党组书记。

南水北调中线工程河北段文物调查圆满结束。共发现文物遗存147处，其中涉及全国重点文物保护单位4处，省级文物保护单位6处，市级文物保护单22处。

陕西靖边文物勘探紧密配合西气东输工程。在西气东输工程第14标段靖边张畔镇新庄村马圈渠发掘清理了一处东汉墓葬群，墓葬14座出土随葬品50余件。在五台村管道将要穿越长城。制定的隧道穿越方案已报国家文扬局待批。

云南姚安县多渠道抢救民族民间传统文化。共征调各类文物34件，民族及服饰11套，整理完成了《姚安花灯莲花落集成》及48名民间老艺人上报命名工作等。

河南桐柏县月河春秋墓地，抢救性发掘中小型墓葬20多座，出土一批青铜器、玉器等。

甘肃炳灵寺第16窟涅槃像修复竣工。该寺为第一批全国重点文物保护单位。

15日 位于内蒙古赤峰市喀喇沁旗的“中国清代蒙古王府博物馆”正式开馆。

18日 台胞程子鹏向福建泉州德化县损赠369件沉船出水德化古瓷。

《中国文物报》同日报道：

福建德化发现一樽特大瓷质酒具，酒桶高40、直径25、周长100厘米，重达10多公斤。专家初步判定为明末清初产品。

陕西澄城筹建拴马桩博物馆。现已在全县征集拴马桩900多个。

南京市静海寺收到一件来自英国学者的文物——一枚第一次鸦片战争时期英国女王颁发给来华作战英国士兵的银质奖章。损赠者菲利浦·保罗先生是复旦大学客座教授、研究中国问题专家。

20日 首都博物馆举行北京孔庙建庙700周年纪念大会，中国孔庙保护协会第7庙年会同时召开。北京孔庙是全国重点文物保护单位。

同日 见证泉州“海上丝绸之路“重要史迹之一——陈埭丁氏宗祠暨回族史馆举行重修落成庆典。陈埭丁氏宗祠始建于明永乐年间，是晋江市仅存的回族祀祖之所。

《中国文物报》同日报道：

北京市出台《北京历史文化名城保护规划》。划定最大皇城保护区，控制旧城建筑高度，复建永定门城楼，延长传统中轴线。《规划》分总则，规划依据，规划指导思想，文物保护单位的保护，历史文化保护区的保护，旧城整体格局的保护，历史河湖水系的保护，城市中轴线的保护和发展，皇城历史文化保护区的保护，明、清北京城凸字形城郭平面的保护，旧城棋盘式道路网和街巷胡同格局的保护，旧城建筑高度的控制，城市景观线的保护，城市街道对景的保护，旧城危改与旧城保护，传统地名的保护，传统文化、商业的保护和发扬，实施保障措施共20个部分。

浙江省良渚遗址群内的塘山遗址发现良渚文化制玉作坊。出土大量石质制玉工具和玉料、残玉器。发现与制玉有关的石砌遗迹3处。

重庆大足石刻艺术博物馆在清理发掘龙水镇3座宋墓时于其中一墓中发现刻有一组民间伎乐表演及观众观赏的图景。

河北石家庄抢救发掘一仿木结构砖室古墓。出土随葬品25件(套)。墓的年代应在晚唐至宋初期。

甘肃俄界会议旧址测绘工作完成。1935年9月5～12日，中共中央政治局在此召开了具有历史意义的紧急扩大会议。为省级文物保护单位。

20～23日 全国第11届粮票暨第8届

布票交流大会在湖北宜昌市举行。

20日～10月4日 由中国历史博物馆和意大利大使馆文化处联合主办的普罗维诺个展在中国历史博物馆举办。展出52幅作品。

21日 美国强生公司子公司西安杨森制药有限公司向秦俑博物馆捐赠20万元人民币用于文物保护。

23日 中国驻叙利亚大使馆举办的“中国青铜器复制品展”在大马士革叙利亚国家博物馆开幕。

24日～10月23日 焦作市博物馆举办“‘好生活’大型毛泽东像章展”。展示3万枚毛泽东像章。

25日 北京市先农坛古坛区对社会全面开放，其中的神厨古建筑群和地坛石刻展区是首次对外开放。这是2002年北京市政府向市民承诺的60件实事之一。

《中国文物报》同日报道：

徐州兴建中国第一座古代军事史博物馆。

“永远的孔子”文物展在台北开展。展品包括31件国家一级文物在内的106件珍贵文物，3000多件曲阜孔庙的拓片和模型，众多的图片和说明光碟。

故宫博物院推出明清时期重要历史文物太和殿宝座仿制精品“仿金銮宝座”。按1∶7比例仿制。

为期2个月的“20世纪中国100项重大考古发现图片展”在波兰华沙历史博物馆开展。

26日 陕西省代省长贾治邦赴秦始皇陵现场办公，专题研究解决秦始皇陵遗址公园建设等各项问题。他说：秦始皇陵是陕西一宝，一定要将这一品牌打造好！我们将加大力量，全面推进秦始皇陵遗址公园建设，争取3年内建成。

同日 北京象牙雕刻厂将他们珍藏多年的《八十七神仙卷》等4件牙雕珍品捐赠给了中国革命博物馆。

26～29日 2002年北京国际钱币博览会在北京中国国际贸易中心举行。

《中国文物报》27日报道：

中共青海省委书记苏荣陪同吉林省委副书记林炎志、吉林省政协副主席常万海等参观了青海省博物馆。苏荣说，各级干部要学习历史，只有懂得历史，以史为鉴，才能更好地了解本地的民情、民心，才能较好、正确处理当地社会发展过程中出现的问题。

山西省省长刘振华在晋城市考察文物工作。他强调，历史文化遗产的开发利用不能只看眼前利益，否则就会犯下不可逆转的错误。开发利用一定要有长远规划，注重保护生态环境。

龙门石窟列入世界文化遗产名录后，洛阳市委市政府高度重视其管理保护工作，2002年3月成立龙门石窟(风景区)管理局；并决定开工建设龙门南北两座大桥，总投资8099万元。

三门峡市发布第3、4、5号令，公布《虢国墓地保护管理办法》、《李家窑遗址保护管理办法》、《庙底沟遗址保护管理办法》。

百色盆地旧石器考古获重大发现：首次在地层中揭露出制作石器碎片分布面，出土手镐、薄刃斧等生产工具。

为纪念著名作家“左联”五烈士之一柔石诞辰100周年，柔石故乡浙江宁海拨款200万元对省级文物保护单位柔石故居进行全面修缮，并改造周围环境。

马鞍山市发生朱然墓陈列室被盗案。马鞍市西山公安分局刑警大队民警经过一昼夜缜密侦察，一举破获此案，6件文物悉数追回。

28日 “民国文物特展”在南京博物艺术馆展出。展出该馆珍藏的100多件民国名人名家书画，体现民国时期特色的瓷制艺术品、雕刻艺术品，民国时期制作的铜制艺术品，以及南京民国时期的图片资料等。

同日 上海博物馆“欧洲玻璃陶瓷展”开幕。展出68件馆藏精品。

10 月

1日 福建省“九五”、“十五”期间社会事业重点建设项目——福建博物院新馆落成开馆仪式在福州举行。馆藏文物和标本20万件，推出9个陈列展览。

《中国文物报》2日报道：

瑞金几位农民在修葺梁学瑞太祠堂时发现墙壁上保留着约百件《苏区工人》报。梁学瑞太祠堂1934年7～10月为中华全国总工会苏区中央执行局机关所在地。

河南发现清代梅花拳大师杨炳画轴式家谱。家谱画轴是清道光年间绘制。杨炳是康熙年间武探花。

中国首家商会博物馆在古城平遥开馆。

中国烟草博物馆在沪奠基。

云南省会泽县发现一枚“嘉庆通宝”，因其最大、最重而获“世界吉尼斯之最”的称号。

3～6日 国家文物局局长单霁翔一行考察大同云冈石窟、朔州应县木塔、山西博物馆建设工地和太原王家峰北齐墓考古发掘工地、西柏坡中共中央旧址、邺城遗址、邯郸市博物馆、赵王陵、河北省博物馆、正定隆兴寺、凌霄塔、开元寺钟楼、广慧寺华塔、临济寺、澄灵塔、定州开元寺塔、定州贡院、定州博物馆和开善寺等单位，并对文物单位安全保卫情况进行了检查。单霁翔指出，文物安全是文物工作的生命线；博物馆建设，要根据本地区实际建设特色或专题博物馆。

9日～11月28日 由浙江省文化厅主办，中国丝绸博物馆、新疆文物考古研究所、青海文物考古所、河北隆化博物馆、内蒙古博物馆、江西文物考古所6家承办的“纺织品考古新发现”文物精品展在中国丝绸博物馆举行。展品84件(套)。

10日 江西省文物局、吉安市政府在南昌市召开《吉州窑遗址保护规划》专家评审会。吉州窑创烧于晚唐，兴于五代、北宋，极盛于南宋，至元末终烧。

同日 部分在京著名博物馆专家在新建成的中国印钞造币博物馆座谈陈列展览并就行业博物馆的发展进行了讨论。专家表示行业博物馆的建设代表了我国博物馆发展的新趋势，利用行业优势、特色，以企业精神办馆，对国家博物馆的建设形成了冲击，起到了补充促进作用。行业博物馆具有不可替代的价值，具有广阔的发展前景。

10月上旬～12月下旬 由中国社会科学院考古所、河北文物研究所组成的邺城考古队，在河北省邯郸市临漳县邺城遗址发掘了一座北朝晚期的大型塔基遗迹。经发掘确认，该塔是东魏北齐都城邺南城的一处佛教寺院中的重要建筑遗址。塔基中刹柱础石、塔基砖函等的发现，填补了汉唐考古学的一项空白。

11日 投资60万元的黟县西递古村落“安居堂”修复项目正式开工。西递、宏村古村落为世界文化遗产和全国重点文物保护单位。

《中国文物报》同日报道：

由国家文物局副局长郑欣淼带队的国家文物局文物安全工作检查组一行4人，在内蒙古自治区进行文物安全检查。郑欣淼要求：要进一步提高对文物安全保卫工作重要性的认识，把它作为一切文物保护与科研展览工作的基础来认真抓好。要加强文物安全保卫工作的建设，文物部门要加强与公安司法部门的联系。他说，当前全国文物系统的重点任务就是要以江泽民总书记“三个代表”的重要思想为指导，及时举办各种人民群众喜闻乐见的展览，迎接党的十六大召开。

位于北京崇文门东南城角楼的北京明长城遗址公园亮相。它是全国重点文物保护单位，全长1540米。

宝鸡关桃园遗址发现前仰韶时期文化遗存，出土7000多年前的精美陶器、骨器和玉器。

财政部和国家文物局文物调查及数据库建设试点工作现场会议在山西省太原市召开。山西省文物调查及数据库试点工作为文博单位信息化建设提供了可借鉴的做法：(1)加强组织领导。(2)严密组织实施。(3)措施得力有效。(4)更新管理观念。(5)摸清文物实底。

南昌市人大教科文卫组织开展对《文物保护法》执行情况的检查。指出，南昌市应努力增加文物保护经费，加强文物宣传力度，重视文物与旅游的结合等，在"花园城市"建设中体现先进文化的内涵。

抗日空军爱国将领高志航纪念馆在吉林省通化市高志航故居原址正式开馆。展出了张学良将军为《高志航传》出版的题词"东北飞鹰空军战魂"。高青年时被张学良选送法国学习飞行，抗战爆发，他率第四大队在杭州笕桥上空一举击落敌机6架，在抗战史上写下光辉的一页。1937年11月21日在河南周口机场壮烈殉国，时年30岁。

上海博物馆多媒体信息中心揭幕。

12～14日 由北京故宫博物院、上海博物馆主办的"2002年博物馆文化商品展览会"在上海博物馆开展。展览商品有博物馆文化商品、旅游纪念品、文具礼仪商品，参展单位有台北故宫博物院、澳门博物馆、香港艺术馆大业艺苑。展会期间在上海博物馆报告厅举行研究会。

12日～11月17日 中国科学院古脊椎动物与古人类研究所和浙江省文物考古所为完成两所合作进行的中国晚期更新世现代人起源与环境研究专项——浙江旧石器考古调查项目，在太湖西南岸的浙江省西苕溪流域进行了为期一个月的考古调查。调整成果显著，一改浙江无旧石器文化遗物地点的历史。

《中国文物报》16日报道：

西藏博物馆获建设部2001年度部级优秀勘察设计一等奖。

徐悲鸿绘画珍品展在安徽省博物馆开幕。展品100多幅，均为真迹。

中国古代玉器艺术展在加拿大渥太华开幕。

台北举行"乾隆皇帝文物年度大展"。展品中包括乾隆皇帝当年戴过的朝冠、康熙送给乾隆的葫芦笔筒等。

钱钟书故居在江南名城无锡修竣并对外开放。

16～18日 浙江省文物局、浙江省考古学会、浙江省博物馆学会在杭州共同举办"邓小平理论与文物工作——全省文博理论研讨会"。国家文物局局长单霁翔、中国文物学会会长罗哲文致信祝贺。中共浙江省委常委、宣传部长陈敏尔，中国博物馆学会理事长张文彬，中国考古学会理事长徐苹芳，全国人大常委、浙江省考古学会会长、浙江省博物馆学会会长毛昭晰等出席会议。陈敏尔强调，浙江要建设文化大省，依托于浙江文化底蕴深厚的历史背景以及经济飞速发展的经济背景。在全球一体化的今天，保护历史文化遗产是体现国家、民族乃至城市个性的重要内容和手段，是建设文化大省的根基和支撑。全省有全国重点文物保护单位73处，省级文物保护单位279处，县级文物保护单位近2000处，文物点2万余个，分别占全国的5.7%、4%、3.3%和5%。其中，国保单位数量居全国第5位，文物分布密度居全国第2位。国家级历史文化名城5座、省级历史文化名城 12 座、省级历史文化保护区 43 处，构成了较完善的不可移动的历史文遗产保护体系。130 余家各类博物馆、纪念馆和近 55 万件馆藏文物，形成了颇具特色的浙江博物馆网络，尤以专题博物馆众多而享誉全国。保护、传续和弘扬优秀的历史文化遗产是文博工作者义不容辞的职责和历史使命。

17日 北京故宫武英殿区举行维修开工仪式。文化部部长孙家正，国家计委副主任于广州，文化部副部长、故宫博物院院长郑欣淼，国家文物局局长单霁翔等领导及朱家溍、罗哲文、余鸣谦、杜仙洲、耿宝昌等著名专家出席。

18日 国家文物局召开直属单位领导和机关全体干部大会。单霁翔局长对全国 2002 年最后一个季度文物工作的要点进行部署。共 2 件重点工作和 4 项基础工作。一件是争取新修订的《中华人民共和国文物保护法》尽早颁布实施；一件是根据国务院的部署，尽快召开全国文物工作会议。4 个方面的基础工作是：第一，加强文物法规体系的建设；第二，加强文博教育培训工作；第三，加强人事基础工作；第四，健全计划财务工作。张柏副局长对会后如何贯彻落实 2 件重点工作和 4 项基础工作作了部署。

同日 中国钱币博物馆新馆举行落成典礼。全国政协副主席李贵鲜，全国人大原副委员长陈慕华，中国人民银行行长戴相龙、副行长阎海旺，中国人民银行原行长李葆华出席。

《中国文物报》同日报道：

2001 年全国文博考古最佳图书评选揭晓。它们是：《梁思成全集》，《甲骨文献继承》，宿白主编的《苏秉琦与当代中国考古学》，《启功书画集》，罗哲文主编的《中国古建筑》修订版，任继愈主编的《中国国家图书馆碑帖精华》，《殷周金文集成释文》，《中国博物馆陈列精品图解》，张立东、任飞编著的《手铲释天书：与夏文化探索者对话》，杨新华、卢海鸣主编的《南京明清建筑》。

天津市文物博物馆学会第四届会员代表大会在天津举行。赵文刚同志被推选为新任理事长。

北京香山公园复建勤政殿与香雾窟景区。两景皆列于清静宜园 28 景之中，始建于清乾隆年间，咸丰十年(1860 年)被英法联军焚毁。

河北省第九届人大常委会第二十九次会议决定，《清东陵保护管理办法》适用于清西陵的保护和管理。

黑龙江林口县文物管理所、站前派出所联合执法收回出土金代文物。共收回金代文物 71 件，均属铁器。

20～24 日 由国际博物馆协会亚太地区委员会与国际博协中国国家委员会、中国博物馆学会联合主办的“国际博协亚太地区第 7 次大会暨博物馆与无形文化遗产国际讨论会”在上海召开。来自 26 个国家、地区和国际组织的 150 名代表出席大会。联合国教科文组织和国际博协总部也派员参加了会议。国务院副总理李岚清致信祝贺。国家文物局局长单霁翔和上海市副市长周慕尧分别在开幕式致辞。10 月 24 日大会通过了以保护亚太地区无形遗产为宗旨的《上海宪章》。国际博物馆协会决定，下一届会议将于 2004 年在韩国汉城举行，主题仍为“博物馆与无形遗产”。

22日 藏入保利博物馆的一件约 2900 年前铸有 98 字长篇铭文的西周遂公盨对外开放。这件文物是 2002 年春保利博物馆专家在海外文物市场偶然发现，在征得货主同意、未付款的情况下将其带回北京邀请专家鉴定的。

《中国文物报》23 日报道：

“苏宁水墨艺术展” 在南京博物院开幕。

上海博物馆多媒体信息中心建成。

山东临朐县博物馆(即山东山旺古生物化石博物馆)正式对外展示了一批珍贵佛教造像。这些佛像1984年发现于明道寺舍利塔地宫下。明道寺遗址位于临朐县城南45公里的大关镇上寺院村。已发现造像残片1400余块,佛头114个,整理拼接出完整造像41尊。这41尊造像中,年代最早的是北魏正光三年(522年),最晚为隋大业三年(607年),尤为重要的是许多造像都有明确的纪年,如孝昌三年、永安二年、建明二年、普泰年、永熙三年、武定元年等。

景德镇市陶瓷考古研究所与景德镇官窑博物馆在景德镇御窑场遗址龙珠阁联合举办“永乐集珍——景德镇珠山出土明永乐官窑瓷器特别展”。

《中国文物报》25日报道:

最近,福建省副省长潘心城在福建省政协委员视察团的《关于龙岩市革命文物保护工作情况的视察报告》上批示:“要加强革命文物保护工作”,省政协委员的《视察报告》所提的“4条保护革命文物”意见,要认真研究,妥善处理。4条意见是:(1)要妥善处理好经济建设与保护革命文物的矛盾;(2)革命文物需要政府的投入和支持,多方筹资,增加保护经费的投入;(3)各级财政应安排专项经费用于博物馆(纪念馆)建设,以增加其科技含量;(4)抓紧抢救征集革命文物,提升革命文物的保护和管理水平。

在北京市文物局举行的新闻发布会上,北京市文物局局长梅宁华说,北京市的文物腾退取得历史性突破。近两年搬迁居民6000户,10多万平方米文物建筑得到腾退。2003~2008年,北京市政府每年将投入1.2亿元,用于全市的文物保护。

安徽省政府设立500万元专项基金加大对西递、宏村这两处古民居的保护力度。

河南省文物局专门在三门峡市召开全省文物考古所(队)长工作座谈会。会义要求严格考古发掘报批制度,依法进行考古发掘工作,进一步提高考古发掘水平。

安阳殷墟新出土甲骨600余片,其中无字甲骨近400片,刻辞甲骨228片。

为进一步丰富洛阳历史文化名城的文化内涵,加强对城址的保护,洛阳市投资4000余万元对洛阳老城这一重要遗迹进行了有效保护和综合治理。

内蒙古大遗址保护成效显著。全区境内就有35处全国重点文物保护单位和158处自治区重点文物保护单位。经过文物工作者50多年的调查发现,内蒙古文物大遗址的内在价值得以揭示。其主要内容为:以“红山文化”为代表的红山遗址群,以及赤峰地区出土的“红山玉龙”和玉质人物及动物雕像,不但把中华古代文明史从4500年提前到5500年,还把中华民族“龙的崇拜”的发祥地,确定在内蒙古赤峰地区。

太原晋祠景观大循环水工程竣工。

江西波阳县永福寺塔、饶州府文庙大成殿整修工程开工。

“白与黑的竞演——中国磁州窑的瓷器世界展”在日本大阪市立美术馆开幕。

江西元明清青花瓷展在香港中文大学文物馆开展。展出江西馆藏瓷器精品62件。

济南市博物馆举办“走进泉城的历史——济南市区出土文物精品展”。展品170余件。

26日 黄帝陵基金会在北京人民大会堂举行基金会成立10周年暨整修黄帝陵工作座谈会。全国政协主席、黄帝陵基金会名誉会长李瑞环出席会议并讲话。李瑞环指出,黄帝陵的整修不仅是陕西人民的一件大事,也是全国人民的一件大事。希望国家有关部委、有关省市人民政府和企事业单位、社会各界以及海内外中华儿女,继续关心黄帝陵的整修工作,为黄帝陵的整修尽孝心。座谈会由陕西省委书记李建国主持。全国政协副主席王兆国、罗豪才和马文瑞等出席。

27～28日 为纪念林则徐巡阅澳门163周年暨澳门林则徐纪念馆建馆5周年,澳门莲峰庙慈善值理会举行系列纪念活动。何厚铧、马万祺等出席。

27～30日 受山西省政府委托,省文物局党组书记、局长施联秀向山西省第九届人大常委会第三十二次会议作了题为《关于全省文物工作情况的报告》。30日会议进行了分组审议。会议建议从2003年起,省政府应进一步加大文物保护经费纳入省财政预算的力度。此外还对加快五台山申报世界文化遗产等工作提出了具体建议。

28日 九届全国人大常委会第三十次会议通过修订后的《中华人民共和国文物保护法》,江泽民签署第76号主席令予以公布。自公布之日起施行。修订后的《文物保护法》作了较大规模的调整,由原来的33条扩展到80条,在内容上也作了较大修订。其中的一个重要修改就是将文物工作长期以来在实践中行之有效的指导方针上升为法律准则。同时进一步强调了国家对文物的所有权,强调了文物工作"五纳入",强调了文物保护的各项管理措施。

29日 新任中共重庆市委书记黄镇东、代市长王鸿举、市政协主席张文彬等领导率有关部门负责人对"八大民心工程"之一的重庆中国三峡博物馆工程进展情况进行了检查。黄镇东要求各有关部门进一步明确责任,形成合力,攻克薄弱环节,保证工程质量速度并举。三峡博物馆总投资4.9亿元。

同日 中共山西省委书记田成平考察山西省博物馆建设工程。他强调,山西作为联接东西部地区的内陆省份,历史文化底蕴非常深厚,建设一座充分展示山西作为中华民族重要发祥地的悠久历史文化的现代化建筑,成为展示山西两个文明建设的重要窗口,是省委、省政府落实江泽民总书记"三个代表"重要思想,努力实践先进文化前进方向的重要举措,是山西省调整产业结构,推进旅游事业的发展,加快经济建设发展步伐的有力措施。因此山西博物馆建设是万年大计,一定要确保工程质量,切实把山西博物馆建成优质工程。在内外装修特别是环境设计方面,一定要自始至终把握"恢宏的气势,质朴的风格,厚重的文化内涵"的基本设计理念,使山西博物馆建成后,在全国文博系统中以鲜明的特色占有重要的地位。

30日 四川省省长张中伟主持召开省政府第54次省长办公会议。会议听取了省文化厅关于发展四川文博事业的有关问题的请示。会议议定:(1)认真搞好《文物保护法》的学习、宣传和贯彻,做好四川省文物保护、开发工作和博物馆建设。(2)各级政府必须认真落实"五纳入"要求,从2003年起将文物保护专项资金纳入当地财政预算。(3)省级财政要突出重点,增加投入,从2003年起适当增加省级文物保护专项资金预算。集中精力建设好四川博物馆。(4)根据四川省文博事业发展的需要,可适当增加省文物局事业编制并明确执法主体地位。由省编委按有关规定研究办理。

同日 由上海博物馆主办的中国白瓷国际学术研讨会在馆内新落成的学术报告厅举行。来自中国大陆、香港、台湾以及来自英国、日本、美国、德国、瑞典、法国等的120多位中国古陶瓷专家和学者与会。

《中国文物报》同日报道:

河北省沽源县"梳妆楼",俗传为辽代萧太后墓地。考古发现是元代墓地。虽被盗,仍出土一批珍贵文物,如二龙戏珠鎏金铜带扣、金银耳环、铜镜、马蹬、桦皮箭囊及一些具有民族特色的服饰(指金龙纹长袍、织金锦饰卧鹿纹大红袍、姑姑顶等)。

美籍华人、著名学者沈达夫先生(艺名风人)将个人收藏的1400多册图书、200余幅书画捐赠给深圳市博物馆收藏,首批已抵深。

31日～11月24日 郭沫若、于立群书法展在中国革命博物馆举行。展品100多幅。

11 月

1日 《中国文物报》创办《遗产周刊》。周刊的宗旨是:传播遗产知识,培养保护意识,改善人文环境,推动文化建设。

《中国文物报》同日报道:

江西省文物教育成果展示与经验交流会在江西师大召开。来自本省和外省的文博班学生150多人到会。省人大常委会党组副书记钟起煌、省政府副秘书长郑克强、省委宣传部副部长、省文化厅厅长李玉英等出席会议。钟起煌指出,省文化厅近些年来不断探索与高校联合办学的路子,逐步建立了人才培养的新机制,造就了一支高素质的人才队伍。文物工作是一项专业性很强的技术性工作,要做好文物工作,必须要有一支政治强、业务精、作风正的专业队伍,因此,各级政府和文化部门,必须十会重视文博教育,关注文博教育,舍得花钱,舍得投入。

陕西省咸阳市重视流散文物征集工作。到目前,全市投资征集经费百万元,征集各类珍贵文物2000余件。

安徽省文物局、省经贸委、省公安厅、省文化厅、合肥海关、省工商局六厅局发布《安徽省整顿规范文物市场秩序实施方案》。安徽省公安厅和省文物局联合发出《关于严厉打击文物犯罪活动的通知》。在各部门的配合下,已连续破获近10起文物违法犯罪案件,追缴春秋战国至元明清时期的各类文物253件。

世界遗产专家组、国际古迹遗址理事会世界遗产协调员亨利·克利尔博士、香港古物古迹办事处专家武志和先生及香港中华文物基金会项目主管丘筱铭女士,赴甘肃省天水市就麦积山石窟申报世界文化遗产有关基础性准备工作进行了考察。

四川乐山复建古城箭楼。乐山市是国务院1994年公布的国家历史文化名城。

河北省文物处长会议在蔚县召开。会议主要议题是坚持"保护为主,抢救第一"的工作方针,做好配合基本建设工程文物勘探和考古发掘工作,做好全国重点文物保护单位总体规划编制工作,完善文物保护单位的"四有"工作,加强文物开放单位管理工作,加强课题研究及科技保护工作等。

由浙江省文物局主办,浙江省博物馆学会承办的浙江省文博系统讲解员培训班在杭州举行。浙江省第三届匀碧杯"十佳"讲解员比赛同期举行。

宁波服装博物馆举办"时尚巨变"展览。

2～8日 国家文物局局长单霁翔、文物保护司司长杨志军一行到黑龙江、浙江考察文博工作。在黑龙江省博物馆召开的座谈会上,单霁翔着重宣讲了刚刚公布的新修订的《文物保护法》。他强调,要依法行政,坚决执行,做到有法必依,执法必严,违法必究。要通过严格执法,保证文物工作在法制的轨道上顺利推进。在浙江考察时他强调指出,浙江文物资源十分丰富,又是经济发达省份,浙江省文物部门的同志对如何在经济发展过程中做好文物工作付出了很大的努力,希望能为全国文博工作提供更好的经验。

4日 新中国第一家古旧书店——中国书店迎来50华诞。

5～6日 中国丝绸博物馆在杭州举办"中国古代纺织品研究"国际学术报告会。

来自新疆文物考古所、青海文物考古所、内蒙古文化厅、辽宁省博物馆、江西省文物考古所、河北隆化县博物馆的学者，以及来自美国大都会博物馆、克利夫兰艺术博物馆、明尼爱波利斯艺术博物馆、洛杉矶博物馆，英国维多利亚爱尔伯特博物馆、伦敦大学亚非学院，比利时皇家博物馆，德国科隆中世纪艺术博物馆等近百名古纺织品专家和考古学家出席。

6日 《中国文物报》全文刊登修订后的《文物保护法》。同时刊登了国家文物局局长单霁翔就相关问题答记者问。文物报发表评论员文章《依法加强文物保护管理工作，促进文物事业繁荣发展》。还开辟了文物专家座谈《文物保护法》栏目，共刊登329篇文章。

同日 文化部、国家文物局印发《关于做好〈中华人民共和国文物保护法〉宣传贯彻工作的通知》。《通知》提出6点：(1)对《文物保护法》重新进行修订，是我国文化遗产保护工作与时俱进、不断开拓创新的重大举措。(2)各级文化、文物行政管理部门的领导要高度重视《文物保护法》的宣传、学习，把组织宣传、学习、贯彻新的《文物保护法》作为今后一段时期内日常工作的重点。(3)各级文化、文物行政主管部门要首先学好、用好《文物保护法》，要组织全体文博单位职工在认真学法的基础上，在思想上进一步明确岗位职责，正确看待法律赋予的权利与责任。(4)各级文化、文物行政管理部门要坚持学法与用法相结合，全面推进文物事业的依法治理。(5)各地要利用新修订的《文物保护法》颁布及《文物保护法》颁布施行20周年的契机，配合党的“十六大”召开，在今冬明春掀起一个宣传《文物保护法》的高潮。(6)各地文化、文物行政管理部门要通过对《文物保护法》的宣传、学习，适时组织有关力量，对本地区本单位制定的相关法律规章进行一次清理检查。

7日 贵州省成立文物古生物化石保护委员会，龙超云副省长担任委员会主任。

8日 中国画家杨正耀作品展在武汉博物馆举行，在开幕式上杨老将其代表作《横江叠嶂》长卷，捐赠给武汉博物馆。

《中国文物报》同日报道：

陕西省召开文物保护重点工程项目会议。会议确定整修黄帝陵工程、秦始皇陵遗址公园、大明宫遗址保护、汉阳陵博物园建设、陕西历史博物馆唐墓壁画馆建设、陕西历史博物馆基本陈列改造、西岳庙维修、半坡博物馆遗址大厅改造、碑林石刻艺术馆建设、法门寺旅游文化景区建设为陕西文物保护十大重点工程。总投资20多亿元人民币，全部工程预计3～5年完成。

江苏省政府公布第五批163处省级文物保护单位，另公布了7个扩展项目。至此，江苏省级文物保护单位已达541处。

甘肃省九届人大常委会第30次会议审议了《甘肃敦煌莫高窟保护条例(草案)》。这是甘肃省首次对境内列入世界文化遗产名录的文物进行专项立法。

云南富源大河发现人类进化关键时期的人类化石及石器。到目前为止的二期发掘，已发现人类牙齿（化石)3枚及石制品2000多件，部分石器具有典型的莫斯特和勒瓦娄哇技术特点，制作十分精美。出土大量反映旧石器时代人类生活的火塘、烧骨、烧土、颜料、人工堆积的砾石地面等。

应重庆市文化局、英国驻重庆总领事馆和重庆市博物馆的邀请，苏格兰国家博物馆文物博物馆学专家、人类文化学专家、中国艺术史专家习维沃尔博士一行赴重庆市博物馆进行学术文化交流。

福建省政协副主席王耀华带领省政协委员考察团赴泉州、漳州两市，就文物工作“五纳入”和落实2001年以来省委、省政府领导对文物和文化遗产保护重要批示的情况进行考察和回访。

北京市消防局故宫博物院联合在午门进行消防演习。

15日 上海博物馆接受智利著名铜业公司 CODELCO 捐赠铜矿石仪式在上博影视中心举行。上博在青铜器馆中开辟了“青铜器的冶炼技术”专题陈列。

《中国文物报》同日报道：

全国人大常委会副委员长王光英参观锦州市博物馆及坐落于院中的全国重点文物保护单位广济寺建筑群。他对博物馆的陈列及藏品给予很高评价，并欣然为博物馆题词：“文明之光”。

陕西采取多种形式宣传《文物保护法》。10 月 31 日省文物局配合陕西电视台“政法频道”及时拍摄了文物保护法公布施行的新闻片。11 月 1 日陕西电视台新闻中心记者现场采访参加“局机关”直属单位“学法”动员会的领导和专家。11 月 2 日陕西广播电视台摘发《文物保护法》修改后的主要内容及专家学者发言情况。11 月 6 日省文物局在《陕西日报》二版向读者全面报道专家学者对新法重要意义的认识。

15～17 日 2002 年中国杭州南宋官窑老虎洞窑址国际学术研讨会在杭州市举行。中国(包括香港、台湾地区)、美国、英国、加拿大、澳大利亚、德国、意大利、日本、新加坡等 9 个国家和地区的 110 多位来宾出席。

16 日 国内著名文博考古专家聚首成都，就金沙遗址保护等问题进行论证。专家们一致认为，金沙遗址已经揭露的遗迹和出土文物，表明这里从商代晚期到西周时期，是四川盆地的中心遗址，很可能是三星堆以后的又一都邑遗址。建议国家文物行政部门尽快指定公布为全国重点文物保护单位，并为申报列入世界文化遗产清单作好准备。

18 日 国家文物局发出《关于开展第 5 届全国博物馆十大陈列展览精品评选活动的通知》。

同日 世界文化遗产中国长城九门口段挂牌仪式在辽宁省绥中县九门口举行。辽宁省政府副省长刘克田、省政府副秘书长李喜平等参加了揭牌仪式。

19 日 河北省政府发布《关于进一步加强长城保护管理工作的通知》。这是全国第一个以省政府名义发布保护长城的政策措施。河北省境内有战国至明代长城 4000 余公里，其中明代长城约 2400 余公里，行经 7 个市 34 个县。

《中国文物报》20 日报道：

中共内蒙古自治区党委书记储波在巴林左旗就辽上京遗址的保护、博物馆建设进行了专题考察，当他了解到巴林左旗旗委、政府正在筹建辽上京博物馆时，表示自治区要在资金上支持辽上京博物馆建设。他还指出，对黑城周围的生态环境要逐步治理，首先要治沙种草，同时要保护好古城墙。为支持居延遗址的保护，储波表示，自治区阿拉善盟财政部门要投入资金。同时要求自治区文物部门与国家文物局和有关专家积极配合，做好居延遗址的整体保护规划，并分步实施。

湖南省委书记杨正午一行对凤凰古城进行实地考察。他特别强调，凤凰作为国家历史名城，不仅要保护好现存的文物古迹，而且城市及旅游景点建设也要体现凤凰独有的特点。现在凤凰古城正在积极申报世界文化遗产，一定要按照世界文化遗产的标准和要求来开展保护、整治和管理工作。

陕西省代省长贾治邦签署省政府令，发布施行《陕西省重大文物安全事故行政责任追究规定》。

河北省对西陵修缮工作全面展开。计划投资 5160 万元。

青岛成立历史文化名城保护委员会，市

委书记、市长杜世成担任主任。青岛 1994 年被国务院批准为国家级历史文化名城。

四川遂宁宋墓出土生肖俑。十二生肖俑塑于人物俑器座上。

陕西靖边统万城加固工程启动。到位资金 120 万元。统万城为国务院 1996 年公布的文物保护单位。

湖北省襄樊市南漳发现三国时期古山寨——卧牛山寨。山寨周长 8000 米，迄今中国面积最大的古山寨之一。

在孙中山先生诞辰 136 周年来临之际，北京市政协在中山公园重新布展 “孙中山与北京”，首次向外界披露了孙中山先生逝世前的病历及病逝后的尸检报告复制品。

常书鸿多幅绘画作品捐赠中国友好和平发展基金会。常书鸿为敦煌学专家，30 年代曾获法国巴黎、里昂油画沙龙展览金奖三次、银奖两次、荣誉奖一次，作品被法国国家博物馆收藏。1994 年在北京逝世，终年 90 岁。

20～22 日 郭沫若与百年中国学术文化国际论坛在北京举行。日本、韩国、俄罗斯、美国与国内各界学者 80 余人出席会议。郭沫若诞辰 110 周年纪念会暨第二届郭沫若中国历史学奖颁奖大会，作为国际学术论坛的开幕式于 20 日上午举行。

21 日 日本政府向中国提供 2.8 亿日元无偿资金，用于保护中国唐代著名宫殿建筑——西安大明宫含元殿遗址。这是日本政府对华第一个文化遗产无偿资金合作项目。

22 日 国务院发布文告，增补里耶古城遗址为第五批全国重点文物保护单位。

《中国文物报》同日报道：

江西南昌市进贤县李渡镇李渡烧酒作坊遗址考古取得重大突破：发现元代酒窑；明代水井、晾堂、酒窑、炉灶、蒸馏设施、水沟、墙基等酿酒遗迹，布局配套，完整齐全。

《中国文物报》27 日报道：

“党风楷模——周恩来展” 开幕式在黑龙江省博物馆举行。黑龙江省委副书记刘东辉、省人大副主任王人生、副省长王佑佐、省政协副主席张树平为展览剪彩。

湖南邵阳城步西岩遗址发掘出土独特史前文化，为构建湘南岭北地区新石器时代晚期至夏商时期的文化序列提供资料。

为配合三峡库区建设，耗资 600 余万元的瞿塘峡题刻搬迁工程圆满竣工。

山西省洪洞县广胜寺文物管理所工作人员例行巡察时发现，大雄宝殿内两名住寺居士(系无业人员)正在浇铸白色液体，一尊佛像的全身已被浇满，文管人员当即报案。次日凌晨破坏文物的广胜寺僧团住持释果全被依法刑事拘留。被浇文物系全国第一批重点文物保护单位广胜寺大雄宝殿内十八罗汉之一，铸于明代景泰年间，系国家二级文物。释果全等人原计划浇出全部罗汉像的模具，然后复制成工艺品出售。

28 日 湖北省博物馆扩建工程开工。总投资 2.33 亿元。

29 日 位于北京崇文区的明末著名民族英雄袁崇焕祠、墓修缮一新，正式开放。

《中国文物报》同日报道：

安徽滁州发掘商代大规模聚落祭祀遗址。

山西太原王家峰壁画墓发现保存完好的北齐壁画。

四川对明僖王陵进行首次维修。维修工程将耗资 300 万元。

曾在 2001 年震惊国家文物局、公安部的甘肃省华池县被盗双塔寺石造佛像塔迁该县东山公园新寺院。

山东省科学技术评审委员会公布 2002 年度山东省科学技术奖名单。省文物考古所完成的 2 项科技成果获奖。其中，“中国临淄文物考古遥感影像研究” 获二等奖，“中国最早的开颅手术实例鉴定研究” 获三等奖。

福建省德化县陶瓷博物馆在对三班镇新窑的标本采集中，首次获得整体的明代万历年间生产的“象牙白”小人物塑像——俗称“寸罗汉”。

成都举行为期40天的“永陵(王建墓)考古发现60年”系列纪念活动。

云南民族博物馆成功接收翰荣轩私立博物馆部分民族文物。这批文物总计838套(件)。

30日 上海博物馆“晋唐元书画国宝展”开幕。中共上海市委书记殷一璀，文化部副部长兼故宫博物院院长郑欣淼，上海市副市长周慕尧，辽宁省副省长刘克田，中国博物馆学会理事长张文彬，以及来自海内外文物博物馆界、收藏界、书画界近千人出席开幕仪式。

12 月

1日 青岛市政府决定，即日起正式启动对八大关、太平角和小鱼山历史风貌保护区的综合整治工程。

同日 反映上饶集中营革命斗争事迹为主题的爱国主义教育展览——“血染的丰碑”在中国革命博物馆举行首展仪式。全国政协副主席孙孚凌、万国权出席。

2日 值北京猿人第一个头盖骨发现73年纪念日，首届裴文中科学奖励基金颁奖大会在京举行。80余人与会。吴新智、吕遵谔、张森水、黄万波、周国兴、金昌柱等6人同在人类起源与演化理论研究、旧石器考古与古人类学领域的人才培养、对旧石器考古学理论的推动等方面作出重要贡献，荣获首届“裴文中科学奖”。裴文中院士是著名古人类学家、史前考古学家，中国猿人第一个头盖骨的发现者，中国旧石器考古的奠基人和中国第四纪哺乳动物学的奠基人之一。

4日 江西景德镇市中级人民法院、景德镇市（文化）文物局、景德镇珠山区人民法院联合在御窑遗址所在地举办“依法打击盗掘古文化遗址犯罪活动”和贯彻新《文物保护法》宣传周活动。6名文物盗掘分子受到法律惩处。

《中国文物报》同日报道：

安徽繁昌发现北宋前期龙窑窑址：保存完整程度罕见；烧造青白瓷的早期地层可能到五代时期，作坊遗址一处；大量瓷器标本、窑具、原料等。

陕西省文物局印发《陕西省文物局依法治理五年规划》。

北京市宣武区工商局罚没的辽西化石移交仪式在北京自然博物馆举行。罚没的化石共有31件。

“马王堆汉墓文物特展”在韩国汉城国立“艺术殿堂”美术馆举行。

江西修复塘边毛泽东旧居和红四军31团团部旧址。这2处为省级文保单位，建造于清代末年。

安徽省寿县警方向寿县博物馆移交在打击文物犯罪中收缴的101件文物，其中有国家二、三级文物。

5日 中共中央总书记胡锦涛和中共中央政治局常委、中央书记处书记曾庆红，中共中央政治局委员、中央书记处书记刘云山、贺国强，中共中央政治局候补委员、中共书记处书记王刚，中央书记处书记徐才厚、何勇等中央领导同志一行20余人，在省委书记白克明、省长钮茂生等省领导的陪同下到西柏坡纪念馆学习考察。首先瞻仰了毛泽东、刘少奇、周恩来、朱德、任弼时5位伟人铜像。下午，参观了西柏坡纪念馆和中共中央旧址。在西柏坡纪念馆，参观了这里的10个展室，认真观看馆内陈设，详细了解每一部分陈列的内容。在“大决战”展厅，听着讲解员讲解“子弟兵的母亲”戎冠秀的故事，看着当时挑着扁担、推着小车的支前大军的图片，胡锦涛感慨地说：“正是依靠人民的支持，我们党的事业才获得了不断胜利的基础。”在中共中央旧址，先后瞻仰了毛泽东、刘少奇、周恩来、朱德、任弼时、董必武旧居和中央军委作战室旧址。在七届二中全会旧址，胡锦涛仔细听取讲解员介绍当时会议的情况，他语重心长地说：“我们一定要牢记毛泽东同志倡导的‘两个务必’，首先要从自身做起，从每一位领导干部做起。”晚上，观看了历史资料电影《西柏坡——新中国从这里走来》和西柏坡纪念馆职工的文艺演出，并与大家合影。

6日 中国文物信息咨询中心受国家文物局指派，以2999万元成功竞买米芾的《研山铭》。它是中贸盛佳国际拍卖有限公司从海外征集回来的。

7日 甘肃省第九届人大常委会第31次会议通过《甘肃敦煌莫高窟保护条例》，2003年3月1日起施行。

7日～8日 国家文物局党组书记、局长单霁翔赴湖北省考察文物工作。他先后考察了九连墩等。他指出：考古发掘工作切实做到严谨、仔细，以尽可能多的获取资料、信息；要做好打开棺椁后的出土文物保护的准备工作，要做好文物的保护预案，对可能出土的青铜器、竹简、丝绸等文物的预案要做详尽，并请相关文物保护专家到现场，确保出土文物能得到及时有效保护；要做好九连墩墓群整体的调查勘探，弄清墓群的全部情况，并制定整体保护规划，特别要做好安全工程。考察结束后，单霁翔与王少阶副省长就湖北文物保护工作交换了意见。并就几项工作谈了具体意见：一是荆门博物馆王必胜案件在社会上反映强烈，请省委、省政府领导同志进一步督查此案；二是辛亥革命武昌起义军政府旧址的维修工作应进一步抓紧进行，要尽快将30余户住户搬迁出去，以完整恢复议员公所，从而更好地建设辛亥革命博物馆。

9日 中国古陶瓷学会登出公告：中国古陶瓷研究会更名为中国古陶瓷学会。

《中国文物报》11日报道：

根据李岚清副总理批示精神，国家文物局副局长张柏率中国文物研究所专家到鄂尔多斯市鄂托克旗百眼窑石窟实地视察，同时视察了附近的百眼井遗址。根据张柏同志的指示，内蒙古自治区有关领导商定了百眼窑石窟保护方案：(1)立即组织专家做考古发掘、水文地质等方面的基础工作，提出保护的科学依据，2002年年底完成。(2)整体保护方案委托中国文物所制定，同时由该所制定岩体和壁画的抢救方案。(3)再次申报国保单位。(4)移民搬迁等周边环境治理工作，由鄂托克旗负责。旗人大要于2003年制定并颁布百眼窑石窟保护条例，并由旗委政府与有关方面协调通电路事宜，为保护、开发、利用创造条件。同时建议区财政支持百眼窑石窟和百眼井保护工程50万元，增加全区保护经费，健全文物机构，以适应文物保护的要求。

根据人事部、国家文物局《关于评选表彰全国文物系统先进集体和先进工作者的通知》和国家文物局《关于评选表彰全国文物系统先进个人的通知》要求，国家文物局在全国文物系统组织了先进集体、先进工作者、先进个人的评选活动，对拟授予者在《中国文物报》予以公示。其中先进集体，候选名单30名，先进工作者候选名单20名，先进个人候选名单70名。

北京发现详细记录昔日大运河上漕船资料的条规——《漕帮条规》。其中记载苏州、浙江、淞江、山东等128帮半，漕船数量9999只，另有香火船72只。规定进京漕船打龙旗，出京漕船打凤旗等。

河北唐山发现最早的中共党员之一邓培烈士遗像。邓培出生于1883年4月8日，原籍广东三水县石湖洲邓关村，1900年到唐山制造厂做工，是早期铁路工人运动优秀活动家，1921年加入中国共产党，曾担任中共第三、四届中央执行委员会候补委员等职，1927年被国民党反动派杀害。此照片是20人合影，摄于1910年。

12日 中国长城考察万里行总结报告会在北京八达岭长城举行。中国长城学会副会长王定国、罗哲文等出席。这次考察自8月3日开始至9月7日结束，共考察了101处长城遗存，举办了15次学术座谈会。据考察报告保守估计明长城有较好墙体的部分不到20%，有明显墙体遗址的不到30%，墙体和遗址总长不超过5000华里。

《中国文物报》13日报道：

香港沙下遗址考古发掘取得重要收获：出土丰富的遗迹遗物，发现新石器时代的房址、青铜时代的墓葬。

甘肃安西唐瓜州城角墩抢救加固工程竣工。瓜州城始建于隋开皇三年（583年），1996年公布为第四批全国重点文物保护单位。

安徽铜陵金牛洞古宋矿遗址全面修复。遗址年代大致为春秋至秦汉，1996年公布为第四批全国重点文物保护单位。

16日 陕西省政府公布第四批省级文物保护单位157处。至此，全省省级文物保护单位已增至464处。

同日 人事部、国家文物局发布《关于表彰全国文物系统先进集体和先进工作者的决定》。

17日 第一届全国遥感考古会议在北京召开，全国各地100多名代表与会。

《中国文物报》同日报道：

为保证秦始皇陵遗址公园项目的顺利实施，及时协调解决遗址公园建设中的重大问题，陕西省政府决定成立秦始皇陵文物保护工程建设领导小组，代省长贾治邦任组长，副省长赵德全任副组长。2002年7月，经国务院同意，国家计委、国家文物局批准了陕西建设“秦始皇陵遗址公园”项目的建议，投资5.53亿元，内容包括征用秦始皇帝陵外城以及3386.51亩土地，实施文物保护、拆迁移民，建设石铠甲坑博物馆、文吏俑坑博物馆，修建保护性围墙、道路、排水设施，绿化陵园园区，开展秦始皇陵的全面考古调查和勘探等。

四川郪江流域崖墓考古获重大发现：中江塔梁子3号墓在崖墓中首次发现壁画及墨书榜题，同时也是长江流域及其以南地区目前发现时代最早的壁画墓；三台柏林坡1号墓发现墓主人生活的雕刻、彩绘及朱书纪年题记；墓葬形制非常奇特，文化内涵极为丰富，发现一批仿木结构建筑雕刻和具有重要价值的画像题材。

云南大理州剑川县石钟山沙登箐石窟维修竣工。该石窟是国务院公布的首批全国重点文物保护单位。

国家文物局专家组对重庆市大足石刻1996年以来的国拨补助资金维修保护工程进行专项检验后认定：所有国拨经费保护工程施工精细，质量优良，达到了保护文物的目的。近年来国家拨款300万元，大足自筹500万元用于大足石刻的维修保护。

19日 全国文物工作会议在北京召开。中共中央、国务院有关部门及各省、自治区、直辖市及计划单列市等200余位代表出席会议。文化部部长孙家正作重要讲话，单霁翔代表国家文物局向大会作了题为《保护祖国文物，传承中华文明，弘扬先进文化，努力推进文物事业持续发展》的工作报告。大会主题：认真学习、贯彻党的十六大精神，以“三个代表”重要思想为指导，全面回顾和总结1995年以来利用文物工作取得的成就和经验，继往开来，与时俱进，努力开创文物工作的新局面。在会上，代表们深入讨论了中央编办、国家计委、财政部、建设部、文化部、国家税务总局、国家文物局联合拟定的《关于进一步做好文物保护“五纳入”的通知》(讨论稿)和《文物保护法实施条例(征求意见稿)》。“五纳入”，即把文物保护纳入经济和社会发展计划，纳入城乡建设规划，纳入财政预算，纳入体制改革，纳入各级领导责任制。

同日 陕西省文物局下发《关于加强全省文物宣传工作的通知》，要求文博单位切实采取得力措施加强和改进全省文物宣传工作。

20日 全国文物工作会议在中南海召开全国全国电视电话会议。国务院副总理李岚清出席并发表重要讲话。其讲话要点为：要全面完整准确地理解文物工作的方针；文物是绝对不可再生的宝贵资源，在任何时候、任何情况下都要坚持保护为主，把文物本体及其原生环境保护和保存放在主要位置；文物单位不能交给任何一个企业去管理经营；要通过加强管理实现对文物的有效保护和合理利用，遏制对文物不择手段的滥用、破坏，努力实现文物的永久保护、永续利用。

《中国文物报》同日报道：

峨眉山发现宋代窖藏铁钱和瓷器。铁钱约160万枚16.32吨。瓷器54件，其中有二级文物11件，三级文物18件。

山西省离石市发现清代窖藏文物，出土有瓷器、铜器、锡器三大类共449件。为清乾隆至民国时期的遗物。

21日 人事部、国家文物局联合举办的2002年全国文物系统先进集体、先进工作者和先进个人表彰大会在北京召开。隆重表彰1998年以来，全国文物单位29个先进集体、20名先进工作者和在文博工作中做出突出成绩的70名先进个人。

同日 继全国文物工作会议之后，国家文物局召开了全国文物局长会议。会议主要内容是结合贯彻全国文物工作会议精神，特别是深入学习李岚清副总理在全国文物工作座谈会上的讲话精神，研究2003年文物工作的具体安排。国家文物局局长单霁翔作了工作报告。报告中提出了需要加强的9项重点工作、应加强4条保障措施、遵照4个要求、树立4个观念，特别强调要努力完成4大基础任务。9项重点工作是：(1)深入贯彻落实“保护为主，抢救第一，合理利用，加强管理”的文物工作方针和《文物保护法》。(2)大力推进基础工作和基本建设。(3)进一步提高文物工作的标准化、规范化、信息化程度与科技含量。(4)加强文物保护工程管理工作。(5)大力发展博物馆文化。(6)加强对民间收藏活动和流散文物的引导与管理。(7)继续做好《世界遗产名录》档案工作和申报规范化工作。(8)进一步加强文物安全工作。(9)进一步扩大文物工作的国际合作与交流。4条保障措施是：第一，进一步转变思想观念和工作作风，树立加强基础理论研究、加强基本建设、做好基础工作、规划工作和计划财务工作，抓住重点难点，抓住宏观管理的工作思路，为全面完成文物工作“十五”规划和文物事业的长远发展奠定坚实基础。第二，要加强文博队伍建设，加快机构建设和体制改革的步伐。第三，在各项工作中，都始终把文物安全工作放在首位。第四，要结合全国文物工作会议精神的贯彻落实和《文物保护法》的学习宣传普及，进一步加强文物宣传工作。遵照4个要求是：第一，牢记使命，勤奋工作。第二，坚持宗旨，执政为民。第三，改进作风，求真务实。第四，加强学习，与时俱进。树立4个观念是：党的观念、国家观念、人民观念、历史观念。4大基础任务是：第一，抓好《文物保护法》的宣传贯彻及配套法规体系的建设。第二，抓好“四有”工作和建立馆藏文物档案工作。第三，抓好人才培养、培训和科研工作。第四，抓好文物安全保卫工作。

25日 中国历史博物馆召开“沈从文先生与中国历史博物馆”座谈会，深刻缅怀这位闻名中外的著名文学家与博物馆界的老前辈（12 月 28 日 沈从文先生诞辰 100 周年）。

同日 《中国文物报》全文刊登了《文物事业“十五”发展规划和 2015 年远景目标(纲要)》文件。分为基本指导方针和原则、总体发展战略、重点加强的基础工作、事业发展重点项目及指标、保证规划实施的法律和政策措施等几部分。

同日 吉林省博物馆成立 50 周年庆典暨省博物馆馆藏艺术品陈列开馆仪式在省博物馆举行。吉林省副省长李锦斌、省人大常委会副主任付秀清、省文化厅厅长周维杰等出席开馆剪彩仪式，并在会上讲话。展出有代表性的艺术品近 200 件，是省博物馆收藏近 6 万件文物中的佼佼者。

26～28 日 国家文物局局长单霁翔考察新疆文物工作。单霁翔指出，要加快新疆维吾尔自治区博物馆建设，争取早日竣工投入使用。还指出：2003 年文物工作的关键是抓落实，扎扎实实地落实全国文物工作会议提出的各项工作任务。要突出重点，理清思路，抓住当前要解决的几项基础性工作，来促进各项工作的落实。

27 日 “天竺之魂——印度古国铜雕像展”在陕西历史博物馆开幕。

《中国文物报》同日报道：

黑龙江阿城刘秀屯发现宋金时宫殿遗址。

由陕西省文物部门与中国煤炭航测遥感局联合组建的遥感考古中心正式成立，秦陵区遥感检测一期工程启动。

河北省玉田县营村东的净觉寺投资 200 多万元的维修工程通过验收。净觉寺始建于唐，最后一次重修于清，享有“京东第一寺”之称，是省级文保单位。

28 日 由中国文物出版社出版的《杨鲁安藏珍馆藏品菁华》面世，并在北京举办该书出版座谈会。首都、内蒙古及新闻界近百人出席。

同日 山东大学考古学研究中心成立大会在邵逸夫科学馆召开。美国芝加哥自然历史博物馆、中国社科院考古所、北京大学考古文博学院、山东省文化厅和省直文博单位、济南市文化局的负责人出席。

30 日 “神州风采——世界遗产在中国”大型展览在中国革命博物馆开幕。为纪念《保护世界文化和自然遗产公约》(又称《世界遗产公约》)签订 30 周年，配合 2002 年“联合国文化遗产年”，由国家文物局、建设部和中国联合国教科文组织全国委员会联合主办，组织开展了一系列相关宣传纪念活动。该展览是其中的重要一项。展期预计两个月。截至 2001 年底，我国已有 28 处文物古迹和自然景观被联合国教科文组织世界遗产委员会批准列入《世界遗产名录》，数量在西班牙、意大利之后，位列世界第三。联合国教科文组织第 27 届世界遗产委员会会议将于 2003 年 6 月在苏州召开。中国联合国教科文组织全国委员会就大会期间召开“亚太地区世界遗产展”、“世界遗产·中国论坛”事宜在北京中国革命博物馆举行第一次筹备会议。中国联合国教科文组织全国委员会、建设部、国家文物局负责人及全国 28 处世界遗产地管理部门代表参加了会议。

文 献 篇

政 策 法 规

中华人民共和国文物保护法

2002年10月28日第九届全国人民代表大会常务委员会第三十次会议通过
中华人民共和国主席令第76号公布

第一章 总 则

第一条 为了加强对文物的保护，继承中华民族优秀的历史文化遗产，促进科学研究工作，进行爱国主义和革命传统教育，建设社会主义精神文明和物质文明，根据宪法，制定本法。

第二条 在中华人民共和国境内，下列文物受国家保护：

（一）具有历史、艺术、科学价值的古文化遗址、古墓葬、古建筑、石窟寺和石刻、壁画；

（二）与重大历史事件、革命运动或者著名人物有关的以及具有重要纪念意义、教育意义或者史料价值的近代现代重要史迹、实物、代表性建筑；

（三）历史上各时代珍贵的艺术品、工艺美术品；

（四）历史上各时代重要的文献资料以及具有历史、艺术、科学价值的手稿和图书资料等；

（五）反映历史上各时代、各民族社会制度、社会生产、社会生活的代表性实物。

文物认定的标准和办法由国务院文物行政部门制定，并报国务院批准。

具有科学价值的古脊椎动物化石和古人类化石同文物一样受国家保护。

第三条 古文化遗址、古墓葬、古建筑、石窟寺、石刻、壁画、近代现代重要史迹和代表性建筑等不可移动文物，根据它们的历史、艺术、科学价值，可以分别确定为全国重点文物保护单位，省级文物保护单位，市、县级文物保护单位。

历史上各时代重要实物、艺术品、文献、手稿、图书资料、代表性实物等可移动文物，分为珍贵文物和一般文物；珍贵文物分为一级文物、二级文物、三级文物。

第四条 文物工作贯彻保护为主、抢救第一、合理利用、加强管理的方针。

第五条 中华人民共和国境内地下、内水和领海中遗存的一切文物，属于国家所有。古文化遗址、古墓葬、石窟寺属于国家所有。国家指定保护的纪念建筑物、古建筑、石刻、壁画、近代现代代表性建筑等不可移动文物，除国家另有规定的以外，属于国家所有。

国有不可移动文物的所有权不因其所依附的土地所有权或者使用权的改变而改变。

下列可移动文物，属于国家所有：

（一）中国境内出土的文物，国家另有规定的除外；

（二）国有文物收藏单位以及其他国家机关、部队和国有企业、事业组织等收藏、保管的文物；

（三）国家征集、购买的文物；

（四）公民、法人和其他组织捐赠给国家的文物；

（五）法律规定属于国家所有的其他文物。

属于国家所有的可移动文物的所有权不因其保管、收藏单位的终止或者变更而改变。

国有文物所有权受法律保护，不容侵犯。

第六条 属于集体所有和私人所有的纪念建筑物、古建筑和祖传文物以及依法取得的其他文物，其所有权受法律保护。文物的所有者必须遵守国家有关文物保护的法律、法规的规定。

第七条 一切机关、组织和个人都有依法保护文物的义务。

第八条 国务院文物行政部门主管全国文物保护工作。

地方各级人民政府负责本行政区域内的文物保护工作。县级以上地方人民政府承担文物保护工作的部门对本行政区域内的文物保护实施监督管理。

县级以上人民政府有关行政部门在各自的职责范围内，负责有关的文物保护工作。

第九条 各级人民政府应当重视文物保护，正确处理经济建设、社会发展与文物保护的关系，确保文物安全。

基本建设、旅游发展必须遵守文物保护工作的方针，其活动不得对文物造成损害。

公安机关、工商行政管理部门、海关、城乡建设规划部门和其他有关国家机关，应当依法认真履行所承担的保护文物的职责，维护文物管理秩序。

第十条 国家发展文物保护事业。县级以上人民政府应当将文物保护事业纳入本级国民经济和社会发展规划，所需经费列入本级财政预算。

国家用于文物保护的财政拨款随着财政收入增长而增加。

国有博物馆、纪念馆、文物保护单位等的事业性收入，专门用于文物保护，任何单位或者个人不得侵占、挪用。

国家鼓励通过捐赠等方式设立文物保护社会基金，专门用于文物保护，任何单位或者个人不得侵占、挪用。

第十一条 文物是不可再生的文化资源。国家加强文物保护的宣传教育，增强全民文物保护的意识，鼓励文物保护的科学研究，提高文物保护的科学技术水平。

第十二条 有下列事迹的单位或者个人，由国家给予精神鼓励或者物质奖励：

（一）认真执行文物保护法律、法规，保护文物成绩显著的；

（二）为保护文物与违法犯罪行为作坚决斗争的；

（三）将个人收藏的重要文物捐献给国家或者为文物保护事业作出捐赠的；

（四）发现文物及时上报或者上交，使文物得到保护的；

（五）在考古发掘工作中作出重大贡献的；

（六）在文物保护科学技术方面有重要发明创造或者其他重要贡献的；

（七）在文物面临破坏危险时，抢救文物有功的；

（八）长期从事文物工作，作出显著成绩的。

第二章　不可移动文物

第十三条 国务院文物行政部门在省级、市、县级文物保护单位中，选择具有重大历史、艺术、科学价值的确定为全国重点文物保护单位，或者直接确定为全国重点文物保护单位，报国务院核定公布。省级文物保护单位，由省、自治区、直辖市人民政府核定公布，并报国务院备案。

市级和县级文物保护单位，分别由设区的市、自治州和县级人民政府核定公布，并报省、自治区、直辖市人民政府备案。

尚未核定公布为文物保护单位的不可移动文物，由县级人民政府文物行政部门予以登记并公布。

第十四条 保存文物特别丰富并且具有重大历史价值或者革命纪念意义的城市，由国务院核定公布为历史文化名城。

保存文物特别丰富并且具有重大历史价值或者革命纪念意义的城镇、街道、村庄，由省、自治区、直辖市人民政府核定公布为历史文化街区、村镇，并报国务院备案。

历史文化名城和历史文化街区、村镇所在地的县级以上地方人民政府应当组织编制专门的历史文化名城和历史文化街区、村镇保护规划，并纳入城市总体规划。

历史文化名城和历史文化街区、村镇的保护办法，由国务院制定。

第十五条 各级文物保护单位，分别由省、自治区、直辖市人民政府和市、县级人民政府划定必要的保护范围，作出标志说明，建立记录档案，并区别情况分别设置专门机构或者专人负责管理。全国重点文物保护单位的保护范围和记录档案，由省、自治区、直辖市人民政府文物行政部门报国务院文物行政部门备案。

县级以上地方人民政府文物行政部门应当根据不同文物的保护需要，制定文物保护单位和未核定为文物保护单位的不可移动文物的具体保护措施，并公告施行。

第十六条 各级人民政府制定城乡建设规划，应当根据文物保护的需要，事先由城乡建设规划部门会同文物行政部门商定对本行政区域内各级文物保护单位的保护措施，并纳入规划。

第十七条 文物保护单位的保护范围内不得进行其他建设工程或者爆破、钻探、挖掘等作业。但是，因特殊情况需要在文物保护单位的保护范围内进行其他建设工程或者爆破、钻探、挖掘等作业的，必须保证文物保护单位的安全，并经核定公布该文物保护单位的人民政府批准，在批准前应当征得上一级人民政府文物行政部门同意；在全国重点文物保护单位的保护范围内进行其他建设工程或者爆破、钻探、挖掘等作业的，必须经省、自治区、直辖市人民政府批准，在批准前应当征得国务院文物行政部门同意。

第十八条 根据保护文物的实际需要，经省、自治区、直辖市人民政府批准，可以在文物保护单位的周围划出一定的建设控制地带，并予以公布。

在文物保护单位的建设控制地带内进行建设工程，不得破坏文物保护单位的历史风貌；工程设计方案应当根据文物保护单位的级别，经相应的文物行政部门同意后，报城乡建设规划部门批准。

第十九条 在文物保护单位的保护范围和建设控制地带内，不得建设污染文物保护单位及其环境的设施，不得进行可能影响文物保护单位安全及其环境的活动。对已有的污染文物保护单位及其环境的设施，应当限期治理。

第二十条 建设工程选址，应当尽可能避开不可移动文物；因特殊情况不能避开的，对文物保护单位应当尽可能实施原址保护。

实施原址保护的，建设单位应当事先确定保护措施，根据文物保护单位的级别报相应的文物行政部门批准，并将保护措施列入可行性研究报告或者设计任务书。

无法实施原址保护，必须迁移异地保护或者拆除的，应当报省、自治区、直辖市人民政府批准；迁移或者拆除省级文物保护单位的，批准前须征得国务院文物行政部门同意。全国重点文物保护单位不得拆除；需要迁移的，须由省、自治区、直辖市人民政府报国务院批准。

依照前款规定拆除的国有不可移动文物中具有收藏价值的壁画、雕塑、建筑构件等，由文物行政部门指定的文物收藏单位收藏。

本条规定的原址保护、迁移、拆除所需费用，由建设单位列入建设工程预算。

第二十一条 国有不可移动文物由使用人负责修缮、保养；非国有不可移动文物由所有人负责修缮、保养。非国有不可移动文物有损毁危险，所有人不具备修缮能力的，当地人民政府应当给予帮助；所有人具备修缮能力而拒不依法履行修缮义务的，县级以上人民政府可以给予抢救修缮，所需费用由所有人负担。

对文物保护单位进行修缮，应当根据文物保护单位的级别报相应的文物行政部门批准；对未核定为文物保护单位的不可移动文物进行修缮，应当报登记的县级人民政府文物行政部门批准。

文物保护单位的修缮、迁移、重建，由取得文物保护工程资质证书的单位承担。

对不可移动文物进行修缮、保养、迁移，必须遵守不改变文物原状的原则。

第二十二条 不可移动文物已经全部毁坏的，应当实施遗址保护，不得在原址重建。但是，因特殊情况需要在原址重建的，由省、自治区、直辖市人民政府文物行政部门征得国务院文物行政部门同意后，报省、自治区、直辖市人民政府批准；全国重点文物保护单位需要在原址重建的，由省、自治区、直辖市人民政府报国务院批准。

第二十三条 核定为文物保护单位的属于国家所有的纪念建筑物或者古建筑，除可以建立博物馆、保管所或者辟为参观游览场所外，如果必须作其他用途的，应当经核定公布该文物保护单位的人民政府文物行政部门征得上一级文物行政部门同意后，报核定公布该文物保护单位的人民政府批准；全国重点文物保护单位作其他用途的，应当由省、自治区、直辖市人民政府报国务院批准。国有未核定为文物保护单位的不可移动文物作其他用途的，应当报告县级人民政府文物行政部门。

第二十四条 国有不可移动文物不得转让、抵押。建立博物馆、保管所或者辟为参观游览场所的国有文物保护单位，不得作为企业资产经营。

第二十五条 非国有不可移动文物不得转让、抵押给外国人。

非国有不可移动文物转让、抵押或者改变用途的，应当根据其级别报相应的文物行政部门备案；由当地人民政府出资帮助修缮的，应当报相应的文物行政部门批准。

第二十六条 使用不可移动文物，必须遵守不改变文物原状的原则，负责保护建筑物及其附属文物的安全，不得损毁、改建、添建或者拆除不可移动文物。

对危害文物保护单位安全、破坏文物保护单位历史风貌的建筑物、构筑物，当地人民政府应当及时调查处理，必要时，对该建筑物、构筑物予以拆迁。

第三章　考古发掘

第二十七条 一切考古发掘工作，必须履行报批手续；从事考古发掘的单位，应当经国务院文物行政部门批准。

地下埋藏的文物，任何单位或者个人都

不得私自发掘。

第二十八条 从事考古发掘的单位，为了科学研究进行考古发掘，应当提出发掘计划，报国务院文物行政部门批准；对全国重点文物保护单位的考古发掘计划，应当经国务院文物行政部门审核后报国务院批准。国务院文物行政部门在批准或者审核前，应当征求社会科学研究机构及其他科研机构和有关专家的意见。

第二十九条 进行大型基本建设工程，建设单位应当事先报请省、自治区、直辖市人民政府文物行政部门组织从事考古发掘的单位在工程范围内有可能埋藏文物的地方进行考古调查、勘探。

考古调查、勘探中发现文物的，由省、自治区、直辖市人民政府文物行政部门根据文物保护的要求会同建设单位共同商定保护措施；遇有重要发现的，由省、自治区、直辖市人民政府文物行政部门及时报国务院文物行政部门处理。

第三十条 需要配合建设工程进行的考古发掘工作，应当由省、自治区、直辖市文物行政部门在勘探工作的基础上提出发掘计划，报国务院文物行政部门批准。国务院文物行政部门在批准前，应当征求社会科学研究机构及其他科研机构和有关专家的意见。

确因建设工期紧迫或者有自然破坏危险，对古文化遗址、古墓葬急需进行抢救发掘的，由省、自治区、直辖市人民政府文物行政部门组织发掘，并同时补办审批手续。

第三十一条 凡因进行基本建设和生产建设需要的考古调查、勘探、发掘，所需费用由建设单位列入建设工程预算。

第三十二条 在进行建设工程或者在农业生产中，任何单位或者个人发现文物，应当保护现场，立即报告当地文物行政部门，文物行政部门接到报告后，如无特殊情况，应当在24小时内赶赴现场，并在7日内提出处理意见。文物行政部门可以报请当地人民政府通知公安机关协助保护现场；发现重要文物的，应当立即上报国务院文物行政部门，国务院文物行政部门应当在接到报告后15日内提出处理意见。

依照前款规定发现的文物属于国家所有，任何单位或者个人不得哄抢、私分、藏匿。

第三十三条 非经国务院文物行政部门报国务院特别许可，任何外国人或者外国团体不得在中华人民共和国境内进行考古调查、勘探、发掘。

第三十四条 考古调查、勘探、发掘的结果，应当报告国务院文物行政部门和省、自治区、直辖市人民政府文物行政部门。

考古发掘的文物，应当登记造册，妥善保管，按照国家有关规定移交给由省、自治区、直辖市人民政府文物行政部门或者国务院文物行政部门指定的国有博物馆、图书馆或者其他国有收藏文物的单位收藏。经省、自治区、直辖市人民政府文物行政部门或者国务院文物行政部门批准，从事考古发掘的单位可以保留少量出土文物作为科研标本。

考古发掘的文物，任何单位或者个人不得侵占。

第三十五条 根据保证文物安全、进行科学研究和充分发挥文物作用的需要，省、自治区、直辖市人民政府文物行政部门经本级人民政府批准，可以调用本行政区域内的出土文物；国务院文物行政部门经国务院批准，可以调用全国的重要出土文物。

第四章　馆藏文物

第三十六条 博物馆、图书馆和其他文物收藏单位对收藏的文物，必须区分文物等级，设置藏品档案，建立严格的管理制度，并报主管的文物行政部门备案。

县级以上地方人民政府文物行政部门应当分别建立本行政区域内的馆藏文物档案；国务院文物行政部门应当建立国家一级文物藏品档案和其主管的国有文物收藏单位馆藏文物档案。

第三十七条 文物收藏单位可以通过下列方式取得文物：

（一）购买；

（二）接受捐赠；

（三）依法交换；

（四）法律、行政法规规定的其他方式。

国有文物收藏单位还可以通过文物行政部门指定保管或者调拨方式取得文物。

第三十八条 文物收藏单位应当根据馆藏文物的保护需要，按照国家有关规定建立、健全管理制度，并报主管的文物行政部门备案。未经批准，任何单位或者个人不得调取馆藏文物。

文物收藏单位的法定代表人对馆藏文物的安全负责。国有文物收藏单位的法定代表人离任时，应当按照馆藏文物档案办理馆藏文物移交手续。

第三十九条 国务院文物行政部门可以调拨全国的国有馆藏文物。省、自治区、直辖市人民政府文物行政部门可以调拨本行政区域内其主管的国有文物收藏单位馆藏文物；调拨国有馆藏一级文物，应当报国务院文物行政部门备案。

国有文物收藏单位可以申请调拨国有馆藏文物。

第四十条 文物收藏单位应当充分发挥馆藏文物的作用，通过举办展览、科学研究等活动，加强对中华民族优秀的历史文化和革命传统的宣传教育。

国有文物收藏单位之间因举办展览、科学研究等需借用馆藏文物的，应当报主管的文物行政部门备案；借用馆藏一级文物，应当经国务院文物行政部门批准。

非国有文物收藏单位和其他单位举办展览需借用国有馆藏文物的，应当报主管的文物行政部门批准；借用国有馆藏一级文物，应当经国务院文物行政部门批准。

文物收藏单位之间借用文物的最长期限不得超过3年。

第四十一条 已经建立馆藏文物档案的国有文物收藏单位，经省、自治区、直辖市人民政府文物行政部门批准，并报国务院文物行政部门备案，其馆藏文物可以在国有文物收藏单位之间交换；交换馆藏一级文物的，必须经国务院文物行政部门批准。

第四十二条 未建立馆藏文物档案的国有文物收藏单位，不得依照本法第四十条、第四十一条的规定处置其馆藏文物。

第四十三条 依法调拨、交换、借用国有馆藏文物，取得文物的文物收藏单位可以对提供文物的文物收藏单位给予合理补偿，具体管理办法由国务院文物行政部门制定。

国有文物收藏单位调拨、交换、出借文物所得的补偿费用，必须用于改善文物的收藏条件和收集新的文物，不得挪作他用；任何单位或者个人不得侵占。

调拨、交换、借用的文物必须严格保管，不得丢失、损毁。

第四十四条 禁止国有文物收藏单位将馆藏文物赠与、出租或者出售给其他单位、个人。

第四十五条 国有文物收藏单位不再收藏的文物的处置办法，由国务院另行制定。

第四十六条 修复馆藏文物，不得改变馆藏文物的原状；复制、拍摄、拓印馆藏文物，不得对馆藏文物造成损害。具体管理办法由国务院制定。

不可移动文物的单体文物的修复、复

制、拍摄、拓印,适用前款规定。

第四十七条 博物馆、图书馆和其他收藏文物的单位应当按照国家有关规定配备防火、防盗、防自然损坏的设施,确保馆藏文物的安全。

第四十八条 馆藏一级文物损毁的,应当报国务院文物行政部门核查处理。其他馆藏文物损毁的,应当报省、自治区、直辖市人民政府文物行政部门核查处理;省、自治区、直辖市人民政府文物行政部门应当将核查处理结果报国务院文物行政部门备案。

馆藏文物被盗、被抢或者丢失的,文物收藏单位应当立即向公安机关报案,并同时向主管的文物行政部门报告。

第四十九条 文物行政部门和国有文物收藏单位的工作人员不得借用国有文物,不得非法侵占国有文物。

第五章　民间收藏文物

第五十条 文物收藏单位以外的公民、法人和其他组织可以收藏通过下列方式取得的文物:

(一) 依法继承或者接受赠与;

(二) 从文物商店购买;

(三) 从经营文物拍卖的拍卖企业购买;

(四) 公民个人合法所有的文物相互交换或者依法转让;

(五) 国家规定的其他合法方式。

文物收藏单位以外的公民、法人和其他组织收藏的前款文物可以依法流通。

第五十一条 公民、法人和其他组织不得买卖下列文物:

(一) 国有文物,但是国家允许的除外;

(二) 非国有馆藏珍贵文物;

(三) 国有不可移动文物中的壁画、雕塑、建筑构件等,但是依法拆除的国有不可移动文物中的壁画、雕塑、建筑构件等不属于本法第二十条第四款规定的应由文物收藏单位收藏的除外;

(四) 来源不符合本法第五十条规定的文物。

第五十二条 国家鼓励文物收藏单位以外的公民、法人和其他组织将其收藏的文物捐赠给国有文物收藏单位或者出借给文物收藏单位展览和研究。

国有文物收藏单位应当尊重并按照捐赠人的意愿,对捐赠的文物妥善收藏、保管和展示。

国家禁止出境的文物,不得转让、出租、质押给外国人。

第五十三条 文物商店应当由国务院文物行政部门或者省、自治区、直辖市人民政府文物行政部门批准设立,依法进行管理。

文物商店不得从事文物拍卖经营活动,不得设立经营文物拍卖的拍卖企业。

第五十四条 依法设立的拍卖企业经营文物拍卖的,应当取得国务院文物行政部门颁发的文物拍卖许可证。

经营文物拍卖的拍卖企业不得从事文物购销经营活动,不得设立文物商店。

第五十五条 文物行政部门的工作人员不得举办或者参与举办文物商店或者经营文物拍卖的拍卖企业。

文物收藏单位不得举办或者参与举办文物商店或者经营文物拍卖的拍卖企业。

禁止设立中外合资、中外合作和外商独资的文物商店或者经营文物拍卖的拍卖企业。

除经批准的文物商店、经营文物拍卖的拍卖企业外,其他单位或者个人不得从事文物的商业经营活动。

第五十六条 文物商店销售的文物,在销售前应当经省、自治区、直辖市人民政府文物行政部门审核;对允许销售的,省、自治区、直辖市人民政府文物行政部门应当作出标识。

拍卖企业拍卖的文物，在拍卖前应当经省、自治区、直辖市人民政府文物行政部门审核，并报国务院文物行政部门备案；省、自治区、直辖市人民政府文物行政部门不能确定是否可以拍卖的，应当报国务院文物行政部门审核。

第五十七条 文物商店购买、销售文物，拍卖企业拍卖文物，应当按照国家有关规定作出记录，并报原审核的文物行政部门备案。

拍卖文物时，委托人、买受人要求对其身份保密的，文物行政部门应当为其保密；但是，法律、行政法规另有规定的除外。

第五十八条 文物行政部门在审核拟拍卖的文物时，可以指定国有文物收藏单位优先购买其中的珍贵文物。购买价格由文物收藏单位的代表与文物的委托人协商确定。

第五十九条 银行、冶炼厂、造纸厂以及废旧物资回收单位，应当与当地文物行政部门共同负责拣选掺杂在金银器和废旧物资中的文物。拣选文物除供银行研究所必需的历史货币可以由人民银行留用外，应当移交当地文物行政部门。移交拣选文物，应当给予合理补偿。

第六章　文物出境进境

第六十条 国有文物、非国有文物中的珍贵文物和国家规定禁止出境的其他文物，不得出境；但是依照本法规定出境展览或者因特殊需要经国务院批准出境的除外。

第六十一条 文物出境，应当经国务院文物行政部门指定的文物进出境审核机构审核。经审核允许出境的文物，由国务院文物行政部门发给文物出境许可证，从国务院文物行政部门指定的口岸出境。

任何单位或者个人运送、邮寄、携带文物出境，应当向海关申报；海关凭文物出境许可证放行。

第六十二条 文物出境展览，应当报国务院文物行政部门批准；一级文物超过国务院规定数量的，应当报国务院批准。

一级文物中的孤品和易损品，禁止出境展览。 出境展览的文物出境，由文物进出境审核机构审核、登记。海关凭国务院文物行政部门或者国务院的批准文件放行。出境展览的文物复进境，由原文物进出境审核机构审核查验。

第六十三条 文物临时进境，应当向海关申报，并报文物进出境审核机构审核、登记。

临时进境的文物复出境，必须经原审核、登记的文物进出境审核机构审核查验；经审核查验无误的，由国务院文物行政部门发给文物出境许可证，海关凭文物出境许可证放行。

第七章　法律责任

第六十四条 违反本法规定，有下列行为之一，构成犯罪的，依法追究刑事责任：

（一）盗掘古文化遗址、古墓葬的；

（二）故意或者过失损毁国家保护的珍贵文物的；

（三）擅自将国有馆藏文物出售或者私自送给非国有单位或者个人的；

（四）将国家禁止出境的珍贵文物私自出售或者送给外国人的；

（五）以牟利为目的倒卖国家禁止经营的文物的；

（六）走私文物的；

（七）盗窃、哄抢、私分或者非法侵占国有文物的；

（八）应当追究刑事责任的其他妨害文

物管理行为。

第六十五条 违反本法规定，造成文物灭失、损毁的，依法承担民事责任。

违反本法规定，构成违反治安管理行为的，由公安机关依法给予治安管理处罚。

违反本法规定，构成走私行为，尚不构成犯罪的，由海关依照有关法律、行政法规的规定给予处罚。

第六十六条 有下列行为之一，尚不构成犯罪的，由县级以上人民政府文物主管部门责令改正，造成严重后果的，处5万元以上50万元以下的罚款；情节严重的，由原发证机关吊销资质证书：

（一）擅自在文物保护单位的保护范围内进行建设工程或者爆破、钻探、挖掘等作业的；

（二）在文物保护单位的建设控制地带内进行建设工程，其工程设计方案未经文物行政部门同意、报城乡建设规划部门批准，对文物保护单位的历史风貌造成破坏的；

（三）擅自迁移、拆除不可移动文物的；

（四）擅自修缮不可移动文物，明显改变文物原状的；

（五）擅自在原址重建已全部毁坏的不可移动文物，造成文物破坏的；

（六）施工单位未取得文物保护工程资质证书，擅自从事文物修缮、迁移、重建的。

刻划、涂污或者损坏文物尚不严重的，或者损毁依照本法第十五条第一款规定设立的文物保护单位标志的，由公安机关或者文物所在单位给予警告，可以并处罚款。

第六十七条 在文物保护单位的保护范围内或者建设控制地带内建设污染文物保护单位及其环境的设施的，或者对已有的污染文物保护单位及其环境的设施未在规定的期限内完成治理的，由环境保护行政部门依照有关法律、法规的规定给予处罚。

第六十八条 有下列行为之一的，由县级以上人民政府文物主管部门责令改正，没收违法所得，违法所得1万元以上的，并处违法所得2倍以上5倍以下的罚款；违法所得不足1万元的，并处5000元以上2万元以下的罚款：

（一）转让或者抵押国有不可移动文物，或者将国有不可移动文物作为企业资产经营的；

（二）将非国有不可移动文物转让或者抵押给外国人的；

（三）擅自改变国有文物保护单位的用途的。

第六十九条 历史文化名城的布局、环境、历史风貌等遭到严重破坏的，由国务院撤销其历史文化名城称号；历史文化城镇、街道、村庄的布局、环境、历史风貌等遭到严重破坏的，由省、自治区、直辖市人民政府撤销其历史文化街区、村镇称号；对负有责任的主管人员和其他直接责任人员依法给予行政处分。

第七十条 有下列行为之一，尚不构成犯罪的，由县级以上人民政府文物主管部门责令改正，可以并处2万元以下的罚款，有违法所得的，没收违法所得：

（一）文物收藏单位未按照国家有关规定配备防火、防盗、防自然损坏的设施的；

（二）国有文物收藏单位法定代表人离任时未按照馆藏文物档案移交馆藏文物，或者所移交的馆藏文物与馆藏文物档案不符的；

（三）将国有馆藏文物赠与、出租或者出售给其他单位、个人的；

（四）违反本法第四十条、第四十一条、第四十五条规定处置国有馆藏文物的；

（五）违反本法第四十三条规定挪用或者侵占依法调拨、交换、出借文物所得补偿费用的。

第七十一条 买卖国家禁止买卖的文物

或者将禁止出境的文物转让、出租、质押给外国人，尚不构成犯罪的，由县级以上人民政府文物主管部门责令改正，没收违法所得，违法经营额1万元以上的，并处违法经营额2倍以上5倍以下的罚款；违法经营额不足1万元的，并处5000元以上2万元以下的罚款。

第七十二条 未经许可，擅自设立文物商店、经营文物拍卖的拍卖企业，或者擅自从事文物的商业经营活动，尚不构成犯罪的，由工商行政管理部门依法予以制止，没收违法所得、非法经营的文物，违法经营额5万元以上的，并处违法经营额2倍以上5倍以下的罚款；违法经营额不足5万元的，并处2万元以上10万元以下的罚款。

第七十三条 有下列情形之一的，由工商行政管理部门没收违法所得、非法经营的文物，违法经营额5万元以上的，并处违法经营额1倍以上3倍以下的罚款；违法经营额不足5万元的，并处5000元以上5万元以下的罚款；情节严重的，由原发证机关吊销许可证书：

（一）文物商店从事文物拍卖经营活动的；

（二）经营文物拍卖的拍卖企业从事文物购销经营活动的；

（三）文物商店销售的文物、拍卖企业拍卖的文物，未经审核的；

（四）文物收藏单位从事文物的商业经营活动的。

第七十四条 有下列行为之一，尚不构成犯罪的，由县级以上人民政府文物主管部门会同公安机关追缴文物；情节严重的，处5000元以上5万元以下的罚款：

（一）发现文物隐匿不报或者拒不上交的；

（二）未按照规定移交拣选文物的。

第七十五条 有下列行为之一的，由县级以上人民政府文物主管部门责令改正：

（一）改变国有未核定为文物保护单位的不可移动文物的用途，未依照本法规定报告的；

（二）转让、抵押非国有不可移动文物或者改变其用途，未依照本法规定备案的；

（三）国有不可移动文物的使用人拒不依法履行修缮义务的；

（四）考古发掘单位未经批准擅自进行考古发掘，或者不如实报告考古发掘结果的；

（五）文物收藏单位未按照国家有关规定建立馆藏文物档案、管理制度，或者未将馆藏文物档案、管理制度备案的；

（六）违反本法第三十八条规定，未经批准擅自调取馆藏文物的；

（七）馆藏文物损毁未报文物行政部门核查处理，或者馆藏文物被盗、被抢或者丢失，文物收藏单位未及时向公安机关或者文物行政部门报告的；

（八）文物商店销售文物或者拍卖企业拍卖文物，未按照国家有关规定作出记录或者未将所作记录报文物行政部门备案的。

第七十六条 文物行政部门、文物收藏单位、文物商店、经营文物拍卖的拍卖企业的工作人员，有下列行为之一的，依法给予行政处分，情节严重的，依法开除公职或者吊销其从业资格；构成犯罪的，依法追究刑事责任：

（一）文物行政部门的工作人员违反本法规定，滥用审批权限、不履行职责或者发现违法行为不予查处，造成严重后果的；

（二） 文物行政部门和国有文物收藏单位的工作人员借用或者非法侵占国有文物的；

（三）文物行政部门的工作人员举办或者参与举办文物商店或者经营文物拍卖的拍卖企业的；

（四）因不负责任造成文物保护单位、

珍贵文物损毁或者流失的；

（五）贪污、挪用文物保护经费的。

前款被开除公职或者被吊销从业资格的人员，自被开除公职或者被吊销从业资格之日起 10 年内不得担任文物管理人员或者从事文物经营活动。

第七十七条 有本法第六十六条、第六十八条、第七十条、第七十一条、第七十四条、第七十五条规定所列行为之一的，负有责任的主管人员和其他直接责任人员是国家工作人员的，依法给予行政处分。

第七十八条 公安机关、工商行政管理部门、海关、城乡建设规划部门和其他国家机关，违反本法规定滥用职权、玩忽职守、徇私舞弊，造成国家保护的珍贵文物损毁或者流失的，对负有责任的主管人员和其他直接责任人员依法给予行政处分；构成犯罪的，依法追究刑事责任。

第七十九条 人民法院、人民检察院、公安机关、海关和工商行政管理部门依法没收的文物应当登记造册，妥善保管，结案后无偿移交文物行政部门，由文物行政部门指定的国有文物收藏单位收藏。

第八章　附　　则

第八十条　本法自公布之日起施行。

文物事业“十五”发展规划和 2015 年远景目标纲要

一、序　言

中国有五千年悠久历史和灿烂文化，形成了国家统一、民族团结、独立自主、爱好和平、自强不息的优良传统。遍布大江南北的历史文化古迹、馆藏珍贵文物和近现代革命旧址，是中国人民引为自豪的珍贵文化遗产，它对继承和弘扬中华民族优秀历史文化传统，树立民族自信心和自豪感，增强民族凝聚力，促进中华民族的伟大复兴有着不可替代的作用。

江泽民总书记在党的“十五大”报告中强调，要“重视科学、历史、文化的遗产和革命文物的保护。”文物、博物馆工作是有中国特色社会主义文化工作的重要组成部分，是凝聚和激励全国各族人民的重要力量，是综合国力的重要标志之一。它渊源于中华民族五千年文明史，又植根于有中国特色社会主义的实践，具有鲜明的时代特点和独特的社会教育功能，成为实施科教兴国战略的重要环节，也是对广大青少年进行社会主义教育、爱国主义教育和革命传统教育的重要基地。

改革开放以来，我国文物保护工作取得了巨大成就 《中华人民共和国文物保护法》的颁布实施，为依法保护文物提供了有力的法律保障；博物馆事业的蓬勃发展，促进了爱国主义教育基地的建设；少数民族文物的抢救性征集，对宣传我国是一个统一的多民族国家发挥了重要作用；文物的对外交流与发展，使世界进一步了解了中国，增进了中国人民与世界各国人民的友谊。

二、“九五”期间文物事业发展现状和存在的问题

“九五”期间，在党中央、国务院正确领导下，文物工作继续贯彻执行《中华人民共和国文物保护法》，落实“保护为主、抢救第一”的方针和“有效保护、合理利用、加强管理”的原则，取得了显著成绩。广大人民群众的文物保护意识明显增强。

文物保护维修专项经费逐年增加，一大批濒临毁坏的珍贵文物得到及时抢救和保护。中央财政共安排国家重点文物保护专项补助经费 6.08 亿元，用于 2228 项（次）文

物保护项目。在中央财政增加投入的主导作用下，各级地方政府也逐年增加对文物保护工作的投入，设立了文物保护专项资金。全国地方财政“九五”前四年用于文物保护的投入达4.5亿元。

“九五”后期，各级文物部门认真贯彻落实国家关于西部大开发工作的有关精神，及时布置了西部文物保护工作。三峡文物抢救保护工程已全面展开。

文物的有效保护促进了地方旅游业的发展，丰富的文物古迹成为我国旅游资源的重要组成部分。据不完全统计，由于实施了精品战略，面向社会推出了一批精品展览，全国文物系统博物馆每年举办各类陈列展览达6000多个，年接待国内外观众1.2亿人次，充分发挥了博物馆在精神文明建设中的作用。民族文物工作继续得到重视和加强。文物对外交流活动和国际间合作领域不断拓展，参加联合国教科文组织拯救柬埔寨吴哥窟古迹的保护工程进展顺利。

文物安全保卫工作认真贯彻落实江泽民总书记关于加强防火安全工作的重要指示，取得显著成绩。博物馆、文物保护单位的消防基础设施建设逐步加强，博物馆技术防范设施逐步完善。重点打击了盗窃馆藏文物、田野文物和盗掘古墓走私文物犯罪活动，首次成功追回走私到英国的3000余件中国文物。经过多方工作，台湾同胞陈永泰先生捐回被盗出境的山西灵石资寿寺十八罗汉头像。美国、日本友好人士也主动归还和捐赠了近年被盗和出境流失在海外的1976年山东博兴出土的北朝晚期石雕菩萨立像一躯，河北曲阳出土的五代王处直墓门神石刻一面等文物。

文物保护工作中的科技含量不断增多，文物科研成果覆盖文物保护的各个领域。文物信息资料系统的建设工作有了新的进展。与北京大学联合举办的中国文博学院发挥出重要作用，文物、博物馆队伍建设及人材培养又上新的台阶。

文物法制工作不断完善。《中华人民共和国文物保护法》的修订已由国务院审议通过并报全国人大常委会审议。经全国人大常委会、国务院批准，我国已签署了全部（总共4个）有关文物保护的国际公约。

目前，我国已知地上地下不可移动文物近40万处。其中县（市）级文物保护单位6万处，省级文物保护单位7000处，全国重点文物保护单位1268处。有27处自然和文化遗产列入联合国教科文组织《世界遗产名录》。100座城市被公布为国家级历史文化名城。全国博物馆2000余座（其中文物系统博物馆1384座），收藏各类文物标本1千2百余万件（其中一级品60000余件）。

在建立社会主义市场经济体制的过程中，文物工作的社会环境已发生了很大变化，文物保护工作面临着新的困难和问题。文物保护工作同社会主义市场经济体制的建立和完善还不相适应；同社会主义精神文明建设的各项要求还不相适应；同广大人民群众对文化生活日益增长的需求还不相适应。大规模的经济建设给文物工作既带来了新的机遇、也带来了严竣挑战。存在的主要问题是：许多具有历史、科学、艺术价值的不可移动文物仍然存在不同程度的险情；大量馆藏珍贵文物缺乏必要的科技保护和科学修复；各种对文物的“建设性”破坏事件时有发生；文物流通领域亟待规范；盗掘、盗窃、走私文物的犯罪活动依然猖獗；文物保护经费严重短缺；文物保护队伍中各种专业人才匮乏；文物保护政策和理论研究工作滞后；文物管理体制改革工作尚需加强。

国家《国民经济和社会发展第十个五年计划纲要》提出，要“加强博物馆等文化设施建设”，“加强民族文化遗产保护”。据此，文物事业“十五”发展规划将依据行业自身发展特点和优势，充分把握事业发展现状，从需要与可能出发，实事求是地编制《文物事业“十五”发展规划和2015年远景目标纲要》。

三、基本指导方针和原则

“十五”期间，文物事业发展的基本指导方针是：**以马列主义、毛泽东思想和邓小平理论为指导，深入学习和实践江泽民同志“三个代表”的重要思想。紧紧围绕经济建设这个中心，服务于全党、全国工作大局。继续坚持“保护为主，抢救第一”的方针和“有效保护，合理利用，加强管理”的原则，把握社会主义市场经济发展的内在规律和社会需求，在改革和发展中进一步加强文物保护和博物馆建设。充分发挥文物作用，为社会主义精神文明建设和物质文明建设服务，为建设和推进当代中国先进文化作出应有的贡献。**

“十五”期间，文物事业发展的有关原则是：

——坚持实施可持续发展战略，加强文物保护工作的基础建设。坚持解放思想、实事求是，处理好改革、发展、稳定三者间的关系。

——紧紧把握社会主义方向，遵循文物工作自身规律，适应社会主义市场经济体制要求，坚持把社会效益放在首位，实现社会效益和经济效益的最佳结合。

——继续贯彻落实《国务院关于加强和改善文物工作的通知》精神，认真实施“五纳入”。妥善处理好文物保护与经济建设的关系；文物保护与发展旅游经济的关系；文物保护与管理利用的关系。

——逐步完善和实施既有利于文物保护，又有利于发挥文物作用的管理模式和运作形式。在确保国家所有权的前提下，探索合理利用文物的多种形式。逐步建立以国家保护为主，动员全社会力量参与保护的文物保护新体制。

——坚持考古发掘工作以配合基本建设为主。坚持考古工作的计划性，科学性和课题意识。从保护的目的出发，一般不对帝王陵寝进行主动性发掘。

——坚持把对重要文物古建筑的抢救维修放在首位并优先安排的原则。在文物保护抢救维修中，坚持“不改变文物原状”，切实保存文物的真实历史信息，使之“延年益寿”。

——坚持不在已全部损毁的重要文物遗址、遗迹内搞重建、复建工程或仿建“假古董”。未经法定程序批准，不进行文物“重建”、“复建”工程。

——坚持规范管理，积极扶持、促进博物馆事业的社会发展。突出重点、完善功能、创新体制，强化基础，激发现有博物馆的活力。加强协调、指导，鼓励发展行业特色博物馆和民办专题博物馆。

四、总体发展战略

——认真探索在社会主义市场经济体制条件下，大型古代文化遗址保护的新思路、新体制，建设国家大遗址保护园区，逐步扭转大遗址保护被动局面。重点扶持探索古代文明起源、边疆考古等重大学术课题。

——贯彻中央关于加快中西部地区发展的战略部署，加大对中西部地区文物工作的扶持力度，鼓励东部地区与中、西部地区在文物工作的各个方面进行相互交流与合作。

——继续加强各级文物保护单位的“四有”基础性工作。选择在文物普查工作中发现的具有较高价值的文物点，继续核定公布为各级文物保护单位。

——建立和发展以国家博物馆为龙头，省级博物馆为骨干，国有博物馆为主体，民办博物馆为补充，各行业和各种所有制博物馆全面发展的博物馆体系。完善现有博物馆功能，发展具有鲜明特色的专题博物馆，改善地区分布和品类布局。

——努力发展博物馆文化，重视对广大青少年的爱国主义、革命传统教育和素质教育。积极开展馆际间文物展览交流活动，丰富人民群众的文化生活。吸收社会力量建设各类专题性博物馆，鼓励民间合法收藏物的展示和交流。

——加强文物保护单位、博物馆的安全保卫，消防技防等设施建设，健全防范体制，提高防火防盗能力。

——利用现有文物保护科技力量，重点建设区域性、专题性文物保护科技中心，形成辐射全国的文物科技保护网络。充分发挥中国文物博物馆学院（北京大学文博院）等高等院校力量，培养急需的各类专门人才。

——建立和完善全国文物信息数据库，加强文博信息标准化研究，初步实现文物资源数字化，文物管理和信息传播网络化。扩大文博信息对外交流，提高我国历史文化遗产和博物馆在虚拟空间的地位和作用，力争我国文博信息化工作达到较先进水平。

——努力整顿和规范文物流通秩序，继续有条件地允许文物进入市场流通。加强文物经营资格的审批与监督，规范文物经营主体的业务活动。建立社会单位和私人文物的鉴定、登记、发放流通许可证制度。

——加强对社会民间收藏文物的管理，正确引导社会日益增长的收藏、鉴赏文物的需求。严禁各种文物制假、贩假行为。严格限制文物出口，坚决打击走私文物的犯罪活动。建立社会文物征购保护基金，在文物流通领域的各个环节防止珍贵文物流失。

——继续进行世界文化遗产名录的申报和管理，使我国重要文物古迹列入世界文化遗产名录的数量不断增长。积极参与国际性文化遗产保护组织的各种活动，扩大对外文物交流，进一步提高我国作为文明古国在国际文化遗产保护中的大国地位。

——到 2015 年，我国全国重点文物保护单位将达到 1800 处左右，“四有”基础工作全部完成；40%的全国重点文物保护单位将制订完成专项保护法规；国家文物信息数据库基本建成；初步建成门类齐全、布局合理、管理有序的中国博物馆体系，全国博物馆达到 3000 座，基本实现每个中等以上城市拥有一所功能齐全的博物馆。

五、事业发展的重点项目及指标

——在现有国家核定公布全国重点文物保护单位 1268 处的基础上，继续由国务院核定公布 1—2 批国保单位。根据文物保护的实际需要，继续由省、自治区、直辖市人民政府核定公布一批省级文物保护单位，由县（市）级人民政府核定公布一批县（市）级文物保护单位。继续组织向联合国教科文组织申报世界文化遗产项目的工作。

——完成边疆和少数民族地区的文物调查。初步完成对中国沿海水下文物的普查。“十五”期间基本出齐《中国文物地图集》各省（区、市）分册。编辑出版《陈列展览精品集成》、《中国博物馆》、《新中国出土墓志》等重要图书。

——实施大型古代文化遗址保护工程，“十五”期间争取建成若干处国家级大遗址保护展示园区。积极推动中国古代文明起源的研究工作，重点做好东北高句丽、渤海，西北丝绸之路以及新疆地区等边疆考古课题研究。

——继续做好配合三峡工程、黄河小浪底水库、新疆油田建设、南水北调工程、西部地区城市和基础设施建设等工程的文物考古工作。积极推进东北、西北地区的航空考古工作。建立考古发掘资料整理和报告出版基金。

——抓紧对濒危文物古迹的抢救维修工作，每年集中安排70项大中型抢修工程。“十五”期间争取安排350—500项大中型文物抢救维修项目。

——会同国家建设行政管理部门做好历史文化名城的保护管理工作。

——抓紧国家博物馆建设的立项论证，组织力量完成国家博物馆建设项目的前期工作。完成中国历史博物馆、中国革命博物馆的改扩建工程和两馆基本陈列的修改工作。协调各地做好山西、天津、辽宁、四川、重庆、湖北、福建、甘肃、青海、新疆、贵州、深圳、宁波、成都等重点省市博物馆的新建和改、扩建工程。

——制订馆藏文物保存环境标准，促进博物馆库房、展厅等基础设施建设，40%以上的地、市级以上博物馆实现场馆达标。

——完成全国博物馆一级文物的建档、备案和总目编制工作。开展对馆藏书画、青铜器、漆木器、丝织品、壁画等珍贵文物的抢救性保护工程。

——继续抓好陈列展览精品工程，不断提高陈列展览水平。全国各类博物馆每年推出陈列展览约7000个左右，年观众人数1.5亿人次。进一步拓宽文物对外交流渠道与合作方式，每年组织对外文物展览5～8个，专业人员学术交流50～70人次。

——继续提高博物馆和全国重点文物保护单位安全技术防范能力，“十五”期间，100个一级风险单位的安全技术防范报警系统工程全部达标，二、三级风险单位争取80%以上单位达标。

——加强古建筑消防基础设施建设，完善消防供水和防雷设施。“十五”期间，建成并完善布达拉宫、罗布林卡、萨迦寺、晋祠、承德外八庙、清东陵、清西陵等一批全国重点文物保护单位的古建消防供水系统和防雷设施。全国重点文物保护单位和省级文物保护单位的古建筑争取50%以上健全消防供水系统。

——加强文物鉴定力量，开展社会流散文物登记工作。建立和完善社会流散文物市场监管体制和民间文物的流通、展示、利用体制。完善文物流通管理体系。建立、完善文物拍卖资质审查和审批制度。

——重点建设文物科技保护中心，包括区域性、专题性中心。主要是中国文物研究所、上海博物馆、陕西文物保护修复中心、四川文物保护修复中心等。

——“十五”期间，80%的省级博物馆应逐步建立馆藏文物数据库，其中上海博物馆、故宫博物院、天津历史博物馆、河南博物院等要基本建成。

——加强文物系统在职职工的业务培训工作，特别是对中高级管理人才的培训。“十五”期间，基本完成省、市级文物行政管理部门负责人的轮训。注重对边疆少数民族地区文博干部的培训工作。

六、重点加强的基础工作

(一) 地面文物保护

1. 对全国重点文物保护单位中的古建筑、石窟寺及石刻、近现代重要史迹以及代表性建筑进行现状调查评估。

2. 对全国重点文物保护单位和部分省级文物保护单位制订保护规划。继续开展地面文物保护的理论研究工作。

3. 抓紧进行文物保护单位日常保养、养护工作的制度化。继续贯彻“保护为主，抢救第一”的方针，逐步实施文物保护重点工程项目。

4. 对重点文物保护单位的开放管理工作进行研究，建立适应不同类型、不同地区行之有效的开放管理制度。

（二）大遗址保护和考古

1. 基本完成1—5批全国重点文物保护单位中古遗址、古墓葬的“四有”工作。完成大部分大遗址的保护规划。完成部分大遗址管理条例的制订工作。

2. 做好大遗址保护的前期调查、发掘。每年重点实施一批大遗址保护工程，建立遗址博物馆或遗址工作站，建设重要遗迹保护设施。争取建设完成2—3处国家大遗址保护展示园区。

3. 积极推动中华文明起源研究工程的开展。重点做好东北地区高句丽、渤海和西北地区丝绸之路，特别是新疆的西域都护府、汉西域诸国等边疆考古课题。进一步加强边疆及少数民族地区的考古工作。

4. 积极开展水下文物的抢救和发掘。争取完成南海、东海水域的文物普查。积极推动东北和西北地区的航空考古工作。继续重视和加强现代科技手段在遗址保护和考古学中的应用，重点做好土质遗址保护的研究工作。

5. 建立文物考古调查发掘资料整理和报告出版基金，重点解决文物考古调查发掘资料的积压，力争做到新的发掘项目在3年内完成发掘报告的编写工作。重视考古学的成果转化和普及知识的宣传工作，继续做好考古发掘现场和出土文物的宣传展示。

6. 有计划地开展涉外考古和国际合作文物保护工作，每年安排一定数量的涉外考古和国际合作文物保护项目。积极创造有利条件，扩大中国考古学在世界的影响。

7. 进一步加强各地文物考古机构、考古野外工作站和遗址博物馆的基地建设，重视考古队伍从业人员的业务培训。完善考古领队资格评审制度。继续做好田野考古奖的评奖工作。

（三）社会文物管理

1. 制订《民间收藏文物保护管理办法》，开展社会流散文物登记工作，为全面掌握社会流散文物的保存状况，建立合理的社会流散文物保护管理体制奠定基础。

2. 制订《文物经营单位管理办法》，加强文物经营单位资质的审查，建立完善的资质审查和审批制度，对文物经营行为（包括文物拍卖）实行总体规模控制。

3. 完善文物鉴定、登记和出境许可制度，建立文物市场监管体制和民间收藏文物的流通体制，坚决制止非法文物、假冒文物上市流通。未经鉴定、登记和许可的民间收藏文物不得上市流通和公开展示。

4. 进一步完善文物出入境的程序和标识体系，建立丢失文物挂失系统，提高执法部门和国内外公众对非法流通文物及走私文物的防范意识和防范能力，打击文物非法交易与走私。

5. 加强和改善文物鉴定站的工作，加强文物流通前的鉴定许可及文物出境时的鉴定许可，逐步将售前鉴定和出境鉴定统一为面向文物所有者的登记、鉴定和检查制度。“十五”期间各省普遍建立文物鉴定登记机构。

6. 积极探索国有文物购销经营单位的改革，改善经营状况，提高文物经营活动的社会效益与经济效益。建立符合社会主义市场经济条件的经营体制，充分发挥其在文物经营中的主渠道作用。

7. 探索建立文物转让特别是携带文物出境的征税制度。施行免征文物进口税收制度，鼓励境外文物回流，鼓励民间合法收藏。逐步推行私人合法所有文物出境的限量、限期申请制度，制订在申请期限内国家或国内法人优先购买待出境文物的优惠政策与制度，避免珍贵文物流失。

（四）博物馆管理

1. 进一步强化博物馆精品意识，坚持社会主义方向，坚持为两个文明建设服务，为人民群众服务。坚持把社会效益放在首位，为公众提供更多更好的优秀陈列和展览。

2. 调整结构，合理布局，统筹规划，积极引导，鼓励发展行业博物馆和有代表性的遗址博物馆。鼓励、支持社会各行业依法兴办专题陈列馆和博物馆，健全、完善博物馆体系，满足人民群众对精神文化的需求。

3. 继续做好文物和标本的征集、保护、管理等基础工作。依据《中华人民共和国文物保护法实施细则》、《博物馆藏品管理办法》、《文物藏品定级标准》等法律和《关于博物馆文物清库、登记、建档工作的意见》，努力推动全国博物馆文物藏品征集、保管工作的规范化、制度化和现代化建设。

4. 在认真总结馆藏一级文物鉴定确认工作的基础上，编制《全国一级文物藏品总目录》和《全国一级革命文物藏品目录》。各地在“十五”期间内完成博物馆藏品清单和三级以上藏品的鉴定、建档工作。

5. 努力拓宽藏品征集范围，实施有计划的征集和收藏。特别是抢救征集少数民族文物、民俗文物、反映近现代及当代中国社会变革和进步的各方面实物、文献。注重对反映改革开放以来有关的珍贵实物和资料的征集工作。加快藏品电脑数据库和信息化管理的步伐，切实提高藏品的信息化管理水平。

6. 依据《博物馆安全保卫工作规定》和《文物系统博物馆风险等级和安全防护级别的规定》等规章的要求，完善博物馆库房和展厅的安全设施，发送库房条件，确保文物安全。新建博物馆的安全技术防范工程应与基建工程同步进行并纳入基建预算。

（五）文物科技管理

1. 加强馆藏文物科技保护的基础应用研究。主要包括：青铜器的氧化及风化腐蚀机理与保护研究；铁器保护的研究，重点解决大型铸铁器物的保护；纤维质文物，包括：各类纸张、丝织品类文物的传统工艺和保护方法的研究；彩绘陶瓷器的质地、内部结构的研究；结合我国文物特点，参考国际文物保护规定的修复材料，进行保护修复材料筛选与使用规范的研究。

2. 加强文物保存环境研究。结合评价室外和馆藏文物所处环境特征和现状，着重研究如何治理恶劣环境的方法，提出保护对策和防治措施。通过现场测试、模拟试验等方法，对文物环境的质量进行评价。参考环保部门及国外文物保存环境质量标准，制定有效可行的分类、分级技术标准，提出控制环境质量的综合指标。

3. 加强文物保护单位的自然灾害应急对策研究，为提高文物防灾、抗灾能力提供科学依据。主要包括：古代建筑物的防火、防生物侵害及防震加固技术的研究；大型石刻、石窟寺的防火和防震技术研究；博物馆、陈列馆等文物收藏部门综合抗震防护技术研究及技术规范的制定；古代墓葬、遗址的土质加固技术研究；制定自然灾害防护措施标准，建立文物自然灾害应急防护信息库。

4. 加强考古发掘现场文物保护系统研究，主要是对考古发掘现场环境、各种质地文物的保护技术及保护材料的研究；考古发掘现场环境监测研究；考古发掘现场各类文物特性和损坏机理研究；以及考古发掘现场对文物影响因素的确定及防治对策。

5. 加强对不可移动文物维修工程标准化的制订工作。包括：制订古建筑、石窟寺等不可移动文物维修保护工作工程主要技术专业的规范与标准；制订古建筑中残破构件更换的物化界定标准和用于文物建筑使用的传统建筑材料生产的质量标准；编撰不可移动文物维修保护工程的标准。

（六）事业教育培训

1. 加强文物、博物馆科学研究、人才培养和队伍建设工作。推进在文物学、建筑学、历史学、考古学、博物馆学、管理学以及相关学科和专题研究领域中的科学研究工作。鼓励多学科交叉、综合性研究。充分发挥文物科学研究机构、博物馆人才的群体优势,培养一批学科带头人和科研骨干,以更高层次的学术成果、更高水平的业务活动,确立文物、博物馆工作在整个文化、学术界的重要地位和影响。

2. 与国家教育行政管理部门协商,合理配置高等院校的文博专业,加强文物科技保护,古建筑维修等专业建设,完善中国文物博物馆学院（北京大学考古文博院）的专业设置,尽快将文物科技保护和古建筑维修确定为正式专业。

3. 针对文物、博物馆学科属于文理交叉学科的特点,在中国文物博物馆学院（北京大学考古文博院） 和其他高等院校的文博专业课程设置上,增加自然科学和现代科学技术方面的内容和比重,并在教学和实习中加强各专业之间的衔接。

4. 加强文博在职干部的培训,以中国文物博物馆学院（北京大学考古文博院）为基地,对全国文博系统省级文博单位主要领导进行岗位轮训。鼓励省级文物管理部门与有关高校文博院系合作,开展面向当地文博系统的教育培训工作。

5. 通过 “馆校结合”、“师承制” 等形式,培养文物、博物馆事业急需的各级各类专业人才,抢救濒临失传的经验和技艺。

6. 大力培养复合型高层次人才。主要目标是:培养一支既懂文博业务,又有管理知识的复合型管理骨干队伍。培养一支既懂文博专业知识,又懂现代科学技术（尤其是文物保护科技和信息网络技术） 的新型专业人才队伍。培养一支既懂文博专业知识,又精通外语的管理、研究、宣传队伍。

7. 加强与国外在教育培训方面的交流,采用“走出去”与“请进来”相结合的方式学习国外先进经验,拓宽中外人才交流的广度和浓度。

8. 加强西部地区的文博教育工作,在政策制订、经费投入等方面向西部倾斜。加强地区间协作, 积极鼓励东部地区选派优秀文博人才到西部锻炼。根据西部地区文博工作的实际需求, 有针对性地举办各类研讨班和培训班,为西部大开发中的文物保护工作服务。

（七）文博信息化工程

1. 制订、完善并颁布实施以博物馆信息规范和重点文物保护单位信息规范为主的文博行业信息化规范,为实现系统联网和信息共享奠定基础。

2. 适应国家经费管理体制改革的需要,开发 “全国重点文物保护专项补助经费项目管理系统”, 包括全国重点文物保护单位,大遗址保护,考古发掘管理,重点博物馆及文物库房维修,一级风险文博单位安防工程,社会文物征集,馆藏珍贵文物和重要出土文物科技保护,文物、博物馆事业年度统计资料等。

3. 建设以国家文物局机关局域网为中心的全国文博行政业务管理网, 实现中央、地方各级政府文物管理部门公文办理、业务来往的政府办公自动化。

4. 开发并建成“全国文物、博物馆信息管理系统”,内容包括世界文化遗产,重点文物保护单位,大遗址,考古发掘点,博物馆及文物库房, 馆藏珍贵文物及重要出土文物,陈列展览,社会收藏与文物流通,海外流失文物,学术研究,文物科技保护,安防工程,对外交流,机构与人员,专家与人材等。

5. 建设并开通内、外版“中国文物”网站,使其成为全国文博系统办公自动化的统一平台和面向全国和世界的交流窗口。借鉴国内外经验,建设“数字博物馆”,使之成为我国文物、博物馆事业在信息网络时代虚拟数字世界的形象代表。

七、保障规划实施的法律和政策措施

——贯彻落实和深入宣传《中华人民共和国文物保护法》,进一步加强文物保护措施,规范文物流通领域,明确文物行政管理部门执法主体地位。

——制订《全国重点文物保护单位管理办法》、《中国世界文化遗产管理办法》、《文物单位开放标准管理办法》、《文物保护单位保护规划编制办法》、《博物馆管理办法》、《文物鉴定管理办法》,修订《考古调查、勘探、发掘经费预算定额管理办法》和《考古涉外工作管理办法》。

——认真落实《国务院关于加强和改善文物工作的通知》以及《关于进一步完善文化经济政策的若干规定》,积极探索建立文物有效保护的新型管理体制。

——加强文物维修工程的管理工作。在文物保护工程实施过程中建立、健全工程招、投标制度和工程监理、验收制度,提高文物维修经费使用效益。

——加强考古管理工作,完善考古发掘申报、领队资格审查和汇报检查、奖励等项制度。逐步解决考古资料积压的历史遗留问题,促进考古发掘成果尽快向社会转化。

——开展对博物馆的评估和分类,着力扶持代表国家形象的重点博物馆。积极、稳妥推进博物馆内部管理机制的改革。

——国家文物行政管理部门组建文博信息化工作领导机构,组织制订文博信息化规划及实施方案,负责文博信息化建设的宏观管理和重大项目的组织实施。组建中国文物信息咨询中心。

——进一步明确博物馆等文物事业单位是文化特色突出、社会教育功能明显、不以盈利为目的的公益性事业单位,是社会文化教育事业中不可缺少的组成部分,享受与基础教育、基础研究以及图书馆同等的地位和待遇。

——商财政部研究对文物、博物馆单位实行所得税采取先征后返政策,比照现行“宣传文化发展专项资金”的办法,用文物事业单位上缴所得税建立“文物保护与事业发展专项资金”,由财政全额返还文物部门,用于文物保护事业的发展。

——商财政部研究制订鼓励社会资金投入文物、博物馆事业的优惠政策,允许企业用纳税前所得以捐赠方式用于文物保护,捐赠部分不纳入计税所得。国有博物馆从境内外征集文物藏品,接受捐赠,免征增值税。

——商公安部建立对打击犯罪,保护文物有突出贡献单位和个人的奖励制度,设立专项奖励经费,遏制文物违法案件的发生。

——商国家计委落实国家博物馆建设工程前期投资。国家扶持地方投资建设若干个重点省级博物馆。大遗址保护展示园区建设资金由中央和地方财政合理分担。

——商财政部进一步加大中央财政对文物保护资金的投入。“十五”期间,中央对文物维修、考古发掘、文物保护单位、博物馆安全防护及珍贵文物征集的补助经费和文物保护设施建设投资补助经费,在现有基础上有较大幅度增长。

展望新的世纪,文物工作有广阔的发展前景。全国各级文物部门都要认真贯彻落实党中央、国务院确定的文物工作“保护为主,抢救第一”的方针和“有效保护、合理利用、加强管理”的原则。全面准确地宣传文物的价值及特殊作用,科学利用文物资源和优势,展示中华民族在漫长的历史进程中所拥有的强大凝聚力、创造力和生命力,帮助人民群众认识自己的悠久历史和优良传统,提高思想道德素质和科学文化水平,建设社会主义精神文明,是全国文物工作者的光荣任务。

只要我们始终不渝地坚持“三个代表”重要思想，解放思想，实事求是，开拓创新，与时俱进，坚定不移地坚持为人民服务，为社会主义服务的方向，我们必将在中华民族伟大复兴的事业中做出更加辉煌的业绩。

关于重新发布《国家文物局机关工作人员守则》和《中国文物、博物馆工作者职业道德准则》的通知

文物办发［2001］80号

局机关各司（室）、机关党委，各省、自治区、直辖市文化厅（局）、文物局、文管办，局各直属单位：

1997年4月，国家文物局发布了《国家文物局机关工作人员守则》和《中国文物、博物馆工作人员职业道德准则》，对推进局机关和全国文物系统干部职工队伍建设、作风建设和职业道德建设起到了积极的作用，收到了显著的效果。

为了深入贯彻落实《中共中央关于加强和改进党的作风的决定》和《公民道德建设实施纲要》精神，国家文物局对《国家文物局机关工作人员守则》和《中国文物、博物馆工作者职业道德准则》进行了修订，现予重新发布，从即日起实施。

国家文物局机关工作人员要认真学习贯彻中央精神，并在学习、工作和生活中严格按照本《守则》和《准则》规范自己的言行，不断加强和改进机关政风建设和作风建设，为建设“廉洁、勤政、务实、高效”的政府机关作出努力。对违反《守则》和《准则》的行为，将给予严肃的批评教育直至纪律处分。同时，希望各地文物部门和局直属单位协助监督国家文物局机关工作人员对《守则》和《准则》的执行情况，对我们工作中存在的问题及时提出批评意见，支持并帮助我们加强和改进机关政风建设和作风建设。各地文物部门、文博事业单位及局直属单位要认真贯彻落实中央精神，并通过各种形式广泛宣传本《准则》，努力提高文博工作者的道德修养，加强文博行业职业道德建设和干部职工队伍建设，保证文物、博物馆事业的健康发展。

特此通知。

二OO一年十二月十二日

国家文物局机关工作人员守则

（国家文物局2001年12月 10日修订）

一、勤奋学习。认真学习马列主义、毛泽东思想、邓小平理论，认真学习江泽民同志“三个代表”的重要思想，坚决贯彻执行党的基本路线和各项方针政策，讲学习、讲政治、讲正气，牢固树立建设有中国特色社会主义的共同理想和正确的世界观、人生观、价值观。学习科技和专业知识，不断提高政治、业务素质。

二、依法行政。增强法制观念，认真学习《文物保护法》和相关法律知识，严格依法行政。恪守公务员职责，保守文物工作机密，不拿原则作交易。

三、扎实工作。树立全心全意为人民服务的宗旨观念，改进工作作风，服从领导，服务大局，提高工作效率。自觉遵守机关工作制度，严格按规定程序办事，不推诿、不拖拉、不越权。工作精益求精，讲效率、讲质量、讲奉献。

四、加强团结。坚持五湖四海，勇于批评和自我批评；关心集体，诚实守信，谦虚谨慎，团结协作；反对极端个人主义和损人利己行为。

五、廉洁自律。正确行使权力，公开、公平、公正处理公务。遵守廉洁自律有关规定，

不以权谋私，不徇私舞弊，做到自重、自省、自警、自励。坚持深入基层，密切联系群众，下基层食宿要从简，为基层解决困难要主动。

六、弘扬正气。严守文物工作者职业道德，个人不收藏、买卖文物，不在文物交易活动中充当掮客；在对外交流活动中，不卑不亢，自觉维护国家和民族尊严。

七、讲究文明。衣着整洁，仪表端庄，举止大方，礼貌待人；保持优美环境，维护公共秩序，坚持优质服务，树立良好形象。

八、崇尚公德。倡导家庭和睦、邻里和谐、尊老爱幼、助人为乐、见义勇为、保护环境的社会公德，履行公民义务，模范遵纪守法。

中国文物、博物馆工作者职业道德准则

（国家文物局 2001 年 12 月 10 日修订）

为加强文物、博物馆全行业社会主义精神文明建设，努力实践代表中国先进文化的前进方向的要求，认真履行保护祖国历史文化遗产的神圣职责，文物、博物馆工作者必须严格遵守国家有关文物保护的法律法规和方针政策，提高职业道德修养，自重、自省、自警、自励，为繁荣和发展社会主义文物、博物馆事业做出贡献。

一、坚持正确的政治方向。热爱中国共产党、热爱祖国、热爱人民、热爱社会主义。坚持全心全意为人民服务，为社会主义服务，讲学习、讲政治、讲正气，牢固树立建设有中国特色社会主义的共同理想和正确的世界观、人生观、价值观。

二、忠诚文物保护事业。坚决贯彻执行党和国家“保护为主，抢救第一”的文物工作方针和“有效保护，合理利用，加强管理”的原则，积极宣传、严格遵守《文物保护法》，依法行使权利，恪尽职守，爱岗敬业，不断增强做好文物、博物馆工作的历史使命和社会责任感。

三、努力提高业务水平。认真学习文博业务和科技知识，钻研本岗位业务技能，脚踏实地，勤奋工作，努力创造优异的工作成绩。

四、发扬团结奋斗的精神。相互尊重，团结协作，诚实守信，弘扬正气，克己奉公，甘于奉献；执行廉洁自律的各项规定，反对拜金主义、享乐主义和极端个人主义。

五、维护国家对国有文物的所有权。严禁将国家所有的文物作为礼品赠送给任何单位和个人，严禁出售或变相出售馆藏文物。在为国家或单位征集和收购文物时，所收购的文物及相关资料必须全部归公；对出土文物必须按照规定上缴国有。严禁隐瞒私藏，严禁为自己或他人留存文物。

六、遵守文物法规和职业纪律。不以个人或家属、子女名义收藏文物，不参与买卖文物。发现文物被盗窃、盗掘或受到损坏，必须立即报告。在从事文物调查、考古发掘、陈列展示、宣传出版等工作中所获得的文物和信息资料，必须及时上缴主管单位存档，任何人不得私自占有。反对垄断文物信息资料及利用其谋取私利的行为。

七、树立文物主权意识、知识产权意识和安全保护意识。在外事活动中，自觉维护国家主权、民族的尊严和权益。对外合作、交流项目必须按照规定程序进行，个人不得向外方做出任何承诺。严守国家机密，未经规定程序批准，任何人不得擅自对外提供未经发表的文物信息资料。

八、倡导文明礼貌的社会公德。用文明礼貌、助人为乐、爱护公物、保护环境、遵纪守法等社会公德规范自己的言行。继承中华民族优秀文化，弘扬时代主旋律，做有理想、有道德、有文化、有纪律的文物、博物馆工作者。

国家文物局关于印发《首批禁止出国（境）展览文物目录》的通知

文物办发 [2002]5 号

各省、自治区、直辖市文化厅（局）、文物局、文管会，各计划单列市文化（文物）局、局机关各司（室）、处（室），局各直属单位：

随着我国改革开放的深化和对外文化交流的扩大，文物出国（境）展览呈现出日益繁荣的局面。但是也由此加大了文物遭受损害的可能性，对文物的安全构成了潜在威胁。对此，我局根据地方文物部门和有关方面专家的意见，遴选了一批重要文物共 64 件（组），制定了《首批禁止出国（境）展览文物目录》，现将此目录印发你们，请在对外展览工作中遵照执行。

二〇〇二年一月十八日

首批禁止出国（境）展览文物目录

	时代	文物名称	级别	收藏单位
	新石器时代	彩绘鹳鱼石斧图陶缸	壹级	中国历史博物馆
	商代	陶鹰鼎	壹级	中国历史博物馆
	商代	司母戊铜鼎	壹级	中国历史博物馆
	西周	利簋	壹级	中国历史博物馆
	西周	大盂鼎	壹级	中国历史博物馆
	西周	虢季子白盘	壹级	中国历史博物馆
	明代	凤冠	壹级	中国历史博物馆
	商代	嵌绿松石象牙杯	壹级	中国社科院考古研究所
上海市	西周	晋侯酥钟(一套 14 件)	壹级	上海博物馆
	西周	大克鼎	壹级	上海博物馆
天津市	西周	太保鼎	壹级	天津艺术博物馆
浙江省	新石器时代	河姆渡出土朱漆碗	壹级	浙江省博物馆
	新石器时代	河姆渡出土陶灶	壹级	浙江省博物馆
	新石器时代	良渚出土玉琮王	壹级	浙江省考古研究所
	战国	水晶杯	壹级	杭州市博物馆
河南省	春秋	淅川出土铜禁	壹级	河南博物院
	春秋	新郑出土莲鹤铜方壶	壹级	河南博物院
山东省	汉代	齐王墓青铜方镜	壹级	山东省淄博博物馆
安徽省	战国	铸客大铜鼎	壹级	安徽省博物馆
	三国	朱然墓出土漆木屐		马鞍山市博物馆
	三国	朱然墓出土贵族生活图漆盘		马鞍山市博物馆
山西省	北魏	司马金龙墓出土漆屏	壹级	大同市博物馆
	北齐	娄睿墓鞍马出行图壁画		山西省考古研究所
	唐代	涅磐变相碑	壹级	山西省博物馆
	唐代	常阳太尊石像	壹级	山西省博物馆

湖北省	商代	大王戈	壹级	湖北省博物馆
	战国	曾侯乙编钟	壹级	湖北省博物馆
	战国	曾侯乙墓外棺	壹级	湖北省博物馆
	战国	曾侯乙青铜尊盘	壹级	湖北省博物馆
	战国	彩漆木雕小座屏	壹级	湖北省博物馆
辽宁省	新石器时代	红山文化女神像	壹级	辽宁省博物馆
	北燕	鸭形玻璃柱	壹级	湖北省博物馆
四川省	商代	青铜神树		四川省考古研究所
	商代	三星堆出土玉边璋 00510K2②2:148	壹级	四川省考古研究所
	东汉	摇钱树	壹级	绵阳市博物馆
甘肃省	东汉	铜奔马	壹级	甘肃省博物馆
陕西省	秦代	铜车马	壹级	秦俑博物馆
	西周	史墙盘		周原博物馆
	西周	淳化大鼎	壹级	淳化县博物馆
	西周	何尊	壹级	宝鸡市青铜器博物馆
	西汉	茂陵石雕		茂陵博物馆
	唐代	大秦景教流行中国碑		西安碑林博物馆
	唐代	舞马衔杯仿皮囊式银壶	壹级	陕西省历史博物馆
	唐代	兽首玛瑙杯	壹级	陕西省历史博物馆
	唐代	景云铜钟		西安碑林博物馆
	唐代	银花双轮十二锡杖	壹级	法门寺博物馆
	唐代	八重宝函	壹级	法门寺博物馆
	唐代	铜浮屠	壹级	法门寺博物馆
新疆维吾尔自治区	汉晋	“五星出东方”护膊		新疆区考古研究所
河北省	战国	铜错金银四龙四凤方案	壹级	河北省文物考古研究所
	战国	中山王譽铁足铜鼎	壹级	河北省文物考古研究所
		刘胜金缕玉衣	壹级	河北省博物馆
	汉代	长信宫灯	壹级	河北省博物馆
广东省	汉代	铜屏风构件 5 件 D162-2,105-2,19-3,106-2,19-2	壹级	南越王墓博物馆
	西汉	角形玉杯	壹级	南越王墓博物馆
湖南省	战国	人物御龙帛画		湖南省博物馆
	战国	龙凤帛画		湖南省博物馆
	西汉	直裾素纱禅衣	壹级	湖南省博物馆
	西汉	马王堆一号墓木棺椁	壹级	湖南省博物馆
	西汉	马王堆一号墓 T 形帛画	壹级	湖南省博物馆
青海省	北朝	红地云珠日天锦		青海省考古研究所
宁夏回族自治区	西夏	西夏文佛经《吉祥遍至口和本续》纸本		宁夏回族自治区文物考古研究所
江西省	元代	青花釉里红瓷仓		江西省博物院
江苏省	南朝	竹林七贤砖印模画	壹级	南京博物馆

国家文物局关于开展全国文物、博物馆单位基本情况普查的通知

文物办发[2002] 7 号

各省、自治区、直辖市文化厅（局）、文物局、文管会，各计划单列市文化（文物）局，局各直属事业单位：

根据《国务院办公厅关于认真做好第二次全国基本单位普查的通知》（国办发[2001] 63 号）精神，为了解和掌握我国文物、博物馆单位的基本情况，制定宏观的文物、博物馆政策及发展规划，经国家统计局同意，我局决定进行全国文物、博物馆单位基本情况普查。现将有关事项通知如下：

一、普查的目的

本次普查旨在摸清我国各类文物、博物馆单位的底数，重点掌握全国各类文物、博物馆单位的地区分布、行业分布、资源构成、人员结构以及收支情况，为建立国家文物信息库以及专业技术人员信息库奠定基础，全面推动文物、博物馆工作的规范化、科学化。

二、普查的对象

普查的对象为中华人民共和国境内（不含香港、澳门特别行政区和台湾省）的各类文物、博物馆单位以及各类以文物保护、文物研究、展示为工作性质的机构。包括各级文物行政主管机关、文物保护机构，各级各类博物馆、文物科研单位、文物商店、文物鉴定机构以及其他文博事业企业单位、社会团体等单位。

三、普查的内容

普查的内容包括各类文物、博物馆单位的基本标识、主要属性、基本状况、人员情况（特别是专业技术人员情况）以及收支情况。

四、普查的方法

国家文物局负责领导这次普查工作，并统一下发采集普查资料的表格和相关文件。各地普查资料的采集采取属地管理原则，各级文物行政主管机关负责本辖区文博单位的普查登记工作。普查资料采集必须保证质量，做到不重不漏，准确无误。

五、普查的标准时点和进度安排

普查的标准时点为 2001 年 12 月 31 日。

普查工作按以下 4 个阶段进行：1、普查准备阶段（2002 年 3 月底以前）；2、普查登记阶段（2002 年 4—6 月）；3、数据处理阶段（2002 年 7—12 月）；4、文博单位信息库建立、运行及资料开发应用阶段（2003 年）。

六、普查的组织实施

为加强对普查工作的组织领导，国家文物局成立全国文物、博物馆单位基本情况普查工作领导小组。领导小组办公室设在中国文物信息咨询中心，具体负责此次普查的各项组织、协调和实施工作。各地文物行政主管机关也应成立相应的组织机构，加强协作，密切配合，认真做好普查的各项准备和组织实施工作，确保普查工作高标准、高质量地按时完成。

文物出国（境）展览管理规定

文物办发[2002]13 号

第一章 总　　则

第一条 为加强文物出国（境）展览的管理，保护祖国历史文化遗产，根据《中华人民共和国文物保护法》和有关法规，制定本管理规定。

第二条 本规定所指文物出国（境）展

览是指我国在外国及香港、澳门特别行政区和台湾地区举办的各类文物展览：

1.我国政府与外国政府间文化交流协定确定的文化交流项目。

2.我国各省、自治区、直辖市与外国相关地方间的友好交流项目。

3.我国有关博物馆与国外博物馆之间的交流项目。

第三条 出国（境）展览的文物必须经过收藏单位注册、登记、确定级别，并已在国内发表或正式展出。

第四条 国家文物局负责全国文物出国（境）展览的归口管理，其职责是：

1.组织协调大型文物出国（境）展览。

2.审核各省、自治区、直辖市的文物出国（境）展览计划。

3.审定各省、自治区、直辖市举办文物出国（境）展览的资格。

4.制定禁止文物出国（境）展览的清单。

5.监督和检查文物出国（境）展览的情况。

6.查处文物出国（境）展览中严重违纪、违规事件。

第五条 文物出国（境）展览可以采取有偿展出的方式，但不采取租赁方式。

第二章 文物出国（境）展览组织者的资格

第六条 下列部门和机构经国家文物局审定后，可取得承办文物出国（境）展览资格：

1.国家文物局直属博物馆。

2.省、自治区、直辖市文物行政主管部门。

3.省、自治区、直辖市级博物馆。

4.经国家文物局指定专门或临时从事文物出国（境）展览的单位。

第三章 文物出国（境）展览项目的审批

第七条 审批权限：

1.展品在 80 件（套）以内（含 80 件）、一级文物不超过 20%（含 20%）的文物出国（境）展览由国家文物局审批并报文化部备案。

2.展品在 81～120 件（套）之间（含 120 件、套）、一级文物不超过 20%（含 20%）的文物出国〔境）展览由文化部审批。

3.展品超过 120 件（套）或展品中一级文物超过 20%的文物出国（境）展览由国务院审批。

第八条 项目报批程序：

1.由展览举办单位向所在省、自治区、直辖市文物行政主管部门提出项目申请并附有关资料。

2.各省、自治区、直辖市文物行政管理部门对项目申请及有关文件进行审核，认定后在每一年的五月底前向国家文物局预报下一年度本省（区、市）外展计划。经国家文物局核准的下一年度外展计划项目，在具体实施时应提前六个月正式报国家文物局审核。

3.国家文物局直属博物馆的外展计划和展览项目直接向国家文物局提出申请。

第九条 申报项目必须包括下列内容：

1.合作各方的有关背景资料、资信证明、邀请信。

2.经过草签的展览协议书草案。内容包括：

（1）展览举办单位、机构、所在地及国别；

（2）展览的名称、时间、出展场地；

（3）展品的安全、运输、保险、赔偿的

责任和费用；

(4) 展品的点交方式及地点；

(5) 展览代表团、工作人员的安排及其所需费用；

(6) 展览费用的支付方式；

(7) 涉及有关知识产权资料的提供及利益分配。

3.展品目录和经核准的展品估价。

展品目录按国家文物局印发的统一表格填写，并附清单，填写内容包括：

(1) 文物的名称、年代、级别、尺寸、质地、来源；

(2) 展品展出和发表情况；

(3) 展品照片；

(4) 展品的状况。

展品估价必须由国家文物局认定的单位按文物自身的价值进行估算，不得根据对方的要求随意更改、降低估价。

第十条 下列文物禁止出国展览：

1.历代出土古尸；

2.宗教场所的主尊造像；

3.质地为象牙、犀角的；

4.元以前书画、缂丝作品；

5.宋、元有代表性的孤品瓷器。

第十一条 下列文物为限制性出国展览文物：

1.简牍、帛书；

2.唐写本、宋刻本古籍；

3.宋以前的较大幅完整丝织品；

4.大幅壁画和重要壁画；

5.陵墓石刻。

第十二条 未经批准，任何单位和个人不得对外作出有关文物出国（境）展览的承诺或擅自签订有关文物出国（境）展览的正式协议书。

第十三条 文物出国（境）展览协议书、展品目录、展品估价等，一经批准，不得随意更改。确需更改须重新报国家文物局批准。

第十四条 文物出国（境）展览展期（包括延期）不应超过一年。

第四章 文物出国（境）展览工作人员的派出及其它

第十五条 文物出国（境）展览代表团人员的组成应以文物部门人员为主；必须有熟悉文物展览的专业人员参加。

第十六条 文物出国（境）展览，必须配备工作组参与展品的点交、布陈、撤陈并监督协议执行情况。工作组人员应选派热爱祖国，忠于职守，有强烈的责任心，熟悉展品情况的博物馆馆员以上人员（或从事文物保管工作五年以上的人员）。大型文物展览工作组组长应由具有副研以上职称的业务人员担任。外展工作人员必须维护国家的主权和利益，维护民族尊严，严格遵守外事纪律。

第十七条 为确保文物安全，各出展单位必须对出展文物进行严格的安全检查，保护状况不好的文物一律不准出展。出展文物包装工作必须严格按照《出国（境）文物展览包装工作规范》执行。

第十八条 制作展览图录的照片原则上由我方提供，不得允许对方自行摄制。重要文物展览的电视宣传和广告需要摄录展品的，应经我方主办单位的同意后，严格按《文物拍摄管理办法》执行。

第十九条 各主办单位应在展览结束后一个月内，向国家文物局写出有关文物安全及展出情况的正式报告。

第五章 罚　　则

第二十条 对违反本规定，未经批准擅自与对方签订展览协议书的，国家文物局有权终止展览项目，并对有关单位和个人处以警告、通报、暂停或取消举办文物出国（境）展览资格的处罚。

第二十一条 对违反本规定，在申报展览项目过程中弄虚作假的，一经查实，国家文物局有权立即停止其举办的文物出国（境）展览活动，并追究当事人和有关领导者的责任。

第二十二条 对文物出国（境）展览活动中，玩忽职守，循私舞弊，使文物受到损害，给国家造成损失的、国家文物局有权给予取消其参与文物出国（境）展览资格的处罚，由其主管部门视其情节轻重，给予当事人和直接领导者以相应的行政处分。构成犯罪的，由司法机关追究刑事责任。

第六章 附　　则

第二十三条 凡非文物系统举办对外展览涉及文物的，均参照本规定执行。

第二十四条 原发布的有关规定凡有与本规定相抵触的内容，以本规定为准。

第二十五条 本规定由国家文物局负责解释。

第二十六条 本规定自颁布之日起施行。

文化部、国家文物局、国家计委、财政部、教育部、建设部、国土资源部、国家环保总局、国家林业局关于加强和改善世界遗产保护管理工作的意见

文物发[2002]16号

各省、自治区、直辖市文化厅(局)、文物局(文管会)、计委、财政厅(局)、教育厅(教委)、建设厅(建委)、国土厅(局)、环保厅(局)、林业(农林)厅(局)：

1972年11月16日，联合国教科文组织第十七届会议在巴黎通过了《保护世界文化和自然遗产公约》(以下简称《世界遗产公约》)。考虑到文化遗产和自然遗产越来越多地受到自然和人为破坏的威胁、许多国家和地区对遗产保护工作的不完善、以及各类遗产损失对人类社会的有害影响，《世界遗产公约》要求将那些具有突出重要性的文化或自然遗产作为全人类世界遗产的一部分加以保护。《世界遗产公约》及其基本准则已得到国际社会的普遍欢迎和尊重。

我国历史悠久．文物古迹众多，自然景观丰富。建国以来，党和政府一贯重视文化和自然遗产保护工作，我国有关文化和自然遗产保护的法规、政策相措施，其原则、内容与《世界遗产公约》的基本精神是完全一致的。1985年，我国正式加人了《世界遗产公约》，对国际社会作出了为全人类妥为保护中国境内世界遗产的庄严承诺。此后，我国的世界遗产保护事业发展迅速，至今已形成相当规模。我国列入世界遗产名录的项目已达28处(组)，居世界前列，保护、管理世界遗产的工作水平不断提高。世界遗产保护事业在保护我国文物古迹、自然景观，促进我国社会主义精神文明和物质文明建设，宣传我国的悠久历史与灿烂文明，展示我国的壮丽山河与自然风貌，扩大中华文化的国际影响等方面发挥了积极作用。世界遗产工作已经成为我国坚持社会可持续发展战略、建设社会主义现代国家的重要组成部分，也是我国在教育、科学、文化、环境等方面参与国际事务并积极发挥作用的重要领域之一。

当前，我国的世界遗产保护事业面临着不少问题和困难，距离《世界遗产公约》

的要求还存在一定差距，主要表现在法制建设有待加强，保护资金不足，专业人才缺乏。重大项目决策程序不够完善以及开发利用过度、忽视保护，甚至出现一些建设性破坏等现象。为进一步改善和加强我国世界遗产的保护管理工作，特提出如下意见：

一、各级行政主管部门要进一步端正和提高对保护世界遗产重要性的认识。保护世界文化和自然遗产事业已成为全球文化建设和环境保护的重要组成部分，对全世界人民精神和社会文化生活的构建，对保持人类文化多样化、生态多样性和促进世界各国、各民族之间的相互尊重和理解，对历史人文环境、自然演变的科学印迹和优美自然景观的保护与延续，进而对人类文明和社会的可持续发展，都具有无可替代的意义和作用。妥善保护和保存世界遗产．是一个国家法治健全、社会安定和民族团结、文明进步的标志。保护好我国的世界遗产，是对广大人民群众进行爱国主义教育和优秀传统文化教育的需要，是国家生态环境建设和可持续发展的需要，关系到我国人民特别是子孙后代的生存环境和生活质量，关系到国家与社会的整体利益和长远利益，也关系到国家与民族的国际形象。做好世界遗产的保护管理工作，是各地、各有关部门的重要职责，也是当代人义不容辞的历史使命。

二、进一步加强对世界遗产的保护管理工作，做好规划，完善制度。我国现在已有涉及世界遗产资源保护管理的《中华人民共和国文物保护法》、《风景名胜区管理暂行条例》、《森林和野生动物类型自然保护区管理办法》和规划、环保、国土资源等多方面的法规。在实际工作中，一些地方对现行相关法律法规了解不够、执行不力，甚至有法不依、各行其是。在加紧研究制订中国世界遗产保护管理专项法规的同时，各地应进一步宣传并贯彻好现行有关法规，切实检查法规执行情况，对严重违背法规，损害世界遗产的事件，必须依法查处。坚决予以纠正。

作为依法保护管理好世界遗产的重要措施，各地要依据有关法规、政策和技术规范，抓紧制订各个世界遗产地的保护和管理规划；已有规划不够合理、不够完善的，要及时修订、调整、补充。各地都要严格按规划办事。同时，要依据《世界遗产公约》的要求，制订教育和宣传计划，广泛、深入宣传保护世界遗产的重要意义和保护的科学方法，努力增强民众对世界文化、自然遗产的保护和尊重意识，把世界遗产工作置于全社会的支持、监督和保障之下。

三、正确处理世界遗产保护与利用的关系。有效保护、保存和展示文化和自然遗产，是《世界遗产公约》的基本要求。从世界范围看，对世界遗产的主要威胁来自于错位开发和超容量开发。我国的世界遗产也面临同样的威胁。

世界遗产是具有特殊重要性、珍稀性和脆弱易损性的不可再生资源，必须把对遗产的保护放在第一位，一切开发、利用和管理工作，都应以遗产的保护和保存为前提，都要以有利于遗产的保护和保存为根本。这是世界遗产事业存在和发展的基础。要清醒地认识到，对世界遗产的保护、管理和利用，有很强的专业性、政策性和敏感的国内外影响；任何遗产地都有其科学的容量和适宜的开发方式，要坚决反对无限度无规划的恶性开发和使用。凡涉及世界遗产的重大建设项目、开发利用计划和管理体制的事项，均需符合国家有关保护法规和有关保护规划要求，严格执行环境影响评价制度，并经依法审批。各地要站在讲政治、讲大局的高度，努力使局部利益服从整体利益，眼前利益服从长远利益，妥善处理好保护和利用的关系，切实保障世界遗产的完整和真实。

四、树立“公约意识”，遵守国际规则。《世界遗产公约》在国际社会具有广泛的重要影响。它的各项具体规定和要求，应得到切实遵守。这不仅是依法行政的基本要求，也是中国政府履行国际承诺的具体体现。联合国教科文组织在《关于在国家一级保护文化和自然遗产的建议》中，对《世界遗产公约》各个缔约国的文化和自然遗产的保护．从国家政策、行政组织、保护措施、教育和文化行动、国际合作等方面都具体提出了建议和要求，反映了国际社会对文化和自然遗产保护的先进理念，值得我们高度重视。在我国加入 WTO 之后，更应该牢固树立“公约意识”，增强依照《世界遗产公约》开展工作的自觉性和主动性，杜绝忽视相关国际公约和准则的随意性做法。要认真、完全地履行申报世界遗产时的承诺。已定为世界遗产地的单位，对申报遗产时的原状如有任何变更，均须依照有关规定，履行报批手续，并通报世界遗产委员会。

五、各部门、各单位要明确责任，各司其职，密切配合，多层次、全方位地做好世界遗产的保护管理工作。保护、规划、管理和利用世界遗产资源，涉及文化、文物、计划、财政、教育、建设、国土、环保、林业等部门。各世界遗产地应建立有效的工作机制，加强对有关世界遗产工作的综合协调和宏观管理。各部门应在各级党委和政府的统一领导下，明确责任，相互协作，共同以大局为重，在各自的职权范围内切实做好工作。涉及遗产保护、管理发生重大问题或出现不良苗头时，该遗产地的责任单位要及时采取相应保护措施；确实无力解决的，应及时报告当地党委和政府，并报上级业务主管部门。对各种造成遗产损失的失职、渎职行为，要追究行政乃至法律责任。

二OO二年四月二十五日

全国文博事业人文社会科学研究课题管理办法

第一章 总　　则

第一条 为促进全国文博事业人文社会科学研究的繁荣与发展，加强对研究课题的管理，根据国务院办公厅转发科技部等四部委《关于国家科研计划实施课题制管理规定的通知》精神并参照《国家社科基金管理办法》等规定，结合文博事业实际，制定本办法。

第二条 全国文博事业人文社会科学研究课题（以下简称文博社科课题）面向全国文物、博物馆单位和有关高等院校、科研院所，实行公平竞争、择优立项、保证重点、国家资助的原则。

第三条 文博社科课题分为拨款资助课题与自筹经费课题。全部或部分由国家文物局拨款的课题为拨款资助课题，完全自筹经费的课题为自筹经费课题。课题分为重大课题、重点课题、一般课题 3 类。

第四条 根据文博事业发展的需要，国家文物局设立全国文博事业科研课题管理办公室（以下简称课题办），课题办定期公布课题指南，负责课题立项评审的组织、监督工作，监管立项课题的实施，组织结项课题的验收。

第二章 课题申报

第五条 国家文物局课题办每年第一季度发布年度课题申报通知，同时公布课题指南及招标课题，每年文博社科课题立项申请书报审截止日期为六月三十日。

第六条 文博社科课题重点资助符合下列条件者：

1.对全国文博事业发展具有重要意义，围绕文博工作的重点、难点或当前急待解决的、具有重要应用前景的课题；

2.学术思想新颖，立论根据充分，研究目标明确，研究内容具体，研究方法和技术路线合理、可行，可获得重要进展的前沿课题；

3.有稳定的研究队伍，申请者与课题组成员具有较高的研究水平和可靠的时间保证，所在单位能提供基本的研究条件。

第七条 在条件相近时，优先支持属于下列情况的研究课题：

1.优秀中青年文博工作者的申请课题；

2.少数民族地区和中西部地区文博工作者的申请课题；

3.创新性、应用性强的课题；

4.跨区域、跨学科联合研究的课题和学科生长点；

5.与国外文博科研机构和相关大学合作的课题。

第八条 凡有条件承担课题研究任务并符合申报条件和规定的集体或个人均可申报课题，集体申报课题应指定课题负责人。鼓励文博系统人员与其他系统人员合作申报课题。课题依托单位应为文博系统单位。

第九条 课题负责人应具有副高级（含）以上专业技术职务；不具备此项条件者，须有2名同专业的高级专业技术人员的书面推荐。

第十条 课题负责人必须是课题实施全过程的实际组织者和指导者，担负实质性的研究工作。挂名或不担负实际研究工作者，不得作为负责人申请课题。

第十一条 课题负责人每次只能承担一项课题，所从事的课题尚未完成的，不得申报新课题。禁止同一课题多头申报。

第十二条 课题负责人及课题依托单位必须认真、准确、负责地填报《全国文博事业人文社会科学研究课题申请书》，由各省、自治区、直辖市文物行政管理部门审核后，按照规定的时间和要求报送课题办。

第三章　课题的立项评审

第十三条 为了保证全国文博事业人文社会科学研究课题立项评审工作的规范和公正，国家文物局按照一定的程序，对每年的申报课题进行评审。

第十四条 参加评审工作的全体人员共同遵守以下规定：

1.严格遵守有关的保密规定；

2.保护申请者的知识产权，不得擅自复制、抄录和留用申请书；不得泄露或以任何形式剽窃申请书内容；

3.不得泄露同行评议人姓名、评审过程中的意见和未经审批的评审结果，切实保护评审者的权益；

4.课题评审会的有关资料和评审记录，在课题评审结束后由课题办收回存档。

第十五条 文博社科课题具体立项评审工作按以下程序进行：

1.课题办负责组织课题的初审工作，并对申报课题按学科进行分类，组织遴选符合申报条件的课题。初审工作包括：课题负责人是否具备有关申报资格和条件，申请书内容填写是否规范、完备，申报材料是否完整，申报程序是否符合规定。对初审不合格的课题分别采取淘汰、退回限期补充材料或补办手续、建议修改申请书等处理措施；

2.课题办对初审合格的课题按学科分类送请有关专家进行函审。每一课题至少须经3名相同或相近学科的专家评议，并提出函审意见。评议专家应以认真负责的态度，对被评课题的研究目标、技术路线、科学价值、学术水平、创新性和研究条件以及课题负责人承担的以往课题的完成情况提出具体意见。并填写《全国文博事业人文社会科学研究课题函审表》。每一课题以函审专家过半数同意推荐立项为函审通过标准。课题办对有争议课题可另聘请专家复议；

3.课题办负责对通过函审的课题进行立项评审，聘请相关领域的专家组成年度课题立项评审委员会，评委会主任由国家文物局领导担任。评委会组成人员中，至少60%的评委要经由国家文物局专家库随机产生。评委会下设若干学科组，其中每一学科组至少由5名相同或相近学科的专家组成，并设组长1名。评委会学科组对本学科申报课题进行审阅。审阅内容主要包括：课题论证是否全面、充分、有说服力，课题申请人及课题组成员是否有能力完成课题，其他相关意见或建议，是否同意立项及立项形式等；

4.评委会学科组对本学科申报课题进行公开评议、筛选，并对每一课题形成学科组意见，填写《学科组评审意见表》。按一定比例或数量提出"提名课题"名单；

5.评委会召开全体会议，由学科组组长介绍提名课题的推荐意见，评委会对提名课题进行公开评议。由评审委员会通过公开评议和无记名投票的方式评出准予立项课题和优先立项顺序，其中自筹经费课题单列；

6.课题办根据评委会投票结果和年度拟立项课题数量确定立项课题名单。在媒体上对年度立项课题名单进行为期15天的公示，接受社会监督和评议。公示期满后，根据反馈意见进行审批，并公布获准立项的课题名单。自筹经费课题和国家文物局委托课题、招标课题单列，其中自筹经费课题须经过初审、函审、评审和审批；委托课题和招标课题可在征求评委会意见的基础上由国家文物局审批立项。

第十六条 课题办对批准立项的课题名单和经费补助计划在媒体上进行为7天的公示。通过公示的课题，国家文物局与课题负责人及课题依托单位正式签订《全国文博事业人文社会科学研究课题立项合同》（以下简称合同）。合同经三方签字后生效，项目正式启动，课题负责人即成为课题责任人。凡因课题负责人方面的原因逾期未签署合同的，立项资格自行取消。

第十七条 课题依托单位必须具备必要的课题实施条件，有健全的科研管理制度。财务管理制度、资产管理制度和会计核算制度。立项课题实行课题责任人负责制，课题责任人对完成课题任务承担法律责任，并在批准的计划任务和预算范围内享有充分的自主权。依托单位必须提供课题合同中确立的支持条件。课题责任人与依托单位之间的权利义务关系以合同的形式确定，合同副本须报课题办备案。

第十八条 文博社科课题的评审工作实行回避制度。参加评审工作的专家遇到审议与本人直接有关的课题时，必须回避。

第四章　经费的管理与使用

第十九条 课题经费一次核定，分期拨付，包干使用，超支不补。课题经费由国家文物局分3次直接拨付课题依托单位，第一次拨付40%，在课题正式启动后（从收到立项合同回执开始计算）。第二次拨付40%，在完成中期目标并核准课题责任人提交的课题研究中期报告后，以检查合格的《全国文博事业人文社会科学研究课题执行情况调查表》为凭。其余20%在项目验收结项后拨付，未通过验收结项的，不予拨付。

第二十条 课题责任人在课题依托单位管理部门和财务管理部门的指导下，按计划自主支配课题经费。课题经费的使用范围限于课题研究直接必要的开支，主要包括：

1.与课题研究有关的资料费：研究工作

所需旬报刊、档案、文献、稿件的抄录、誊印、复印、翻拍、翻译费用，及购买必要的图书费用；

2.国内调研差旅费：为完成研究工作必须进行的国内调研等活动开支的差旅费，其标准依照国家有关规定执行。涉及港、澳、台地区及国外的调研差旅费，不得列支；

3.小型会议费：为完成研究工作举行的小型研讨会所开支的费用。会议费开支标准依照国家有关规定执行；

4.设备使用费：使用计算机作为辅助研究手段的课题所支出的计算机录入费、计算机上机时费或租用费、用于课题研究的资料查询、信息交流等上网费等（不准用课题经费购置计算机和大型软件等固定资产）；

5.印刷补助费：研究成果鉴定前稿件的打印费和誊写费等。研究经费不支付稿酬（有重要学术和实际应用价值而又不宜公开出版的最终研究成果除外）；

6.管理费：课题依托单位为项目提供条件和服务而提取的补偿费用。管理费按课题经费的5%提取，但每个课题的管理费最多不得超过3000元；

7.其他合理开支。

第二十一条 课题经费必须单独核算，专款专用，不得截留、挤占或挪用。购置必要的专用设备须另行报经国家文物局课题办审批，禁止将课题经费用于工资福利、购置固定资产或其他不合理支出。

第二十二条 课题完成后，课题责任人应会同课题依托单位财务部门清理历年收支账目，如实编制《全国文博事业人文社会科学研究课题结项验收自评估报告》中的经费决算表，报送课题办，接受监督检查。

第五章 课题的结项验收

第二十三条 课题办聘请有关专家组成文博社科课题验收委员会。委员会主任由国家文物局领导担任。委员会受国家文物局委托，对每年申报结项的课题进行结项评审。国家文物局对委员会通过的结项评审意见进行核准。

第二十四条 在课题研究全部完成后一个月内，课题责任人须向国家文物局提交结题报告并附相关材料申请结项。文博社科课题的结项工作按以下程序进行：

1.由课题责任人及课题依托单位填报《全国文博事业人文社会科学研究课题结项验收自评估报告》和《全国文博事业人文社会科学研究课题结项验收申请表》；

2.由课题验收委员会通过公开评议和无记名投票方式对申请结项验收的课题进行验收，并对验收课题是否准予结项提出意见；

3.国家文物局根据课题验收委员会意见对验收合格的课题核准后批准结项，并通知课题责任人及课题依托单位、在媒体发布结项公告并积极向社会推介；

4.对未能通过验收的课题，允许课题组在一年内对成果进行修改，并重新申请验收，重新验收仍不能通过的，按撤消课题处理，撤消课题的处理办法见第三十一条。

第二十五条 最终成果鉴定通过后，由课题办负责办理验收结项手续。验收结项材料应包括：全国文博事业人文社会科学研究课题结项验收材料1套（原件），最终成果三套（专著打印稿可1套，待正式出版后补送3套）。国家文物局对验收合格的课题颁发《全国文博事业人文社会科学研究课题结项证书》。

第二十六条 国家文物局对有重要学术价值或实际应用价值的课题成果将适当资助出版，对产生重大积极影响或获得国家级荣誉的优秀课题成果将给予奖励。有关资助出版和奖励评审的具体办法另行制定。

第六章　课题的监督与成果管理

第二十七条 国家文物局课题办负责全国文博事业人文社会科学研究课题的评审、立项、拨款、结项等组织管理工作。各省、自治区、直辖市文物行政主管部门负责本辖区的课题申报并指导立项课题的实施。课题责任人要严格执行课题经费预算，课题依托单位要对所依托课题的一切经费开支行使监督权，做到审批手续完备、账目清楚、内容真实、核算准确、监督有力，确保资金的合理使用和安全。

第二十八条 全国文博事业人文社会科学研究课题实行年度检查制度，检查课题的进度、质量和经费使用情况。课题责任人须在课题规定期限过半时，向课题办提交课题研究中期报告，对课题研究进展及经费使用情况作阶段性总结，填写《全国文博事业人文社会科学研究课题执行情况调查表》。课题检查结果与经费续拨挂钩。课题办对进展正常、经费按规定使用的课题，按时拨付经费；对不按规定报送《全国文博事业人文社会科学研究课题执行情况调查表》 或经检查不合格的，暂停拨付经费，严重违规的要予以追究。

第二十九条 全国文博事业人文社会科学研究课题实行责任追究制度。对于弄虚作假、截留、挪用、挤占课题经费等违反财经纪律的行为，国家文物局将根据情况采取通报批评、停止拨款、终止课题、追回拨款等措施。构成犯罪的，依法追究刑事责任。

第三十条 课题进行过程中，经检查有下列情形之一者，暂停拨款：

1. 经费开支不符合本办法及有关规定的；

2. 需要变更课题责任人、课题依托单位的；

3. 需要改变课题名称、成果形式，对研究内容有重大调整的；

4. 未能按计划完成研究任务的，要求延期一年以上（含一年）或多次延期的；

5. 有其它重要事项变更的。

凡有以上重要事项变更者，须由课题责任人或依托单位提交书面申请，经课题办审核同意后，恢复拨款。

第三十一条 凡有下列情形之一者，国家文物局将撤销课题，并予以通报。被撤销课题的课题责任人三年内不得申请新课题，并视情节轻重追究有关人员或课题依托单位的责任：

1. 研究成果有严重政治问题；

2. 研究成果学术质量低劣；

3. 第一次验收未能通过。经修改后重新验收，仍未能通过；

4. 剽窃他人成果；

5. 未经国家文物局批准，擅自变更课题研究内容；

6. 逾期不提交延期申请，或延期到期仍不能完成；

7. 严重违反财务制度。

第三十二条 课题成果如果公开出版或发表，应在醒目位置标明“全国文博事业人文社会科学研究课题”字样。

第三十三条 全国文博事业人文社会科学研究课题每三年举行一次优秀成果评奖活动，有关办法另行制定。

第七章　附　　则

第三十四条 国家文物局的委托课题和招标课题也适用于本办法。

第三十五条 本办法自发布之日起执行。以往发布的相关管理办法和规定凡与本办法不一致者，以本办法为准。

第三十六条 本办法由国家文物局解释。

财政部、国家税务总局、海关总署关于印发《国有文物收藏单位接受境外捐赠、归还和从境外追索的中国文物进口免税暂行办法》的通知

财税[2002]81号

国家文物局：

根据国务院已批准的《财政部关于国家文物局和国有博物馆接受境外捐赠和追索归还的我国文物入境免除进口税收的请示》，特制定《国有文物收藏单位接受境外捐赠、归还和从境外追索的中国文物进口免税暂行办法》，请遵照执行。

二OO二年六月二十五日

国有文物收藏单位接受境外捐赠、归还和从境外追索的中国文物进口免税暂行办法

第一条 为了促进流失境外的中国文物重回国内，并用于国有文物收藏单位的永久收藏和展示、研究等公益性活动，特制定本办法。

第二条 符合本办法规定并由国务院文物行政管理部门和国有文物收藏单位以接受境外机构、个人捐赠、归还的和从境外追索等方式获得的中国文物进口，免征关税、进口环节增值税、消费税。

第三条 本办法所称的中国文物包括：

（一）1949年以前中国制作、生产或出版的陶瓷器、金银器、铜器及其他金属器、玉石器、漆器、玻璃器皿、各种质料的雕刻品、雕塑品、家具、书画、碑帖、拓片、图书、文献资料、织绣、文化用品、邮票、货币、器具、工艺美术品及其他具有文物价值的制品等；

（二）1949年以后，我国已故近、现代著名书画家、工艺美术家的作品；

（三）原产于中国的古脊椎动物化石、古人类化石等。

第四条 本办法所称的捐赠是指境外机构、个人将合法所有的中国文物无偿捐献给国务院文物行政管理部门或国有文物收藏单位的行为；

本办法所称的归还是指境外机构、个人将持有的原系从中国劫掠、盗窃、走私或其他非法出境的中国文物无偿交还给国务院文物行政管理部门或国有文物收藏单位的行为；

本办法所称的追索是指国务院文物行政管理部门依据有关国际公约从境外索回原系从中国劫掠、盗窃、走私或其他非法出境的中国文物的行为。

第五条 国有文物收藏单位接受境外机构、个人捐赠、归还的中国文物，需要办理免税的，应在文物入境的一个月前，向国务院文物行政管理部门提出书面申请。

国有文物收藏单位的书面申请，应具备以下内容：

（一）单位名称、住所、性质和法人代表；

（二）境外机构、个人出具的愿向本单位捐赠、归还所持有的中国文物的书面证明；

（三）拟接受的文物的特征、价值的详细资料及清晰的彩色图片；

（四）文物拟入境的口岸；

（五）所在地的省、自治区、直辖市文物行政管理部门同意接受文物的书面意见，国务院文物行政管理部门直属的国有文物收藏单位可直接向国务院文物行政管理部门提出申请；

（六）承诺接受的文物将为本单位永

久收藏，并仅用于向公众展示和科学研究等公益性活动的有关材料；

（七）国务院文物行政管理部门认为需要具备的其他内容。

第六条 国务院文物行政管理部门受理国有文物收藏单位有关接受文物入境免税的申请，应在 15 日内，做出是否同意的决定，并通知申请单位。

第七条 国务院文物行政管理部门接受捐赠、归还和从境外追索的中国文物，需要办理免税的，应指定国有文物收藏单位收藏。指定的国有文物收藏单位应书面承诺将此文物永久收藏，并仅用于向公众展示和科学研究等公益性活动。

第八条 国务院文物行政管理部门接受捐赠、归还和追索的中国文物入境，或已同意对国有文物收藏单位接受的文物人境免税的，由国务院文物行政管理部门出具《允许进口证明》和由指定的鉴定专家或授权的国家文物出境鉴定站鉴定员进行鉴定的《委托书》。进口单位凭上述文件及海关要求的其他有关文件到进口地海关办理免税手续。

出具《允许进口证明》和《委托书》的具体单位名称、印章印模和证明函、委托书格式，由国务院文物行政管理部门事先向海关总署备案，由海关总署通知进口地海关备查。

第九条 国务院文物行政管理部门指定的鉴定专家或授权的国家文物出境鉴定站鉴定员、接受文物的国有文物收藏单位在上述进口文物到货后，应持前款所述的《委托书》联系进口地海关安排对有关文物进行现场鉴定，鉴定合格后向海关出具《鉴定合格证明》（证明函格式、有关专家和鉴定员名录应事先向进口地海关备案）。海关凭《允许进口证明》和《鉴定合格证明》办理进口免税验放手续。对鉴定不合格的文物，海关通知国务院文物行政管理部门，由国务院文物行政管理部门会同有关部门研究后予以处理。有关口岸费用由进口单位承担。

第十条 国有文物收藏单位收藏免税入境文物后，应在 15 日内列入藏品总帐，并编写详细档案，将档案副本报国务院文物行政管理部门、财政部、国家税务总局、海关总署。

第十一条 国有文物收藏单位应妥善保藏免税入境文物，并仅用于非赢利性的展示、科学研究等公益性活动，不得将其出售、赠送、抵押。国务院文物行政管理部门负责监督和指导国有文物收藏单位对免税入境文物的保藏、展示和研究工作。

第十二条 国有文物收藏单位违反本办法规定，将免税入境文物出售、赠送给非国有单位、个人的，依照《中华人民共和国刑法》第三百二十七条的规定追究单位和直接责任人员的刑事责任。

国有文物收藏单位违反本办法规定，将免税人境文物出售、赠送给国有单位的，或将免税入境文物抵押的，国务院文物行政管理部门应会同国家有关部门追回文物，另行指定国有文物收藏单位收藏，并对原收藏单位法人代表和直接责任人员给予行政处分，没收全部非法所得，上缴国库。国有文物收藏单位违反本办法规定，将免税人境文物用于赢利性活动的，国务院文物行政管理部门应予以通报批评，并监督其予以改正，没收全部非法所得，上缴国库。情节严重的，对收藏单位法人代表和直接责任人员给予行政处分，并将文物另行指定国有文物收藏单位收藏。

第十三条 本办法由财政部会同国家税务总局、海关总署负责解释。

第十四条 本办法自公布之日起施行。

关于申报文物保护方案和预算的补充规定

文物办发［2002 ］49 号

各省、自治区、直辖市、计划单列市文物（文化）局（厅）：

根据《国家重点文物保护专项补助经费使用管理办法》（以下简称“管理办法”）第十条的规定，现就全国重点文物保护单位（以下简称“国保单位”）的规划、保护和安全、消防方案；重要文物考古调查、发掘项目及报告出版方案；重点博物馆和重要地（市）级以上（含）中心文物库房的维修、安全、消防方案；三级以上（含）文物（标本）的征集方案：一级风险单位的安全、消防方案；馆藏一、二级文物和重要出土文物的技术保护方案的基本内容和要求规定如下：

一、申报文件要求

各类方案和预算的申报，必须由省级文物行政管理部门初审并提出初审意见后上报。上报方案或预算文件不得和申请补助经费文件混报。

二、国保单位维修保护设计方案编制的要求

（一）国保单位大型、复杂、局部复原等维修保护工程设计方案编制分为方案设计、施工设计两个阶段。

1．方案设计阶段上报的方案必须具备如下内容：

（1）建筑总平面图、现状实测图和修缮设计方案图；

（2）现状勘察报告及局部复原设计依据；

（3）修缮概要说明书；

（4）概算总表；

（5）现状照片。

2．施工设计阶段上报的方案必须具备如下内容：

(1) 施工图；

(2)施工说明书；

(3)施工预算；

(4)现状照片；

(5)相关材料试验报告。

（二）国保单位中石窟寺、摩崖石刻等加固保护工程方案必须具备如下内容：

1.工程地质和水文地质勘察报告；

2.总地形图、现状实测图等相关图件；

3.病害现状评估和防治方案论证、试验报告；

4.加固概要设计说明书及相关图纸；

5.现状照片；

6.工程预算。

（三）国保单位重点维修保护工程属于现状维修保护的，可以一次性设计，其设计文件的要求为：

1.总平面图、现状实测图、施工图；

2.考察研究报告，相关材料试验报告；

3.技术设计说明书；

4.工程预算；

5．能准确反映残破现状及建筑特征的照片。

（四）国保单位中针对文物载体的防护工程方案的内容：

针对文物载体的防护工程是指用于保护文物古迹的载体，防止洪水、滑坡、沙暴等自然灾害破坏的防护工程 c 其中防洪防护工程方案必须提供以下内容：

1．文物保护单位管理部门或管理单位（甲方）下达的设计任务书，设计单位（乙方）的资质证书及业绩简介；

2.防洪工程建设的必要性；

3.当地水文基础资料（包括流域概况、气象、年径流量、洪水、泥沙、设计断面水位流量关系、冰情等）；

4.工程地质及测量；

5.工程任务及规模；

6.防洪工程设计（包括设计依据、工程等级、堤防工程设计、稳定计算、堤防工程数量及工程量）；

7.防洪工程水土保持方案；

8.超标准洪水防御方案；

9.工程管理设计和施工组织设计；

10.投资估算及详细构成；

11.文物环境影响评价；

12.相关设计图纸。

防止滑坡、沙暴等的防护工程方案可参照上述内容制订。

（五）国保单位中大遗址保护规划的申报文件内容：

大遗址保护规划编制申报文件应包括省级文物行政管理部门的请示文件和遗址保护规划工作计划两部分。其中，遗址保护规划工作计划内容包括：

1.项目可行性研究报告；

内容包括：遗址的概况，重要性；遗址保存状况，面临的相关问题，编制规划的紧迫性；遗址的管理状况；遗址所在城乡规划情况。

2.前期基础资料准备情况；

包括："四有"工作情况，以往的考古调查和发掘工作，地形图测绘及遗址所在区域气象、水文、工程地质资料、通讯和道路的情况。

3.规划设计委托书和任务书（地方政府部门和有资质的规划单位的正式委托书）；

4.规划大纲；

5.工作时间；

6.规划经费组成及详细预算。

（六）国保单位抢险"救灾"申报方案内容：

在遇不可抗拒自然灾害，如水灾．特大暴雨、地震等情况，文物建筑、古遗址、古墓葬遭受严重的突然侵害出现重大险情时，经省文物主管部门二审核同意后，可先行采取临时控制措施，以抑制险情继续发展。同时，要将受灾情况和已（拟）采取的临时抢险措施（含图片、图纸及相关说明）和工作量及时上报我局，以核准临时抢险经费，统筹安排维修保护工程项目。

三、考古发掘项目立项申请的要求：

（一）年度发掘项目：

由具备团体领队资格的单位填报《考古发掘申请书》，经省级文物行政管理部门审查同意并盖章后上报国家文物局。

（二）跨年度发掘项目：

由省级文物行政管理部门上报国家文物局关于申请立项的正式公文。请示中应注明项目名称、执行单位、工作时间、内容（含调查、勘探、发掘、资料整理、报告出版）、欲探讨和解决的主要问题，项目的成果方式、经费预算等。

四、年度和跨年度的调查、勘探项目

由省级文物行政管理部门上报国家文物局关于申请立项的正式公文。公文中应注明执行单位、人员和时间，欲探讨和解决的主要问题，项目的成果方式，经费详细预算等。

五、发掘资料整理、报告出版项目

由各省级文物行政管理部门上报关于本年度欲完成的考古发掘资料整理和报告出版立项的请示。资料整理工作应注明执行单位、工作人员、时间安排、经费详细预算。考古报告出版项目应附有申请单位（作者）与出版社的合同，没有合同的须注明报告出版时间、字数、线图和照片数量以及经费预算等。获批准后按规定程序申请专项补助经费。

六、博物馆和重要地（市）级以上中心文物库房维修项目方案申报要求

（一）申报范围：

1．被国家文物局列入专项经费补助范围的博物馆馆舍维修；

2．被国家文物局列入专项经费补助范围的重要地（市）级以上、集中代管本地区珍贵文物的中心文物库房的维修。

以全国重点文物保护单位的文物建筑作为馆舍、库房的，列入国保单位维修保护项目申报方案，不得作为博物馆维修申报。

（二）维修方案必须包括下列内容：

1.博物馆（甲方）下达的设计任务书，设计单位（乙方）的资质证书及业绩简介；

2.单位概况和馆舍分布（附平面图和照片），中心库房维修项目须反映集中代管本地区珍贵文物的情况；

3.拟维修建筑的历史、现状和存在问题的勘察结果（附图纸。照片）；

4.维修目标和施工作法；

5.预算及详细构成；

6.以文物保护单位（省级以下）为馆舍、库房的维修项目，须附同级文物行政管理部门对该维修方案的批复文件，凡属文物保护单位保护范围内的项目，须附该文物保护单位保护规划相关内容及审批文件，或有关评估意见。

七、文物保护消防、安防项目方案申报要求

文物保护消防、安防方案包括国保单位、重点博物馆、地市级（含）以上中心文物库房、一级风险单位的安全技术防范报警工程方案、消防报警工程方案、消防供水工程方案、避雷工程方案等。

文物保护消防、安防方案必须具备如下内容：

1.设计、施工单位资格证书；

2.工程设计任务书（甲方盖章）；

3.现场勘察记录（甲、乙双方盖章）；

4.设计方案；

5.各区域布防图；

6.系统图；

7.中控室布设图；

8.系统性能指标；

9.误报率；

10.漏报率；

11.人员培训；

12.售后服务；

13.安全技术防范报警工程方案必须附省级文物、公安部门的论证意见；

14.消防工程方案须附当地消防部门批准的复印件；

15．凡属文物保护单位的工程方案，须附该文物保护单位保护规划相关内容及审批文件，或省级文物行政管理部门对文物保护单位本体及景观影响所作出的评估意见；各类图纸画法应规范，符合国家标准，标题栏应有比例，设计、审核、校对，批准均应签字。

八、珍贵文物征集项目方案申报要求

省级文物行政管理部门要加强对珍贵文物征集的管理和把关，在本辖区甚至全国范围内合理配置拟征集珍贵文物资源

（一）征集范围：

1.征集文物必须符合下列条件：

（1）能够证明来源合法的；

（2）具有确凿线索和售购意向的；

（3）散存于非国有单位或公民个人的；

（4）经省级以上文物鉴定机构鉴定并附专家签字，确属三级以上珍贵文物的。

2．下列文物不得作为申请国家经费补助的征集对象：

（1）不能证明来源合法的；

（2）由其他国有单位（含国有文博单位）调拨的；

（3）公安、工商、海关等执法部门罚没移交的。

（二）申报方案（格式见附件一，略）的具体内容为：

1.拟征集文物清单；

2.每件拟征集文物的详细情况（含文物名称、级别，来源及有关证据，省级以上文物鉴定机构定级意见及专家姓名和签字，预算构成及分析，文物价值介绍，背面附贴该文物照片——6寸彩照，瓷器年款、书画款识、印章印文、器物纹饰等体现价值特征的部分，应同时附局部特写照片）。

九、馆藏一、二级文物和重要出土文物技术保护方案申报要求

（一）馆藏一、二级文物和重要出土文物技术保护项目申报范围包括：

1.文物系统各级博物馆馆藏一、二级文物发生病害或损坏的；

2.文物系统考古所、博物馆等保存的重要出土文物发生病害或损坏的，历年推荐“十大考古发现”项目中出土文物发生病害或损坏的优先考虑。

（二）技术保护方案的申报要求：

省级文物行政管理部门每年需对申报项目的可行性，组织专家对方案进行初步审核，对符合申报要求且方案完整的统一行文，汇总各申报项目方案一式五份报国家文物局（原件一份即可）。

（三）技术保护方案必须具备如下内容：

1.特采取技术保护的文物基本情况介绍，包括文物档案建立情况、文物的历史、科学、艺术价值分析以及文物名称、等级、残损部位说明、文物近期照片等内容；

2.文物的保存情况和文物病害损坏程度的分析。文物的病害分析，包括文物保存环境的相应指标、文物病害调查和原因分析、文物病害的照片、其它有关科学分析检测；

3.项目主要采取的技术及保护材料说明，提供不同质地、不同病害的文物采取的技术说明，相关的前期适用性实验数据。技术使用证明、采取同类技术、同种材料保护的文物效果图；

4.经费预算及详细构成，包括：方案设计费、试验费、材料费、专用设备购置费、人工费、聘请专家费、异地保护费、管理费、其他费用；

5.项目实施风险分析及采取的预防、补救措施；

6.项目申报单位意见、项目技术实施单位意见、专家审核意见。

（四）馆藏、出上文物技术保护项目实施单位的要求：

1.提供具备开展技术保护的场地和必要的分析仪器证明；

2.具有1名以上（含1名）高级职称的科研人员，且主持过相关文物的保护实施工作的科研人员简历；

3.具有相关的文物修复工作人员的简历；

4.保护修复人员可投人工作量分析；

5.其它需要说明的事项，如：技术应用证明、专利证书等。

十、各类方案文本编制要求

1.设计文件必须有勘察设计单位盖章，其中图纸的设计、审核、审定人须本人签名；

2.图纸必须符合国家有关规范；

3.文本装订规格必须是A3或者A4；

4.各项技术设计，均应执行国颁、部颁或地方政府颁发的现行技术规范；

5.维修保护工程预算的编制，必须按照本省或相邻省颁布的定额执行。

十一、时间要求

凡拟申请下一年度中央补助经费、符合管理办法第七条规定范围的，其方案和预算的申报时间规定如下：

（一）根据本规定有关要求，于3月31

日前完成方案和预（概）算的编制和初审工作，并上报国家文物局。

（二）国家文物局批复意见对方案调整较大以及明确要求重新制定预算的，于6月30日前将重新制定的预算以及省级（含计划单列市）文物行政管理部门的审核意见上报国家文物局。

（三）根据管理办法第十条的规定，省级（含计划单列市）文物行政管理部门将国家文物局已经批准方案和预算的项目的《国家重点文物保护专项补助经费申报书》组织录入计算机、汇总生成《国家重点文物保护专项经费申报汇总表》，联合同级财政部门于10月31日前上报财政部（1份表）和国家文物局（6份表，2张录有申报书的计算机载体）。

统计资料 2002年全国文物保护业机构数、从业人员数综合表

	总计				文物部门							
					合计				国有经济			
	机构数（个）	从业人员数（人）			机构数（个）	从业人员数（人）			机构数（个）	从业人员数（人）		
			高级职称	中级职称			高级职称	中级职称			高级职称	中级职称
总计	**3867**	**66125**	**3350**	**9783**	**3847**	**65144**	**3322**	**9763**	**3794**	**64725**	**3309**	**9732**
文物机构合计	**2241**	**27645**	**1111**	**3332**	**2228**	**27640**	**1111**	**3332**	**2198**	**27446**	**1107**	**3318**
1.文物保护管理机构	2108	21786	479	2515	2095	21781	479	2515	2071	21649	477	2506
2.文物科研机构	72	2904	516	654	72	2904	516	654	71	2904	516	654
3.其他文物机构	61	2955	116	163	61	2955	116	163	56	2893	114	158
博物馆合计	**1511**	**35833**	**2140**	**5998**	**1504**	**34857**	**2112**	**5978**	**1488**	**34691**	**2105**	**5962**
1.综合类	824	16397	1086	3317	822	16393	1086	3317	810	16248	1081	3302
2.历史类	491	12815	643	1786	488	11895	635	1773	486	11887	635	1773
3.艺术类	60	3708	263	564	59	3661	243	557	59	3661	243	557
4.自然科学类	18	624	63	85	18	624	63	85	18	624	63	85
5.其他	118	2289	85	246	117	2284	85	246	115	2271	83	245
文物商店合计	**115**	**2647**	**99**	**453**	**115**	**2647**	**99**	**453**	**108**	**2588**	**97**	**452**

	文物部门								其他部门			
	集体经济				其他经济							
	机构数（个）	从业人员数（人）			机构数（个）	从业人员数（人）			机构数（个）	从业人员数（人）		
			高级职称	中级职称			高级职称	中级职称			高级职称	中级职称
总计	12	99	—	2	41	320	13	29	20	981	28	20
文物机构合计	6	46	—	1	24	148	4	13	13	5	—	—
1.文物保护管理机构	5	33	—	1	19	99	2	8	13	5	—	—
2.文物科研机构	—	—	—	—	1	—	—	—	—	—	—	—
3.其他文物机构	1	13	—	—	4	49	2	5	—	—	—	—
博物馆合计	3	36	—	1	13	130	7	15	7	976	28	20
1.综合类	2	28	—	1	10	117	5	14	2	4	—	—
2.历史类	1	8	—	—	1	—	—	—	3	920	8	13
3.艺术类	—	—	—	—	—	—	—	—	1	47	20	7
4.自然科学类	—	—	—	—	—	—	—	—	—	—	—	—
5.其他	—	—	—	—	2	13	2	1	1	5	—	—
文物商店合计	3	17	—	—	4	42	2	1	—	—	—	—

2002 年全国文物业

	机构数（个）	从业人员（人）			具有考古领队资格人数（人）	文物藏品及			
			高级职称	中级职称		合计		一级品	
						传统计量	实际数量	传统计量	实际数量
总　计	**3847**	**63435**	**3322**	**9763**	**813**	**12360506**	**13553824**	**48859**	**68790**
文物保护管理机构	2095	21781	479	2515	214	1672285	1987695	4847	4550
其他文物机构	61	1246	116	163	8	49798	17287	359	359
博物馆	1504	34857	2112	5978	303	9937750	10818612	41529	59791
文物商店	115	2647	99	453	——	85554	67362	49	35
文物科研机构	72	2904	516	654	288	615119	662868	2075	4055
中央	9	2460	295	437	25	1474399	1458720	14139	14127
省级	204	12953	1403	2529	292	4352700	4908537	16500	27851
地市级	976	21482	1170	3786	246	3203342	3351164	8068	10573
县市级	2658	26540	454	3011	250	3330065	3835403	10152	16239

	收入与支出（千元）			年末固定资产原值（千元）	业务用房（千平方米）		
	总收入		总支出			展览用房	文物库房
		门票收入					
总计	**3955556**	**1355432**	**3277774**	**5954054**	**6493**	**2398**	**634**
文物保护管理机构	961822	479375	837052	1225482	1213	342	93
其他文物机构	82784	——	62862	81783	48	14	3
博物馆	2435844	876057	2071979	3816603	4862	1868	463
文物商店	230077	——	339457	611649	219	138	24
文物科研机构	245029	——	217446	218537	150	37	51
中央	611871	320060	468497	212952	307	55	61
省级	1164683	283670	849899	1654606	1489	479	207
地市级	1290683	400957	1184018	2180280	2272	979	181
省市级	888319	350745	775360	1906216	2425	885	185

综 合 情 况

文物保管品（件）				业务活动（个）		参观人次（千人次）		
其中								
二级品		三级品						
传统计量	实际数量	传统计量	实际数量	陈列	展览		外宾参观人次	青少年参观人次
1060510	**1037309**	**2580319**	**2496760**	**5484**	**8603**	**119906**	**8730**	**26341**
16885	18629	134600	144123	1356	4620	40108	1445	6935
25	25	32675	205	——	——	——	——	——
1016664	988622	2294349	2251808	4128	3983	79800	7286	19407
19291	19249	66214	48078	——	——	——	——	——
7642	10781	52481	52546	——	——	——	——	——
775088	757888	316805	316805	21	72	8589	1814	1480
200452	186861	1501579	1380195	217	538	15652	1534	3892
46228	49458	415396	426718	824	1872	51461	4057	9545
38742	43102	346539	373042	4422	6121	44204	1325	11424

文物保护单位维修情况						文物保护专项经费（千元）
保护维修项目数（个）			本年保护维修支出（千元）			
	国家级	省级		国家级	省级	
932	**268**	**394**	**515576**	**183385**	**245202**	**488656**
——	——	——	——	——	——	——
——	——	——	——	——	——	——
——	——	——	——	——	——	——
——	——	——	——	——	——	——
——	——	——	——	——	——	——
1	——	——	12000	——	——	252723
80	39	27	62682	40371	17271	91067
226	85	77	152872	84058	31556	142086
625	144	290	288022	58956	196375	2780

全国文物工作会议

李岚清同志考察文物工作

宣传贯彻《中华人民共和国文物保护法》座谈会

三门峡庙底沟遗址发掘现场

小屯南地发掘现场

章丘危山汉墓一号陪葬坑南侧骑俑及车

章丘危山汉墓发掘现场

郪江石刻彩绘壁画（墓主宴饮图）

章丘危山汉墓一号陪葬坑全景

郪江石刻彩绘壁画（墓主宴饮图）

四川泸县宋代石室墓

妇女启门

演奏人物

萧山跨湖桥新石器时代遗址出土的独木舟

南昌李渡（无形堂）烧酒作坊遗址

邺南城塔基遗址
发掘现场鸟瞰

山东日照海曲汉代
墓地出土器物

黑龙江阿城金上京
刘秀屯建筑基址

肩负人民的希望——纪念中国共产党成立80周年图片展

雪域藏珍——西藏文物精华展

宁静的辉煌——法门寺文化文物陈列展

瑷珲历史陈列

中国茶叶文化展

磁州窑陈列

陈列展览精品

中国吉林陨石雨展

武汉古代历史陈列

成都杜甫草堂博物馆“诗圣著千秋”

凉山彝族奴隶社会博物馆基本陈列

中国革命博物馆

“我爱你，中国——共和国国旗、国徽、国歌展”

郑州博物馆

“郑州改革开放以来配合基本建设考古成果展”

故宫博物院

文 博 工 程

首都博物馆新馆效果图

西藏布达拉宫维修工程